W0171313

Ty C. Colbert

Das verwundete Selbst

Über die Ursachen psychischer Krankheiten

Ty C. Colbert

Das verwundete Selbst
Über die Ursachen psychischer Krankheiten

Mit Fotografien von

Hansjörg Künzel

und

Florentine Schwabbauer

Die Deutsche Bibliothek – CIP-Einheitsaufnahme
Colbert, Ty C.:
Das verwundete Selbst : über die Ursachen psychischer
Krankheiten / Ty C. Colbert. [Übers. aus dem Engl.: Ursula Pesch
und Ulrike Hollmann]. - München : Beust, 1999
(Allgemeine Reihe)
Einheitssacht.: Broken brains or wounded hearts <dt.>
ISBN 3-89530-015-2

© Copyright Ty C. Colbert, Ph. D. 1996
Titel der englischen Originalausgabe: *Broken Brains or Wounded Hearts*
Zuerst erschienen in Santa Ana, Kalifornien, bei Kevco Publishing
Deutsche Ausgabe erschienen mit Genehmigung von Kevco Publishing

© 1999 der deutschen Ausgabe:
Beust Verlag, München
Alle Rechte vorbehalten. Reproduktionen, Speicherung in Datenverarbeitungs-
anlagen, Wiedergabe auf elektronischen, fotomechanischen oder ähnlichen
Wegen, Funk und Vortrag – auch auszugsweise – nur mit Genehmigung des
Copyrightinhabers.

FOTOS: Hansjörg Künzel und Florentine Schwabbauer
ÜBERSETZUNG AUS DEM ENGLISCHEN: Ursula Pesch und Ulrike Hollmann für
GAIA Text, München
LEKTORAT: Roland Rottenfußer für GAIA Text, München
LAYOUTDESIGN, SATZ UND PRODUKTION: GAIA Text, München
UMSCHLAGDESIGN: Markus Härle für GAIA Text, München
DRUCK: Freiburger Graphische Betriebe, Freiburg

ISBN 3-89530-015-2

Printed in Germany

WICHTIGE HINWEISE!

Absetzen von Medikamenten
Das vorliegende Buch betont die zerstörerischen Aspekte von Medikamenten, die beim Auftreten von emotionalen Störungen oftmals verschrieben werden. Diese Medikamente ohne Konsultation abzusetzen ist jedoch gefährlich und kann lebensbedrohende Folgen haben. Jedes Absetzen von Psychopharmaka sollte deshalb nur unter fortdauernder ärztlicher Anleitung und am besten in einer Klinik vorgenommen werden.

Inanspruchnahme von Psychotherapie
Dieses Buch sollte nicht als hauptsächliche Quelle für die Behandlung emotionaler Störungen eingesetzt werden. Ich rate dringend dazu, bei starken emotionalen Problemen oder psychischen Störungen die professionelle Hilfe eines zugelassenen Psychotherapeuten in Anspruch zu nehmen. Weitere Informationen hierzu finden Sie in Anhang A.

Fallstudien
Bei den in diesem Buch beschriebenen Fallgeschichten handelt es sich um tatsächliche Fälle, wenn auch einige Details verändert worden sind, um die Vertraulichkeit zu wahren.

INHALT

Dieses Buch widme ich meiner Mutter,
die stets zu mir gehalten und mich ermutigt hat,
für ihre unerschöpfliche Liebe.

Danksagung

Wie die meisten Bücher hätte auch dieses ohne die Hilfe und das Engagement vieler Einzelpersonen nicht entstehen können. Ohne die Mitarbeit der im folgenden genannten Personen, ohne ihre bedingungslose Hingabe an die Wahrheit, ihren aufrichtigen und ernsthaften Wunsch, unsere Gesellschaft zu einem geistig gesünderen, weniger verletzenden Umfeld zu machen, hätten die notwendigen Quellen für dieses Buch nicht zur Verfügung gestanden. Sie alle waren wirklich unersetzlich.

Ty C. Colbert

Leonard Roy Frank, jetzt ein enger Freund, verlor vor vielen Jahren sein Gedächtnis, als man ihn der Elektroschocktherapie aussetzte. Um sein Gedächtnis zurückzugewinnen und um zu verstehen, was ihm widerfahren war, begann er, die Geschichte der Psychiatrie zu studieren und wurde zu einem hervorragenden Fachmann auf diesem Gebiet. Er steuerte nicht nur viele der Quellen für das zweite Kapitel bei, sondern prägte das gesamte Buch.

Dr. Peter Breggin und Dr. David Cohen sind in ihrem eigenen beruflichen Wirken mit großem Einsatz darum bemüht, die Wahrheit über die negativen Folgen von Psychopharmaka ans Tageslicht zu bringen, und waren bereit, mehrere Kapitel dieses Buches durchzusehen. Dr. Virginia Carson und Dr. Sherrol McDonough waren so freundlich, das Kapitel über die Untersuchung defekter Gene zu lektorieren. Dr. Jack A. Braughan junior, ein im Ruhestand lebender Neurologe, verwendet einen Großteil seiner freien Zeit darauf, die auf tönernen Füßen stehenden Grundannahmen und wissenschaftlichen Ungenauigkeiten der Biopsychiatrie aufzuzeigen. Freundlicherweise hat er das Kapitel über bildgebende Verfahren durchgesehen. Sheila Cooper und Rosa Harnetiaux waren bereit, beträchtliche Zeit darauf zu verwenden, den Aussagen in mehreren Kapiteln mehr Klarheit zu verleihen und sie besser lesbar zu machen. Der Kampfgeist von Jeanne Hoffa half mir in Phasen der Entmutigung wieder auf die Beine.

9

Es gibt noch viele andere, die mir geholfen haben, die Aussagen des Buches zu überprüfen, und deren detaillierte Stellungnahmen sehr zum Gelingen des Projekts beigetragen haben. Hierzu gehören Dr. Don W. Brian, Dr. Mary Kay Pelias, Dr. Martin W. Hoffman, Dr. Kevin McCready, Dr. Thomas Greening, Dr. Lucy Joe Palladino, Dr. David Jacob, Pater Joe Scerbo und Dr. David E. Roy. Mickey Winbergs Hilfe bezog sich zwar nicht auf dieses Buch, jedoch auf ein früheres, unveröffentlichtes Manuskript, aus dem sich schließlich dieses Buch entwickelte.

Mein besonderer Dank gilt meinem Doktorvater Dr. Don Schrader, der mich unterstützte, als ich noch mit der Konzeption dieses Buches rang.

Ein Buch wie dieses wäre auch nicht möglich gewesen ohne begabte und engagierte Mitarbeiter. Wendy Danbury übernahm die wichtige Aufgabe des Lektorats und begleitete das Buch vom ersten Manuskript bis zum Druck. Joy Parker trug mit ihrer jahrelangen Erfahrung in außerordentlichem Maße dazu bei, dem Text den letzten Schliff zu geben. Auch Darlene Hoffa, eine wahre Freundin, half bei der Bearbeitung einiger Kapitel. Besonders danken möchte ich Nita Busby, die die Fahnen immer wieder Korrektur gelesen hat.

Selbstverständlich wäre dieses Buch nicht ohne die unschätzbare Unterstützung meiner Frau Kathy, meiner engen Freunde und meiner Familie möglich gewesen. Besonderer Dank gilt meinem Bruder Gary und meiner Mutter für ihre Hilfe bei der Finanzierung dieses Projekts.

Nicht zuletzt möchte ich all jenen danken, die seit Jahren unter emotionalen Störungen leiden und die durch ihre Offenheit und ihren Mut das eigentliche Rückgrat des in diesem Buch vorgestellten Erklärungsmodells geworden sind und für seine Richtigkeit bürgen.

EINLEITUNG

Jeder Student der Psychologie wird in den höheren Semestern mit den verschiedenen theoretischen Positionen zur Entstehung psychischer Erkrankungen, zur Psychopathologie, konfrontiert. Während meiner Ausbildung studierten wir zum Beispiel zunächst Freud, dann den Neofreudianismus, gefolgt vom Behaviorismus und anderen Schulen. Ziel dieses Studiums war für uns, schließlich unseren eigenen Standpunkt hinsichtlich der Ursachen psychischer Erkrankungen zu entwickeln und ein Etikett für unsere eigene Therapierichtung zu finden. Obwohl ich im humanistisch-existentialistischen Geiste erzogen wurde, war ich damals mehr an der Beendigung meiner Ausbildung als an der Entscheidung für eine bestimmte Philosophie interessiert. Ich wollte unbedingt praktizieren und Menschen helfen. Kein einziges Mal kam es mir dabei in den Sinn, daß letztlich meine theoretische Sichtweise über das *Schicksal* von Menschen entscheiden würde.

Als ich zu praktizieren begann und Menschen mit kritischen, oft schwer verständlichen Krankheitsbildern zu mir kamen, fand ich bald heraus, daß das richtige Verständnis der Ursachen emotionaler Störungen nicht einfach eine intellektuelle Theorieübung war, sondern daß davon buchstäblich das Leben von Menschen abhängen konnte. Liz ist eine der Personen, die mich dies lehrten.

Liz wurde vom örtlichen Pfarrer zu mir geschickt; mehrere Psychiater hatten bei ihr paranoide Schizophrenie diagnostiziert. Von Anfang an war es für mich klar, daß sie tatsächlich ein hochgradig paranoider Mensch war. Seit fast zehn Jahren beschuldigte sie regelmäßig ihren Ehemann wie auch ihre beiden erwachsenen Kinder, sich gegen sie zu verschwören und sie loswerden zu wollen. Wenn ihre paranoiden Schübe den Höhepunkt erreichten, wandte sie sich regelmäßig an die Polizei, reichte die Scheidung ein oder beantragte gerichtliche Anordnungen gegen ihre Kinder.

Bei einer Unterredung mit ihrem früheren Psychiater erzählte dieser mir ohne Umschweife, daß Liz biochemische Probleme habe und die medizinische Wissenschaft noch nicht so weit entwickelt sei, als daß ihr geholfen werden könne. Er hatte erfolglos jede mögliche Medikation ausprobiert und wollte Liz aus diesem Grund nicht mehr wiedersehen.

11

Trotz seiner pessimistischen Diagnose war ich nicht bereit, Liz aufzugeben. Wenn ich dasaß und ihren paranoiden Reden zuhörte, konnte ich hinter ihrem befremdlichen Verhalten einen Menschen erkennen, der von einem tiefen Schmerz erfüllt war. Als ich mich fragte, woher dieser Schmerz rührte, überlegte ich, ob es sich nicht einfach um einen Fall von »von-der-Familie-nicht-geliebt-und-geschätzt-fühlen« handeln könnte. War es möglich, daß sich Liz, aus welchem Grund auch immer, von jedermann so wenig geliebt fühlte, daß sie unbewußt fürchtete, ihr Mann oder ihre Kinder würden sie zwangsläufig verlassen? Wenn das der Fall war, konnte es sein, daß ihr Unterbewußtsein Gründe zu finden versuchte, ihnen zuvorzukommen, um ihr den schrecklichen Schmerz des Verlassenwerdens zu ersparen.

Im Laufe der Therapie entdeckte ich, daß mich mein Gefühl nicht getrogen hatte. Wenn Liz aus ihrer Hilflosigkeit heraus mit ihren Beschuldigungen begann, ging ihre Familie ihr aus dem Weg. Ihr Mann verbrachte dann mehr Zeit in der Garage und hielt sich fern von ihr. Für Liz war das distanzierte Verhalten ihrer Familie lediglich eine Bestätigung dafür, daß diese sie loswerden wollte.

Als ich diese These ihrem Mann, der sie durchaus sehr gern hatte, erklärte, konnte ich ihm damit einige Kommunikationshilfen zur Hand geben, die es ihm ermöglichten, auf der Gefühlsebene eine nähere Beziehung zu Liz aufrechtzuerhalten. Zudem ermutigte ich Liz, ihrer Familie offen von ihren Bedürfnissen zu erzählen, und unterstützte sie in ihren Bemühungen, mit ihrem Mann und ihren Kindern zu kommunizieren.

Zu meiner großen Überraschung verschwanden all ihre Symptome innerhalb weniger Sitzungen und kehrten während der sechs Jahre, die ich diesen Fall verfolgen konnte, nicht wieder. Weil ich nicht die Gelegenheit bekam, die Ursache ihres Verhaltens wirklich zu verstehen, erschien mir ihre Heilung wie ein Wunder. So konnte ich nicht sicher sein, daß ihre Paranoia nicht eines Tages wieder auftauchen würde.

Dennoch war Liz für mich der erste Fall, bei dem ich gewisse Dinge aus erster Hand erfahren konnte: Ich lernte, wie wichtig die Ansicht des Fachmanns über die Ursache des Problems seines Patienten ist und wie diese Ansicht eine entscheidende und bleibende Auswirkung auf das Leben des Patienten haben kann. Mehr als zehn Jahre lang hatte jeder von Liz aufgesuchte Psychiater geglaubt, daß ihrer Krankheit eine Art biologisches Problem zugrunde liegen müsse. Die Zeit mit Liz lehrte mich, daß auch das seltsamste Verhalten, wenn man es richtig interpretiert, von denselben Mechanismen bestimmt ist wie das Verhalten jedes anderen Menschen. Wenn wir beginnen, einem anderen zu mißtrauen, hat unser Unbewußtes die Tendenz, sich emotional zu verteidigen, indem es Gründe gegen diese Person findet, die in der Regel größtenteils falsch sind. Der Unterschied zwischen Verhaltensweisen, die als »emotional labil«, und solchen, die als »emotional gesund« wahrgenommen werden, ist oft nur eine Frage des Grades.

Wenn ich mir Liz vergegenwärtigte, sah ich in ihr nicht eine Kranke, sondern einen Menschen, dessen Paranoia durch frühere Verletzungen, zerstörtes Vertrauen und die Angst vor dem Verlassenwerden entstanden war. Grundsätzlich war ihre Psyche nicht als *dysfunktional* anzusehen; sie funktionierte vielmehr sehr wirkungsvoll in dem Bestreben, ihr verwundetes Selbst zu schützen.

Nach meinem therapeutischen Durchbruch mit Liz und dem dadurch gewonnenen Verständnis der tatsächlichen Ursachen für emotionale Erkrankungen stellten sich überraschende Erfolge mit anderen »schwierigen« Fällen ein. Ironischerweise mußte ich zur gleichen Zeit feststellen, daß sich die Psychiatrie zunehmend an einem Krankheitsmodell oder besser gesagt an einem Modell des biologischen Defekts orientierte, und daß sich Psychiater demgemäß immer öfter auf die Medikation als mögliches »Heilmittel« einließen. Trotz des Erfolges, den ich bei der Behandlung *emotionaler* Probleme von Personen hatte, denen oftmals mitgeteilt worden war, sie litten an einem *biologischen* Defekt, fragte ich mich zunächst, ob ich nicht doch eine falsche Auffassung vertrat. Konnte in diesen Fällen auch ein physiologischer Defekt mit beteiligt sein? Und wenn ja, war dann die Medikation wirklich die richtige Lösung?

Trotz meiner anfänglichen Zweifel stellte ich jedoch bei *jeder* sogenannten »psychischen Erkrankung«, mit der ich mich befaßte, fest, daß, wenn ich nur genau genug die emotionale Situation des Patienten untersuchte und genügend Vertrauen zu ihm aufgebaut hatte, unabhängig von den Symptomen hinter dem bizarren Verhalten ein emotional verletzter Mensch existierte. Von dieser Erfahrung ausgehend, begann ich das zu entwickeln, was ich das »Modell des emotionalen Schmerzes« nenne. Eben dieses Modell wird in diesem Buch ausführlich besprochen werden, und ich hoffe, daß es dem Leser ein besseres Verständnis von dem gibt, was sich hinter dem oftmals befremdlichen Verhalten verbirgt, das emotional Verwundete an den Tag legen.

Da Biopsychiater in der Folgezeit der Zahl der sogenannten »psychischen Störungen« auf ihrer Liste stets weitere hinzufügten und der Medikation ein immer größeres Gewicht beimaßen, wurde mir klar, daß es immer dringender wurde, ein deutliches Bild davon zu erhalten, was die Ursachen psychischer Erkrankungen wirklich sind. Einerseits betonte die Biopsychiatrie, daß fast jede emotionale Störung – sei es Schizophrenie, Depression, Manie, Zwangsverhalten, Angstzustände oder Hyperaktivität – ihre Wurzeln in dem einen oder anderen biologischen Defekt habe. Auf der anderen Seite stellte ich bald fest, daß ich nicht der einzige Therapeut war, der durch die direkte Ansprache des verwundeten Selbst, der inneren Unschuld und des Schmerzes der Person Heilerfolge erzielte. Als ich einigen Untersuchungen entnahm, daß 81 Prozent aller in psychiatrischen Einrichtungen lebenden Frauen sexuell oder seelisch mißbraucht worden waren und daß die große Mehrheit der Insassen von Gefängnissen ebenfalls als Kinder mißbraucht worden war, begann ich, mich zu fragen, wie die medizinische Wissenschaft angesichts dieser Zahlen darauf beharren konnte, daß die Probleme dieser Menschen in einer biologisch defekten Psyche begründet lägen.

Um ein Modell des emotionalen Schmerzes zu entwickeln, das die Ursachen psychischer Erkrankungen in klaren und leicht verständlichen Begriffen erklären konnte, mußte ich zunächst die Annahmen des medizinischen Modells verstehen. Anfangs schien die von mir gelesene wissenschaftliche Literatur, die die Modelle des biologischen Defektes oder des biochemischen Ungleichgewichtes stützte, durchaus überzeugend zu sein und keine Fehler zu beinhalten. Als ich mir die zugrundeliegenden Forschungen jedoch genauer ansah und auch jenen zuhörte, die diese Ergebnisse in Frage gestellt hatten, begann ich einzusehen, daß die Annahmen der Biopsychiatrie tatsächlich auf tönernen Füßen ruhten und ernsthaft hinterfragt werden mußten.

Es ist zwar richtig, daß einigen Menschen durch Medikation – und vielleicht sogar durch eine Schocktherapie oder chirurgische Lobotomie – geholfen zu werden scheint; das bedeutet jedoch nicht, daß diese Behandlungen als *Heil*verfahren von Bedeutung bezeichnet werden könnten. Als ich jünger war, konnte ich meine Schüchternheit fast augenblicklich durch Alkoholkonsum überwinden. Auch wenn die chemischen Substanzen, die ich mir mit dem Alkohol einflößte, mir ermöglichten, mit gesellschaftlichen Situationen fertig zu werden, die mich emotional unter Druck setzten, war die Angst vor sozialen Kontakten, die meiner Schüchternheit zugrunde lag, weder die Folge von biochemischen Problemen, noch heilte mich übermäßiges Trinken, obwohl es für eine kurze Zeit die Symptome verschwinden ließ. Im Grunde genommen wußte ich, daß meine Angst Gefühlen eigener Unzulänglichkeit zuzuschreiben war und daß diese Gefühle der Punkt waren, den ich anzugehen hatte.

Auf meiner Suche nach Antworten auf das Problem emotionaler Erkrankungen stieß ich auf immer mehr Menschen, die dauerhaft abhängig von starken Psychopharmaka waren; immer mehr Kinder führte man im frühen Alter an diese Medikamente heran. Angesichts des Schmerzes dieser Menschen und der Tatsache, daß dieser Schmerz betäubt, aber nicht verarbeitet wurde, war ich zunehmend fest davon überzeugt, daß Medikation nicht die Antwort bereithielt, um dem Schmerz und den Belastungen, denen wir in der westlichen Zivilisation ausgesetzt sind, zu begegnen. Mir wurde klar, daß wir uns als Individuen und auch als Gesellschaft nicht fortentwickeln können, wenn wir keine gesicherten Erkenntnisse über die Ursachen von psychischen Erkrankungen haben.

Dieses Buch verkörpert eine fünfzehnjährige Reise auf der Suche nach dieser Wahrheit, die von der Anfangszeit, in der ich Patienten wie Liz zu behandeln begann, bis in die Gegenwart andauert. Es ist von dem Wunsch getragen, psychische Erkrankungen ihres Geheimnisses zu entkleiden und einen klaren Weg für die Zukunft aufzuzeigen.

Ich behaupte nicht, daß dieses Buch alle Fragen über die Ursachen psychischer Erkrankungen beantwortet; ich hoffe aber, daß es uns zumindest auf den richtigen Weg führt. Wenn Sie nach der Lektüre dieses Buches ein klareres Bild von den Ursachen psychischer Erkrankungen und den richtigen Behandlungsmethoden gewonnen haben, dann habe ich mein Ziel erreicht.

TEIL EINS

DAS MEDIZINISCHE MODELL

KAPITEL 1

DAS VERWUNDETE SELBST – ÜBER DIE URSACHEN VON PSYCHISCHEN KRANKHEITEN

Als Jack im Alter von 18 Jahren aufs College kam, zeigte er Anzeichen von Angst und Depression. Nachdem er zur Teilnahme an einer Selbsthilfegruppe ermutigt worden war, begann er, heftige Wutgefühle zu äußern. An diesem Punkt wurde er an das Gesundheitszentrum der Universität überstellt und schließlich in eine Anstalt eingewiesen.

Nach 15 Jahren entließ man ihn endlich aus der Pflegeeinrichtung, und er begann, ein selbständiges Leben zu führen. Seit zwanzig Jahren lebt er nun allein in einem Appartement und versucht, sich möglichst von der Öffentlichkeit fernzuhalten. Da bei Jack paranoide Schizophrenie diagnostiziert wurde, nimmt er täglich verschiedene Medikamente ein und wartet ergeben darauf, daß eine Heilmethode für ihn gefunden werden wird.

Was Jack widerfahren ist, erleben Tausende anderer Menschen. Manche sind belastbarer als Jack, andere benötigen mehr Hilfe. Dennoch ist es ihrer aller Schicksal, daß sie den Rest ihres Lebens in hohem Maße abhängig von Psychopharmaka verbringen müssen, die ihre starken Emotionen und ihr bizarres Verhalten kontrollieren oder überwachen.

Jedes Jahr beginnen Millionen von Erwachsenen, Symptome der Angst und Depression – sogar Schizophrenie – zu zeigen, und fürchten, in den gleichen Zustand wie Jack zu verfallen. Ken, ein junger

Mann Anfang Zwanzig, begann eine Therapie, weil er sich deprimiert und hoffnungslos fühlte. Er erzählte mir, daß er seit seinem zwölften Lebensjahr das Bedürfnis hatte zu sterben, und er fragte mich, ob seine Depression und sein Todeswunsch die Folge eines biochemischen Ungleichgewichtes oder genetischen Defektes sein könnten. Er hatte einen Fernsehbericht über das Modell des biochemischen Ungleichgewichtes/genetischen Defektes gesehen und befürchtete, daß er einen psychischen Defekt habe, der nicht geheilt werden könne.

Betty, eine Klientin, die der Möglichkeit einer Scheidung und dem Schrecken des Alleinseins entgegensieht, hat angefangen, Stimmen zu hören und Bewegungen von Objekten zu sehen, die sich tatsächlich nicht bewegt haben. Sie ist verängstigt und fragt sich, woher die Stimmen kommen.

Heutzutage werden schon dreijährigen Kindern Antidepressiva gegeben, und man erklärt, sie könnten an einem biochemischen Ungleichgewicht leiden. Ihre Eltern sind verständlicherweise hinsichtlich der Ursache der von ihren Kindern gezeigten Symptome bestürzt.

Was hat diese Personen an diesen Punkt gebracht, und was wird mit ihnen geschehen? Ist es möglich, daß Ken, Betty, diese Kinder und so viele andere an irgendeinem Defekt in ihrem biologischen System leiden? Sind Psychopharmaka die einzige Lösung für ihre emotionalen Probleme?

DAS GROSSE GEHEIMNIS

Die meisten Psychiater, Psychologen und Therapeuten würden heutzutage diese Frage bejahen. Für sie ist es im Prinzip eine allgemein anerkannte Tatsache, daß Störungen wie Depression, Manie, Schizophrenie, schwere Angstzustände, Süchte und Zwangsneurosen auf Defekten des biologischen Systems beruhen. Fachleute behaupten, daß diese Defekte auf genetische Faktoren zurückzuführen sein könnten, auf ein biochemisches Ungleichgewicht, einen Virus oder irgendeine andere von zahlreichen Möglichkeiten.

Bislang haben die Forscher jedoch kein einziges defektes Gen entdeckt oder irgendein biochemisches Ungleichgewicht genau identifiziert, das emotionale Störungen hervorgerufen haben könnte; sie haben niemals nachgewiesen, daß Gehirnabnormitäten auch *nur für eine* emotionale Störung verantwortlich seien. Tatsächlich gibt das National Institute of Mental Health (NIMH), das in den Vereinigten Staaten großenteils die Erforschung psychischer Erkrankungen finanziert, offen zu, daß die Ursachen von Schizophrenie, Depression, Manie, Angstzuständen und Hyperaktivität unbekannt seien. Überdies haben Forscher in den Gehirnen derjenigen, die an emotionalen Störungen leiden, nichts wirklich Defektes feststellen können. Deshalb widersprechen immer mehr Fachleute offen der Meinung, daß eine Gehirnkrankheit der eigentliche Grund für diese Probleme sei.

So stellt der Psychiater Ken Barney, der für *The Journal of Mind and Behavior* schreibt, fest: »Die Vorstellung, daß ›Schizophrenie‹ eine versteckte Krankheit sei, deren biogenetische ›Ursache‹ kurz vor der Entdeckung stehe, ist als völlig aus der Luft gegriffen entlarvt worden.«[1] In seiner Schrift führt er siebzehn Literaturangaben an, die seinen Standpunkt untermauern. Der Psychiater und Autor Peter Breggin sagt: »Bislang gibt es keine Biologie der Depression.«[2] Professor David Cohen, der sich auf die Untersuchung des Zusammenhangs von Schizophrenie und Psychopharmaka spezialisiert hat, erklärt: »Führende Biopsychiater in Frankreich, Kanada und den Vereinigten Staaten haben ungewöhnlich offen eingestanden, daß es schwerwiegende Rückschläge gegeben habe, und betonen die Notwendigkeit einer Neubewertung des biomedizinischen Ansatzes in der Psychiatrie.«[3]

Sogar Psychiater, die auf ihrem Gebiet führend sind, geben zu, Zweifel zu haben. Dr. Susan Kemker, die am North Central Bronx Hospital in New York tätig ist, schreibt:

»Die Tatsache, daß ich an dieses Dogma (die Biologie sei die Wissenschaft von der Psychiatrie) glaubte, ließ die 1990 von Pam geübte Kritik an der biologischen Psychiatrie besonders beunruhigend erscheinen. Als ich diese Arbeit las, fühlte ich, daß meine gesamte Ausbildung als Psychiaterin in Frage gestellt wurde. Einige der von Pam einer kritischen Prüfung unterzogenen Untersuchungen waren mir als grundlegende Beiträge auf dem Gebiet der Biopsychiatrie bekannt. Es erschreckte mich, daß sich nicht eine einzige dieser ›bahnbrechenden‹ Studien als methodisch fundiert erwies.[4]

Colin Ross, Professor für klinische Psychiatrie am Southwest Medical Center in Dallas, Texas, untermauert diese Erkenntnis:

>»Zu Beginn meiner Assistenzzeit glaubte ich, daß die Forschung die genetische Grundlage der Schizophrenie bewiesen und gezeigt habe, daß Schizophrenie in erster Linie eine biomedizinische Gehirnkrankheit sei. Diese Sichtweise war an meiner medizinischen Fakultät nahezu allgemein anerkannt, und ich hörte während meiner Ausbildung niemals eine ernsthafte Kritik daran. Erst ganz allmählich erkannte ich immer deutlicher die kognitiven Irrtümer, die die klinische Psychiatrie beherrschten. Meine Vorgesetzten führten sie mir ein ums andere Mal, ohne es zu wollen, vor Augen.«[5]

Und Ross schreibt weiter:

>»Die biologische Psychiatrie hat, trotz der Millionenbeträge, die in die Forschung gesteckt werden, in den letzten zehn Jahren nicht eine einzige Entdeckung von klinischer Bedeutung gemacht.«[6]

WAS IST AUS DEM URTEIL DIESER FACHLEUTE ZU FOLGERN?

Die Annahme, daß psychische Erkrankungen durch einen biologischen Defekt gleich welcher Art hervorgerufen werden, wird von vielen psychiatrischen Fachleute offen angezweifelt. Sogar das psychiatrische Bundesgesundheitsamt der USA, die NIMH, gibt zu, daß zur Zeit für keine einzige psychische Störung die Ursache bekannt ist – auch wenn es weiter daran festhält, daß man eines Tages die Ursachen für bestimmte Defekte finden wird.

Wenn also keine physiologischen Ursachen für psychische Erkrankungen gefunden worden sind und wenn viele Fachleute bezweifeln, daß überhaupt ein biologischer Defekt existiert, dann mag es daran liegen, daß wir diese Störungen möglicherweise aus der falschen Perspektive betrachten. In der Tat glaube ich, daß selbst die meisten sogenannten schweren psychischen Krankheiten – Schizophrenie, Depression und Manie – nicht auf biologische Ursachen zurückzuführen sind, sondern das emotionale Verwundetsein einer Person widerspiegeln. Diese Symptome sind von dem betroffenen Menschen entwickelte Abwehrmechanismen und Strategien, um mit dem erlittenen emotionalen Schmerz umzugehen.

Während ich Ihnen das *Modell des emotionalen Schmerzes* als Alternative zum *medizinischen/Krankheitsmodell* erläutere, werden Sie sehen, daß das Modell des emotionalen Schmerzes alle Symptome psychischer Erkrankungen – und zwar unabhängig vom spezifischen Verhalten einer Person – weitaus besser erklärt als jenes Modell, das von einer physischen Ursache für diese Störungen ausgeht. Als ich vor fünfzehn Jahren als Psychotherapeut zu praktizieren begann, überzeugten mich schon einige meiner ersten Klienten davon, daß sich selbst hinter dem bizarrsten Verhalten kein defektes Gehirn, sondern ein verletzter Mensch verbarg. Im nächsten Abschnitt werde ich Ihnen einen dieser Menschen vorstellen.

BOB

Bob wurde von seinen Eltern zu mir geschickt, nachdem sie einen Vortrag besucht hatten, den ich in ihrer Kirche hielt. Bob war damals 29 Jahre alt und seit seinem siebzehnten Lebensjahr immer wieder in psychiatrischen Kliniken gewesen. Während seines letzten Klinikaufenthaltes hatte man ihn mit Hilfe von Medikamenten stabilisiert und zu seinen Eltern zurückgeschickt. Nach einigen Monate zu Hause begannen seine Symptome wieder stärker zu werden, was seine Eltern bewog, mit mir Kontakt aufzunehmen. Bei Bob war katatone Schizophrenie diagnostiziert worden. Manchmal verfiel er in einen Zustand der Erstarrung, in dem er stundenlang nahezu regungslos dasaß. Zu anderen Zeiten hielt er abrupt in der Mitte eines Raumes inne und stand dort für eine Weile unbeweglich. Wenn er dieses Stadium der Katatonie zu Hause erreichte, wurde er regelmäßig wieder ins Krankenhaus eingewiesen. Dort verabreichten ihm die Ärzte verschiedene Medikamente – oft ergänzt durch Elektrokrampftherapie (EKT), die allgemein als Schocktherapie oder Schockbehandlung bekannt ist. Wenn er aus seinem katatonen Zustand soweit herausgefunden hatte, daß er sich wieder um sich selbst kümmern konnte (essen, baden usw.), wurde er erneut nach Hause geschickt. Verschlechterte sich seine Verfassung, kehrte er aufs neue ins Krankenhaus zurück.

Zu Beginn unserer ersten Sitzung betrat Bob mein Zimmer langsam und vorsichtig, setzte sich auf die Couch und sagte sehr wenig.

Am Ende der Sitzung stand er auf, schlurfte zur Tür, zögerte einen Moment, öffnete sie dann langsam und ging.

Während unseres zweiten Treffens, nachdem etwa ein Drittel der Zeit vergangen war, stand Bob plötzlich auf, ging wortlos auf die Zimmerwand zu und stellte sich fünf Zentimeter vor ihr auf – dort blieb er für den Rest der Sitzung stehen. Ich blieb in meinem Sessel sitzen und versuchte, eine Unterhaltung mit ihm zu führen. Er blieb stumm und starrte regungslos die Wand an. Nach dem Ende der Sitzung brauchte ich etwa eine halbe Stunde, um ihn von der Wand fort- und zu seinen Eltern zu bringen. Die dritte Sitzung verlief ähnlich wie die zweite.

Als Bob dieses Verhalten bei unserem vierten Treffen wiederholte, dachte ich »Ach, was soll's« und gesellte mich zu ihm. Während der nächsten Wochen verbrachten wir jede Therapiestunde in dieser Position, Schulter an Schulter, aus fünf Zentimetern Abstand an die Wand blickend und manchmal miteinander sprechend.

Während dieser Zeit begann Bob sich zu öffnen und gab mir einige Anhaltspunkte zur Erklärung seines katatonen Verhaltens. Er hatte mehrere körperliche Abnormitäten, die seinen Vater dazu veranlaßt hatten, ihn bis zu einem gewissen Grad abzulehnen; diese Mängel hatten auch zu einer beinahe konstanten Ablehnung und zu Erniedrigungen seitens seiner Altersgenossen geführt. Wenn auch die Ablehnung seines Vaters mild war und sich oft in Form von Witzen äußerte, war die Zurückweisung, die Bob durch seine Altersgenossen erfuhr, weitaus grausamer und stärker zu spüren. Als Folge der lebenslang erfahrenen Verhöhnung und des Schamgefühls hatte Bob wenig innere Kraft, zusätzliche Ablehnung abzuwehren.

Bobs Erklärung für sein Verhalten war sehr aufschlußreich. Er erzählte mir, daß er während unseres ersten Treffens auf der Couch gesessen und sich gefragt habe: »Habe ich die Tür richtig geöffnet? Habe ich auf die richtige Art und Weise ›Hallo‹ zu Dr. Colbert gesagt? Habe ich mich dahin gesetzt, wo ich mich hinsetzen sollte? Wird er böse auf mich sein, wenn das nicht der Fall war?«

Aufgrund seines inneren Bedürfnisses, sich richtig zu verhalten, wurde er von diesen Fragen derart vereinnahmt, daß er sich völlig überlastet fühlte und nicht mehr in der Lage war, weiter mit mir zu interagieren. An diesem Punkt sah er sich dazu gezwungen, aufzustehen, sich an die Wand zu stellen und diese anzustarren, wodurch er

24

jeden weiteren Außeneinfluß abblocken konnte. Diese Vorgehensweise gab ihm Zeit und Raum, sich auf die ersten wenigen Minuten unserer Interaktion zu konzentrieren. Während er diese immer und immer wieder im Geiste nachspielte, versuchte er zunächst herauszufinden, ob er die Tür korrekt geschlossen hatte. Er mußte erst dies herausfinden, bevor er zum zweiten Punkt unserer Begegnung übergehen konnte – ob er korrekt ›Hallo‹ zu mir gesagt hatte oder nicht.

Als Bob mir diesen inneren Ablauf anvertraute, erkannte ich eine völlig andere Seite an ihm. Von der professionellen Distanz meines Sessels aus betrachtet mußten mir Bob und sein Handeln als »psychisch krank« erscheinen; wie er regungslos dasaß oder aus nächster Nähe gegen die Wand starrte, das konnte als »verrückt« erscheinen. Leicht hätte ich zu dem Schluß kommen können, daß sein Verstand aufgrund irgendeines physischen Defektes »falsch funktionierte«. Als er mich jedoch in seine Welt hineinließ, wurde mir klar, daß sein Verstand keineswegs »krank« war: Im Gegenteil, sein Verstand machte *Überstunden* in dem Bemühen, mit dem Schmerz einer möglichen Ablehnung durch mich zurechtzukommen.

Die wichtigste Grunderkenntnis, die sich mir erschloß, während ich neben Bob an der Wand stand, lautete: Sein Verstand arbeitet gar nicht fehlerhaft; ja, er arbeitet *nicht anders* als meiner oder der irgendeiner anderen Person. Der Unterschied bestand allein in dem, worauf sich sein Verstand konzentrierte – und in der Intensität, mit der er dies tat.

Als Bob mir mehr aus seinem Leben erzählte, erinnerte ich mich an Zeiten, in denen ich sehr ähnlich gehandelt hatte. Es hatte Situationen gegeben, in denen ich aus Furcht, die Mißbilligung einer Person auf mich gezogen zu haben, ebenfalls im Geiste Ereignisse und Gespräche durchgegangen war, um festzustellen, ob ich Fehler gemacht hatte. Ich hatte mein Verhalten und meinen Verstand wohl besser unter Kontrolle als Bob, doch mir wurde klar, daß der Unterschied zwischen uns nicht – wie die Ärzte Bob und seinen Eltern weisgemacht hatten – auf einem Defekt oder einem biochemischen Ungleichgewicht basierte. Der Unterschied in unserem Verhalten beruhte allein auf dem Ausmaß unseres Schmerzes oder inneren Verwundetseins und unserer Fähigkeit, mit emotionalem Schmerz umzugehen.

Nach einigen weiteren Sitzungen fühlte sich Bob sicherer mit mir, verließ den Schutz der Wand und setzte sich auf die Couch. Als er sich noch sicherer fühlte und einen besseren Augenkontakt mit mir zuließ, nahm er allmählich die Gefühle, die sein »psychisch krankes« Verhalten verdeckte, besser wahr. Nach und nach erkannte er, daß er sich durch die alltägliche Ablehnung anderer so verletzt und einsam fühlte, daß er oft Zuflucht bei jenem katatonen Verhalten suchen mußte, um sich vor neuen Schmerzerfahrungen in Sicherheit zu bringen. Indem er im Haus seiner Eltern vor der Wand stand oder immer wieder nachsah, ob er die Haustür auch wirklich verschlossen hatte, gab er sich selbst einen Grund, das Haus so wenig wie möglich zu verlassen. Und wenn er seinen Verstand vollständig auf einen bestimmten Gedanken oder ein Verhalten fixierte, hielt er ihn damit beschäftigt und fern von der Wahrnehmung des in ihm existierenden tiefen Schmerzes. Nochmals: Sein Verstand war nicht defekt. Sein Verhalten diente einem ganz bestimmten Zweck.

Einige Monate später begannen wir mit Aktivitäten, wie sie unter »Kumpels« üblich sind, z.B. Kegeln oder dem Besuch einer Show. Weil Bobs Vater kaum solche Dinge mit ihm unternommen hatte und weil Bob niemals einen wirklichen Freund gehabt hatte, hatte diese neugewonnene Freundschaft mit mir manchmal einen größeren therapeutischen Einfluß auf ihn als jede professionelle Technik, die man mich gelehrt hatte. Genauso wichtig wie diese Techniken war für ihn das Bedürfnis zu fühlen, daß ein Mensch es lohnenswert fand, mit ihm seine Zeit zu verbringen.

Leider zogen seine Eltern weg von der Stadt, bevor ich meine Arbeit mit Bob beenden konnte. Infolgedessen entwickelte er sich etwas zurück, verfiel jedoch nicht wieder in den extrem katatonen Zustand. Sowohl er als auch seine Eltern verstanden nun glücklicherweise, welcher Grund und welches Ziel sich hinter seinem Verhalten verbargen. Dieses Wissen erlaubte es Bob, entscheidend dazu beizutragen, herauszufinden, was er für den Fortgang seiner Heilung benötigte. Auch sein Vater konnte seinen Sohn nun besser akzeptieren.

DEFEKTES GEHIRN ODER VERWUNDETES HERZ?

Obwohl Forscher, Psychiater und Psychotherapeuten Tausende unterschiedlicher Theorien zur Erklärung verschiedener emotionaler Störungen aufgestellt haben, gibt es seit jeher zwei dominierende Modelle.

26

Die erste Erklärung, bekannt als das medizinische oder Krankheitsmodell, nimmt an, daß bestimmte Arten biologischer Defekte für die Symptome psychischer Erkrankungen verantwortlich sind. So wie man einem Diabetiker Insulin gibt, um seine Verfassung zu korrigieren, so hofft man, mit Medikamenten bei einem als depressiv oder schizophren Diagnostizierten biologische Abnormitäten zu korrigieren. Die grundsätzliche Überzeugung hinter dem medizinischen Modell besteht in der Annahme, daß psychische Störungen durch physiologische Veränderungen im System verursacht werden und deshalb physische oder biologische Heilmittel erfordern. Das *Modell des emotionalen Schmerzes* hingegen erklärt lediglich, daß die Psyche, wird sie mit einer allzugroßen Dosis emotionalen Schmerzes konfrontiert, *absichtlich* die notwendigen Abwehrmechanismen hervorbringt, um mit diesem Schmerz umgehen zu können. Folglich werden Störungen wie Schizophrenie, Depression und andere sogenannte psychische Krankheiten als höchst individuelle Strategie des Betroffenen zur Bewältigung dieses Schmerzes angesehen.

Bobs Fall illustriert klar das grundsätzliche Mißverständnis, das dem medizinischen Modell zugrunde liegt, und zeigt zugleich, daß einiges für die Gültigkeit des Modells des emotionalen Schmerzes spricht. Obwohl Bobs Symptome eine unproduktive und lähmende Seite besaßen, waren sie für ihn dennoch die beste Strategie, um für sich selbst zu sorgen. Die ihn behandelnden Psychiater, die diese Symptome als Indikatoren für eine Krankheit interpretierten und sie mittels Medikamenten oder Schocktherapie bezwangen, konnten im besten Fall eine »Stabilisierung« des Klienten (Unterdrückung der Symptome) erhoffen. Bob und ich begannen, die Natur seines Schmerzes zu verstehen, indem wir uns die Zeit nahmen, die *nützliche, zielbewußte* Seite seiner Symptome zu verstehen und zu erforschen. Auf dieser Grundlage entstand eine wirkliche Heilung, ein wachsendes Gefühl innerer Übereinstimmung, und Bob gewann seine Handlungsfähigkeit zurück.

DAS DREI-PHASEN-MODELL

Leider sind Menschen wie Bob keine Einzelfälle. Sie beleuchten auf das deutlichste die Krise der modernen Psychiatrie – eine Krise, die beendet werden kann und sollte.

Als Folge meiner Arbeit mit Bob habe ich verschiedene andere Personen beraten und befragt, deren katatones Verhalten von Psychologen und Psychiatern fehlinterpretiert worden war. Als ich einer meiner Klientinnen Bobs Geschichte zu lesen gab, identifizierte sie sich sofort mit seiner emotionalen Verletzlichkeit und seinem Schmerz: »Ich fühlte mich so zerbrechlich, daß ich bei der kleinsten Bewegung zu zersplittern und als Asche zu Boden fallen drohte.«

Eine andere Klientin, die als Kind von mehreren Mitgliedern ihrer Familie sexuell mißbraucht worden war, *zwang* sich in einen katatonen Zustand hinein, um die intensiv empfundene Scham abzukoppeln, wenn sie ihrem Selbst oder ihrer Identität direkt gegenübertrat. Trotz der deutlichen emotionalen Komponenten ihrer Probleme wurde beiden Frauen erzählt, daß sie psychisch krank seien, und man empfahl ihnen, den Rest ihres Lebens Medikamente einzunehmen. Heute nimmt keine von ihnen mehr Medikamente, und beide führen ein verantwortungsbewußtes und produktives Leben.

Die Wahrheit ist, daß wir uns alle manchmal so verletzlich fühlen, daß wir meinen, unser Wesen könne zersplittern und sich in Staub auflösen. Wenn man dem intensiven Schmerz einer Scheidung, dem Verlust eines geliebten Menschen oder einem Gewaltakt ausgesetzt ist, gibt es ein natürliches Bedürfnis, die eigenen Gefühle einzufrieren. Fälle wie die von Bob oder Jack erlauben uns, die Mängel des medizinischen Modells zu erkennen, das Modell des emotionalen Schmerzes verstehen zu lernen und einen Sinn dafür zu entwickeln, wie mit solchen Fällen auf eine andere, produktivere Art umgegangen werden kann.

Damit will ich nicht sagen, daß eine Lösung oder Heilung in Fällen wie den oben erwähnten schnell und leicht zu erreichen ist. Doch mit einem Verständnis der Ursachen emotionaler Störungen und dem Wissen, wie man ihnen vorbeugen kann, können wir gemeinsam auf das Ziel hinarbeiten, Menschen zu einer *wirklichen* Genesung zu verhelfen, nicht nur zu einer vorübergehenden Linderung der ernsthafteren Symptome.

Um dem Leser das Verständnis dessen zu erleichtern, was emotionale Störungen verursacht und was wir tun können, um diese auf ein Minimum zu reduzieren oder sie zu verhindern, möchte ich Ihnen ein dreiphasiges Modell des emotionalen Schmerzes vorstellen.

Wenn wir das Problem emotionaler Störungen lösen wollen, müssen wir verstehen, daß wir bei der Entwicklung emotionaler Probleme oder Störungen – unabhängig vom Ausmaß des emotionalen Mißbrauchs oder Schmerzes in unserem Leben – jede der drei in Abbildung 1.1 dargestellten Phasen durchlaufen.

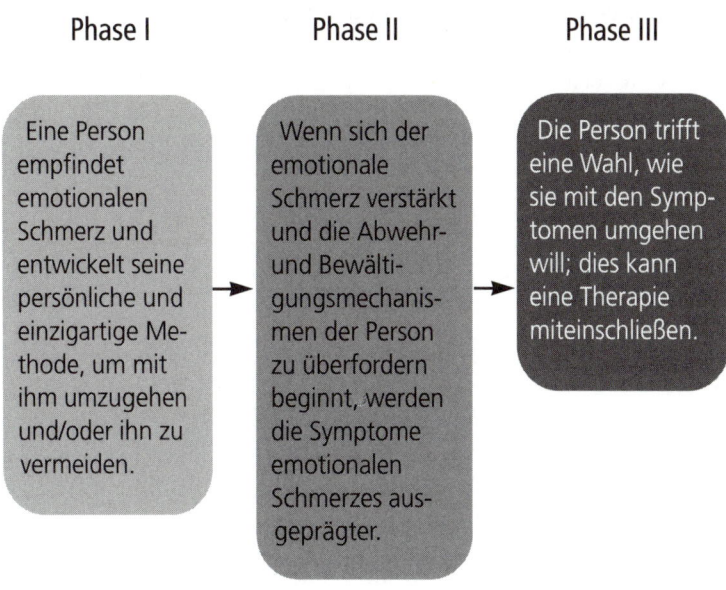

Phase I

Eine Person empfindet emotionalen Schmerz und entwickelt seine persönliche und einzigartige Methode, um mit ihm umzugehen und/oder ihn zu vermeiden.

Phase II

Wenn sich der emotionale Schmerz verstärkt und die Abwehr- und Bewältigungsmechanismen der Person zu überfordern beginnt, werden die Symptome emotionalen Schmerzes ausgeprägter.

Phase III

Die Person trifft eine Wahl, wie sie mit den Symptomen umgehen will; dies kann eine Therapie miteinschließen.

Abb. 1.1: Das Drei-Phasen-Modell

Wenn wir den Schleier des Geheimnisses, der alle Formen emotionaler Störung umgibt, lüften und die wahren zugrundeliegenden Ursachen begreifen, entfernen wir uns vom medizinischen Modell und nähern uns den oben erwähnten drei Phasen.

Das ist genau das, was wir in Bobs Fall getan haben. Das Modell des emotionalen Schmerzes geht davon aus, daß jeder Mensch als Kind emotionalem Schmerz ausgesetzt ist und als Folge davon seine eigene, einzigartige Methode zur Schmerzbewältigung entwickelt. (Phase I)

Diese Methoden funktionieren oft ziemlich gut, bis wir mit Phase II konfrontiert werden. An diesem Punkt wird unsere Abwehr plötzlich über Gebühr belastet, und größere Probleme machen sich bemerkbar. Daraus können die verschiedensten krassen Symptome oder Verhaltensweisen resultieren: z.B. Depressionen, Angstzustände, Süchte, Zwänge, Arbeitssucht, extremer Zorn, religiöser Fanatismus, extreme Abhängigkeit von anderen, Gier nach Macht oder Bösem und die klassischen Symptome der Schizophrenie, also ausgeprägte Gleichgültigkeit, Rückzug, Wahnvorstellungen und Halluzinationen.

Phase III zeigt Art und Ausmaß der gesuchten Hilfe, wenn sich die Symptome in Phase II zu zeigen beginnen. Wenn wir die in Phase III getroffenen Entscheidungen betrachten, werden wir die Vorteile des medizinischen Modells mit denen des Modells des emotionalen Schmerzes vergleichen. Das Verneinen der Notwendigkeit von Hilfe oder das fortgesetzte Ableugnen des Verhaltens, das sich in Phase II herauskristallisiert, stellt ebenfalls eine der möglichen Verhaltensweisen in Phase III dar.

Nach dem medizinischen Modell nimmt der den Fall behandelnde *Biopsychiater* beim Auftauchen der Verhaltensweisen aus Phase II einen biologischen Defekt an. Der Betroffene wird dann unter Medikamente gesetzt. Manchmal funktioniert diese Herangehensweise für eine kurze Zeit, solange die Medikamente das ungewöhnliche Verhalten des Betroffenen unterdrücken. In vielen Fällen, etwa dem von Bob, wird die Person jedoch den Rest ihres Lebens in einem Zustand der sozialen und emotionalen Invalidität verbringen.

Das Modell des emotionalen Schmerzes hingegen löst das Problem emotionaler Störungen durch die Entwicklung des entsprechenden Wissens oder eines Programms für alle drei Phasen. Hätten zum Beispiel Bob und Jack als Kinder gelernt, ihre eigenen individuellen Reaktionen auf ihren Schmerz (Phase I) zu verstehen, und hätten sie ihr Verhalten als Antwort auf ihren Schmerz erkennen können (Phase II), dann hätte die geeignete Hilfe (Phase III) leicht gegeben werden können.

Wenn die Eltern die wahre Natur der Störung verstehen, können sie viel mehr Unterstützung geben und sich aktiv am Heilungsprozeß beteiligen. Die drei Phasen des Modells des emotionalen Schmerzes verkörpern einen wichtigen Zugang zur Heilung und Vorbeugung emotionaler Störungen.

WER TRÄGT DIE SCHULD?

Während alle mißhandelnden Eltern für die emotionale Not im Leben ihrer Kinder verantwortlich gemacht werden können und sollten, weist das Modell des emotionalen Schmerzes nicht automatisch den Eltern die Schuld zu. So kam zum Beispiel Ken aus einem guten, fürsorglichen Zuhause und wurde von treusorgenden Eltern großgezogen. Trotz alledem konnten seine Eltern nicht die erschreckenden Episoden verhindern, die er während seiner Kindheit erlebte. Da er diese Gefühle zu unterdrücken und seiner eigenen Wahrnehmung zu entziehen versuchte, konnten sie nichts tun, um seinen Schmerz zu erkennen oder ihm irgendwie zu helfen. Unglücklicherweise veranlaßten diese Erfahrungen Ken dazu, sich schuldig und schlecht zu fühlen. Diese »schwarze Stelle«, wie er sie nannte, entwickelte sich mit der Zeit bis hin zu dem Gefühl, daß er sterben wolle. Seine Eltern hatten diese Gefühle nicht wahrgenommen, bis Ken in seinen Zwanzigern unter schweren Depressionen litt.

Auch Bettys Eltern und Zuhause waren warm und fürsorglich. Von früher Kindheit an glänzte Betty in allem, was sie versuchte, und wurde die »ideale« Tochter. Mit zunehmenden Leistungen entwickelte sie jedoch eine unterbewußte Angst zu versagen und fragte sich, ob sie auch angenommen werden würde, wenn sie nicht perfekt wäre. Da sie aber weiterhin nahezu perfekte Leistungen zeigen konnte, hatten ihre Eltern niemals Gelegenheit, sie in Zeiten zu bestätigen, in denen sie unter dieses Ziel fiel.

Als ihre Ehe zerbrach, hatte Betty wenig innere Kraft oder Erfahrung, um mit einem Fehlschlag umgehen zu können. Überdies konnten ihre Eltern, obwohl sie sie zu unterstützen suchten, ihre eigene Enttäuschung über das Scheitern der Ehe nicht verbergen. Als Folge davon begann Betty, die Wirklichkeit zu verzerren und ihrer inneren Verstörtheit durch mehrere Symptome Ausdruck zu geben.

Schließlich ergab sich die Lösung für Kens und Bettys Probleme und für eine letztendliche Genesung nicht durch Schuldzuweisungen an die Eltern oder Ken und Betty selbst, sondern durch die Erkenntnis, daß ihr Verhalten in Wirklichkeit Ausdruck ihres emotionalen Schmerzes waren – Methoden, die sie zum Schutz vor weiterer Verletzung einsetzten. Mit Hilfe dieser Erkenntnis wurde Ken und Betty die beste Möglichkeit gegeben, für ihre eigene emotionale Heilung die Verantwortung zu übernehmen.

Wenn auch Kens und Bettys Eltern nicht die Schuld an den psychischen Problemen ihrer Kinder gegeben werden kann, so hilft es andererseits auch nicht, die Eltern von Schuld dadurch freizusprechen, daß man die psychischen Störungen ihrer Kinder auf biologische Defekte zurückführt. Dieser Ansatz bringt nur mehr Verwirrung in das Gesamtbild und gesteht dem einzelnen noch weniger Spielraum zu, seine Probleme selbst anzupacken. Psychische Störungen biologischen Faktoren in die Schuhe zu schieben hat zur Folge, daß heute Millionen von Menschen für den Rest ihres Lebens zu Krüppeln gemacht worden sind.

Als Ken lernte, seinen Verstand und seine Gefühle taktisch einzusetzen, um zweckbestimmt mit seinem Schmerz fertig zu werden (Phase I), erkannte er schnell den Sinn seines Verhaltens (Phase II). Nachdem er und ich erst einmal seine emotionale Überlebensstrategie verstanden hatten, waren wir in der Lage, die für ihn beste Behandlungsmethode herauszufinden (Phase III). Wenn es Ken auch etwa vier Monate kostete, aus seiner Depression herauszukommen, so hatte er doch inzwischen verstanden, wie er zunächst in sie verfallen war. Obendrein wußte er nun, wie er sich selbst helfen konnte, um zukünftig eine Depression zu vermeiden oder mit ihr zurechtzukommen. Viele Menschen, die Medikamente zur Unterdrückung ihrer Symptome einnehmen, sind für den Rest ihres Lebens auf diese angewiesen. Durch das Verständnis der *emotionalen* Ursache seines Problems befindet sich Ken in einer guten Position, um selbst die Verantwortung für sein eigenes Schicksal zu tragen, ohne jemals wieder Medikamente nehmen zu müssen.

Betty durchlebte eine viel schwerere Zeit, da sie sich mitten in einer zerrütteten Ehe befand und ihren Perfektionsdrang immer zur Schmerzvermeidung eingesetzt hatte. Sie mußte lernen, lebenslange Gewohnheiten zu ändern. Immer wenn sich bei Betty ein Symptom der Phase II zeigte, arbeiteten wir hart daran, den dahinter verborgenen Schmerz zu erkennen. Im Laufe der Zeit aber war sie allmählich in der Lage, inmitten eines großen äußeren Durcheinanders, das sie umgab, die Verantwortung für ihr emotionales Verarbeitungssystem zu übernehmen.

DIE AUFGABEN DER ZUKUNFT

Das Rätsel hinter emotionalen Störungen kann letztendlich nur durch die Erkenntnis gelöst werden, daß *wir alle* die gleichen drei Phasen der Schmerzbewältigung durchlaufen. Der Unterschied zwischen uns und einem Menschen, der ernsthafte emotionale Probleme hat, ist nur eine Frage des Grades. Wir werden zwar nicht alle an den Punkt kommen, als schizophren oder krankhaft depressiv abgestempelt zu werden, doch jeder von uns wird im Laufe seines Lebens mit emotionalem Schmerz konfrontiert und entwickelt, als Folge davon, spezifische Verhaltensweisen zur Verarbeitung des Schmerzes.

Als ich mich entschloß, mich an die Wand zu stellen, um mich mit Bob identifizieren zu können, entdeckte ich den Ursprung seines Schmerzes. So konnte ich ihm helfen und lernte zugleich auch mehr über meinen eigenen Schmerz. Das Verstehen und Lösen des Rätsels psychischer Krankheiten wird nicht durch die fortgesetzte Suche nach irgendwelchen mysteriösen biologischen Defekten erreicht, sondern durch das Verständnis unseres eigenen emotionalen Schmerzes und des Schmerzes anderer.

Im Laufe dieses Buches wird diese Vorstellung immer deutlicher werden, so wie sie es auch für Bob und meine anderen Klienten wurde. Die Grundvorstellungen des Modells des emotionalen Schmerzes versetzen uns in die Lage, bei Bedarf Hilfe für uns selbst zu suchen, die richtige Behandlungsmethode für die uns Anvertrauten zu finden und angemessene Lösungen für unsere Gesellschaft als Ganzes anzustreben. Statt Eltern die Schuld zuzuschieben oder nach einer hypothetischen biologischen Ursache für emotionale Störungen zu suchen, können wir damit beginnen, eine Reihe gemeinsamer Nenner zu finden, die unsere Gesellschaft auf eine emotional gesunde Weise vorwärtsbringen.

PSYCHIATRISCHE ETIKETTIERUNG

Wenn jemand Hilfe bei emotionalen Problemen sucht, wird ein Psychologe oder Psychiater als erstes versuchen, eine Diagnose zu stellen: ein psychiatrisches Etikett, basierend auf dem Verhalten des Menschen und anderen Symptomen. In Bobs Fall äußerte sich der emotionale Schmerz, den er sein ganzes Leben über angehäuft hatte, schließlich in Verhaltensweisen wie ausgeprägter Zurückgezogenheit, katatonen Körperhaltungen und dem Hören von Stimmen (Halluzinationen). Wir haben gesehen, daß diese »Symptome« die Strategien darstellten, die seine Psyche zur Bewältigung des emotionalen Schmerzes ausprobierte.

Bobs Verhalten wurde kategorisiert und mit dem Etikett der katatonen Schizophrenie versehen. Wenn wir uns Bobs Daten angesehen oder mit seinem Psychiater gesprochen hätten, würde dieser vielleicht die Meinung vertreten: »Bob ist schizophren.« Ken ist ein weiterer Klient, den man als schizophren hätte bezeichnen können. Oder als jemanden, der an einer manisch-depressiven Störung leidet (die Stimmung schwankt in solchen Fällen zwischen Manie und Depression).

Diese Bezeichnungen sind zu einer sehr effizienten Methode der Kategorisierung geworden. Sie sind zudem ein Weg, dem medizinischen Modell Substanz zu verleihen. Wenn jemand einmal als schizophren bezeichnet worden ist, wird es leichter, ihn als »psychisch krank« einzustufen. Oder zumindest anzunehmen, daß eine Krankheit irgendwelcher Art mit im Spiel sei.

Obwohl das Etikettieren hilfreich oder wenigstens unschädlich erscheinen mag, kann es doch Teil eines sehr destruktiven Prozesses werden, der oftmals die emotionale Verfassung eines Menschen aufrechterhält, anstatt sie zu beenden. Als sich zum Beispiel Bob, seine Ärzte und seine Eltern auf eine bestimmte Bezeichnung für seine Krankheit (und auf speziell darauf abgestimmte Medikamente) festgelegt hatten, suchte niemand mehr nach dem eigentlichen Grund für sein Verhalten.

Die Bezeichnung Schizophrenie lieferte Bob seinem Arzt und der übrigen Gesellschaft aus, die sich nun dazu berechtigt sah, ihn entsprechend ihrer Etikettierung wahrzunehmen. Jetzt, nachdem eine »richtige« Diagnose gestellt war, wurde es einfacher anzunehmen, er sei gefährlich, ein Idiot, unheimlich oder leide an einem Gehirndefekt.

In meiner klinischen Praxis versuche ich, so weit wie möglich Etikettierungen zu vermeiden. Leider haben wir uns alle an ihren Gebrauch gewöhnt. Im Text werde ich diese Bezeichnungen deshalb nur dann einsetzen, wenn dies dem Verständnis des Zusammenhangs dient. Ich bitte jene Leser um Verzeihung, die durch Etikettierungen verletzt und verkrüppelt worden sind. Ich hoffe zudem, daß Sie am Ende des Buches ein besseres Verständnis von der zerstörerischen Wirkung gewonnen haben werden, die oftmals mit solchen psychiatrischen Bezeichnungen einhergeht.

Kapitel 2

EIN HISTORISCHER ÜBERBLICK

Der überwiegende Teil der Öffentlichkeit wie auch der Berufsgruppe der Psychiater hält daran fest, daß psychischen Erkrankungen ein wie auch immer gearteter biologischer Defekt zugrundeliege. Andererseits vertreten, wie bereits erwähnt, viele glaubwürdige Fachleute den Standpunkt, daß dafür kein Beweis existiere. Und die psychiatrische Gemeinschaft selbst gibt offen zu, daß bisher keine echte biologische Ursache für diese Störungen nachgewiesen worden sei. Schließlich liegen Tausende von Berichten über Menschen wie Bob vor, denen man erzählt hat, sie seien aufgrund eines physiologischen Defektes psychisch krank, die jedoch von ihrer Krankheit befreit wurden, nachdem sie verstanden hatten, daß dies nicht der Fall war.

Wenn es aber stimmt, daß keine biomedizinische Theorie bislang bewiesen worden ist, wie kommt es dann, daß das medizinische Modell weiterhin eine solch große Akzeptanz findet? Darauf gibt es einige vielschichtige Antworten. Der Hauptgrund ist aber wohl darin zu suchen, daß die Menschen im allgemeinen zu dem Glauben neigen, daß mit dem Verstand einer als psychisch krank diagnostizierten Person etwas nicht in Ordnung sein kann. Wenn wir jemanden beobachten, dessen Verhalten oder Gefühlswelt außer Kontrolle geraten ist, sagen wir »Hat er den Verstand verloren?« oder »Weshalb verhält sie sich so seltsam?«. Sehen wir das verrückte oder seltsame Verhalten von jemandem wie Bob und verstehen wir den Grund dafür nicht, ist es allzu naheliegend anzunehmen, daß sein Verstand irgendwie defekt sein muß.

Diese natürliche Neigung, anzunehmen, daß mit dem Verstand eines Menschen, der sich seltsam verhält, etwas nicht stimmen könne, wurde und wird auch heute allzu leichtfertig auf die medizinische Erforschung emotionaler Störungen übertragen. Mit der Folge, daß durch die ganze Geschichte der Psychiatrie hindurch immer wieder falsche Schlußfolgerungen hinsichtlich *Ursache und Wirkung* gezogen wurden. Wer davon ausgeht, daß die Psyche in diesen Fällen einen Defekt aufweist, und wer beobachtet, daß eine physische oder biologische Behandlung zufällig die Symptome eindämmt oder das Verhalten wieder in die von der Norm akzeptierten Bahnen lenkt, wird tendenziell daraus den Schluß ziehen, daß es einen Zusammenhang zwischen der *Ursache* der Krankheit und der *Behandlung* gibt.

Wir wurden Zeuge dieser Ursache-Wirkung-Logik, als Bob Medikamente gegeben wurden, mit denen die *Symptome* seiner Krankheit »geheilt« werden sollten. Weil verschiedene biochemisch wirksame Arzneien Bobs Symptome zeitweise reduzierten, schlossen die Ärzte gemäß der fehlerhaften Ursache-Wirkung-Logik daraus, daß die Symptome eine biochemische Ursache haben müssen.

Leider ist die Geschichte der Psychiatrie gespickt mit Beispielen für diese fehlerhafte Koppelung von Ursache und Wirkung.

Die Anfänge der biologisch begründeten Psychiatrie

In der klassischen Zeit (um 400 v. Chr.) wurden körperliche und psychische Krankheiten oft auf ein Ungleichgewicht der vier im Körper existierenden Flüssigkeiten zurückgeführt: Schleim, Blut, schwarze und gelbe Gallenflüssigkeit. Nach der Theorie der Antike machte ein Überschuß an Schleim den Menschen phlegmatisch – das heißt gleichgültig und träge. Überschüssiges Blut verursachte schnelle Stimmungsänderungen. Zuviel schwarze Gallenflüssigkeit machte eine Person melancholisch, und zuviel gelbe Gallenflüssigkeit machte sie cholerisch – das heißt reizbar und aggressiv. So simpel diese Theorien auch erscheinen mögen, sie waren die Vorläufer und Wegbereiter der heutigen physiologischen und biochemischen Forschungsansätze.

Die Ärzte dieser frühen Epoche arbeiteten in der Annahme, daß sie das jeweilige Ungleichgewicht durch die Entfernung der überschüssigen Flüssigkeit korrigieren könnten. Da das Blut am leichtesten zugänglich war, wurde am häufigsten ein Aderlaß vorgenommen. Natürlich ließen nach einem signifikanten Blutverlust gewisse Symptome nach, zum Beispiel Erreg- und Reizbarkeit. Hin und wieder mag ein schwerer Blutverlust auch zu einer Amnesie oder sogar einer Gehirnschädigung geführt haben. Trotz der »beruhigenden« Wirkung des Aderlasses war die diesem »Heilverfahren« zugrundeliegende Ursache-Wirkung-Logik natürlich fehlerhaft. Fast tausend Jahre später hatte Jean Baptiste van Helmont (1577–1644), ein berühmter holländischer Arzt, eine andere Idee. Er unternahm den Versuch, psychisch Kranke dadurch zu behandeln, daß er deren verrückte Ideen buchstäblich ersticken wollte. Seine Versuchspersonen wurden ausgezogen, auf eine Bank gebunden, tief unter Wasser getaucht und dann solange dort gelassen, bis er entschied, daß ihre »oberen Teile ertränkt« seien.[1]

Obwohl viele seiner Patienten starben, hielt Jean Baptiste van Helmont seine Methode für »vernünftig«, weil »Narren oder verwirrte Personen, denen es an Auffassungsgabe mangele, für das Gemeinwesen nutzlos« seien.[2] Wenn seine Patienten nicht starben und auch aufhörten, sich geisteskrank zu verhalten (wahrscheinlich aus Angst davor, ertränkt zu werden), dann schrieb er sich selbstverständlich den Erfolg seiner »Heilmethode« zu.

Rückblickend können wir feststellen, daß solche Methoden immer von denjenigen gerechtfertigt wurden, die sie in dem Glauben anwendeten, daß bei ihren Patienten *körperlich* etwas nicht stimmte. Die diesen Methoden eigene Grausamkeit und die menschliche Mißachtung der Verwirrten und Andersartigen ist nicht zu übersehen. Wenn bestimmte Personen nicht in der Lage waren, sich den Verhaltensnormen der Zeit anzupassen, konnte man mit ihnen experimentieren, weil sie schließlich in ihrer aktuellen Verfassung für die Gesellschaft wertlos waren.

Selbst heutzutage werden emotional gestörte Menschen oft eher als Last denn als Menschen von Wert betrachtet. Diese Fehleinschätzung ist der wichtigste Grund dafür, daß wir zu einem richtigen Verständnis dessen gelangen müssen, was diese Störungen verursacht.

Ein weiterer früher Theoretiker, der seine eigenen Vorstellungen über Ursachen und Heilung psychischer Erkrankungen entwickelte, war Benjamin Rush (1745–1813), ein Mitunterzeichner der amerikanischen Unabhängigkeitserklärung und erklärter Vater der amerikanischen Psychiatrie. Über eine seiner bevorzugten »wissenschaftlichen« Methoden, den Beruhigungsstuhl, schreibt er:

»Ich habe einen Stuhl entwickelt und in unserem Krankenhaus eingeführt, um die Heilung von Wahnsinn zu fördern. Er fesselt jeden Teil des Körpers und schränkt seine Bewegungsfreiheit ein. Der Rumpf wird aufrecht gehalten, so daß sich der Blutzufluß zum Gehirn verringert ... Seine Wirkungen sind wirklich wunderbar. Er wirkt wie ein Sedativum sowohl auf die Zunge und das Gemüt wie auch auf die Blutgefäße. Innerhalb von vierundzwanzig, zwölf, sechs und in manchen Fällen sogar nur vier Stunden sind die störrischsten Menschen besänftigt worden. Ich habe den Stuhl ein Beruhigungsmittel genannt.«[3]

Rush glaubte, daß psychische Erkrankungen auf durch Aufregung überlastete Blutgefäße im Gehirn zurückzuführen seien. Neben dem Einsatz des »Beruhigungsmittels« ließ er seine Patienten ohne Vorankündigung in eiskalte Bäder tauchen und ließ sie ausgiebig zur Ader. Als er versuchte, George Washington durch einen Aderlaß vom Fieber zu befreien, endete dies leider mit dem Tod des Präsidenten. So entstand das geflügelte Wort: »Der Vater der amerikanischen Psychiatrie tötete den Vater Amerikas.«

Die weitere Entwicklung der Psychiatrie verlief immer nach dem gleichen Muster. Welche Behandlungsmethode auch immer eingesetzt wurde, wenn sie nur in irgendeiner Weise die vom Patienten gezeigten Symptome zu reduzieren schien, ging man davon aus, daß sie etwas mit der Ursache der Störung zu tun hätte.

Eine der abscheulicheren Methoden wurde bei Frauen eingesetzt, die sich von ihren (vielleicht mißhandelnden) Ehemännern scheiden lassen wollten. Dr. Isaac Baker Brown entwickelte ein beliebtes Verfahren, bei dem jenen Frauen, die sich Englands neues Scheidungsgesetz von 1857 zunutze machen wollten, operativ die Klitoris entfernt wurde. Dazu Brown:

»Nach dem Eingriff kehrten sie demütig zu ihren Ehemännern zurück, und nach der Operation gab es kein erneutes Auftreten der *Krankheit*.«[4]

Brown ging davon aus, daß der Wunsch nach einer Scheidung eine auf einem biologischen Defekt beruhende psychische Krankheit sei, die irgendwie mit dem Vorhandensein einer fehlerhaften Klitoris in

Beziehung stand. Wieder einmal wurde eine angenommene Ursache-Wirkung-Beziehung zur Rechtfertigung einer therapeutischen Methode benutzt.

Ich möchte dennoch nicht den Eindruck erwecken, daß all diese Männer grausam und sadistisch waren; die meisten Menschen, die sich der Medizin oder Psychiatrie verschreiben, versuchen aufrichtig, den Leidenden zu helfen. In der Vergangenheit nahmen Ärzte oft mutig die Herausforderung an, emotional Gestörten zu helfen, und taten ihr Bestes, um das vorhandene medizinische Wissen in einem mitfühlenden, humanistischen Ansatz zusammenzufassen. Viele von ihnen waren sogar recht fortschrittlich.

Obwohl zum Beispiel Benjamin Rush für den Einsatz von Medikamenten, Aderlaß und anderen physischen Behandlungsmethoden bei sogenannten psychisch Kranken plädierte, betonte er auch die Bedeutung von Freundlichkeit und Verständnis. Er war der erste, der die Beschäftigungstherapie einführte und eine regelmäßige Arbeit für seine Patienten befürwortete. Außerdem drängte er auf die Einstellung von besser qualifizierten Anstaltskrankenpflegern – Männer und Frauen, die den im Haus wohnenden Patienten »ein Freund und Begleiter« seien. Trotz alledem nimmt Mißbrauch, ob beabsichtigt oder nicht, einen bedeutenden Teil in der Geschichte der Psychiatrie ein.

Moderne biologische Psychiatrie

Die moderne biologische Psychiatrie nahm ihren Anfang in München zu Beginn des zwanzigsten Jahrhunderts und ist vor allem den Anstrengungen Emil Kraepelins (1856–1926) zu verdanken. Kraepelin war Professor an mehreren medizinischen Fakultäten in Deutschland und wurde schließlich Leiter der psychiatrischen Fakultät in München.

Kraepelins bedeutendster Beitrag zur Medizin war die Beschreibung und Bestimmung der wichtigsten Arten psychiatrischer Erkrankung. Das Hauptziel der Medizin im allgemeinen liegt in der Definition und Diagnose bestimmter Krankheiten, ihrer korrekten Behandlung und der Abgabe brauchbarer Vorhersagen. Durch die Kategorisierung der verschiedenen Symptome psychischer Störungen legte Kraepelin die Grundlage für die biologische Psychiatrie, wie wir sie heute kennen. Da in dieser Zeit psychische Krankheiten als physische Krankheiten betrachtet wurden, schrieb man dementsprechend Personen mit verschiedenen Symptomen verschiedene Krankheiten zu. Kraepelin wird in allen Ländern, vielleicht mit Ausnahme der Vereinigten Staaten, als der Begründer der modernen Psychiatrie bezeichnet.

Obwohl Kraepelin als Vater der *modernen* Psychiatrie angesehen wird, waren einige der historischen Methoden, mit denen er sich befaßte und über die er schrieb, sicherlich weit davon entfernt, human zu sein. So beschreibt er etwa eine Technik aus dem neunzehnten Jahrhundert:

>»Mit einer speziellen Maschine wurde in schweren Fällen von Schwachsinn und unvernünftiger Melancholie Tabakrauch über ein Klistier in den Anus verabreicht.«[5]

Eine weitere Technik zur Beruhigung von Patienten beschreibt Kraepelin folgendermaßen:

>»Der Patient wurde in einer zaumzeugartigen Vorrichtung festgebunden und mußte darin über acht bis zehn Stunden mit ausgestreckten Armen stehen. Dies sollte delirante Ausbrüche lindern, Müdigkeit und Schlaf fördern, den Patienten harmlos und folgsam machen und in ihm Respekt vor dem Arzt hervorrufen.«[6]

Auch wenn er die oben erwähnten Methoden nicht selbst eingesetzt haben mag, faszinierten sie ihn, wie die folgenden Beispiele zeigen: Er experimentierte sehr viel mit katatonen Fällen, also mit Personen, die ähnliche Symptome zeigten wie Bob. Um das Bizarre ihres Verhaltens oder ihre scheinbare Unfähigkeit, auf Schmerz zu reagieren, zu veranschaulichen, stach Kraepelin katatone Patienten mit einer Nadel oberhalb der Augen oder durchbohrte vollständig ihre Zunge. Um Kraepelin direkt zu zitieren:

>»Sie reagiert im allgemeinen überhaupt nicht, wenn man sie anspricht oder mit einer Nadel sticht, leistet jedoch heftigen Widerstand, wenn man ihre Hand zu nehmen oder sie mit Wasser zu übergießen versucht. Sie gehorcht keinerlei Befehlen.«[7]

1933 erfand Manfred Sakel die Insulinkomatherapie. Dabei wurde Insulin verabreicht, um einen komatösen Zustand von 15 bis 60 Minuten hervorzurufen. Da Sakel der Ansicht war, daß *fehlerhafte* Gehirnzellen zu psychischen Krankheiten führten, setzte er das Abklingen bestimmter Symptome mit der Insulinkomatherapie in Beziehung:

>»Bei chronisch Schizophrenen können wir ebensowenig auf eine Besserung hoffen wie bei eingefleischten Kriminellen. Das fehlerhafte Funktionsmuster hat sich hier unwiderruflich festgesetzt. Deshalb müssen wir drastischere Maßnahmen ergreifen, um die funktionsgestörten Zellen ruhigzustellen und so die Aktivität der normalen Zellen freizusetzen. Diesmal müssen wir die zu lauten funktionsgestörten Zellen *töten*. Aber können wir dies auch tun, ohne gleichzeitig normale Zellen abzutöten? Können wir die Zellen, die wir zerstören möchten, auswählen? Ich denke, das können wir.«[8]

Natürlich konnte Sakel nicht beweisen, daß er nur »erkrankte« Zellen abtötete, doch da sich das Verhalten des Patienten veränderte, sah er darin eine Rechtfertigung seiner Behandlungsmethode.

Der Insulinkomatherapie folgten 1935 die Psychochirurgie oder Lobotomie und 1938 die Elektrokrampf-(EKT oder Schock-)Therapie. Achten Sie bei den folgenden Zitaten auf die verzerrte Beweisführung, zu der viele führende Psychiater damals gelangten. Nehmen Sie bitte auch zur Kenntnis, daß diese Aufsätze von 1948, 1957 und 1962 stammen – also vor nicht allzu langer Zeit verfaßt wurden:

>»Wir begannen damit, täglich zwei bis vier große epileptische Anfälle (Grand mal) herbeizuführen, bis die gewünschte Regressionsstufe erreicht war ... Wir betrachteten einen Patienten als geheilt, wenn er wie ein vierjähriges Kind redete und handelte ... Manchmal geht die Desorientiertheit schnell vorüber und die Patienten verhalten sich, als seien sie aus einem Traum erwacht; ihr Verstand scheint wie eine saubere Schiefertafel, auf die wir schreiben können.« *(Cyril J. C. Kennedy und David Anchel, Psychiater, 1948)*[9]

>»Auch aufrichtige religiöse Bekehrungen werden nach der neuen modifizierten chirurgischen Lobotomie festgestellt. Denn der Verstand ist von der alten Zwangsjacke befreit, und neue religiöse Über-

zeugungen und Einstellungen können nun leichter den Platz der alten einnehmen.« *(William Sargant, englischer Psychiater, 1956)*[10]

»Der Verlust an Intelligenz, Erinnerungsvermögen und anderen meßbaren Fähigkeiten wird durch die Psychose verursacht, nicht durch die Lobotomie.« *(Walter Freeman, Psychiater, 1962)*[11]

Es ist wohl noch aufschlußreicher – und tragischer –, zu lesen, was Ernest Hemingway, der an extremen Depressionsanfällen litt, über die Elektroschocktherapie schrieb, der man ihn unterzog. Seine »brillante Kur« beschreibt er wie folgt:

> »Diese Schockärzte wissen nichts über Schriftsteller und darüber, wie ihnen Gewissensbisse und Reuegefühle zusetzen. Alle Psychiater sollten einen Kurs über kreatives Schreiben absolvieren müssen, damit sie über Schriftsteller Bescheid wissen ... Was für ein Sinn kann darin liegen, meinen Kopf zu ruinieren und mein Gedächtnis, das mein Kapital ist, auszuradieren und mich geschäftsuntüchtig zu machen? Es war eine brillante Kur, aber leider ist der Patient dabei draufgegangen. Das Resultat ist eine Wendung zum Miesen, ein Wirrwarr, schrecklich.«[12]

Es war Hemingway durchaus bewußt, daß der Schock ihn von seinen Symptomen einer Depression befreit haben könnte, indem er sein Gedächtnis auslöschte, daß er aber keine dauerhafte Heilung hervorrief. Schlimmer noch, er stellte fest, daß seine Fähigkeit zu schreiben, das Wichtigste in seinem Leben, Schaden genommen hatte. 1961, wenige Tage nachdem er einer zweiten EKT-Reihe ausgesetzt und entlassen worden war, erschoß er sich mit einem Gewehr.

Die biologische Revolution

Es sollte hinreichend deutlich geworden sein, daß die Geschichte und Entwicklung der modernen Psychiatrie fest in dem Glauben ankert, daß die Heilung psychischer Erkrankungen durch die Verabreichung einer wie immer gearteten äußeren Behandlung erreicht werden könne – ohne daß der Schmerz und die Verletztheit im *Inneren* des Patienten genauer untersucht werden müsse. In meiner eigenen, auf die Sichtweise des Modells des emotionalen Schmerzes

44

gründenden klinischen Arbeit habe ich immer wieder feststellen müssen, daß der Versuch, lediglich die Symptome zu reduzieren, in Wirklichkeit zu einer noch größeren emotionalen Verletztheit führen kann – eine Auffassung, die in der Vergangenheit nicht verstanden worden ist.

Gerechterweise muß ich darauf hinweisen, daß es immer viele engagierte Psychiater gegeben hat, die aufrichtig an die Richtigkeit dessen glaubten, was sie für ihre Patienten taten. In dem Maße, in dem die biopsychiatrische Revolution voranschritt, war sie jedoch wegen der mit ihr verbundenen technologischen und medizinischen Weiterentwicklungen von einem stärkeren Mißbrauch der Patienten begleitet.

Der Glaube, daß psychische Krankheiten eine neurologische Störung sein könnten, hat seinen eigentlichen Ursprung vielleicht in der Entdeckung der Ursache für das Parkinson-Syndrom. Diese neurologische Störung wurde von James Parkinson, der sie 1817 als erster untersuchte, »Schüttellähmung« genannt. Nachdem die Technologie für eine Gehirnuntersuchung entwickelt worden war, fanden Forscher heraus, daß die Opfer dieser Krankheit in einem kleinen Teil ihres Gehirns, den man *Substantia nigra* nennt, einen Verlust von Nervenzellen erlitten hatten. Diese »schwarze Substanz« hilft, die Bewegungen des Körpers zu kontrollieren; ein Verlust von Zellen in diesem Bereich führt zu unwillkürlichen zitternden Bewegungen der Betroffenen.

Als sich auch Neurochemiker mit der Untersuchung des Parkinson-Syndroms beschäftigten, entdeckten sie bei den Betroffenen einen Mangel an einer neurochemischen Substanz namens Dopamin, die in der Regel in der *Substantia nigra* vorkommt. Die Neuropharmakologen stützten sich auf diese Forschung und meinten, daß eine Form von Dopamin, die als L-dopa bekannt war, helfen könnte, den biochemischen Mangel zu korrigieren. Das Medikament war ein Erfolg, und die Patienten erlebten ein spürbares Nachlassen ihrer Symptome. Manche von ihnen, die einst nahezu arbeitsunfähig waren, konnten nun ein fast normales Leben führen.

Die Psychiater wurden durch die *echte* Ursache-Wirkung-Beziehung, die sich zwischen der Verabreichung von L-dopa und dem Nachlassen der Symptome des Parkison-Syndroms zeigte, ermutigt. Aus diesen Forschungsergebnissen, die belegten, daß gewisse Medikamente die Symptome in einem nachweislich beschädigten Gehirn reduzieren können, leiteten jedoch viele Mediziner die Annahme ab, daß auch andere Gehirn- oder psychische Krankheiten pharmazeutisch behandelt werden könnten. Vor diesem Hintergrund suchten sie Medikamente, die zum Beispiel bei der Bekämpfung von Störungen wie Depression, Manie und Schizophrenie hilfreich sein könnten.

Die ersten Psychopharmaka wurden zufällig entdeckt. In den vierziger Jahren dieses Jahrhunderts versuchten Chirurgen, das bedenkliche Absinken des Blutdrucks während einer Operation durch Antihistaminika zu verhindern. Henri Laborit, ein französischer Chirurg, bemerkte dann, daß das Phenothiazin-Antihistaminikum sich zwar nicht auf den Blutdruck auswirkte, den Patienten jedoch schläfrig und merklich weniger ängstlich machte. Laborits Beobachtungen waren der Auslöser für die Suche nach neuen und besseren Medikamenten, die durch geringfügige Veränderungen der ursprünglichen chemischen Strukturen geschaffen wurden. Als man dem Phenothiazin Chlor hinzufügte, schien das daraus entstehende Medikament, Chlorpromazin, bei Tieren gut anzuschlagen und einen »künstlichen Winterschlaf« auszulösen. Laborit fragte sich, ob dieses Medikament auch in der Psychiatrie Anwendung finden könnte.

Die ersten psychiatrischen Experimente mit Chlorpromazin (Handelsname: Thorazin) wurden 1952 in Paris durchgeführt. Der Stoff wurde manischen, depressiven und schizophrenen Patienten verabreicht. Bald stellte sich heraus, daß Chlorpromazin eine stark beruhigende Wirkung hatte, besonders bei jenen Patienten mit der Diagnose Schizophrenie. Da diese Ergebnisse überall auf der Welt bestätigt wurden, gehörte dieses Medikament schnell zu den anerkannten Behandlungsmitteln für Menschen, bei denen Schizophrenie diagnostiziert worden war.

Weil Chlorpromazin schwere Nebenwirkungen, inklusive Tremor und Zittern, verursachte und sich ein einziges Pharmaunternehmen das Patent auf das Medikament gesichert hatte, begannen andere Chemiefirmen, nach wirksameren Medikamenten zu suchen. Bei dem Versuch, Chlorpromazin zu kopieren, stieß ein Schweizer Unternehmen auf eine neue Substanz, Imipramin genannt. Roland Kahn, ein Schweizer Psychiater, stellte fest, daß diese Arznei zwar bei Wahnvorstellungen und Halluzinationen nicht viel half, dafür jedoch bei depressiven Zuständen. Damit hatte eine neue Gruppe von Medikamenten das Licht der Welt erblickt: die Antidepressiva.

46

Ebenfalls in den vierziger Jahren bemerkte ein australischer Psychiater namens John Cade, der Lithium an Meerschweinchen testete, daß die Tiere dadurch beruhigt wurden. Mit der Folge, daß zwanzig Jahre später Lithium weltweit Menschen verabreicht wurde, die an Manien litten. Als schließlich weitere Pharmaka entwickelt wurden, war die gegenwärtige biologische Revolution in der Psychiatrie nicht mehr aufzuhalten.

Das Modell des biochemischen Ungleichgewichts

Mit der Erfindung des Mikroskops und anderen wissenschaftlichen Fortschritten, die die Forscher in die Lage versetzten, sehr kleine Prozesse zu beobachten, entwickelte sich ein Verständnis davon, wie Botschaften von einem Neuron zum nächsten gesandt werden. Ein Neuron ist das informationsverarbeitende und -übertragende Element des Nervensystems. In den sechziger und frühen siebziger Jahren dieses Jahrhunderts war die Labortechnik schließlich so hoch entwickelt, daß auch die Lokalisierung der Neurotransmitter innerhalb des Gehirns dargestellt werden konnte. Neurotransmitter sind chemische Substanzen, die von einem Neuron zu einem anderen fließen und dabei in diesem Neuron das Potential anregen, nunmehr selbst einen Impuls auszulösen oder »zu feuern«. Wenn ein Neuron feuert, wird der elektrische Impuls an das Ende eines Axons gesendet, was dazu führt, daß neurochemische Substanzen in der Synapse freigesetzt werden. Dies wiederum erzeugt das Potential für die *Übertragung (Transmission)* der Botschaft zum nächsten Neuron. Abbildung 2.1 veranschaulicht die Funktionsweise des Neurotransmitters in Grundzügen.

In dieser Abbildung erreicht der Nervenimpuls des Neurons A die präsynaptische Nervenendigung, an der neurochemische Substanzen in die Synapse entlassen werden. Diese Substanzen durchqueren den synaptischen Spalt, docken an der postsynaptischen Nervenoberfläche an und erzeugen in Neuron B das Potential, nun seinerseits zu feuern. Ist ausreichendes Potential entstanden, feuert das Neuron B und ermöglicht den Weitertransport der Botschaft. Die Botschaften, die gesandt worden sind, wirken sich schließlich auf alle Funktionen des Gehirns aus, z.B. geistige Aktivität, Atmung, Bewegungsimpulse, Sprache und so weiter. Erregungsneurotransmitter helfen dem

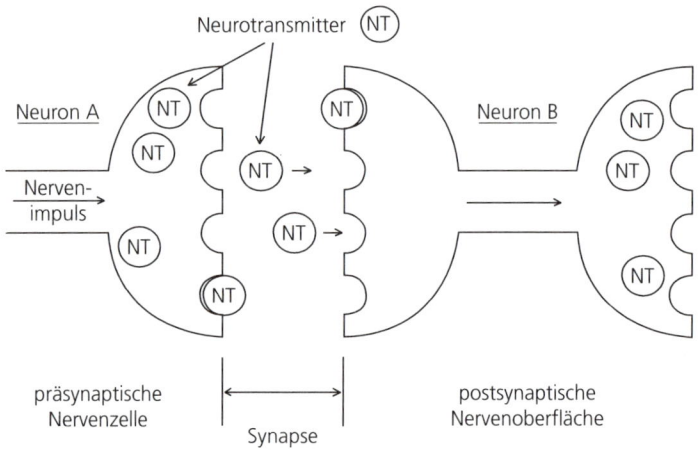

Abb. 2.1: Grundzüge des neuronalen Übertragungssystems

nächsten Neuron zu feuern, während synaptische Hemmstoffe sein Feuerpotential reduzieren.

Viele Neurowissenschaftler sind bei der Untersuchung dieses interaktiven Prozesses zu der Überzeugung gelangt, daß psychische Krankheiten die Folge eines Zusammenbruchs des neuronalen Übertragungssystems seien, vergleichbar mit dem Dopamin-Problem beim Parkinson-Syndrom.

Wenn emotionale Störungen tatsächlich biologisch begründete Krankheiten wären, wäre es naheliegend, von dem Vorhandensein eines biochemischen Ungleichgewichts auszugehen. Um diese Ursache-Wirkung-Beziehung vorauszusetzen, müßten jedoch konkrete und stichhaltige Beweise dafür vorliegen, daß ein solches biochemisches Ungleichgewicht existiert.

Andere Modelle und Faktoren

Um das biologische Modell zu untermauern, sahen sich die Forscher auf anderen Gebieten um. Eines dieser Gebiete ist die Genetik. Seit Jahrhunderten hatte man festgestellt, daß psychische Krankheiten in der Familie liegen. Aufgrund dessen besteht die Tendenz zu glauben, daß psychische Krankheiten ererbt werden könnten – verursacht durch eine genetische Übertragung. Wie wir noch feststellen werden, ist man noch weit davon entfernt, auf diesem Forschungsgebiet zu einem abschließenden Urteil gelangen zu können.

In den vergangenen fünfzehn Jahren gab es eine Reihe von Forschungsprojekten, die mit Hilfe bildgebender Verfahren arbeiteten, einer Technologie, die Einblicke in die Struktur oder Funktionsweisen des Gehirns einer sogenannten psychisch kranken Person gewährt. Dieser Forschungsansatz ist ebenfalls weit davon entfernt, schlüssige Ergebnisse zu liefern. Somit stützt sich das moderne biologische Modell im wesentlichen auf folgende Hypothesen:

➤ die *Möglichkeit*, daß Medikamente deshalb wirken, weil sie ein biochemisches Ungleichgewicht korrigieren.

➤ die *Möglichkeit*, daß psychische Krankheiten ererbbar sind.

➤ die *Möglichkeit*, daß defekte Gene existieren und gefunden werden können.

➤ die *Möglichkeit*, daß Hirnatrophie und andere physiologische Kennzeichen eindeutige Beweise für eine Gehirnkrankheit darstellen.

Bis in die heutige Zeit ist jedoch keine einzige biologische Ursache für eine psychische Erkrankung nachgewiesen worden. Obwohl die biologische Psychiatrie davon ausgeht, daß es einen physiologischen Grund für die wichtigsten emotionalen Störungen gibt, ist noch keine Ursache-Wirkung-Beziehung zwischen irgendeiner bestimmten Störung und einem bestimmten physischen Defekt bewiesen worden.

Im Gegenteil: Von der Forschung ist lediglich ausreichend belegt worden, daß Medikation und Schockbehandlung zu dauerhaften Gehirnschädigungen führen können. Trotz dieser Fakten werden unseren Kindern in immer früherem Alter immer mehr Medikamente verschrieben, und noch immer gibt es jene, die der Psychochirurgie auf dem Feld der »hoffnungslosen« Fälle wieder Betätigung verschaffen wollen.

Angesichts dieses Beweismaterials müssen wir uns tatsächlich fragen: »Gibt es einen wirklichen theoretischen Unterschied zwischen dem gegenwärtigen medizinischen Modell und den Modellen der Vergangenheit?« Statt »schlechtes Blut« abzuleiten oder eine Insulinschocktherapie oder die Psychochirurgie einzusetzen, scheint die Biopsychiatrie – um die gleichen Wirkungen zu erzielen – diese Methoden lediglich durch Medikamente zu ersetzen. Befinden die Psychiater sich wirklich auf dem Weg, eine physiologische Krankheit im Gehirn des Patienten zu korrigieren, oder geben sie einem Menschen einfach nur Medikamente – getreu den Grundsätzen, die die Behandlung psychischer Krankheiten seit der klassischen Zeit bestimmt haben?

Zusammenfassung

Viele psychiatrisch tätige Ärzte, wie zum Beispiel Benjamin Rush, waren sehr engagiert und hervorragende Mediziner. Sie wollten den sogenannten psychisch Kranken von seinem Schmerz befreien. Bei ihrem Versuch, das Rätsel dieser Störungen zu lösen, wurde es ihnen allzu leicht gemacht, Experimente an Patienten durchzuführen. Wenn manche der Methoden die Symptome zu heilen oder zu reduzieren schienen, war es anscheinend nur »logisch«, Schlüsse daraus zu ziehen, die viele erfahrene Forscher und Ärzte heute als verfrüht und unangebracht empfinden.

Natürlich glaubt heute keiner mehr daran, daß Aderlaß, die Folterung als »Hexe« oder das Eintauchen der Patienten in eiskaltes Wasser eine »Heilbehandlung« darstellen. Obzwar man die heutigen psychiatrischen Methoden der Medikation und der Schockbehandlung für humaner hält als die Behandlungsweisen der Vergangenheit, so liegt diesen Methoden immer noch ein medizinisches Modell zugrunde, das bislang nicht endgültig bewiesen worden ist.

Deshalb müssen wir bei dem Versuch, unser Wissen über emotionale Störungen zu erweitern, als erstes einen unvoreingenommenen Blick auf das Beweismaterial werfen, das zur Unterstützung des medizinischen Modells angeführt wird. Wir werden Schritt für Schritt die Entwicklung des heutigen medizinischen Modells nachvollziehen, wobei wir zunächst der Annahme nachgehen wollen, daß eine Medikation anschlägt, weil sie ein biochemisches Ungleichgewicht korrigiert. Danach werden wir die Theorie untersuchen, daß psychische Krankheiten vererbbar seien und daß man eines Tages defekte Gene finden wird. Schließlich werden wir einen Blick auf eine der jüngeren Theorien werfen, die besagt, daß psychische Erkrankungen durch Hirnatrophie verursacht werden oder mit dieser in Zusammenhang zu bringen sind.

Ein Großteil unserer Ausführungen wird sich zwar mit der Schizophrenie-Forschung befassen, doch wenn wir das Rätsel lösen, das diese psychische Störung umgibt, werden wir auch ein korrektes Verständnis vieler anderer Störungen gewonnen haben.

Kapitel 3

DIE WAHRHEIT ÜBER DIE PSYCHIATRISCHE MEDIKATION

Wir haben reichlich Beweise dafür gesehen, daß Psychiater und Psychologen von folgender Grundannahme ausgegangen sind: Verändern oder lindern medizinische Behandlungen die Symptome von emotional gestörten Personen, dann muß ein biologischer Defekt der Übeltäter sein. Lassen Sie uns nun näher betrachten, wie die Wirkungen von Psychopharmaka dafür genutzt werden, das medizinische Modell auf der Basis einer falschen Annahme zu rechtfertigen.

Die Harvard Medical School gibt monatlich *The Harvard Mental Health Letter* heraus. Im April und Mai 1995 bestanden die Hauptbeiträge aus einer zweiteiligen Folge über die Aufmerksamkeitsstörung, besser bekannt als Hyperaktivitätssyndrom. In der Aprilausgabe gaben die Verfasser zu, daß niemand die Ursachen der Aufmerksamkeitsstörung kenne. Sie legten dar, daß »Geburtskomplikationen, Kopfverletzungen, Lebensmittelzusätze, Lebensmittelallergien, Zucker, Vitaminmangel, Strahlungseinfluß, Blei und fluoreszierendes Licht«[1] nicht länger als gültige Erklärungsansätze akzeptabel seien. Ihre Ausführungen legten sogar nahe, daß soziale Verhältnisse und möglicherweise traumatische Belastungen Einfluß auf die Entwicklung dieser Störungen haben könnten.

Obwohl die Wissenschaftler in ihrem ersten Artikel eine Reihe möglicher physiologischer Ursachen wegen des Mangels an schlüssigen wissenschaftlichen Fakten verworfen hatten, kamen sie in ihrem zweiten Artikel dennoch zu dem Schluß, daß Aufmerksamkeitsstörung irgendwie eine biologische Grundlage haben *müsse*, weil Ritalin und andere Medikamente oftmals eine deutliche Wirkung auf die Symptome haben: »Ein Grund dafür, das Hyperaktivitätssyndrom als charakteristische Störung mit biologischem Ursprung zu betrachten, ist die unmittelbare und eindrucksvolle Befreiung von einigen ihrer Symptome, die Stimulanzien zuzuschreiben ist.«[2]

In der Zeitschrift *Review in Psychiatry*, Jahrgang 1994, lautet der Eingangssatz eines zusammenfassenden Absatzes: »Der erste stichhaltige Beweis, daß psychische Störungen wesentlich von biologischen Faktoren bestimmt werden, stammt aus erfolgreichen Behandlungsversuchen mit Medikamenten.«[3] Auf diese Art gelangten moderne Wissenschaftler zu den gleichen falschen Schlußfolgerungen wie in den Tagen *vor* dem Einsatz von Medikamenten als Behandlungsmethode; wurden Symptome reduziert, ging man von einer Ursache-Wirkung-Beziehung aus.

Da so vielen emotional gestörten Menschen in unserer Kultur erzählt wird, daß sie ein biochemisches Ungleichgewicht hätten und für den Rest ihres Lebens Medikamente einnehmen müßten, ist es wichtig, die Wahrheit hinter solchen Behauptungen aufzudecken. Alkohol, Zigaretten, illegale Drogen und Lebensmittel können ebenfalls Symptome wie Angstzustände, Depression und Hyperaktivität reduzieren. Viele Menschen, die gewohnheitsmäßig »aufputschende« Drogen wie Kokain zu sich nehmen, fühlen sich produktiver, dynamischer und kreativer, solange sie »unter deren Einfluß« stehen. Trotzdem würden wir niemals einem jungen Menschen, der beruflich vorankommen möchte, raten, sich selbst mit Kokain »medizinisch zu behandeln«, um sich eine lebenslange produktive Karriere zu sichern. Einem Alkoholiker, der seine Angstzustände zu betäuben versucht, würden wir niemals erzählen, daß das Trinken ihm helfe, ein biochemisches Ungleichgewicht in seinem Gehirn zu korrigieren, und daß er für den Rest seines Lebens trinken müsse.

Um eine klarere Vorstellung davon zu entwickeln, ob Medikamente nutzbringend oder mißbräuchlich eingesetzt werden, sollten wir einen Blick auf die vier wichtigsten Bereiche werfen, in denen Psychopharmaka eingesetzt werden. Diese Bereiche sind (1) psychotische Symptome, gegen die Neuroleptika wie Haldol, Proxilin (in Deutschland: Fluphenazin (Generic) und Dapotum), Thioridazin und Melleril verschrieben werden; (2) Depressionen, gegen die Prozac und ähnliche Medikamente eingesetzt werden; (3) Manie, gegen die Lithium verschrieben wird; und (4) Hyperaktivität oder Aufmerksamkeitsdefizite, bei denen die Ärzte Ritalin verschreiben.

Beginnen wollen wir mit den Neuroleptika oder antipsychotischen Medikamenten, weil sie gegen viele verschiedene Störungen eingesetzt werden. Obwohl die Termini »antipsychotisch« und »neuroleptisch« Synonyme sind, wird oft der Terminus »neuroleptisch« gebraucht. Er bedeutet »packt die Nerven« und wurde benutzt, um die toxische Wirkung dieser Medikamente auf die Nervenzellen zu kennzeichnen.

Neuroleptika oder antipsychotische Medikamente

Neuroleptika wurden erstmals in den fünfziger Jahren dieses Jahrhunderts verschrieben. Sie werden in erster Linie bei Schizophrenie eingesetzt; da sie jedoch die wirksamsten aller psychiatrischen, das Verhalten kontrollierenden Medikamente sind, werden sie auch zur Ruhigstellung von Menschen mit nicht-schizophrenem Verhalten verwendet, bei denen andere Arten von Medikamenten keinen Erfolg zeigen. Wenn zum Beispiel Lithium einen Manischen nicht beruhigt oder Ritalin bzw. andere Medikamente einem extrem hyperaktiven Kind nicht helfen können, werden Neuroleptika verschrieben.

Diese Medikamente sind dafür bekannt, daß sie, besonders nach hochdosierter Einnahme über längere Zeiträume, eine Gehirnkrankheit namens Dyskinesia tarda (Spätdyskinesie) hervorrufen. Diese Störung beeinflußt die Basalganglien und andere Zentren des Gehirns und erzeugt eine große Vielfalt von normalerweise nicht rückgängig zu machenden, unkontrollierbaren Bewegungen, einschließlich Spasmen, Zuckungen und Lippenschmatzen. Dyskinesia tarda sollte nicht auf die leichte Schulter genommen werden. Annähernd 50 bis 60 % der ständig in einer Anstalt untergebrachten Patienten zeigen dieses Syndrom.[4] 1980 stellte die American Psychiatric Association in einem offiziellen Sonderbericht über Dyskinesia tarda fest, daß in der Gruppe der älteren Frauen, die mit Neuroleptika behandelt wurden, 66 % an Dyskinesia tarda litten.[5] Obwohl die Prozentsätze von Studie zu Studie differieren, zeigen sie alle, daß Dyskinesia tarda in ernstzunehmender Häufigkeit auftritt.

Neuroleptika werden auch eingesetzt, um das unerwünschte Verhalten zurückgebliebener oder straffälliger Kinder unter Kontrolle zu bringen. In einer Untersuchung über zurückgebliebene Kinder, die damit behandelt wurden, fanden Thomas Gualtieri und seine Kollegen heraus, daß 34 % dieser Kinder Dyskinesia tarda entwickelt hatten.[6]

55

Angesichts dieser Zahlen ist zu fragen, wie ein solch potentiell gefährliches Medikament so weitverbreitet zum Einsatz kommen konnte. Bereits in Kapitel 2 konnten wir sehen, daß, wann immer eine neue therapeutische Methode ein psychiatrisches Symptom zu lindern schien, jene, die die Therapie anwandten, schnell von der Voraussetzung ausgingen, daß sie mit dieser Methode die Ursache des Problems getroffen hätten. In den fünfziger Jahren schien das Medikament Chlorpromazin gewisse Symptome zu reduzieren, die sich bei als schizophren diagnostizierten Personen zeigten. Die Forscher hielten an der grundsätzlichen Philosophie des medizinischen Modells fest und versuchten herauszufinden, auf welche Weise das Medikament diese Symptome abschwächte. In den sechziger Jahren stellten sie fest, daß Chlorpromazin ein starker Rezeptorantagonist des Neurotransmitters Dopamin ist.

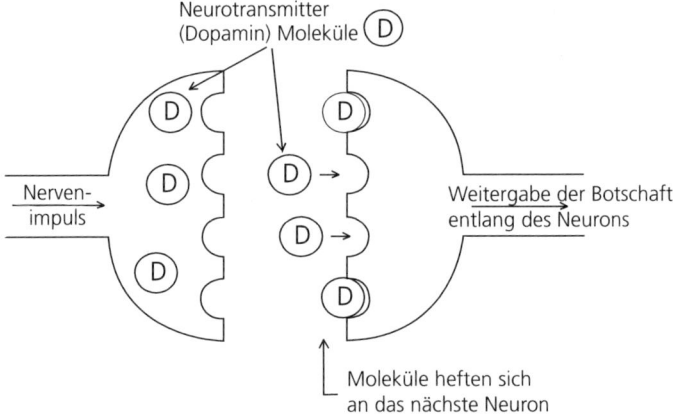

Abb. 3.1: Die neurochemische Synapse

Wenn ein Neuron feuert, wird – wie bereits erwähnt – ein elektrischer Impuls durch das Neuron an sein Ende geschickt, an dem neurochemische Substanzen in den synaptischen Spalt zwischen diesem und dem nächsten Neuron freigesetzt werden. Diese Neurotransmitter bewegen sich durch den Spalt und heften sich an die Rezeptoren des nächsten Neurons, wie es in Abbildung 3.1 veranschaulicht wird. Hat sich eine ausreichende Menge an Neurotransmittern angesammelt, feuert das nächste Neuron, und die Botschaft bewegt sich durch elektrische Impulse weiter vorwärts.

Wenn dem System Chlorpromazin hinzugefügt wird, lagert es sich in den Dopaminrezeptoren an und hindert die Dopaminmoleküle daran, an die Rezeptoren anzudocken. Zum Vergleich stelle man sich jemanden vor, der versucht, eine Lücke auf einem bereits vollbesetzten Parkplatz zu finden. Dieser Prozeß ist in Abbildung 3.2 illustriert.

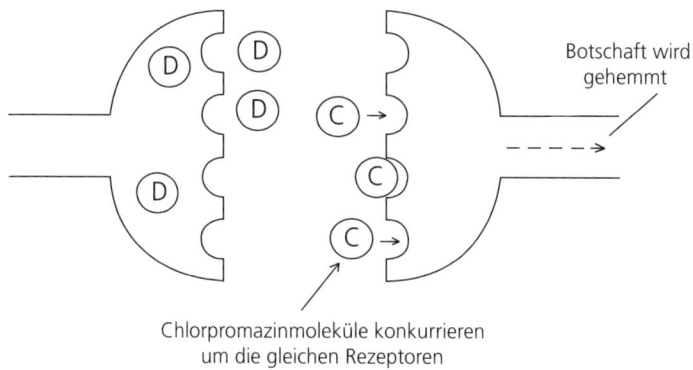

Abb. 3.2: Chlorpromazin als Gegenspieler der Dopaminmoleküle

Da die Chlorpromazinmoleküle viele Plätze des Dopamins besetzen, kann sich weniger Dopamin anlagern. Dadurch wird das Feuern des nächsten Neurons gehemmt. Als Medikamente, die die Dopaminübertragung *hemmten*, Symptome der Schizophrenie zu reduzieren schienen, stellten Wissenschaftler die Hypothese auf, daß diese Krankheit durch eine übermäßige Dopaminübertragung innerhalb des Systems verursacht werden könnte.

Diese Theorie schien zweifellos einen gewissen Sinn zu ergeben. Die Forscher verfielen in eine regelrechte Euphorie angesichts der Chance, einen Teil des Rätsels, das ihnen die Schizophrenie aufgab, zu lösen. Als sie diesen Weg weiterverfolgten, ergaben sich leider Probleme mit diesem Erklärungsansatz. Zunächst einmal entdeckten die Forscher, daß die meisten Menschen mit Schizophrenie keine Anzeichen einer erhöhten Dopaminaktivität zeigten bzw. oftmals eine verminderte Aktivität aufwiesen.[7] Eine andere Untersuchung zeigte sogar, daß sich die Funktionsfähigkeit vieler Menschen mit Schizophrenie verbesserte, als man ihnen Medikamente gab, die die Dopaminaktivität *erhöhten*.[8] Statt den Dopaminerklärungsansatz nunmehr ernsthaft in Frage zu stellen, veränderten die Forscher jedes Mal die Forschungsparameter, wenn neue Erkenntnisse auftauchten. Standen neuere Forschungen im Widerspruch zu den vorhandenen Informationen, wurde die aktuelle Theorie nicht verworfen, sondern einfach modifiziert, um das zu erhalten, was eine brauchbare Theorie zu sein schien.

Es ist nicht wichtig, näher auf die konkrete Forschung einzugehen oder zu diskutieren, in welcher Weise die Theorien im Laufe der Zeit modifiziert wurden, weil diese Theorien mit jedem neuen, widersprüchlichen Beweis wieder verändert werden. Tatsächlich stellt der Psychiater und Wissenschaftler Colin Ross sogar die Frage, ob die Dopaminhypothese überhaupt als funktionsfähiges Modell hätte bezeichnet werden sollen. Er schreibt:

»... [obwohl die] Dopamintheorie für Schizophrenie ein ›Gegenstand des Stolzes der biologischen Psychiatrie‹ ist, sollte man sie nicht Theorie nennen, weil sie Ursache und Wirkung verwechselt. Diese ›Theorie‹ zieht den Schluß, daß Dopamin deshalb für Schizophrenie verantwortlich sei, weil Chlorpromazin die Symptome reduziert.«[9]

Er fährt fort mit der Feststellung, daß die »Dopamintheorie der Schizophrenie eine politische Strategie ist«, mit dem Ziel, zusätzliche Forschungsmittel zu bekommen.

Die Dopamintheorie wurde nicht aufgrund eines zwingenden wissenschaftlichen Beweises akzeptiert und populär, sondern weil sich die Psychiatrie ausschließlich auf das Modell des biochemischen Ungleichgewichtes festgelegt hat. Es gibt eine stichhaltigere Erklärung dafür, daß Neuroleptika oft Symptome zu reduzieren scheinen.

Neuroleptika –
Medikamente mit Lobotomie-ähnlicher Wirkung

Obwohl die überwältigende Mehrheit der Psychiater in bezug auf Menschen mit der Diagnose Schizophrenie an der Hypothese des »schadhaften Gehirns« festhält, glauben viele andere Psychiater und

Biochemiker fest daran, daß Neuroleptika ihre Wirkung entfalten, indem sie einen *chemischen Lobotomieeffekt* verursachen, vergleichbar mit einer chirurgischen Lobotomie. In Wirklichkeit bringt man damit aber zum Ausdruck, daß Neuroleptika nicht etwa die Dopaminübertragung ausbalancieren, sondern diese blockieren – mit der Folge einer chemischen Lobotomiewirkung im Gehirn.

Dazu meint der Psychiater Peter Breggin, daß »die Neuroleptika chemisch lobotomierende Wirkstoffe sind, ohne spezifische Wirkung auf irgendein Symptom oder Problem. Ihre Hauptwirkung ist es, das Indivduum zu dämpfen und zu unterwerfen.«[10] Um den »Lobotomieeffekt« der Neuroleptika besser verstehen zu können, lassen Sie uns zunächst einen Blick auf die chirurgische Lobotomie werfen.

In den dreißiger Jahren dieses Jahrhunderts entwickelte der portugiesische Psychiater und Neurologe Egas Moniz die Technik der Psychochirurgie. Er vermutete, daß die Durchtrennung frontothalamischer Faserverbindungen im menschlichen Gehirn dabei nützlich sein könnte, die Agitiertheit von Patienten mit der Diagnose Schizophrenie zu verringern. Moniz erhielt später den Nobelpreis für seine Arbeit. Bis zu den fünfziger Jahren und vor dem Aufkommen von Antipsychotika fand die chirurgische Lobotomie weite Verbreitung, oftmals, um in erster Linie die Patienten zum Nutzen des Krankenhauspersonals unter Kontrolle zu halten.

Die Stirnlappen, die durch Lobotomie voneinander getrennt wurden, beherbergen den Sitz der höheren menschlichen Funktionen, die es uns gestatten, in höchstem Maße Mensch zu sein. Diese Funktionen umfassen Liebesfähigkeit, Sorge für andere, Empathie, Einsicht, Kreativität, abstraktes Denkvermögen, Zukunftsplanung, Willenskraft, Entschlossenheit und Konzentration.

Wie aber wirkte sich die chirurgische Lobotomie auf den Patienten aus? Der Lobotomie-Verfechter P. Mac Donald Tow schreibt in seinem Buch *Personality Changes Following Frontal Leukotomy:* »Wahrscheinlich ist es am wahrhaftigsten und genauesten, die Summe der Effekte der Lobotomie auf die Gesamtpersönlichkeit so zu beschreiben, daß die Person danach einfacher ist; und da sie einfacher ist, hat sie weniger Einsicht in ihr eigenes Verhalten.«[11] Tow fährt fort, daß die in staatlichen psychiatrischen Kliniken durchgeführte Lobotomie eine größere Abhängigkeit der Patienten und ihre bessere Handhabbarkeit innerhalb einer strukturierten Institution zur Folge hat.

Der schwedische Psychochirurg Gosta Rylander berichtet, daß Patienten, die sich einer chirurgischen Lobotomie unterzogen, emotional weniger spontan, oberflächlicher und relativ reaktionsträge oder abgestumpft sind.[12] Offenbar heilt die chirurgische Lobotomie niemanden von einer psychischen oder emotionalen Störung. Sie schneidet einfach, wortwörtlich genommen, viel von der Persönlichkeit eines Menschen weg, der danach weniger in der Lage ist, emotionalen Schmerz auszudrücken. Daraus schließen manche, daß er weniger leide.

Die chirurgische Lobotomie wird heute weithin als inhuman betrachtet; dennoch werden weltweit Neuroleptika eingesetzt, die die gleichen Zentren der geistigen Funktionsfähigkeit des Menschen angreifen. Neuroleptika, die auf toxische Weise die Gehirnfunktionen angreifen, wirken wie eine chemische Lobotomie. 1952 beschrieben Delay und Deniken die Wirkungen von relativ kleinen Dosen Chlorpromazin:

>»Ob er sitzt oder liegt, der Patient ist bewegungslos in seinem Bett, häufig blaß und hält die Augenlider gesenkt. Er ist meist still. Wenn er angesprochen wird, antwortet er langsam und bedächtig mit monotoner und gleichgültiger Stimme; er drückt sich nur mit wenigen Worten aus und schweigt dann wieder.«[13]

Patienten, die die Wirkungen von Neuroleptika beschreiben, sprechen von einer lobotomieartigen Wirkung. Janet Gotkin, eine ehemalige Patientin, die 1977 vor dem US-amerikanischen Senatsunterausschuß über den Gebrauch und Mißbrauch von zugelassenen Drogen in Institutionen aussagte, beschrieb ihre Erfahrungen folgendermaßen:

>»Die Stimmen der Leute drangen nur gefiltert und seltsam zu mir durch. Sie konnten meinen Thorazinnebel nicht durchdringen; und ich konnte meinem Medikamentengefängnis nicht entfliehen.«

Ein weiterer Ex-Patient schrieb:

>»Wenn sie mir Proxilin spritzten, fühlte ich, wie sich alles, was mich ausmacht – meine Fähigkeit zu denken, meine Fähigkeit, mich zu erinnern, und so weiter –, aufzulösen begann.«

Ein anderer:

»Es ist schwierig, die Wirkungen dieses und ähnlicher Medikamente zu beschreiben. Deshalb benutzen wir seltsame Worte wie ›Zombie‹.«

Wade Hudson, der psychiatrischen Mißbrauch überlebte, bezeugte 1975 vor einem Rechtsunterausschuß des amerikanischen Repräsentantenhauses:

»Ein- oder zweimal pro Woche eine Spritze des lange wirkenden Neuroleptikums Proxilin – und man hat eine Nation von leicht zu beaufsichtigenden Zombies.«

Indem er die konkrete Wirkungsweise der Neuroleptika beschreibt, kommt Breggin zu der Auffassung daß Neuroleptika in der Tat einen Lobotomieeffekt hervorrufen. Danach haben diese Medikamente eine ...

»... besonders gut dokumentierte Wirkung auf das Dopamin-Neurotransmitter-System. Wie jedes psychiatrische Fachbuch bestätigen wird, versorgen Dopamin-Neurotransmitter die überaus wichtigen Nervenbahnen vom Hirnstamm zu den Stirnlappen und zum limbischen System – genau die gleichen Gebiete, die von der chirurgischen Lobotomie betroffen sind.«[14]

Breggin fährt fort mit der Feststellung, daß die Psychochirurgie die Nervenverbindungen von und zu den Stirnlappen und dem limbischen System durchschneidet, während Neuroleptika die Verbindungen zu den gleichen Bereichen stört.
Peter Sterling, ein Forscher auf dem Gebiet der Neurologie, belegt ebenfalls die lobotomieähnliche Wirkung der Medikamente:

»Das Abstumpfen der bewußten Motivation und die Unfähigkeit, Probleme unter dem Einfluß von Chlorpromazin zu lösen, ähneln vor allem den Wirkungen der vorderen Lobotomie. (...) Die Forschung legt die Vermutung nahe, daß Lobotomie und chemische Substanzen wie Chlorpromazin ihre Wirkungen auf die gleiche Weise hervorrufen können, nämlich indem sie die Aktivität des neurochemischen Agens

Dopamin unterbrechen. Auf jeden Fall dürfte es einem Psychiater schwerfallen, einen lobotomierten Patienten von einem mit Chlorpromazin behandelten zu unterscheiden.«[15]

Korrigieren diese Medikamente nun ein biochemisches Ungleichgewicht bei einem Schizophrenen, oder schneiden sie lediglich die Bereiche ab, die am stärksten mit menschlichem emotionalem Schmerz und höherer Funktionsfähigkeit in Verbindung gebracht werden?

Der interessanteste Aspekt der Neuroleptika und der Theorie des biochemischen Ungleichgewichts ist vielleicht der, daß diese Medikamente nicht notwendigerweise die Symptome (Halluzinationen und Wahnvorstellungen) ansprechen, die in erster Linie mit Schizophrenie in Zusammenhang gebracht werden. Heinz Lehmann und sein Forschungsteam schrieben 1955 über die Wirkungen von Chlorpromazin: »Wir haben keinen direkten Einfluß des Medikaments auf Wahnvorstellungen oder Halluzinationen beobachtet.« Lehmann stellt weiter fest, daß in manchen Fällen »Chlorpromazin sich als pharmakologischer Ersatz für eine Lobotomie erweisen könnte«.[16]

1970 veröffentlichte Gerald Klerman eine Studie zu dem Thema, wie Neuroleptika spezielle psychiatrische Symptome reduzieren, und behauptete, daß seine Untersuchung einen antipsychotischen Effekt bestätige. Ein genauerer Blick auf seine Ergebnisse zeigt jedoch etwas ganz anderes. Klerman fand heraus, daß folgende Symptome (in absteigender Ordnung) am meisten abgeschwächt waren: (1.) Streitlust, (2.) Hyperaktivität, (3.) Spannung, (4.) Feindseligkeit und schließlich (5.) Halluzinationen und (6.) Wahnvorstellungen.[17] Mit anderen Worten: Nicht die Symptome, die am ehesten mit Schizophrenie assoziiert werden (Halluzinationen und Wahnvorstellungen), waren es, auf die sich die Medikamente in erster Linie auswirkten; sondern es waren die Symptome, die normalerweise das Personal irritieren.

Diese Ergebnisse werden immer und immer wieder von ehemaligen Patienten bestätigt, die erzählen, daß die von ihnen eingenommenen Medikamente in der Regel wenig Einfluß auf ihre Wahnvorstellungen und Halluzinationen hatten. Diese Medikamente hatten in Wirklichkeit solch schreckliche Nebenwirkungen, daß die Patienten den Ärzten nicht länger von ihren Symptomen erzählten, aus

Angst, höhere Dosierungen verschrieben zu bekommen. Breggin beschreibt seine Erfahrung mit einem dieser Patienten:

»Während des Gesprächs mit mir zeigte sie Anzeichen einer Gehirnschädigung, hervorgerufen durch die Medikamente. Sie äußerten sich in unpassendem Gelächter, unzusammenhängendem Gerede und Konzentrationsschwierigkeiten; aber sie sagte nichts, das »verrückt« klang. (...) Sie hatte sie [ihre schizophrenen Symptome] vor anderen Ärzten verheimlicht, nicht weil die Medikamente ihr »geholfen« hatten, sondern weil sie nicht gegen ihren Willen unter Medikamente gesetzt werden wollte.«[18]

Dr. Alvin Pam bestätigt diese Ansicht: »Einem agitierten Patienten könnte durch ein Medikament geholfen werden, das ihn relativ lethargisch macht; oder, klarer ausgedrückt, dem mit einem agitierten Patienten umgehenden Personal könnte durch ein Medikament geholfen werden, das den Patienten fügsamer macht und ihm selbst erst in zweiter Linie nutzt.«[19]

Psychiater können in diesem Punkt unglaublich blind oder voreingenommen sein. In einer Diskussion mit Breggin gestand ein Psychiater zwar ein, daß bei ihm selbst die probeweise Einnahme »einer kleinen Dosis eines Neuroleptikums zu einem überwältigenden und unerträglichen Gefühl der Depression und des Desinteresses geführt habe«. Dennoch beharrte er weiterhin darauf, daß sich »seine Klienten mit Neuroleptika besser fühlten, weil sie biochemische Abnormitäten aufwiesen«.[20]

Ich bin der festen Überzeugung, daß Neuroleptika keine definierten therapeutischen Wirkungen auf Menschen haben, bei denen Schizophrenie diagnostiziert wurde, weil Schizophrenie keine Gehirnkrankheit ist. In der Regel werden Neuroleptika eingesetzt, wenn es für nötig gehalten wird, einen Menschen zu beruhigen oder Kontrolle über ihn zu gewinnen. In vielen psychiatrischen Abteilungen bekommen 90 bis 100 % der Patienten Neuroleptika, ohne Rücksicht auf ihre Diagnose. Außerdem werden diese Medikamente in großer Anzahl an ältere Menschen in Pflegeheimen ausgegeben, an Gefangene und widerspenstige Kinder. Neuroleptika fanden auch Verwendung bei politischen Dissidenten in der ehemaligen Sowjetunion. Obwohl viele U.S.-Psychiater darüber entsetzt waren und gegen den Einsatz von Neuroleptika in der ehemaligen Sowjetunion protestierten, sind diese Medikamente heute zu einem häufigen Instrument sozialer Kontrolle in den Vereinigten Staaten geworden. Welch traurige Ironie steckt darin, daß die Medikamente, die zur »Behandlung« von Schizophrenie benutzt wurden, die gleichen Medikamente sind, die man einst gegen diejenigen einsetzte, die gegen Stalinismus und Kommunismus protestierten.

Obgleich Neuroleptika in der Veterinärmedizin zur Beruhigung von Tieren verwendet werden, empfiehlt die tiermedizinische Literatur, deren Einsatz auf kurze Zeiträume zu beschränken. Mit Ausnahme von Notfällen halten diese Ärzte Neuroleptika für zu gefährlich, um sie Tieren zu verabreichen.

Zusammengefaßt gesagt: Die Befürworter des biochemischen Krankheitsmodells behaupten, daß Schizophrenie durch eine Störung des Flusses gewisser Neurotransmitter verursacht wird. Wenn die Ergebnisse nicht das Modell untermauern, wird die gegenwärtige Theorie modifiziert und eine neue Theorie entwickelt, die zu weiteren falschen Hoffnungen in der Öffentlichkeit führt. Zugleich stellen die Menschen, denen Neuroleptika gegeben werden, oft fest, daß ihr Gehirn unbrauchbar gemacht wird, ob sie nun schizophren sind oder nicht.

Wenn ein Kind unkontrolliertes Verhalten an den Tag legt, gibt man ihm anfangs oftmals Ritalin. Wenn Ritalin nicht anschlägt, werden vielleicht Neuroleptika ausprobiert.

Trotz des häufigen Mißerfolges von Ritalin hält die Biopsychiatrie daran fest, daß das Problem in erster Linie ein biochemisches sei – daß bestimmte Medikamente bestimmte Ungleichgewichtsverhältnisse bei bestimmten Störungen korrigieren würden. Aufgrund der Tatsache, daß Neuroleptika bei einer großen Anzahl der Patienten Gehirnschädigungen hervorrufen, muß dieser falschen Darstellung entschieden entgegengetreten werden.

Richten wir nun unsere Aufmerksamkeit auf das Medikament Prozac und seine chemischen Verwandten.

Prozac

In der Geschichte der Psychiatrie hat kein Medikament soviel Aufmerksamkeit auf sich gezogen wie Prozac (in Deutschland als Fluoxetin (Generic) oder Fluctin vertrieben). Es wird als Wunderdroge gegen Depressionen bejubelt und von Millionen benutzt. Es ist eines der Medikamente, die das Krankheitsmodell psychischer Erkrankungen stützen, denn Forscher und Ärzte sind davon überzeugt, daß es den Serotonin-Neurotransmitter »selektiv« modifizieren kann. Die Wissenschaftler haben die Theorie aufgestellt, daß Serotonin viel mit der Regulierung von Emotionen zu tun habe. Die Theorie, die hinter dem Einsatz von Prozac steckt, ist – wie bei den anderen bereits besprochenen Medikamenten auch – das Modell des biochemischen Ungleichgewichts, das in diesem Fall wie folgt lautet: Man geht davon aus, daß Prozac den Serotoningehalt im Gehirn stimuliert; deshalb wird es gegen Depressionen verschrieben. Wenn jemand nach der Einnahme feststellt, daß seine Depression abflaut, muß man daraus logischerweise folgern, daß die Ursache der Depression in einem Serotoninmangel liegt. Um verstehen zu können, was wirklich bei der Einnahme von Prozac geschieht, müssen wir uns mit dieser »Wunderdroge« und ihren chemischen Verwandten näher befassen.

Prozac, Zoloft (in Deutschland Gladem), Paxil (in Deutschland Paroxetin oder Seroxat) und Luvox (in Deutschland Fluvoxamin Generic oder Fevarin) gehören zu einer neuen Generation von Antidepressiva, die »selektive Serotoninrücktransport-Inhibitoren« (SSRIs) genannt werden. Viele Wissenschaftler und Ärzte glauben, daß klinische oder schwere Formen der Depression das Ergebnis eines unzureichenden Serotoningehalts im System seien. Wenn Chlorpromazin den Fluß der Dopaminmoleküle blockiert, so haben die SSRI-Medikamente die genau entgegengesetzte Wirkung auf Serotonin.

Nachdem ein Neuron gefeuert hat, werden viele der in der Synapse übriggebliebenen Serotoninmoleküle von dem vorhergehenden Neuron zurückgeholt: Das nennt man Rücktransport. Abbildung 3.3 veranschaulicht diesen Prozeß.

SSRI-Medikamente verhindern den Rücktransport und hinterlassen mehr Serotonin in dem Spalt zwischen den Neuronen, was die Möglichkeit des Neuronenfeuers verbessert. Theoretisch erscheint dieses Modell recht vernünftig. Wenn wir den Rücktransport von Serotonin aufhalten können, können wir die Nerven dazu bringen, öfter zu feuern, und dem Menschen damit helfen, sich *besser zu fühlen.* Leider jedoch arbeitet das Gehirn nicht auf eine solch simple Weise. Zunächst einmal gibt es mehr als hundert chemische Substanzen, die Neurotransmitter kontrollieren; viele von ihnen sind

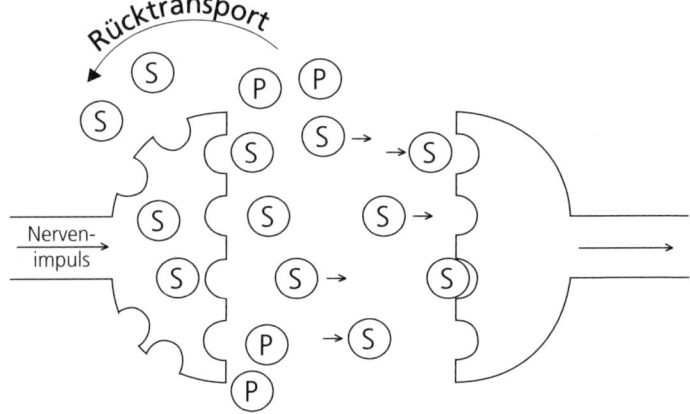

Da Prozac den Rücktransport von Serotonin blockiert, sorgt es
dafür, daß mehr Serotonin in der Synapse verbleibt.

Abb. 3.3: Der Rücktransport-Prozeß von Serotonin

selbst Neurotransmitter. Weiterhin ist das Serotonin-Nervensystem
das umfangreichste Übermittlungssystem im Gehirn. Wenn ein
SSRI-Medikament wie Prozac den Serotoningehalt verändert, wirkt
es sich damit letzten Endes auf einen Großteil des Gehirns aus.

Wenn wir verstehen, wie komplex das Gehirn ist und mit wie vielen verschiedenen Teilen des Gehirns das Serotonin-Nervensystem
zusammenwirkt, erkennen wir, daß es schierer Unsinn ist zu glauben, wir könnten mit irgendeiner Pille solch ein System ins Gleichgewicht zurückführen – wenn es denn tatsächlich aus dem Gleichgewicht geraten ist, wohlgemerkt. Obwohl viele Psychiater dieser
Feststellung schnell zustimmen und ihr hinzufügen würden, daß sie
niemals eine solche Behauptung aufstellen würden, ist es doch genau
diese Behauptung, die der Öffentlichkeit verkauft wird. Tausende
von Menschen sind zu der Überzeugung gelangt, daß SSRI-Medikamente, so wie viele andere auch, hilfreich sind, indem sie die Syste-
me des Gehirns ausbalancieren oder das nötige Gleichgewicht des
Serotoningehalts wiederherstellen.

Wenn SSRI-Medikamente nicht helfen, das System auszugleichen,
was tun sie dann?

Prozac als Stimulans

Das vielleicht Wichtigste, das man über Prozac wissen sollte, ist, daß es als Stimulans wirkt. Es gilt als sicher, daß die anregenden Eigenschaften von Prozac dem Anregungsprofil der Amphetamine sehr ähnlich sind. Der von der amerikanischen Food and Drug Administration (die Medikamente und Lebensmittel für den Handel zuläßt) beauftragte Psychiater Richard Kapit berichtet, nachdem er alle Daten über die nachteiligen Wirkungen von Prozac gesammelt hatte: »Dieses neue Medikament verursacht am häufigsten Übelkeit, Schlaflosigkeit und Nervosität, was eher dem Profil eines stimulierenden als eines sedierenden Medikamentes gleicht.« Kapit machte auch darauf aufmerksam, daß Prozac Depressionen sogar verschlimmern könne.[21]

Die stimulierende Eigenschaft von Prozac wurde zwar in diesem Land nicht auf dem Etikett aufgeführt, doch andere Länder waren nicht ganz so nachlässig. Dieser Punkt wird besonders wichtig, wenn man bedenkt, daß die Einnahme von Stimulanzien bei bestimmten Menschen sowohl zu suizidalen als auch zu gewalttätigen Reaktionen führen kann. Das deutsche Bundesgesundheitsamt hat in seiner Liste, die einen Leitfaden für alle Verschreibungsberechtigte darstellt, die Warnung mit aufgenommen, daß Selbstmordgefährdeten zusammen mit Prozac gleichzeitig Sedativa gegeben werden müssen. In Frankreich schreibt die für die Medikamentenkontrolle zuständige Behörde vor, daß diese Warnung auf dem Etikett abgedruckt sein muß, wenn das Medikament verschrieben wird. Auch in Großbritannien haben die Fachleute hervorgehoben, daß Prozac ein Stimulans ist.[22]

Es gibt noch einige andere erwähnenswerte Fakten über Prozac. Der Hersteller von Prozac, Eli Lilly, nannte als Ergebnis eigener Versuche in seinem Bericht an das FDA Depression als eine der üblichen Nebenwirkungen von Prozac. Aus unbekannten Gründen wurde diese übliche Nebenwirkung jedoch durch die FDA von dem Etikett gestrichen.[23] Ein externer Berater informierte das Unternehmen ebenfalls über die stimulierenden Eigenschaften von Prozac und wies darauf hin, daß diese einen Menschen zum Selbstmord treiben könnten.[24] Auch Lillys eigene Daten bestätigten, daß Prozac Nebenwirkungen hervorruft, die für Stimulanzien charakteristisch sind, dazu gehören zum Beispiel Agitiertheit, Gereiztheit, Aufregung, Alp-

träume, Schwitzen, Mundtrockenheit, abnorme Sinnesempfindun-
gen, abnorme Körperbewegungen und Herzflattern.[25]

Eine Frau verglich Prozac mit anderen Stimulanzien, die sie in der
Vergangenheit genommen hatte:»Ich erinnere mich, daß die stimulierende Wirkung der Schlankheitspille nur etwa eine halbe bis eine
Stunde lang anhielt – dieses Gefühl, getrieben zu sein, Dinge tun zu
müssen, und das Gefühl der Euphorie. Es dauerte kurze Zeit. Prozac
dagegen lieferte eine beständige Stimulation. Sie verblaßte nicht,
solange man unter der Droge stand.«[26]

Wenn Prozac ähnlich wie Amphetamine als Stimulans wirkt – so
wie dies von einem FDA-eigenen Fachmann und von Eli Lillys eigenem Gutachter bestätigt worden ist –, könnten wir erwarten, daß bei
denjenigen, die Prozac einnehmen, ähnliche Wirkungen auftreten
wie bei denjenigen, die Stimulanzien einnehmen. Wir könnten also
vorhersagen, daß einige Menschen »high« werden und sich gut fühlen, während andere unter einem »schlechten Trip« leiden. In der Tat
haben viele Menschen, die Prozac einnahmen, von solchen Nebenwirkungen erzählt.[27]

Ein weiteres wichtiges Merkmal von stimulierenden Medikamenten
erklärt die Behauptung vieler, daß Prozac positive Ergebnisse zeige.
Die Forschung hat gezeigt, daß Stimulanzien wie Prozac ein Verhalten
verursachen, das von einer zwanghaften Einengung des Erlebens und
Handelns zeugt. Bei Tieren umfaßt dieses Verhalten oft ziellose, sich
wiederholende spontane Bewegungen, die über lange Zeiträume auf
Kosten aller anderen Aktivitäten ausgeführt werden. Ratten, die unter
der Wirkung von Stimulanzien standen, beobachtete man dabei, wie
sie ungewöhnlich lange leckten, nagten oder schnupperten, während
Hunde und Schimpansen unter Umständen zwanghaft und in sich
ständig wiederholender Weise herumlaufen oder -gehen.[28]

Diese arzneimittelinduzierte Einengung des Erlebens und Handelns ist genau der Geisteszustand, nach dem Menschen streben, die
langweilige oder sich dauernd wiederholende Tätigkeiten ausführen
müssen. Ich arbeite mit vielen Teenagern, die Amphetamine nehmen, wenn sie Arbeiten im Haushalt erledigen oder ihre Hausaufgaben machen müssen. Um die gleiche Einengung des Erlebens und
Handelns zu erreichen, trinken einige Menschen vielleicht Kaffee,
ein viel milderes Stimulans als Prozac. Möglicherweise ist das auch
der Grund dafür, daß das Stimulans Ritalin Schulkindern zu helfen

scheint, sich zu konzentrieren. Wenn also SSRI-Medikamente stimulierend wirken und Menschen helfen, ihre Aufmerksamkeit darauf zu richten, eine Routinearbeit oder einen langweiligen Tag zu überstehen, ist es leicht nachvollziehbar, daß diese Medikamente heute so beliebt sind. Die genannten Wirkungen werden nicht dadurch erzielt, daß ein biochemisches Ungleichgewicht korrigiert, sondern dem Gehirn des Betroffenen ein künstliches Stimulans hinzugefügt wird. Unglückseligerweise wird aufgrund des Glaubens an das Modell des biochemischen Ungleichgewichts für Prozac als Mittel gegen Depressionen geworben, und man verkauft es als solches. In Wirklichkeit ist Prozac ein Stimulans und sollte selten und nur mit der gleichen Vorsicht wie andere Stimulanzien verschrieben werden.

Da es die der Depression zugrundeliegenden Probleme nicht löst, kann Prozac – wie anhand der oben diskutierten Forschung veranschaulicht – später zu noch schwereren Depressionen führen. Wie ich kürzlich während einer von einem größeren Arzneimittelunternehmen finanzierten »Pro-Medikament«-Konferenz feststellte, beginnen selbst Psychiater, diese Tatsache zuzugeben. Einer der Hauptredner der Konferenz sagte, daß er und seine Kollegen es inzwischen mit prozac-abhängigen Klienten zu tun hätten, die »das Interesse am Leben verloren zu haben scheinen«. Vielleicht müssen wir ganz einfach zu dem Schluß kommen, daß Prozac nichts weiter als ein neues Stimulans ist, dessen Einnahme schließlich zu dem gleichen Ergebnis führen wird wie die anderer Stimulanzien, die zuvor in Mode waren. Es wird dem Betroffenen für eine Weile ein gutes Gefühl vermitteln, ihn letztlich jedoch in seinem Schmerz gefangenhalten.

Lithium

Als Forscher erstmals entdeckten, daß man das natürlich vorkommende Lithiumsalz verwenden kann, um hochagitierte oder manische Personen zu beruhigen, behaupteten Biopsychiater sofort, daß dies in der Tat ein weiterer Beweis sei, der das Modell des biochemischen Ungleichgewichtes unterstütze. Ronald Fieve, M.D., Autor von Moodswing, schreibt:

> »Die Verwendung von Lithium stellt einen Wendepunkt auf dem Gebiet der geistigen Gesundheit dar. (...) Zu guter Letzt ist ein Durch-

bruch bei der Behandlung und Vorbeugung eines der weltweit größten Probleme geistiger Gesundheit erzielt worden.«[29]

»...Befunde weisen darauf hin, daß Manie und Depression auf biochemische, durch die Gene weitergereichte Ursachen zurückzuführen sein müssen, da sie eher und schneller durch Chemikalien in den Griff zu bekommen sind als durch eine Gesprächstherapie.«[30]

Bevor Lithium und andere neuere Methoden wie die Schocktherapie angewendet wurden, hatte man »erregte manische Patienten« u.a. mittels Aderlaß, Eintauchen in eiskaltes Wasser und mittels verschiedener Arten von Bändigungsvorrichtungen behandelt. Daß diese Methoden fast jeden agitierten, hyperaktiven und zornigen Patienten ruhigstellen, liegt auf der Hand.

Die beruhigenden Wirkungen von Lithium wurden zunächst nicht durch Experimente mit manischen Patienten, sondern mit Tieren entdeckt. Als der australische Psychiater John Cade Meerschweinchen Lithium injizierte, bemerkte er, daß sie sich beruhigten.

»Ein bemerkenswertes Ergebnis war, daß die Tiere nach einer Latenzperiode von ungefähr zwei Stunden, obwohl völlig bei Bewußtsein, für ein oder zwei Stunden völlig lethargisch wurden und nicht auf Reize antworteten, bevor sie wieder normal aktiv und furchtsam wurden.«[31]

Offensichtlich entfaltet Lithium diese Wirkungen nicht nur bei Patienten, die an Manien leiden. Derzeit wird dieses Medikament sehr häufig auch zusammen mit Neuroleptika verabreicht, mit denen Schizophrenie und viele andere Erkrankungen und Störungen wie Alkoholismus und Aggressivität behandelt werden. In diesen Fällen wird Lithium nicht in erster Linie deshalb verschrieben, weil es diese Störungen wirksam behandelt oder weil Schizophrenie eine durch den Mangel an Lithiumsalz verursachte Krankheit ist, sondern weil es Ärzten die Möglichkeit gibt, die Dosis an gehirnschädigenden Neuroleptika zu reduzieren.

Als Forscher die Wirkung von Lithium unter Freiwilligen aus der Allgemeinbevölkerung testeten, entdeckten sie, daß es auf jede Versuchsperson die gleiche dämpfende Wirkung hatte. Eine in den

Archives of General Psychiatry veröffentlichte Studie zeigte eine »allgemeine Teilnahmslosigkeit und ein Gedämpftsein der verschiedenen Funktionen der Persönlichkeit« sowie eine totale Verlangsamung der kognitiven Prozesse. Ehegatten und Familienmitglieder, die die Freiwilligen beobachteten, berichteten von einem »ansteigenden Pegel von Schläfrigkeit und der verminderten Fähigkeit, hart zu arbeiten und klar zu denken«.[32] William Annitto und sein Forschungsteam stellten fest: »Es ist klar, daß auch bei anderen Erkrankungen als der typischen manisch-depressiven Störung eine Reaktion auf die Behandlung mit Lithium erzielt wird.«[33]

Als R. F. Prien die Verwendung von Lithium mit der von Neuroleptika zur Behandlung von Manie verglich, entdeckte er, daß hochaktive Patienten weniger zufriedenstellend auf Lithium reagierten als leichtaktive Patienten.[34] In anderen Untersuchungen stellte man fest, daß Lithium eine beruhigendere Wirkung auf die Patienten hatte als die von ihnen eingenommenen Neuroleptika, wobei die Dosen an Neuroleptika in diesen Fällen jedoch gewöhnlich sehr gering waren. Je manischer und unkontrollierter ein Individuum ist, desto eher werden ihm heutzutage trotz der oben dargestellten Ergebnisse die wegen ihrer lobotomieähnlichen Wirkung geschätzten Neuroleptika verabreicht. Dazu Annitto:

»Die meisten Kliniker würden derzeit darin übereinstimmen, daß Neuroleptika bei agitierten, gefährlich hyperaktiven Patienten als anfängliches Mittel zur raschen Kontrolle der Motorik verwendet werden sollten. Lithium wäre das bevorzugte Medikament für den kooperativeren, weniger störenden Patienten.«[35]

Zu beachten ist, daß Annitto offen zugibt, daß Neuroleptika zur *Verhaltenskontrolle* eingesetzt werden, und nicht, um eine aus dem Gleichgewicht geratene, psychotisches Verhalten auslösende Gehirnchemie auszubalancieren.

Es ist üblich, daß Menschen, die seit langer Zeit an Manie leiden, viele unterschiedliche Medikamentenkombinationen entweder lange eingenommen oder ausprobiert haben. Deshalb kann oft nicht davon ausgegangen werden, daß es das Lithium war, das sich bei Menschen, die an manischen Symptomen leiden, korrigierend auf ein angenommenes biochemisches Ungleichgewicht ausgewirkt hat.

Wenn Lithium ein biochemisches Ungleichgewicht nicht korrigiert, wie wirkt es dann? Das kann niemand mit Sicherheit sagen, doch Dr. Ron Leifer hat eine interessante Theorie. Er schreibt:

»Lithium steht in Mendelejews Periodensystem über dem Natrium. Und es ist bekannt, daß es das Natrium, die Natriumpumpe, ist, durch die neuronale Erregung aktiviert wird, welche für die neuronale Erregungsübertragung verantwortlich ist. Von daher kann man durchaus spekulieren, daß Lithium, ein schwereres Molekül, einen Teil des Natriums ersetzt und einfach die Funktionstätigkeit des Nervensystems verlangsamt. Das ist genau die Erfahrung, die viele Menschen damit gemacht haben.«[36]

Auf der Grundlage der uns vorliegenden Beweise erscheint es klar, daß man folgenden Schluß ziehen kann: Lithium ist nur eine weitere Methode, Verhalten durch die Unbrauchbarmachung des Gehirns und die Einschränkung seiner Funktionen zu kontrollieren. Zweifellos hat dieses Medikament das Verhalten und die Gefühle vieler Menschen gedämpft; doch die fehlerhafte Vorstellung, daß Manie eine biochemische Krankheit sei, hat ebenfalls Tausende von Menschen hinfällig und für den Rest ihres Lebens von Psychopharmaka »abhängig« gemacht.

Ritalin

Wir kommen nun zu Ritalin, einem weiteren Medikament, das vermeintlich bei Kindern, aber auch bei Erwachsenen ein biochemisches Ungleichgewicht korrigiert.

Die Theorien dazu, wie wirkungsvoll Ritalin denjenigen hilft, die an Hyperaktivität leiden, ähneln denen, die dazu herangezogen werden, den Gebrauch der weiter oben behandelten Medikamente zu unterstützen. Befürworter des medizinischen Modells glauben, daß bei Menschen, bei denen diese Störung diagnostiziert wurde, ein neurologisches Defizit oder ein biochemisches Ungleichgewicht vorliegen muß. Und dies, obwohl keine der älteren Theorien über die Ursachen von Hyperaktivität, wie Komplikationen bei der Geburt, Lebensmittelzusätze, Nahrungsmittelallergien, Zucker und so weiter, die Zeit überdauert hat.

Gegner des medizinischen Modells sehen das Verhalten des hyperaktiven Kindes als *natürliches* Verhalten an – sogar als einen häufig positiven Aspekt der Persönlichkeit und/oder Umwelt des Kindes. In ihrem Buch *The Edison Trait*[37] nimmt die Psychologin Lucy Jo Palladino an, daß viele Hyperaktivitäts-Kinder schnell begreifen, kreativ sind und über einen Verstand verfügen, der es ihnen schwer macht, dem langsamen, linearen Tempo entsprechend zu lernen, das von den meisten Lehrern in staatlichen Schulen vorgegeben wird. Diese Kinder neigen dazu, bei logischem Denken und dem Erkenntnisvermögen große Sprünge zu machen und entwickeln häufig für alles sehr viel Leidenschaft und Interesse.

Dr. Palladino hat vielen Kindern und Erwachsenen den Glauben an ihre »Begabungen« zurückgegeben – den Glauben an ihre Energie, ihre Einzigartigkeit und die Fähigkeit zu innovativen Entdeckungen. Sie nennt das Hyperaktivitäts-Profil das »Edison-Merkmal«, weil sie meint, daß der brillante Erfinder Thomas Edison, dessen Verstand, Talente und Vorstellungskraft nie unablässig aktiv waren, als Schulkind ohne weiteres als ein Fall von Hyperaktivität hätte diagnostiziert werden können. Dr. Palladino sagt: »Meiner Erfahrung nach wirkt diese andere Sichtweise ungeheuer. Sie gibt den Kindern (und Erwachsenen), die als hyperaktiv etikettiert wurden, eine neue Vorstellung von sich selbst, die nichts mit Hyperaktivität zu tun hat – und daher auch nichts mit Abnormität.«[38]

Während meiner eigenen fünfzehnjährigen Beratungs- und Forschungstätigkeit habe ich festgestellt, daß einige Kinder häufig aufgrund bestimmter emotionaler Probleme hyperaktiv und unaufmerksam werden. Vielleicht streiten sich die Eltern, vielleicht hat eines der Geschwisterkinder Probleme oder ein Rabauke macht ihnen das Leben in der Schule schwer. Wenn diese Kinder versuchen, sich auf ihre Arbeit zu konzentrieren, lenkt der emotionale Schmerz sie von den zu erledigenden Aufgaben ab. In diesen Fällen funktioniert der Verstand eigentlich als Abwehrmechanismus, der das Kind absichtlich davon abhält, sich auf die Lerninhalte zu konzentrieren, weil es durch ein solches Sich-Konzentrieren geistig so ruhig werden würde, daß es seinen Schmerz spürte.

Ob die Mehrheit der Hyperaktivitäts-Fälle in diesem Land auf eine natürliche Veranlagung oder eine emotionale Krise zurückzuführen ist, steht hier nicht zur Debatte. Jedes Kind wird aus einem anderen

Grund hyperaktiv oder zerstreut, so wie auch jede Person, die ein katatones Verhalten entwickelt, hierfür ihre eigenen Gründe hat. Die Behauptung der Befürworter des medizinischen Modells, Hyperaktivitäts-Kinder litten an einem physiologischen Defekt, der mittels eines Medikamentes behoben werden könne, ist falsch und schädlich. Wie bei den anderen zuvor beschriebenen Zuständen wurde auch bei Hyperaktivität niemals nachgewiesen, daß sie biologischen Ursprungs ist.

Wie also hilft Ritalin? Zunächst ist es wichtig, sich klarzumachen, daß Ritalin ein Stimulans ist. So wurde in der Februarausgabe von 1996 des *Harvard Mental Health Letter* tatsächlich dargestellt, daß Ritalin und Kokain in ihrer Wirkung sehr ähnlich sind.[39] Beide hemmen in den gleichen Hirnregionen den Rücktransport des an den Rezeptoren angelagerten Neurotransmitters Dopamin. Das Gefühl der Freude, das sich nach Einnahme beider Drogen breitmacht, ist in etwa gleich. Der einzige wirkliche Unterschied scheint die Geschwindigkeit zu sein, mit der sie aus dem Gehirn verschwinden. Während bei Ritalin die volle Wirkung fünfzehn bis zwanzig Minuten anhält, wirkt Kokain nur zwei bis vier Minuten.

Es gibt keinen Zweifel daran, daß Ritalin ein Stimulans ist. Auch wenn es paradox erscheinen mag, so haben Stimulanzien, wenn sie in kleinen Dosen verabreicht werden, die Eigenschaft, Menschen zu beruhigen. Geringe Dosen helfen zudem bei der Konzentration, wie Freud bemerkte, als er mit Kokain experimentierte. Vielleicht stimulieren diese kleinen Mengen das System gerade genug, um uns zu befähigen, gewisse Gefühle oder Gedanken, die um unsere Aufmerksamkeit konkurrieren könnten, auszuschalten. Wenn ich mich hinsetze, um zu schreiben, bemerke ich oft Gefühle wie leichte Angst, Einsamkeit, die Sorge, ein Kapitel nicht zu Ende zu bringen, oder andere Empfindungen, die mit Problemen in meinem Leben verbunden sein könnten. Nach der ersten Tasse Kaffee (Stimulans) lassen diese Gefühle rasch nach, und ich kann meine Aufmerksamkeit auf meine Arbeit richten. Interessanterweise gab man Erwachsenen, bei denen Hyperaktivität diagnostiziert worden war, früher Kaffee statt Ritalin.

Ich habe an anderer Stelle erwähnt, daß Teenager häufig Amphetamine einnehmen, um sich auf langweilige Arbeiten im Haushalt oder auf Schulaufgaben konzentrieren zu können. Das *Oxford Text-*

book of *Clinical Psychopharmacology and Drug Therapy* von 1992 hilft, diese Strategie zu erklären, wenn es nahelegt, daß Stimulanzien Kinder auf die gleiche Weise beeinflussen wie Laborratten: »indem sie stereotypes Verhalten bei Tieren hervorrufen«.[40]

Wie andere Medikamente auch, mit denen psychische Störungen behandelt werden, hat Ritalin grundsätzlich auf jeden, der es einnimmt, die gleiche Wirkung, und zwar unabhängig davon, ob der Betroffene »normal« ist oder von einem Psychiater als Klient mit einem »biochemischen Ungleichgewicht« eingestuft wurde.[41] Zudem gibt es wenig oder gar keine Beweise dafür, daß Ritalin bei Kindern langfristig eine positive Wirkung hat.[42] Das National Institute for Mental Health (NIMH) erklärt, daß »die langfristigen Wirkungen von Stimulanzien zweifelhaft bleiben«.[43] Tatsächlich ist in dem Informationsblatt, das der Hersteller von Ritalin (CIBA Pharmaceutical Company) dem Beipackzettel hinzufügt, zu lesen: »Ausreichende Daten über die Sicherheit und Wirksamkeit von Ritalin bei langfristiger Einnahme durch Kinder stehen noch nicht zur Verfügung.«

Kürzlich stand in den Zeitungen zu lesen, daß Ritalin sich in den USA zu einer beliebten und gefährlichen illegalen Straßendroge entwickelt hat. In Kanada steht Ritalin auf der Liste der »gefährlichen Drogen« an erster Stelle. Angesichts dessen ist es interessant festzuhalten, was G. S. Omenn schon 1973 beobachtete:

> »Unter Rauschgiftabhängigen hat der illegale Handel mit Ritalin zugenommen. (...) Diejenigen, die Methadon nehmen, schätzen die »high-machende« Wirkung von Ritalin. Heroinabhängige können die Wirkungsdauer einer bestimmten Heroindosis durch die begleitende Einnahme von Ritalin verlängern. (...) In Chicagos Cook County Prison wird Ritalin von den Heroinsüchtigen »West Coast« genannt.«[44]

Glücklicherweise erkennen Psychologen wie Dr. Palladino und andere Forscher, daß Medikamente nicht die Antwort auf die Lernschwierigkeiten und Verhaltensprobleme unserer Kinder sind. Es ist an der Zeit, daß unsere gesamte Gesellschaft, einschließlich der Mediziner, sich von dem Paradoxon distanziert, immer mehr Kindern immer mehr Medikamente zu verschreiben und sie gleichzeitig dazu aufzufordern, »nein« zu illegalen Drogen zu sagen.

Zusammenfassung

Wenn wir uns die zu psychiatrischen Zwecken verwendeten Medikamente einmal näher ansehen, stellen wir fest, daß die Art und Weise, wie sie sich im Grunde auf unser emotionales System auswirken, kein großes Geheimnis ist. Diese Wirkungen lassen sich schnell zusammenfassen:

Antipsychotika	lobotomieren, stumpfen ab, verringern die Reaktionsfähigkeit.
SSRI-Antidepressiva	führen zu leichter, verlängerter Stimulierung.
Lithium	betäubt oder stumpft ab.
Ritalin	wirkt stark stimulierend und fördert die Konzentration.

Die wichtigste Schlußfolgerung aus dem hier Dargestellten ist aber folgende: Allein die Tatsache, daß Menschen mit emotionalen Problemen mit Psychopharmaka behandelt werden oder daß man mit diesen Medikamenten ihr Verhalten kontrolliert, kann kaum die Theorie eines biochemischen Ungleichgewichts bzw. das medizinische Erklärungsmodell psychischer Erkrankungen stützen. Oft werden diese Medikamente eindeutig deswegen verschrieben, weil man mit ihnen Wirkungsweisen erzielen kann, die auch mit illegalen Drogen, Alkohol, Kaffee und Nahrungsmitteln erreicht werden.

Kapitel 4

ZWILLINGS- UND ADOPTIONSFORSCHUNG

Selbst Fachleute können sich in falschem Beweismaterial verfangen. Dies zeigen Untersuchungen, in denen es um die Erforschung der genetischen Grundlagen für psychische Erkrankungen oder die Erforschung eines chemischen Ungleichgewichts im Gehirn geht. Der Psychiater Colin Ross gibt einen Grund dafür an, warum falsche Theorien oft über einen sehr langen Zeitraum als feststehende Tatsachen angesehen werden:

>»Es war nicht überraschend, daß Medizinstudenten das Dogma des biomedizinischen Reduktionismus in der Psychiatrie unkritisch übernahmen: Sie hatten keine Zeit, die ursprüngliche Literatur zu lesen und zu analysieren. Ich verstand erst im Laufe meiner Assistenzzeit, daß auch die Psychiater selten kritische Literatur lesen. Das Dogma, daß der genetische Ursprung der Schizophrenie wissenschaftlich nachgewiesen sei, wird in der heutigen Psychiatrie im großen und ganzen akzeptiert, ohne ernsthaft hinterfragt zu werden.«[1]

Wenn Psychiater während ihrer Assistenzzeit die Grundlagenforschung weder lesen noch hinterfragen und wenn der Allgemeinheit kein wahres Bild vermittelt wird, dann ist es sehr wahrscheinlich, daß wir als Gesellschaft, vom Fachmann bis zum Laien, ein verzerrtes Bild von der Glaubwürdigkeit der biologischen Psychiatrie haben. Behalten Sie diesen Punkt im Gedächtnis, wenn wir uns nun dem angeblichen Beweis zuwenden, der gern herangezogen wird, um eine der Stützen des medizinischen Modells psychischer Erkrankungen zu untermauern: die Vererbungsforschung.

Die Zwillingsforschung

Bei dem Versuch, das medizinische Modell zu erhärten, greifen die Forscher häufig auf indirekte Strategien zurück. Eine dieser Strategien ist der Versuch, aufzuzeigen, daß psychische oder emotionale Störungen in der Familie liegen und sich nicht etwa aufgrund irgendwelcher milieubedingter Faktoren wie Mißbrauch oder Vernachlässigung, sondern aufgrund einer genetischen Veranlagung eines Individuums entwickeln. Von daher glaubt man, daß Störungen wie Schizophrenie oder die manisch-depressive Erkrankung ererbt werden. Am liebsten werden Untersuchungen aus der Zwillingsforschung als Beweise für das Vererbungsmodell herangezogen.

Der bei weitem gängigste Typ der Heritabilitäts(Erblichkeits-)studie geht so vor, daß zwei unterschiedliche Zwillingsarten untersucht werden: eineiige (identische) und zweieiige (dissimiläre oder binovuläre). Identische Zwillinge entstehen, wenn eine einzige Eizelle von einem einzigen Spermium befruchtet wird. Die befruchtete Eizelle spaltet sich früh in ihrer Entwicklung, was zur Geburt zweier *genetisch identischer* Individuen führt. Zweieiige Zwillinge entstehen, wenn zwei getrennte Eizellen von zwei getrennten Spermien befruchtet werden. Bei zweieiigen Zwillingen sind wie bei allen nicht-identischen Geschwistern *50 % der Gene* identisch.

Da das genetische Material identischer Zwillinge exakt das gleiche ist, kann man zu recht annehmen, daß genetisch bestimmte Merkmale bei identischen Zwillingen in engerer Verbindung zueinander stehen sollten, als dies bei zweieiigen Zwillingen der Fall ist. Wir würden zum Beispiel erwarten, daß die Augenfarbe bei identischen Zwillingen die gleiche wäre. Andererseits liegt die Wahrscheinlichkeit, daß die Augenfarbe von zweieiigen Zwillingen oder anderen Geschwistern die gleiche ist, je nach dem unterschiedlichen genetischen Code der Eltern bei 25 bis 100 %. Forscher drücken diese genetischen Neigungen mathematisch aus, indem sie sagen, daß sich der Korrelationskoeffizient bei identischen Zwillingen im Fall überwiegend genetisch festgelegter Vererbungsmerkmale wie der Augenfarbe 1,00 oder 100 % nähern sollte. Bei zweieiigen Zwillingen kann der Korrelationskoeffizient von 0,25 bis 1,00 variieren.

Wenn wir Untersuchungen zum Intelligenzquotienten (IQ) als Beispiel heranziehen, können wir sehen, daß bei identischen Zwillingen die typischen Korrelationen zwischen 70 und 90 % liegen. Im Vergleich dazu liegen die Korrelationen bei gleichgeschlechtlichen zweieiigen Zwillingen zwischen 50 und 70 %. Wir können jedoch nicht *allein* aus diesen statistischen Unterschieden den Schluß ziehen, daß der IQ ein erbliches Merkmal sei. Physische Merkmale wie die Augenfarbe, Körper- und Nasengröße können nicht mit den abstrakteren Eigenschaften wie Intelligenz oder emotionalen Störungen gleichgesetzt werden. Wir müssen aufpassen, daß wir unsere Schlußfolgerungen über Faktoren wie Intelligenz oder Beschaffenheit der Gefühlswelt nicht allein auf Statistiken gründen. Die ausgeprägteren Korrelationen zwischen identischen Zwillingen im Vergleich zu zweieiigen Zwillingen könnten auf umweltbedingte Einflüsse zurückzuführen sein. So behandeln vielleicht Eltern, Lehrer und Freunde eineiige Zwillinge wegen ihres beinahe identischen Äußeren eher in gleicher Weise. Das muß bei zweieiigen Zwillingen nicht unbedingt der Fall sein, da sie in ihrem Äußeren deutlicher voneinander abweichen und es von daher naheliegt, sie als »zwei gesonderte Persönlichkeiten« zu betrachten. Bei identischen Zwillingen ist es nur allzu leicht, sie beinahe als eine Person anzusehen: Wenn einer von beiden als »helle« (oder langsam) eingestuft wird, wird man vom anderen wahrscheinlich das gleiche denken.

Untersuchungen haben gezeigt, daß identische Zwillinge dazu neigen, mehr Zeit miteinander zu verbringen, sogar mehr als gleichgeschlechtliche zweieiige Zwillinge.[2] Sie verbringen viel seltener als zweieiige Zwillinge eine Nacht getrennt voneinander, sie kleiden sich mit größerer Wahrscheinlichkeit auf ähnliche Weise, spielen zusammen und haben die gleichen Freunde. R. T. Smith berichtete, daß die identischen Zwillinge ihre Hausaufgaben während 40 % der hierfür aufgewendeten Zeit gemeinsam machten, zweieiige Zwillinge dagegen nur während 15 %.[3] Solche Ergebnisse veranlaßten die Autoren von *Not In Your Genes* zu folgendem Schluß: »Schon möglich, daß die Erblichkeit (des IQ) Null oder 50 % betragen kann.«[4]

Ich möchte klarstellen, daß ich nicht behaupte, Vererbung habe gar keinen Einfluß auf die Intelligenz. Ganz sicher hat sie das, doch wir können uns nicht *allein* an Zwillingsstudien orientieren und schlußfolgern, daß ein Merkmal ererbt ist, selbst wenn die Studien stark in diese Richtung weisen. Bei dem Versuch zu verstehen, ob psychische Krankheiten vererbt werden, können wir den Einfluß der Umwelt nicht ausschließen. Lassen Sie uns nun vor diesem Hintergrund die Zwillingsforschung prüfen, die das genetische Modell für die Schizophrenie stützen soll.

Ein Blick auf die Schizophrenie

In ihrem Buch *Schizophrenia and Manic-Depressive Disorder* schreiben Torrey, Bowler, Tayor und Gottesman, daß die Konkordanz zwischen eineiigen Zwillingen, die in Lehrbüchern der Psychiatrie häufig zitiert wird, annähernd 50 % beträgt.[5] Für den Laien übersetzt bedeutet dies: Wenn bei einem Zwilling Schizophrenie diagnostiziert wurde, besteht eine 50prozentige Wahrscheinlichkeit, daß diese Störung auch bei dem anderen Zwilling diagnostiziert werden wird. Diese Rate repäsentiert einen Durchschnitt aller neuesten Studien.

Da Konkordanzraten in der Psychiatrie häufig zur Untermauerung des medizinischen Modells herangezogen werden, müssen wir sie einer genaueren Prüfung unterziehen. Vor einigen Monaten besuchte ich ein eintägiges Seminar, das sich in erster Linie an Psychiater richtete. Das Seminar, das von einem pharmazeutischen Unternehmen finanziert wurde, sollte Spitzenforscher zusammenbringen, um die neuesten therapeutischen Modelle zu diskutieren.

Der erste Redner, ein berühmter in der Forschung tätiger Psychiater, begann seine Rede damit, daß er seinen Diaprojektor einschaltete und eine Tabelle mit Konkordanzraten für Schizophrenie auf die Leinwand projizierte. Ganz oben, deutlich markiert, so daß alle es auch sehen konnten, stand die Zahl 50 % für eineiige Zwillinge. Nachdem er auf diese Zahl hingewiesen hatte, meinte er ganz kühn: »Wie kann irgend jemand glauben, daß Schizophrenie nicht ererbt wird?« Es müssen etwa 400 Psychiater unter den Anwesenden gewesen sein, die alle zustimmend nickten. Den Rest seines Vortrages widmete er der Verwendung von Medikamenten für alle psychiatrischen Störungen.

Diese Konkordanzzahl ist eine der verzerrtesten und am häufigsten mißbrauchten Zahlen in den heutigen genetischen Studien. In Wirklichkeit gibt es bei eineiigen Zwillingen praktisch keinen Erblichkeitsfaktor für Schizophrenie. Um zu verstehen, wie diese Zahl verzerrt wurde, wollen wir uns nun die genetischen Studien, auf die sich diese Annahme stützt, genauer ansehen.

Erstens gibt Torrey zu, daß die tatsächliche Zahl in Wirklichkeit eher bei 40 % liegt, wenn man den Durchschnitt aller Untersuchungen über Schizophrenie bei eineiigen Zwillingen betrachtet.[6] Um diese 40 % zu erreichen, wendeten die Forscher jedoch die sogenannte *statistische* Probandenmethode statt der herkömmlicheren *paarweisen Methode* an. Wenn die paarweise Methode angewendet wird, fällt die durchschnittliche Konkordanzrate auf 28 %.[7] Im folgenden möchte ich ein Beispiel für die Verwendung von Probanden- und paarweiser Methode angeben und die Unterschiede zwischen beiden verdeutlichen.

Die meisten Zwillingsstudien wurden in den skandinavischen Ländern durchgeführt, in denen nationale Zwillingsregister peinlich genau geführt werden. Wenn die Forscher bei der Durchsicht der Register einen Zwilling fanden, bei dem Schizophrenie diagnostiziert worden war, wurde er (oder sie) als ein Proband gezählt. Wurde bei dieser Suche dessen identischer Zwilling gefunden, so wurde dieser als weiterer Proband gezählt. Mit anderen Worten, bei der Probandenmethode wird ein Zwillingspaar häufig zweimal gezählt, weil die Einzelpersonen und nicht das Zwillingspaar gerechnet werden. Bei der paarweisen Methode werden die Einzelpersonen nicht getrennt gezählt, sondern als Teil eines Paares.

Es ist interessant, zu sehen, daß die paarweise Methode früher die bevorzugte Methode bei Zwillingsstudien war und ursprünglich auch für Untersuchungen zur Schizophrenie eingesetzt wurde. Doch einige Forscher begannen, eine Vorliebe für die Probandenmethode zu zeigen. Um 1982 wurde sie als die Standardmethode und zudem als das geeignetste Verfahren betrachtet.

Mary Boyle, Autorin von *Schizophrenia – A Scientific Delusion?*, legt dar, daß die Methode der Datenerfassung nach Probanden fast immer die Konkordanzraten steigert, und zwar mehr für eineiige als für zweieiige Zwillinge.[8] Insofern treibt die Probandenmethode nicht nur die Rate nach oben, sondern führt auch zu einem größeren Zahlenunterschied zwischen den Konkordanzraten für eineiige und für zweieiige Zwillinge. Dennoch verwendet Torrey aus der Probandenmethode abgeleitete Zahlen über die Erblichkeitskorrelation zwischen eineiigen und zweieiigen Zwillingen, um »zu bestätigen«, daß die Genetik bei der Verursachung der Schizophrenie eine wichtige Rolle spielt.[9]

So wie es eine legitime Frage ist, inwieweit die Umwelt zur Entwicklung des IQ beiträgt, so ist es sogar noch berechtigter zu fragen, welchen Einfluß die Umwelt auf die Entwicklung der Schizophrenie hat. Es ist schwierig, exakte Konkordanzraten für Zwillinge zu erhalten. Die Frage des Umwelteinflusses kann teilweise beantwortet werden, wenn man die Konkordanz zwischen zweieiigen Zwillingen und ihren Geschwistern vergleicht. Da zweieiige Zwillinge eine ähnlichere Umgebung teilen als normale Geschwister, wäre es logisch anzunehmen, daß die Konkordanz in bezug auf die Zwillinge höher wäre, obwohl die genetische Ähnlichkeit zwischen ihnen nicht größer ist als die Ähnlichkeit zwischen ihnen und ihren anderen Brüdern und Schwestern. Diese Annahme ist richtig. Eine Reihe von Untersuchungen haben eine höhere Konkordanz (zwei- bis dreimal höher) zwischen zweieiigen Zwillingen als zwischen diesen und ihren anderen Geschwistern festgestellt.[10] Da identische Zwillinge ihre Umwelt in noch größerem Maße miteinander teilen als zweieiige Zwillinge, wäre es nur folgerichtig, daß es bei identischen Zwillingen eine höhere Konkordanzrate gäbe, die nicht nur auf mögliche ererbte Faktoren, sondern auch auf ihre *Umwelt* zurückzuführen wäre.

Um den Einfluß, den die Umwelt auf Zwillinge hat, nachzuweisen, haben Forscher die Konkordanzraten von gleich- und nicht-gleichgeschlechtlichen zweieiigen Zwillingen verglichen. In einer solchen Studie hätten beide Zwillingstypen die gleiche Menge an gemeinsamem genetischem Material, würden jedoch aufgrund der Unterschiede in der Sozialisation der Geschlechter eine leicht unterschiedliche Umwelt erfahren. Die Untersuchungen zeigen wiederum eine höhere Konkordanzrate für gleichgeschlechtliche Zwillinge hinsichtlich der Umwelteinflüsse, und die meisten Untersuchungen kommen zu Ergebnissen, die wissenschaftlich signifikant sind, was bedeutet, daß es höchst unwahrscheinlich ist, daß sie allein auf Zufällen beruhen.[11]

Identische Zwillinge teilen ihre Umwelt nicht nur in höherem Maße miteinander als andere Geschwister, jeder dieser Zwillinge kann auch eine zentrale Rolle im Wahnsystem (»delusional system«) des anderen spielen.[12] Sollte also ein identischer Zwilling zu Wahnvorstellungen neigen, würde der andere ähnlich beeinflußt werden und damit die Chance größer werden, daß man bei beiden Zwillingen Schizophrenie diagnostizieren könnte.

Es gibt noch viele andere, mit Zwillingsstudien verbundene methodologische Probleme. In ihrem Buch *Schizophrenia–- A Scientific
Delusion?* nimmt Mary Boyle eine ausgezeichnete Analyse von Zwillingsstudien vor, die für den Nachweis einer genetischen Basis für
Schizophrenie verwendet werden.[13] In diesem Buch, das auch die kritischen Analysen anderer Autoren einschließt, hebt sie viele methodologische Faktoren hervor, die die Konkordanzraten zugunsten eineiiger Zwillinge verzerren könnten. In den älteren Zwillingsstudien,
in denen die Konkordanzunterschiede zwischen den Gruppen eineiiger und zweieiiger Zwillinge größer waren, wurden Krankenhaus-
Stichproben herangezogen. Wenn beide Zwillinge ins Krankenhaus
eingewiesen werden, ist es zum einen sehr viel wahrscheinlicher, daß
es sich hierbei um zwei eineiige als um zwei zweieiige Zwillinge handelt. Zum anderen würden diese Individuen nach ihrer Einweisung
aufgrund ihrer verblüffenden äußeren Ähnlichkeit viel eher als Zwillinge identifiziert werden. Diese Identifizierung würde den zur Verfügung stehenden Forschungspool an identischen Probanden tendenziell erhöhen.

E. Kringlen wies in der Tat nach, daß die Wahrscheinlichkeit, ins
Krankenhaus eingewiesen und gemeldet zu werden, für eineiige
Zwillinge zweimal höher gewesen sein könnte als für zweieiige Zwil-
linge, vor allem dann, wenn Forscher für ihre Untersuchungen kleine
Stichproben verwendeten.[14]

Boyle gibt auch zu, daß es oft schwierig war, zu bestimmen, ob
Zwillinge ein- oder zweieiig waren. Bei keiner der Untersuchungen
über psychische Krankheiten bei Zwillingen wurden die Standard-
verfahren (Bluttest und serologischer Test) angewendet, um zu überprüfen, ob *alle* Zwillinge, die man untersuchte, tatsächlich eineiige
oder zweieiige Zwillinge waren. Das äußere Erscheinungsbild allein
kann in solchen Fällen nicht als »Beweis« herangezogen werden.
Wenn beispielsweise einer der identischen Zwillinge schizophren
geworden wäre, viele Jahre im Krankenhaus verbracht und Medikamente verabreicht bekommen hätte, könnte sich sein Äußeres
inzwischen sehr von dem des anderen Zwillings unterscheiden.
Unter diesen Umständen wäre es leicht, ihn eher als zweieiigen denn
als eineiigen Zwilling einzustufen. Dadurch würde anstelle des nicht-
konkordanten Pools eineiiger Zwillinge der nicht-konkordante Pool
der zweieiigen Zwillinge vergrößert werden.

Bei vielen Zwillingsstudien ergaben sich weitere Probleme hinsichtlich der Frage, ob es sich um ein- oder zweieiige Zwillinge handelte. Häufig interviewten die Forscher den anderen Zwilling oder andere Familienmitglieder. Wenn nur bei einem identischen Zwilling Schizophrenie diagnostiziert worden war, neigten vielleicht der andere Zwilling und die Familienmitglieder dazu, zu leugnen, daß es sich um identische Zwillinge handelte, womit wiederum der nicht-konkordante Pool identischer Zwillinge verkleinert wurde. In vielen Fällen waren die Informationen über die Zwillinge ziemlich vage. So hatte man zum Beispiel über einen Probanden *einzig und allein* folgende Information: »Ein Freund der Familie erzählte, daß X exzentrisch wäre und ganz allein in einem kleinen Haus lebe. Weitere Einzelheiten waren nicht bekannt.«[15] In einem anderen Fall versteckte sich der Proband oben in der Wohnung, während die Forscher einen Verwandten interviewten.

Boyle zufolge gab es keine Zwillingsstudien, bei denen diejenigen, die die Informationen zusammentrugen, die Diagnose des psychischen oder emotionalen Zustands der Zwillinge nicht kannten oder von ihrer möglichen Zygotie (der Tatsache, daß sie eineiig waren)

nichts wußten. Die Wissenschaftler waren also nicht »blind« im Sinne der bei Studien mit Beweiskraft erforderlichen Unvoreingenommenheit. Da aber unter den Forschern die natürliche Neigung herrschte, davon auszugehen, daß Schizophrenie ererbt wird, könnten deshalb die erfaßten Daten in diese Richtung verzerrt worden sein. Obwohl Boyle behauptet, daß die Kalkulation der tatsächlichen Konkordanzraten relativ einfach sei, berichtet sie, daß die Art und Weise, in der diese Raten verwendet und die Daten gemeldet wurden, »dazu diente, die beträchtlichen methodologischen und begrifflichen Schwierigkeiten zu verdecken, die sich bei den Zwillingsstudien ergaben.«[16]

Ein hypothetischer Fall

Um dem Leser zu helfen, einige dieser Variablen zu verstehen und zu sehen, wie man zu ihnen gelangen kann, wollen wir uns einen hypothetischen Fall in einer Zwillingsstudie ansehen. Bei der Durchsicht von Krankenhausaufzeichnungen oder nationalen Zwillingsregistern stoßen die Forscher auf einen Probanden namens John, dessen Symptome darauf hinweisen könnten, daß er schizophren ist.

Als nächstes werden die Forscher versuchen, John und seinen Zwilling ausfindig zu machen. Dies kann problematisch sein, da John oder sein Zwilling schon seit einiger Zeit tot sein könnten. Falls John ausfindig gemacht werden kann, ergibt sich die zusätzliche Schwierigkeit zu bestimmen, ob er ein eineiiger oder ein zweieiiger Zwilling ist und ob sein Zustand genau diagnostiziert wurde. Wenn der andere Zwilling, vielleicht einige Zeit später, gefunden wird, könnten die Forscher versuchen, allein anhand des Äußeren die Zygotie von John und seinem Bruder zu bestimmen.

Das könnte allerdings ein weiteres Problem aufwerfen, da wahrscheinlich einige Zeit vergangen sein wird, seit die Forscher John gesehen oder ihn photographiert haben. Da John ins Krankenhaus eingewiesen wurde und an Schizophrenie und/oder unter der institutionellen Pflege und den Wirkungen von Medikamenten leidet, wird sich auch sein Äußeres sehr wahrscheinlich von dem seines Zwillings unterscheiden, selbst wenn es sich um identische Zwillinge handelt.

Wenn der andere Zwilling nicht gefunden werden kann oder nicht interviewt werden möchte, werden Verwandte, Aufzeichnungen oder sogar Nachbarn herangezogen, um sowohl die Zygotie als auch die

Diagnose zu ermitteln. Da die Forscher, die die Untersuchung durchführen, Johns Diagnose gegenüber nicht blind sind und da zur Zeit der Datenerfassung keine präzisen wissenschaftlichen Tests verwendet wurden, um Johns Zygotie oder die Genauigkeit der für ihn gestellten Diagnose zu ermitteln, wird es reichlich Raum für experimentelle Fehler geben.

Das gerade von mir beschriebene Szenario ist keine Übertreibung. Wenn Sie die Zwillingsstudien lesen und sehen würden, wie die Informationen zusammengetragen wurden, würden Sie erkennen, daß dieser hypothetische Fall eine gängige Situation darstellt.[17]

Eine Zusammenfassung genetischer Studien

Wie wir gesehen haben, ist die Zwillingsstudie eines der beliebtesten Werkzeuge von Wissenschaftlern, Psychiatern und Ärzten zur Untermauerung des medizinischen Modells psychischer Erkrankungen. Seit vielen Jahren versuchen Forscher, anhand dieser Untersuchungen nachzuweisen, daß Schizophrenie und andere emotionale Störungen ererbt werden. In einigen der früheren Studien wurden die Konkordanzraten jedoch ziemlich aufgebläht und erreichten bis zu 76 %.

Da diese früheren Studien voller methodologischer Fehler steckten, überrascht es nicht, daß die Konkordanzraten in späteren, in weiteren Kreisen akzeptierten Studien beträchtlich sanken. Dennoch neigen die Forscher bei ihren Versuchen, Schizophrenie als eine ererbte Krankheit nachzuweisen, immer noch dazu, ihre Zahlen erheblich zu verzerren. Die nachstehende Zusammenfassung zeigt, daß die Konkordanzrate in jedem einzelnen Fall eher geringer wäre, wenn wir die in diesen Studien enthaltenen Fehler einer Prüfung unterziehen.

**Konkordanzraten für identische, als schizophren
diagnostizierte Zwillinge**

➤ 50 % ist die Ausgangsrate, die in vielen Lehrbüchern
  genannt wird.

➤ 40 % sind nach Torrey ein genauerer Mittelwert
  dieser Untersuchungen.

➤ 39 % sind der Durchschnitt der drei Studien, die als die genauesten betrachtet werden.[18]

➤ 26 % ist die entsprechende, mit der paarweisen Methode ermittelte Rate für die drei genauesten Studien.

Diese 26 % repräsentieren die Konkordanzrate für die drei genauesten Studien. Wenn diese Zahl den echten biologischen Faktor verkörperte, bliebe jedoch immer noch ein Umweltfaktor von 74 %. Nachstehend finden Sie eine Zusammenfassung der anderen Faktoren, die die Konkordanzrate tendenziell noch weiter sinken lassen würden.

➤ Eine gemeinsame Umwelt wird die Wahrscheinlichkeit irgendeiner tatsächlichen genetischen Komponente tendenziell verringern.

➤ Die Tatsache, daß jeder der beiden Zwillinge ins Krankenhaus eingewiesen und/oder als Zwilling identifiziert wurde, wird die Konkordanzrate tendenziell erhöhen.

➤ Wenn nur ein identischer Zwilling ins Krankenhaus eingewiesen wurde, könnte sich sein Äußeres sehr von dem seines Zwillings unterscheiden, wodurch das Risiko erhöht würde, daß er unrichtigerweise als zweieiiger Zwilling gezählt würde.

➤ Interviewte Familienmitglieder könnten leugnen, daß die Zwillinge eineiig sind, und damit die Konkordanzrate für den Pool der identischen Zwillinge erhöhen.

➤ Vage Informationen über die Zwillinge würden tendenziell die Daten zugunsten eines Erblichkeitsfaktors verzerren, weil es schwierig ist, identische Zwillinge richtig zu identifizieren.

➤ Da denjenigen, die die Daten gesammelt haben, die Diagnose und die Tatsache bekannt war, daß es sich um eineiige Zwillige handeln könnte, wäre eine gewisse Voreingenommenheit nicht ausgeschlossen.

Nach erneuter Überprüfung dieser Daten muß ich fragen: »Wie niedrig ist die tatsächliche Konkordanzrate für identische Zwillinge?« Wenn wir bei einer Zahl von 26 % beginnen und dann alle anderen Faktoren berücksichtigen, die zu einer Verzerrung dieser Rate beitragen würden, was bliebe dann noch übrig?

Es ist nicht korrekt, anzunehmen, daß die Unterschiede zwischen den Konkordanzraten von eineiigen und zweieiigen Zwillingen ein Beweis für eine genetische Veranlagung zur Schizophrenie seien. Selbst wenn nur ein geringer genetischer Einfluß existierte, wäre es immer noch falsch zu folgern, daß ein genetischer Defekt eine Rolle spiele. Identische Zwillinge können sehr ähnliche Persönlichkeiten haben; sie könnten, um ein Beispiel zu nennen, beide auf die Ablehnung anderer empfindlich reagieren. Diese Ähnlichkeiten könnten das kleine Element der Erblichkeit in den Untersuchungen der Forscher erklären.

Bei dem Versuch, das medizinische Modell zu untermauern, können Zwillingsstudien mißbraucht werden. Die simple Wahrheit ist die, daß diese Studien, vorausgesetzt man analysiert sie korrekt, nicht etwa ein genetisches Modell, sondern ganz entschieden ein *Umwelt*modell unterstützen. Lassen Sie uns nun ein weiteres wichtiges Argument zugunsten des medizinischen Modells, die Adoptivstudien, untersuchen, und sehen, welches Licht diese auf unsere Suche nach einer Antwort werfen.

Adoptivstudien

Adoptivstudien sind zu einer weiteren angeblichen Beweisquelle für Forscher geworden, die eine genetische Ursache für oder eine Veranlagung zu psychischen Störungen nachweisen wollen. Sie bieten immerhin einen größeren Pool an Untersuchungspersonen. Auch ist es hier möglich, Kontrollgruppen miteinzubeziehen.

Die ursprüngliche Adoptivforschung entwickelte sich im Zusammenhang mit einer Reihe von Untersuchungen, die unter der Oberaufsicht und mit Finanzmitteln des National Institute for Mental Health (NIMH) durchgeführt wurden. Mit ihrer Hilfe sollte die Theorie untermauert werden, daß Schizophrenie genetisch beeinflußt werde. Die meisten dieser Untersuchungen wurden zwischen 1968 und 1974 veröffentlicht. Die Forschungen wurden in Dänemark durchgeführt, da das dortige nationale Gesundheitsregister Verweisforschungen zu jedem Erwachsenen in der Bevölkerung zuläßt, der psychiatrisch betreut wurde. Diese Untersuchungen wurden als großer Erfolg gefeiert, und Gottesman und Shields, zwei prominente Forscher, bezeichnen sie als das, was »den Befürwortern der Umwelttheorie das Genick brach.«[19]

In einer von Seymour Kety, einem führenden Forscher der Harvard Medical School für psychiatrische Genetik, und seinem Team durchgeführten Studie wurden 33 Adoptierte, bei denen im Erwachsenenalter Schizophrenie diagnostiziert worden war, mit einer Kontrollgruppe von 33 anderen Adoptierten verglichen, bei denen diese Diagnose niemals gestellt worden war.[20] Die Forscher begannen dann, nach Verwandten zu suchen, und machten schließlich 150 Blutsverwandte – Eltern, Geschwister und Halbgeschwister – der als schizophren eingestuften Adoptierten sowie 156 Blutsverwandte der Kontrollgruppe ausfindig. Unter diesen Verwandten waren nur zwei, bei denen Schizophrenie diagnostiziert worden war: einer in der Index-(Schizophrenen-)Gruppe und einer in der Kontrollgruppe.

Die Tatsache, daß in jeder Gruppe nur ein schizophrener Verwandter gefunden wurde, hätte als schlüssiger Beweis dafür anerkannt werden müssen, daß die Untersuchung ein Umweltmodell und kein genetisches Modell stützte. Da aber diese Ergebnisse ihre Theorien nicht untermauerten, starteten die Forscher mit Hilfe einer weitergefaßten diagnostischen Kategorie einen erneuten Versuch. Dieser neu gefundene Begriff »Störungen mit einem schizophrenen Spektrum« umfaßte nun auch chronische und akute Schizophrenie, Borderline-Psychose, schizoide und inadäquate Persönlichkeiten und unbestimmte schizophrene und Borderline-Psychosen.

Unter Verwendung dieses erweiterten Satzes diagnostischer Kriterien wurden neun biologische Familien von Index-(Schizophrenie-)Fällen gefunden, in denen jeweils mindestens einmal eine der genannten psychischen Störungen auftraten. Dagegen waren es nur zwei Familien innerhalb der Kontrollgruppe, auf die dies zutraf. R. C. Lewontin, ein evolutionärer Genetiker der Harvard University, erklärt, daß die Forscher ohne solch vage Diagnosen wie »inadäquate Persönlichkeit« und »unbestimmte Borderline-Psychose« keine signifikanten Daten gefunden hätten.[21]

Die Ergebnisse der Studie wurden durch viele weitere Faktoren entkräftet, vor allem dadurch, daß eine selektive Einstufung der Adoptierten stattfand. Lewontin und seine Ko-Autoren entdeckten, daß bei 24 % der Adoptivfamilien schizophrener Kinder ein Familienmitglied vor der Adoption des betreffenden Kindes in einer psychiatrischen Klinik gewesen war. Das traf auf keinen der Elternteile in der Kontrollgruppe zu.[22] Dieser statistisch signifikante Wert weist stark darauf hin, daß ein Kind, das später schizophren wurde, in eine dysfunktionale (also mit psychischen Störungen behaftete) Familie hineingeboren und dann später von einer anderen dysfunktionalen Familie adoptiert worden sein könnte.

Am wichtigsten ist vielleicht folgende Beobachtung: Auch dann, als die Kriterien der Studie so ausgeweitet wurden, daß sie eine »Spektrumdiagnose« einschlossen, war immer noch kein Anstieg der Schizophrenie unter den nahen biologischen Verwandten der Adoptierten zu verzeichnen – einschließlich der biologischen Mütter, Väter, Brüder und Schwestern. Der einzige Anstieg war bei den *Halbbrüdern und Halbschwestern väterlicherseits* zu finden.

Hierzu Breggin: »Wir haben ein Wundergen, das die biologischen Mütter, Väter, Brüder und Schwestern überspringt – und sogar die biologischen Halbbrüder und Halbschwestern mütterlicherseits – und nur die Halbgeschwister väterlicherseits trifft.«[23]

Es gibt noch weitere methodologische Probleme, die es zu untersuchen lohnt, wenn der Leser hieran interessiert ist. Neben Mary Boyles *Schizophrenia – A Scientific Delusion?* haben Lewontin, Rose und Kamin in ihrem Buch *Not In Our Genes*[24] eine ausgezeichnete Analyse der mit dieser Studie verbundenen Probleme vorgenommen.

Die oben analysierte Adoptivstudie wird am häufigsten als »Beweis« für das genetische Modell herangezogen. Eine genauere Betrachtung der Forschung gibt Ihnen eine kleine Kostprobe davon, wie die Informationen in jeder Familienstudie relativ leicht manipuliert werden können und dann der Öffentlichkeit als »schlüssiger Beweis, daß Schizophrenie und andere Störungen erblich sein müssen«, präsentiert werden.

Die Tatsache, daß die einzigen Leute, auf die die erweiterte diagnostische Kategorie anwendbar ist, Halbgeschwister waren, sollte als Beweis dafür ausreichen, daß diese Studie für ein Umweltmodell spricht. Breggin hatte mit den Schlußfolgerungen dieser Studie schwer zu kämpfen. In einem Interview mit dem Psychiater Loren Mosher, dem Direktor des NIMH-Zentrums, das sich damals, als die Studie finanziert wurde, der Erforschung der Schizophrenie widmete, stellte Breggin die Frage, was die genetischen Studien wirklich zeigten. Mosher erklärte, daß die Studien »bewiesen, daß sie [die Ursache psychischer Erkrankungen] umwelt- und nicht genetisch bedingt sei.«[25] Das ist eine bemerkenswerte Aussage, wenn man bedenkt, daß sie von einem Vertreter des NIMH stammt, das die Studien sponserte.

Während einer Reise nach Kopenhagen forderte Breggin auch Fini Schulsinger heraus, den dänischen Psychiater, der für diese Forschung verantwortlich war. Als Breggin sagte, daß die Ergebnisse der Studien dafür sprächen, daß Schizophrenie durch Umwelteinflüsse verursacht werde, stimmte Schulsinger ihm zu. Als er sich über diese Erfahrung später schriftlich äußerte, gab Breggin seiner Verwunderung Ausdruck: »Somit ruht die ganze Genetik der Schizophrenie auf diesem Kartenhaus. Was für ein Hokuspokus!«[26]

Um es noch einmal zusammenzufassen: 33 als schizophren eingestufte erwachsene Adoptierte wurden mit 33 nicht-schizophrenen erwachsenen Adoptierten verglichen. Die Forscher fanden 150 Verwandte der schizophrenen Adoptierten und 156 Verwandte der Kontrollgruppe. Insgesamt war bei nur zwei Verwandten Schizophrenie diagnostiziert worden, bei einem aus jeder Gruppe. In dieser Studie gab es nahezu keine schizophrenen Eltern, die schizophrene Kinder hervorgebracht hatten und nahezu keine schizophrenen Kinder, die von schizophrenen Eltern abstammten. Dies hätte meiner Meinung nach völlig ausreichen müssen, um den Biopsychiatern das Genick zu brechen.

Und dennoch wurden diese Studien von den Fachleuten als wegweisende Beiträge zum medizinischen Modell gepriesen. Trotz der mageren und unschlüssigen Ergebnisse verkündete Paul Wender, einer der Autoren der Studie: »Wir konnten keine Umweltkomponente entdecken.«[27] Später gingen Wender und Klein sogar so weit zu erklären, daß 8 % der gesamten Bevölkerung eine genetische Veranlagung zur Entwicklung einer Störung innerhalb ihres »diagnostischen Spektrums« zeige; nur *Medikamente* könnten im Rahmen dieses Spektrums die zugrundeliegenden biochemischen Probleme korrigieren.[28]

So sehr diese Studien auch kritisiert wurden, so sehr müssen sie doch immer noch zur Unterstützung der These herhalten, daß es für die Entstehung von Schizophrenie eine biologische Basis gebe. In ihrem Buch *Understanding Schizophrenia* (1994) äußern sich Keefe und Harvey folgendermaßen zu den dänisch-amerikanischen Forschungen:»Diese Studie liefert einen der stärksten zur Verfügung stehenden Beweise dafür, daß genetische Faktoren wichtig sind, wenn es darum geht, festzustellen, wer Schizophrenie entwickelt.«[29]

Am Rande erwähnt sei auch, daß eben diese dänischen Unterlagen dazu verwendet wurden, Beweise dafür zu erhärten, daß Alkoholismus eine genetisch übertragene Krankheit sei. Colin Ross und Alvin Pam, die die Methodologie dieser Studien in Frage stellten, wiesen darauf hin, daß ein oder zwei Probanden ohne eine Erklärung aus der Kontrollgruppe genommen und in die Indexgruppe gesteckt wurden. Sie deckten außerdem auf, daß die Forscher zugaben, am Ende der Studie vier weitere Probanden in die Kontrollgruppe aufgenommen zu haben. Zudem waren die Interviewer der für diese vier zusätzlichen Probanden gestellten Diagnose gegenüber nicht blind.

Um Ross und Pam direkt zu zitieren:»Dieses Verfahren ist natürlich wissenschaftlich inakzeptabel«. Es drängt sich damit der Verdacht auf, daß hier eine Voreingenommenheit der Forscher im Spiel war und daß Statistiken nachträglich entsprechend ihren Wünschen verändert wurden.[30]

Zusammenfassung

Ich hoffe, daß Sie beginnen, in diesen Studien ein gewisses Muster zu erkennen. Wenn Forscher versuchen, eine genetische oder biochemische Basis für Krankheiten wie Schizophrenie nachzuweisen, kommen sie zu Ergebnissen, die eher für ein Modell des emotionalen Schmerzes oder ein Umweltmodell sprechen. Statt jedoch zu einer solch offensichtlichen Schlußfolgerung zu stehen, scheint es so, als ob sie ihre Daten oder die Schlußfolgerungen häufig so manipulierten, daß diese ihre ursprünglichen Annahmen bestätigen. Solch ungenaue Schlußfolgerungen werden dann den Fachleuten und der Allgemeinheit als unanfechtbare wissenschaftliche Wahrheiten präsentiert. Zu den Versuchen, eine genetische Erklärung für die Ursache von Schizophrenie zu finden, sagt Dr. Harry Weiner, Informationsdirektor eines größeren pharmazeutischen Unternehmens: »Die Ergebnisse aus diesen 80 Jahren der Forschung sind klar und unstrittig: Diese Forschung hat bis jetzt zu nichts anderem geführt als zu vollkommener Verwirrung.«[31]

Wenn man diese Ergebnisse für bare Münze nimmt, können sie leider ziemlich schlüssig klingen und sogar die Psychiater zum Narren halten, von denen Ross sagt, sie hätten »keine Zeit, die ursprüngliche Literatur zu lesen und zu analysieren.«[1]

Kapitel 5

DIE SUCHE
NACH DEFEKTEN GENEN

Seit Jahrzehnten versuchen Forscher, defekte Gene für anerkannte physiologische Störungen wie Huntington-Chorea, Sichelzellenanämie und Friedreich-Ataxie zu finden. 1983 wurde für Huntington-Chorea mittels einer neuen, *genetische Koppelungsanalyse* genannten Methode, auf die wir in Kürze näher eingehen werden, ein genetischer Marker gefunden. Ein Marker ist eine Art Wegweiser, der zu einem gesuchten Gen führen kann. Obwohl man das spezifische Gen oder den genetischen Defekt für Huntington nicht gefunden hatte, wies der »Marker« auf das Chromosom und die generelle Richtung hin, in die die Forscher ihre Suche nach dem Gen fortsetzen könnten.

Zehn Jahre später, als das Mapping (die Lokalisierung) menschlicher Gene weiter fortgeschritten war, fand man den spezifischen genetischen Defekt für Huntington-Chorea. Diese Entdeckung verstärkte nur die Hoffnung, daß genetische Marker und schließlich auch defekte Gene für solche Störungen wie Schizophrenie, Depression, Hyperaktivität und andere psychiatrische Störungen gefunden werden würden.

1987 verfaßte Dr. phil. Janice Egeland einen Artikel für *Nature*, in dem sie behauptete, eine Verbindung zwischen der manisch-depressiven Erkrankung und einem DNA-Marker auf dem Chromosom 11 gefunden zu haben.[1] Sie äußerte die Hoffnung, daß dieser Marker zu dem eigentlichen Gen führen würde, das für die manisch-depressive Erkrankung verantwortlich sei. In einem anderen, 1988 veröffentlichten Artikel verkündete ein unter der Leitung von Robin Sherrington arbeitendes Team, daß ein genetischer Marker für Schizophrenie auf Chromosom 5 gefunden worden sei.[2]

Als das Mapping menschlicher Gene voranschritt und andere Gene für Störungen wie Sichelzellenanämie oder Friedreich-Ataxie entdeckt wurden, wuchs die Begeisterung über die Möglichkeit, das Gen oder den genetischen Defekt ausfindig machen zu können, der den ersten soliden Beweis für eine biologische oder genetische Ursache psychiatrischer Erkrankungen bieten würde.

Leider gelang es anderen Forschern nicht, zu Egelands Forschungsergebnissen von 1987 zu gelangen. Nachdem neue Daten ihrer eigenen Arbeit ihre ursprünglichen Ergebnisse nicht bestätigen konnten, mußte die Behauptung, daß ein Marker für die manisch-depressive Erkrankung auf Chromosom 11 gefunden worden sei, zurückgenommen werden. Schließlich wurde aus ähnlichen Gründen auch die Behauptung korrigiert, daß man einen genetischen Marker für Schizophrenie auf Chromosom 5 ausfindig gemacht habe.

In der Folgezeit gab es weitere Rückzieher, und es bildete sich ein bestimmtes Muster heraus: Wenn biochemische oder physiologische Krankheiten untersucht wurden, fanden die Forscher echte genetische Marker, die ihnen den Weg zum tatsächlichen Gen und den genetischen Defekten zeigten, die hinter den betreffenden Krankheiten steckten. Dazu gehörten Krankheiten wie Huntington-Chorea oder Mukoviszidose, bei denen eindeutig ein körperlicher und seelischer Verfall stattfindet, der häufig zum Tod führt. Tatsächlich gibt es heute genetische Tests, anhand derer ermittelt werden kann, wer Gene trägt, die einige dieser Krankheiten hervorrufen.

Genau das Gegenteil fand jedoch bei der Untersuchung psychiatrischer Störungen statt. Die Biopsychiater versuchten mit allen Mitteln, ihre Mißerfolge bei der Suche nach den Genen, die sich hinter den psychischen Krankheiten verbargen, zu verschleiern. Sie gaben zu bedenken, ob nicht viele unterschiedliche Gene beteiligt sein könnten oder ob verschiedene Gene für die unterschiedlichen Ausprägungen der gleichen Störung verantwortlich seien. Dieses »neue« Multi-Gen- bzw. Multi-Faktoren-Modell ist jedoch in keiner Weise tragfähig; es bietet vielmehr nur ein weiteres anschauliches Beispiel für den Versuch der Biopsychiater, an einer Theorie um jeden Preis festzuhalten. Selbst wenn sie Beweise entdecken, die vom Gegenteil zeugen.

Wenn ein Marker für eine tatsächliche neurologische Störung wie Huntington-Chorea schließlich zu dem für diese Störung verantwortlichen Gen geführt hat, weshalb hat dann keiner der Marker für psychiatrische Erkrankungen zur Entdeckung der Gene geführt, die diese Störungen verursachen? Da anzunehmen ist, daß Biopsychiatrie und Molekulargenetik auch in Zukunft eine Vielzahl von Markern für psychiatrische Störungen finden werden, wird es immer wichtiger, die Antwort auf diese Frage zu verstehen. Die Suche ist noch lange nicht vorbei, wie eine vor kurzem erschienene Ausgabe des *Advocate* (März/April 1995), dem Mitteilungsblatt der National Alliance for the Mental Ill, zeigt. Zwei Überschriften in dieser Ausgabe lauteten:

»Labor schießt sich auf Gen für psychische Erkrankungen ein.«
»Neues Gen mit manisch-depressiver Erkrankung in Verbindung gebracht.«[3]

Werfen wir einen Blick auf die Realität der Forschungsgeschichte, die hinter solchen Überschriften steht. Wir werden entdecken, daß solche Behauptungen oft irreführend sind. Um zu verstehen, wie Wissenschaftler einen »genetischen Marker« finden konnten, wenn doch weitergehende Forschungen anzeigen, daß ein solches Gen nicht existiert, müssen wir den Prozeß der Ermittlung genetischer Marker erklären.

Genetische Marker/Genetische Koppelungsanalyse

Jede menschliche Zelle enthält 23 Chromosomensätze. Ein Chromosom ist eine lange, dünne, rutenförmige chemische Struktur, die im Kern oder Zentrum jeder Zelle vorhanden ist. Jedes Chromosom besteht aus DNA und enthält Tausende von linear angeordneten Genen, die den Genen auf dem anderen Chromosom des Chromosomensatzes ähneln. Ein Gen ist eine chemische Information, die Anweisungen für den Bau von Teilen des Organismus trägt. Menschliche Gene enthalten Anweisungen für jedes physische Merkmal einer Person: welches Geschlecht ein Baby haben wird, welche Augen- und Haarfarbe es haben und wie groß es werden wird. Da es annähernd einhunderttausend menschliche Gene gibt und da niemand weiß, wie ein bestimmtes Gen aussieht, ist es für die Forscher schwierig, die spezifischen Gene für spezifische Merkmale oder neurologische Störungen ausfindig zu machen. Jüngste wissenschaftliche Fortschritte haben jedoch das Mapping bestimmter Chromosomen möglich gemacht, und zwar mittels der genetischen Koppelungsanalyse.

In der Genetik spricht man von einer Koppelung, wenn zwei Gene oder Marker *meßbar* eng zusammen auf dem gleichen Chromosom ausgemacht werden. Im Rahmen der Koppelungsstudien versuchen Genetiker, einen *Polymorphismus* zu finden – einen körperlichen Unterschied zwischen Individuen, wie z.b. Geschlecht, Blutgruppe oder verschiedene vom Körper produzierte Proteine –, der mit dem Auftreten einer Krankheit zusammenfällt.

Lassen Sie uns beispielsweise annehmen, daß eine Gruppe von Individuen an der rechten Hand einen sechsten Finger hat. Des weiteren wollen wir davon ausgehen, daß es innerhalb dieser Gruppe von sechsfingrigen Individuen ein weitaus häufigeres Auftreten einer bestimmten Krankheit »ZZZ« gibt als in der Normalbevölkerung. In einer solchen Situation wäre es logisch, nach einer Verbindung zwischen dem Gen, das für den zusätzlichen Finger (den Polymorphismus oder physischen Unterschied) verantwortlich ist, und dem »vermuteten« Gen, das die Krankheit »ZZZ« verursacht, zu suchen. Wenn die Korrelation stark genug ist, haben die Forscher, wie sie sagen, eine Koppelung gefunden. Sie können dann durchaus den Schluß ziehen, daß die beiden Gene, wie in Abbildung 5.1. dargestellt, in unmittelbarer Nähe zueinander auf dem gleichen Chromosom existieren.

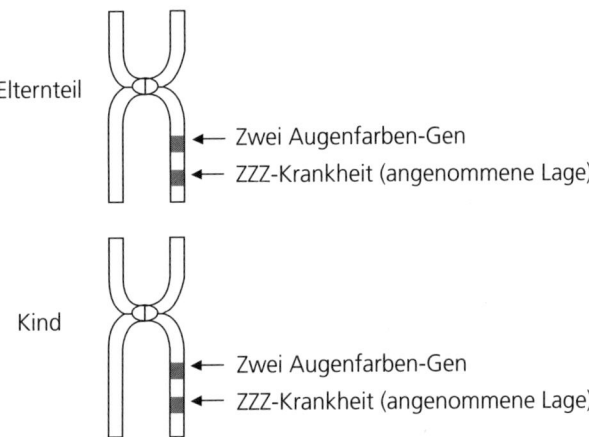

Abb. 5.1: Darstellung der engen Verwandtschaft eines Markers mit einer genetischen Krankheit über verschiedene Generationen hinweg.

Wenn diese beiden Merkmale – sechster Finger und ZZZ-Krankheit – von Generation zu Generation weitergegeben werden, kann man logischerweise davon ausgehen, daß die für diese Merkmale verantwortlichen Gene eng benachbart sind, d.h. »gekoppelt« sein müssen. Bei dem Prozeß, Gene zu orten, koppeln die Wissenschaftler defekte Gene zunächst nicht direkt mit anderen, sondern mit Fragmenten von DNA-Polymorphismen, die durch *Restriktionsenzyme* erzeugt werden. Restriktionsenzyme sind Proteine, die eine bestimmte, kurze DNA-Sequenz erkennen und jede DNA-Sequenz biochemisch spalten, die exakt diese Kombination genetischen Materials enthält.

Genetiker verwenden Restriktionsenzyme als eine Art molekulare Schere, um die DNA in sehr kleine Abschnitte zu zerschneiden. Wenn ein DNA-Fragment gefunden wird, das eine hohe Korrelation zu einer bestimmten Krankheit aufweist, dann können die Wissenschaftler mit einiger Sicherheit davon ausgehen, daß das Gen für diese Krankheit in unmittelbarer Nähe dieses DNA-Fragments oder »Markers« zu finden ist. (Vgl. Abb. 5.2.)

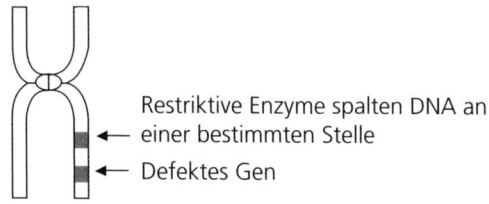

Abb. 5.2: Beziehung zwischen einem
Restriktionsenzym-»Marker« und einem defekten Gen.

Der Crossing-over-Prozeß

Leider ist es nicht so einfach, einen Marker zu finden, der wiederum einen *echten* genetischen Defekt ausfindig macht. Es ist ungefähr so, als habe man eine Ameise gefunden und würde daraus die Schlußfolgerung ziehen, daß die Ameisenkolonie nicht weit weg sein könne. Der ganze Prozeß wird mit Hilfe einer äußerst schwierigen statistischen Analyse bewerkstelligt. Mittels dieses statistischen Prozesses können hypothetische Marker für psychiatrische Störungen gefunden werden, selbst wenn das tatsächliche Gen vielleicht gar nicht existiert. Um zu verstehen, warum Statistiken bei der Suche nach Markern wichtig sind, müssen wir zunächst den Crossing-over-Prozeß begreifen, der stattfindet, wenn ein Chromosomenabschnitt gegen einen Abschnitt eines anderen Chromosoms ausgetauscht wird.

Es gibt zwei Arten der Zellteilung: Mitose und Meiose. Als Mitose bezeichnet man die normale Teilung der Körperzellen, mittels derer der Körper wächst, sich unterschiedlich entwickelt und sich selbst heilt. Die Meiose findet einmal im Leben in den Zellen der Keimbahn statt. Sie führt zur Bildung von Geschlechtszellen: Sperma und Eizellen.

Bei der Mitose spalten sich zwei identische Teile des gleichen Chromosoms und bilden zwei genetisch identische Zellen. Wenn sich die beiden neuen Zellen gebildet haben, verdoppelt sich jedes Chromosom und macht sich damit für die nächste, in Abbildung 5.3. dargestellte Zellteilung bereit.

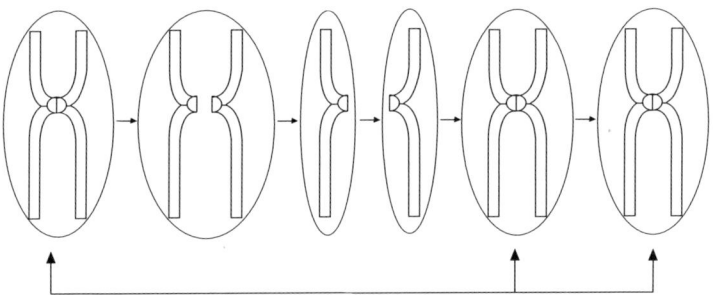

Identische genetische Codierung

Abb. 5.3: Zellteilung bei der Mitose.

Bei der Meiose bilden zwei Chromosomensätze ein Paar und tauschen Segmente der verschiedenen Chromosomenarme durch Überkreuzung (Crossing over) aus, so wie in Abb. 5.4. dargestellt.

Somit hat jedes der beiden Chromosomen, wie durch die schraffierten Bereiche verdeutlicht, einen neuen Abschnitt genetischen Materials vom anderen Chromosom. Als Ergebnis dieser Crossing-over-Phase kann eine neue Kombination von Genen oder Merkmalen von einer Generation an die nächste vererbt werden. Diese Crossing-over-Phase ermöglicht es den Wissenschaftlern auch, mit Hilfe der Statistik genetische Marker zu finden.

Ein Abschnitt der DNA kann jedoch nur ein Marker sein, wenn dieser auf dem gleichen Chromosom angesiedelt ist wie das Gen. Je weiter der Marker und das Gen voneinander entfernt sind, desto größer wird jedoch die Wahrscheinlichkeit sein, daß der Marker während des Crossing over von dem Gen getrennt werden wird. Siehe hierzu Abbildung 5.5.

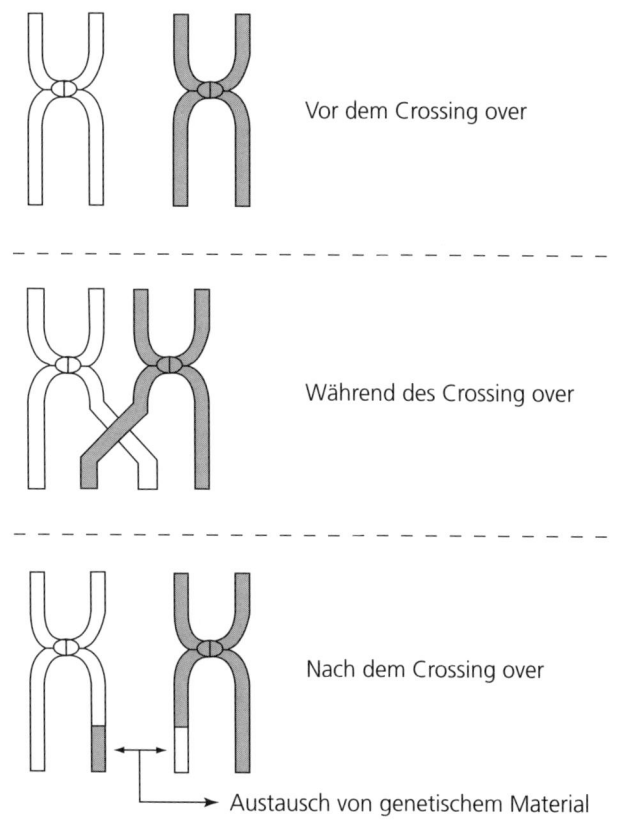

Abb. 5.4: Zellteilung während der Meiose, die das Crossing over veranschaulicht.

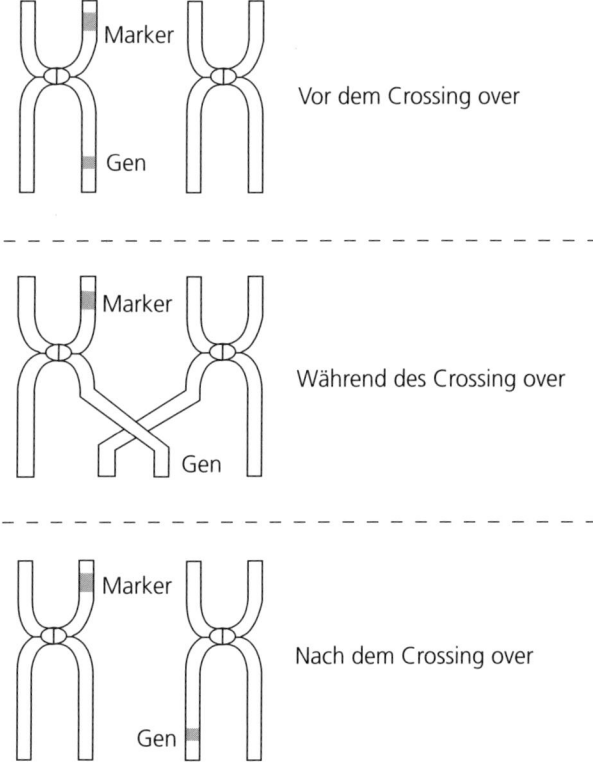

Abb. 5.5: Zellteilung während der Meiose, die eine verstärkte Trennung zwischen einem Marker und einem Gen zeigt.

Wenn beide Gene aber eng benachbart sind, neigen sie dazu, von einer Generation zur nächsten zusammenzubleiben (Vgl. Abb. 5.6.). Deshalb gilt: Je benachbarter der Marker und das Gen, desto geringer ist die Chance, daß die beiden während der Meiose getrennt werden.

Eine übliche Methode, einen Marker und ein nachfolgendes Gen zu finden, sieht folgendermaßen aus: Zuerst finden die Forscher eine Familie (Stammbaum), in der über mehrere Generationen hinweg eine bestimmte Krankheit häufig auftritt. Dann beginnen sie mit der Suche nach Markern, die eine hohe Korrelation zu den Individuen aufweisen, die diese Krankheit haben.

An dieser Stelle kommt die statistische Analyse ins Spiel. Wenn die Korrelation einen bestimmten Punkt erreicht, ist es statistisch sehr wahrscheinlich, daß man sich dem Marker weit genug genähert hat, um die ungefähre Lage des Gens identifiziert zu haben. Nun kann die eigentliche Suche nach dem Gen stattfinden. Der Marker für Huntington-Chorea wurde erstmals im Jahre 1983 entdeckt, doch das Gen selbst erst zehn Jahre später ausfindig gemacht.

Bei der genetischen Koppelungsanalyse werden Korrelationswerte mathematisch als »Logarithmen der Wahrscheinlichkeitstrefferrate« oder LOD ausgedrückt. Eine LOD-Trefferrate von zwei entspricht 10^2 oder der Wahrscheinlichkeit von 1 zu 100, daß das Gen *nicht* gefunden wurde. Eine LOD-Trefferrate von 3 oder mehr wird gewöhnlich als Beweis dafür angesehen, daß ein Marker an ein Gen gekoppelt ist. Im folgenden werden wir diesen Prozeß anhand einer bekannten genetischen Störung verfolgen

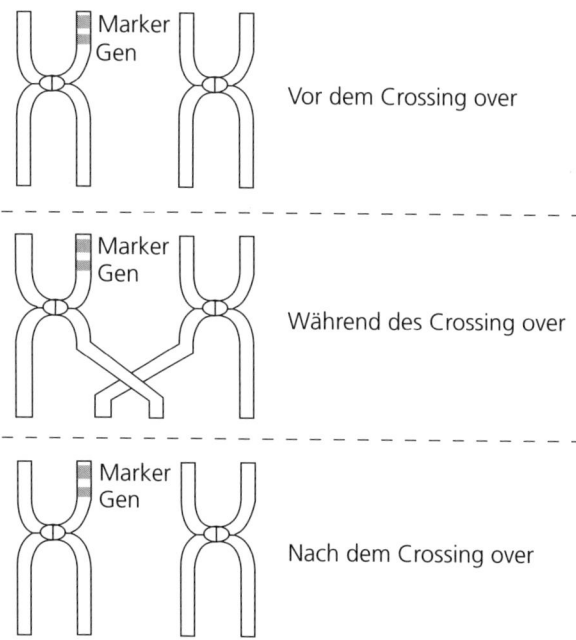

Abb. 5.6: Zellteilung während der Meiose, die zeigt, wie ein Marker und ein Gen »gekoppelt« bleiben.

Friedreich-Ataxie

Die Friedreich-Ataxie wurde erstmals 1863 von Nikolaus Friedreich beschrieben. Die Symptome zeigen sich gewöhnlich vor der Pubertät, wenn das Kind allmählich damit beginnt, beim Laufen zu schwanken oder zu taumeln. Später können unartikuliertes Sprechen, ein durch Muskelschwund und Schwäche bedingtes Schielen und eine Krümmung des Rückgrats hinzukommen. Die Friedreich-Ataxie führt bei fortschreitender Verschlimmerung zum Tod und ist zum gegenwärtigen Zeitpunkt nicht heilbar.

Der erste Schritt, das Gen für diese bestimmte Krankheit ausfindig zu machen, bestand darin, eine geeignete *Verwandtschaftsgruppe* zu finden, die man untersuchen konnte. Das heißt eine sehr große Gruppe von Familienmitgliedern mit einer eindeutigen Anlage, eine bestimmte ererbte Krankheit zu entwickeln. Forscher versuchen meist, eine Verwandtschaftsgruppe von mehreren Generationen zu finden, die ein häufiges Auftreten der betreffenden Krankheit zeigt. Dies erhöht deutlich die Wahrscheinlichkeit, daß man Marker ausfindig machen kann, die bei den meisten Betroffenen in enger Nachbarschaft zu dem gesuchten Gen liegen.

Eine Verwandtschaftsgruppe zu untersuchen kann ein schwieriges und ermüdendes Projekt sein. Im Fall der Friedreich-Ataxia brachte Betty LeBlanc, deren Kinder von dieser Krankheit betroffen waren, den Prozeß in Gang, indem sie den Stammbaum über so viele Generationen wie möglich zurückverfolgte. Sie begann ihre Suche in den frühen 80er Jahren dieses Jahrhunderts, bevor das DNA-Marker-Verfahren entwickelt worden war.

Da LeBlancs Vorfahren akadisch sind und es sich um einen fest zusammengewachsenen Clan von Vorfahren handelte, der von Frankreich ins östliche Kanada und später nach Louisiana auswanderte, war die Aufgabe für sie leichter, als sie für jemanden aus der Allgemeinbevölkerung gewesen wäre. Ihre Suche wurde jedoch dadurch verkompliziert, daß Friedreich-Ataxia eine seltene und schwer zu diagnostizierende Krankheit ist und daß viele Einzelpersonen nicht über diese Krankheit sprechen wollten, weil einige dachten, die Symptome seien auf Syphilis zurückzuführen.

Nachdem LeBlanc ihre Suche beendet hatte, übergab sie ihre Daten Forschern, die sich an den zweiten Schritt machten und versuchten, einen Marker zu finden. Hierzu nahmen sie Blutproben von den an der Studie teilnehmenden Probanden, um nach einem Muster zu suchen. Ihr Ziel war es, eine Verbindung zwischen Friedreich-Ataxie, den zehn wichtigsten unterschiedlichen Blutgruppen und zwanzig unterschiedlichen Proteinen (Polymorphismen) in Blutproben zu finden, deren Gene identifiziert worden waren. Leider konnten sie keine Verbindung finden.

Eine von ihnen, die Wissenschaftlerin Susan Chamberlain, eine britische Genetikerin, hatte Zugang zu der neuesten Forschungsmethode, die mit Restriktionsenzymen arbeitete. Statt nach Veränderungen in den Proteinen zu suchen, konnte sie die Technik der Restriktionsenzyme anwenden, um nach kleinen Veränderungen in der DNA selbst zu suchen. Als Chamberlain begann, unterschiedliche Fragmente zu testen, entdeckte sie, daß eine ausgeprägte Korrelation zwischen dem Fragment MCT112 und der Vererbung von Friedreich-Ataxie bestand. Ein Jahr nach Bekanntgabe ihrer Ergebnisse wurde ein weiterer Marker gefunden, der den Ort des Gens für die Krankheit eindeutig festlegte. Für beide Marker zeigten statistische Studien eine LOD-Trefferrate von 50 (Wahrscheinlichkeit von 10^{50} zu 1), daß das Gen in der Nähe der beiden Marker lag.

Wie wir gesehen haben, kann die Suche nach dem die Krankheit verursachenden Gen in dem Moment beginnen, in dem ein Marker gefunden worden ist, vorausgesetzt, es handelt sich um einen echten genetischen Marker. Sobald das Gen ausfindig gemacht wurde, kann einem Heilungsansatz gezielter nachgegangen werden.

Lassen Sie uns nun einen Blick auf die Suche nach dem Gen werfen, von dem man annahm, daß es die manisch-depressive Erkrankung verursacht.

Die Suche nach einem Gen für die manisch-depressive Erkrankung

Als Janice Egeland 1987 in *Nature* ihren bahnbrechenden Artikel veröffentlichte, behauptete sie, eine Verbindung zwischen der manisch-depressiven Erkrankung und einem DNA-Marker auf Chromosom 11 gefunden zu haben. Diese Behauptung war das Ergebnis beinahe dreißigjähriger tapferer Bemühungen, das für Manie und Depression verantwortliche Gen zu finden.

Sie begann ihre Suche im Jahre 1959, als sie als Studentin der medizinischen Anthropologie und Soziologie der Johns Hopkins University in das Gebiet der Old Order Amish in Pennsylvania reiste, um Feldforschung zu betreiben. Die Amish-Leute sind eine ziemlich abgeschieden lebende religiöse Gemeinschaft, die sich konsequent dem technischen Fortschritt verschließt. Zu dieser Zeit interessierte sie die Frage, warum Menschen sich für eine alternative Medizin entschieden.

Im Verlauf der Jahre war Egeland von den Amish-Leuten akzeptiert worden. Sie hatte ein so enges Band zu ihnen geknüpft, daß, nachdem bei Egelands Vater Leukämie festgestellt worden war, mehr als 500 Amish Blut spendeten, damit das für den Vater benötigte Blut bezahlt werden konnte.

Nachdem ihr aufgefallen war, daß einige ihrer Amish-Freunde an emotionalen Hochs und Tiefs litten, beschloß Egeland einen Antrag zur Bewilligung von Forschungsgeldern zu stellen, um die Genetik der Psychopathologie in dieser Gruppe zu studieren. Zunächst wurde ihr Antrag aufgrund fehlender Qualifikationen abgelehnt – sie war Soziologin, keine Genetikerin oder Psychiaterin. Wegen der Einzigartigkeit dieser Bevölkerungsgruppe und ihrer engen Verbindungen zu den Amish wurde die Studie jedoch schließlich vom National Institute of Mental Health (NIMH) genehmigt, und Egeland begann ihre Untersuchung im September 1976.

Ihr erster Schritt bestand darin, die notwendige Verwandtschaftsgruppe für die Studie zu finden. Sie versuchte, einige Personen auszumachen, für die eine manisch-depressive Erkrankung diagnostiziert werden könnte und bei denen außerdem die Möglichkeit bestand, daß sie nahe Verwandte mit der gleichen Erkrankung hatten. Ein großer Teil dieser Informationen mußte aus Krankenhausberichten, mündlichen Aussagen und Gesprächen von Verwandten über andere Verwandte zusammengetragen werden, vor allem dann, wenn bestimmte Familienmitglieder bereits gestorben waren. Sie besuchte die Familien häufig vor Tagesanbruch, um mit dem Vater sprechen zu können, bevor dieser zur Arbeit aufbrach.

Nachdem sie vier Jahre lang geduldig zugehört hatte, hatte Egeland 102 Personen gefunden, die Anzeichen einer manisch-depressiven Erkrankung zeigten. Sie schickte die Berichte ihrer Interviews wie auch die Berichte über Personen ohne diese Erkrankung an ein Gremium von Diagnostikern, die ermitteln sollten, welche Personen ihrer Meinung nach manisch-depressiv waren. Als sie die Ergebnisse erhalten hatte, setzte sie sich mit einer anderen Gruppe von Beratern zusammen, um zu ermitteln, welche Familie das günstigste Muster aufwies, um die Untersuchung einer möglichen genetischen Koppelung zu erleichtern. Sie wählten eine Familie oder einen Stammbaum mit 80 Mitgliedern, von denen 19 als manisch-depressiv eingestuft worden waren. Sobald Egeland ihre Familie gefunden hatte, stellte sie beim NIHM einen Antrag auf weitere Finanzmittel. Wiederum wurde ihr Antrag zunächst abgelehnt, doch dann hatte sie Erfolg.

Mit diesem Geld machte sich Egeland sofort an die Arbeit. Zunächst nahm sie Blutproben von ihrer ausgesuchten Familie und wählte Labors aus, die nach den Markern suchen sollten. Zwischen 1979 und 1982 testeten mehrere Forscher die Blutproben der Amish auf 42 Blutgruppen und 17 Immunsystemmarker. Sie fanden keine Muster. Da immer mehr Marker auf DNA-Fragmenten gefunden wurden, die in Koppelungsstudien verwendet werden konnten – bis 1985 waren über 1000 gefunden worden –, blieb Egeland optimistisch, daß einer dieser Marker schließlich ein Gen für die manisch-depressive Erkrankung ausfindig machen würde. »Wir kommen der Sache näher, und das ist für alle aufregend«, sagte sie zuversichtlich.[4]

Ein Labor hatte sich als Teil der Übereinkunft, die Voraussetzung für die Teilnahme an den Tests war, dazu verpflichtet, nur auf Chromosom 11 nach Markern zu suchen. Nach vielen Monaten dieser Suche warf der Computer eine LOD-Trefferrate von 1,7 aus, was etwa gleichbedeutend mit einer Wahrscheinlichkeit von 50 zu 1 ist. Die Forscher, die versuchten, Egelands Theorie zu beweisen, verfielen in eine vorschnelle Euphorie. Sie hofften, einen möglichen Marker entdeckt zu haben, vor allem da man zuvor gerade einen Marker mit einer LOD-Trefferrate von 7 für Huntington-Chorea gefunden hatte. Wenn sie den Marker finden könnten, dann wäre vielleicht auch die Entdeckung des ersten, eine psychiatrische Erkrankung verursachenden Gens in unmittelbare Nähe gerückt. Reporter wissenschaftlicher Zeitschriften baten um Interviews, als sie von der Trefferrate 1,7 hörten, doch die Forscher wußten, daß sie eine Trefferrate über 3 brauchten, bevor sie ihre Ergebnisse veröffentlichen könnten.

Als Ergebnis dieser ermutigenden Trefferrate traf Egeland die Entscheidung, die nächsten Stichproben auf zwei Labors zu verteilen.

Im Verlauf der Untersuchungen trieben die neuen Stichproben die LOD-Trefferrate so weit nach oben, daß man von einer Bestätigung der Theorie sprechen konnte.

An diesem Punkt fand Egeland heraus, daß ein anderes Mitglied der an der Studie teilnehmenden Familie, eine enge Freundin von ihr, einen schweren manischen Schub gehabt hatte. Bei dieser Frau hatte man zuvor keine manisch-depressive Erkrankung diagnostiziert. Dieses zusätzliche Mitglied trieb die LOD-Trefferrate beinahe auf 4 hoch. Als ein weiterer Marker gefunden worden war, näherte sich die LOD-Trefferrate nunmehr der Zahl 5.

Hierauf begannen Egeland und ihre Kollegen, die Publikation ihrer Ergebnisse vorzubereiten. Ihr Bericht, der in *Nature* erschien, hatte den Titel *Bipolar Affective Disorders Linked to DNA Markers in Chromosome 11*.[5] Beachten Sie, daß der Titel impliziert, daß manisch-depressive Störungen mit einem Gen verbunden sind, obwohl das Gen selbst noch gefunden werden mußte. Zu diesem Zeitpunkt war die Aufregung in der wissenschaftlichen Gemeinschaft riesengroß, und Egeland und ihr Team machten Aussagen wie »Wir betrachten diese Studie als Meilenstein«, »Es ist klar, daß auf der DNA basierende diagnostische Verfahren eine Zukunft in der Psychiatrie haben« und »Für die Gesellschaft wird der nächste Schritt darin bestehen, das bestimmte Gen bzw. die bestimmten Gene zu identifizieren«.

Leider war ihr Enthusiasmus verfrüht. In der gleichen Ausgabe von *Nature* berichteten zwei andere Forschungsteams über ihre mit anderen Populationen durchgeführten Untersuchungen, die dem Zweck dienten, mögliche Koppelungen auf Chromosom 11 zu erforschen. Sie hatten keine Koppelung zwischen der manisch-depressiven Erkrankung und diesem Chromosom gefunden.[6] Zwei Jahre später gab es immer noch keine Bestätigung für Egelands Studie. Sie und ihr Team waren bei ihrer Suche nach dem erhofften Gen keinen Schritt weitergekommen.

1989 analysierte ein anderes Forschungsteam im Rahmen einer anderen Untersuchung einige der Zellreihen der Amish. Dabei verwendeten sie auf den neuesten Stand gebrachte diagnostische Informationen über den ursprünglichen Stammbaum. Als während dieser Untersuchung bei zwei Probanden der Kontrollgruppe eine manisch-depressive Erkrankung diagnostiziert wurde, ließ diese neue Information Egelands LOD-Trefferrate von 4,7 auf 2 sinken.

Wingerson sagt: »Das Gen für die manisch-depressive Erkrankung, das die Leute auf Chromosom 11 gesehen hatten, löste sich in Luft auf.«[7] An diesem Punkt mußte eine sehr enttäuschte Egeland ihre Studie zurückziehen. Als sie erkannte, daß eine Veränderung der Diagnose bei ein oder zwei Probanden einen wesentlichen Einfluß auf die LOD-Trefferrate haben konnte, sprach sie sich vehement dafür aus, die Probanden solcher Studien auf unbestimmte Zeit im Auge zu behalten.

Zu einem ähnlichen Ablauf der Ereignisse kam es, als Forscher dachten, sie hätten einen Marker für Schizophrenie auf Chromosom 5 gefunden. In dieser Studie lag die LOD-Trefferrate je nach Analysebedingungen zwischen 3 und 6. Da ein anderes Forschungsteam diese Studie nicht bestätigen konnte, wurde auch sie schließlich zurückgezogen.

Existieren Gene für psychische Erkrankungen?

Wie Sie sehen, ist es möglich, daß Wissenschaftler selbst dann glauben, sie hätten einen Marker für eine psychiatrische Störung gefunden, wenn ein entsprechendes Gen für diese »psychische Erkrankung« gar nicht existiert. Die Technik der genetischen Koppelungsanalyse ist derzeit so weit entwickelt, daß die Chancen gut stehen, ein Gen für eine Krankheit schließlich auch zu finden – falls ein solches Gen denn auch tatsächlich existiert. So wie die gängigen Untersuchungsmethoden geartet sind, ist es jedoch genauso leicht, Marker zu finden, die sich in dem Moment, in dem eine statistische Analyse angewendet wird, als inkorrekt erweisen. Um zu sehen, wie dies funktioniert, lassen Sie uns die genetische Koppelung einmal genauer anschauen.

Wenn ein Gen für eine bestimmte Krankheit existiert, wird es, wie wir gesehen haben, von einer Generation auf die nächste übertragen. Da es in unmittelbarer Nachbarschaft der Gene Marker geben wird, werden auch diese übertragen werden. Deshalb ist es nur eine Frage der Zeit, bis der richtige Marker analysiert werden und sich eine hohe LOD-Trefferrate ergeben wird.

Das funktioniert, weil Marker unabhängig davon weitergegeben werden, ob es ein mit ihnen verbundenes Gen für eine bestimmte Krankheit gibt. Wenn also bei einer bestimmten Anzahl von Familienmitgliedern eine manisch-depressive Erkrankung diagnostiziert wurde, werden sie auch einen ähnlichen Satz an Markern erben, da sie alle das gleiche grundlegende genetische Material teilen. Die Tatsache, daß jedes Mitglied dieser Familie diese ähnlichen Marker aufweist und auch weitervererbt, bedeutet jedoch nicht, daß ein Gen für die manisch-depressive Erkrankung existiert.

Lassen Sie uns eine Analogie herstellen, indem wir ein Merkmal verwenden, von dem wir ziemlich sicher sind, daß es *keine* genetische Grundlage hat: Republikanismus, die in den USA verbreitete Gewohnheit, die Partei der Republikaner zu wählen. Obwohl der Republikanismus eine politische Einstellung und keine psychische Störung ist, kann er in der Familie liegen. Wenn wir alle Mitglieder einer Verwandtschaftsgruppe antreten ließen, die Republikaner sind, und nach einem Marker suchen würden, der mit diesem Merkmal in Verbindung steht, hätten wir eine gute Chance, einen zu finden. Der Grund dafür wäre nicht unbedingt der, daß alle Republikaner ein bestimmtes Gen tragen, sondern der, daß alle an der Studie beteiligten miteinander verwandt sind und viele genetische Ähnlichkeiten haben. Wenn die LOD-Trefferrate in einer solchen Studie höher als drei ist, dann kann diese Studie veröffentlicht werden. Jedermann wird dann ganz enthusiastisch annehmen, daß ein Gen für Republikanismus gefunden worden ist. Richtig?

Tatsächlich wäre die Vorstellung, daß ein solches Gen existiert, keineswegs absurder als manche andere, durchaus ernsthaft aufgestellte Theorien. Denn so wie ein Gen für besonders große emotionale Sensibilität mit Schizophrenie oder Depression verbunden sein könnte, könnte es auch ein Gen für eine bestimmte Art von Persönlichkeitsmerkmalen geben. Dies würde dazu führen, daß sich ein höherer Prozentsatz von Individuen, die dieses Gen trügen, für den Republikanismus entscheiden. Das muß jedoch nicht unbedingt bedeuten, daß das fragliche Gen defekt ist oder zu einem biochemischen Ungleichgewicht führt, das die Person *zwingt*, sich für den Republikanismus zu entscheiden. Hinzu kommt, daß die Entscheidung einer Einzelperson, nicht länger Republikaner, sondern Demokrat zu sein, die LOD-Trefferrate drastisch senken und damit die Studie ungültig machen würde. Das gleiche wäre der Fall, wenn bei einer Person in einer emotional gesunden Kontrollgruppe plötzlich eine manisch-depressive Störung diagnostiziert würde.

Da Marker unter Verwandten eine hohe Korrelation aufweisen, ist es immer möglich, einen Marker für ein Gen zu finden, von dem ein Forscher glaubt, daß es existieren könnte.

In Studien, in denen es um eine bekannte biologische Krankheit geht, führt die Suche nach einem Marker oft zu einem Gen für diese Krankheit, weil es außer Frage steht, daß eine tatsächliche physiologische Krankheit existiert. Wir wissen, daß die Person physisch krank ist, weil sie schwere physische Symptome zeigt; und genetische Krankheiten führen häufig zu Behinderungen oder zum Tod. Bei psychischen Erkrankungen wie schwerer Depression oder Schizophrenie können die Symptome jedoch kommen und gehen. Fast jeder hat einen oder mehrere Depressionsanfälle erlebt, doch die meisten finden mit der Zeit wieder aus diesem Zustand heraus. Niemand erlebt aber einen Anfall von Huntington-Chorea und erholt sich bald wieder davon.

Wie bereits erwähnt, hatte man eine Zeitlang angenommen, man könne mit Zwillings- und Adoptivstudien eine genetische Veranlagung zu emotionalen Problemen nachweisen. Man ging von der falschen Voraussetzung aus, daß psychische Erkrankungen in der Familie liegen und daß Medikamente einen Defekt korrigieren könnten. Als bestimmte genetische Studien nicht korrekt interpretiert wurden, glaubten die Wissenschaftler, daß defekte Gene schließlich gefunden werden würden.

Niemand kann der Öffentlichkeit einen Vorwurf daraus machen, an die Existenz eines solchen Gens zu glauben, wenn sie (und die wissenschaftliche Gemeinschaft) in wichtigen wissenschaftlichen Publikationen Überschriften wie diese lesen:»Labor schießt sich auf Gen für psychische Erkrankung ein« oder »Neues Gen mit manisch-depressiver Erkrankung in Verbindung gebracht«. Zumal in den entsprechenden Artikeln behauptet wird, daß Gene für psychische Krankheiten existieren und man nur noch einen Schritt von ihrer Entdeckung entfernt ist?

Denken Sie daran: Die Tatsache, daß ein Marker gefunden wurde, ist noch kein Hinweis darauf, daß ein Gen existiert. Genetiker werden weiterhin solche Marker finden, und Zeitschriften und Zeitungen werden weiter solche Überschriften bringen, selbst wenn es keinen stichhaltigen Beweis dafür gibt, daß emotionale Störungen genetischen Ursprungs sind. Solche Informationen sind prickelnd und haben Neuigkeitswert. Bis in die heutige Zeit gibt es jedoch absolut keinen wissenschaftlichen Beweis dafür, daß sogenannte psychiatrische Störungen wie Schizophrenie, Depression, Manie, Hyperaktivität, Zwangsneurosen, soziopathisches Verhalten und andere ererbt sind.

Die Durchforstung des Globus

In ihrem Bestreben, die Existenz einer genetischen Basis für emotionale Störungen nachzuweisen, haben Forscher auf der Suche nach den besten Bevölkerungsgruppen, mit denen sie Untersuchungen durchführen könnten, den Globus durchkämmt. So bemerkte zum Beispiel Zsolt Harsanyi in seinem Buch *Genetic Prophecy*, daß sich die Wissenschaftler, die versuchten, eine Verbindung zwischen Genen und psychiatrischen Krankheiten herzustellen, »mitten in einer verrückten Liebesaffäre mit Dänemark« befänden – einer kleinen und relativ homogenen Population mit dem zwanghaften Wunsch, über alles Buch zu führen.«[8]

Als Victor McKusick an der Johns Hopkins University sein genetisches Programm aufstellte, bezeichnete er die Amish-Familien als den »Traum des Genetikers«[9], weil sie das Produkt jener Art von Inzucht waren, die die Wissenschaftler bei ihrem Versuch, Merkmale von Tieren und Pflanzen zu analysieren, in den Labors fördern.

Doch obwohl die Forscher auf der Suche nach der idealen Population die ganze Welt durchkämmt haben, fanden sie nicht einen einzigen Beweis dafür, daß psychische Erkrankungen genetisch ererbt werden.

Kapitel 6

Untersuchungen mit Hilfe von Bildgebenden Verfahren

Weil kein wirklicher Fortschritt bei der Suche nach genetischen Markern erzielt und kein adäquates Neurotransmitter-Modell entwickelt werden konnte, sind die Forscher bei ihrer Suche nach einer biologischen Grundlage für psychiatrische Erkrankungen in zunehmendem Maße auf den Versuch angewiesen, eine strukturelle oder funktionale Abnormität des Gehirns festzustellen. In strukturellen Studien werden die Anatomie und die physischen Charakteristika des Gehirns analysiert und verglichen. Damit versucht man festzustellen, ob eine »Krankheit« wie Schizophrenie mit einer bestimmten Veränderung, zum Beispiel einer Atrophie, der Gehirnstruktur einhergeht.

In funktionalen Studien hingegen erforschen die Wissenschaftler, wie das Gehirn arbeitet, wenn es bestimmte Aufgaben bewältigt. Sie erreichen dies, indem sie die Blutmenge, die durch verschiedene Regionen des Gehirns fließt, beobachten und untersuchen, wie das Gehirn Glukose umwandelt. Da Glukose (Zucker) der Brennstoff ist, der die Gehirnzellen mit Nahrung versorgt, damit sie ihre Aktivität entfalten können, ist sie eine geeignete Substanz, wenn es darum geht, diejenigen Teile des Gehirns zu identifizieren, die metabolisch die aktivsten sind.

Bei einer Funktionsuntersuchung könnte man zum Beispiel einen Patienten bitten, sich einfach hinzulegen und über irgend etwas nachzudenken, das ihm gerade in den Sinn kommt. Dann werden die Forscher ermitteln, ob das Gehirn einer als psychisch krank diagnostizierten Person Glukose anders verarbeitet als das Gehirn einer »normalen« Person. Lassen Sie uns näher betrachten, wie jede dieser Methoden zur Abbildung des Gehirns funktioniert.

Strukturelle Abnormitäten

Der wachsende Enthusiasmus auf dem Gebiet der bildgebenden Verfahren ist zum großen Teil der wissenschaftlichen Weiterentwicklung der Technologien zu verdanken. Mit den derzeit gebräuchlichen Instrumenten kann man eine graphische Darstellung des lebenden Gehirns erhalten, so daß man nicht mehr auf eine Analyse post mortem warten muß.

Der Einsatz der Computertomographie (CT) 1974 sowie der Kernspinresonanztomographie (NMR) zehn Jahre später führte zu einer umwälzenden Revolution im Bereich der Erforschung der Gehirnstrukturen. Die computergestützte Tomographie wurde in den frühen 70er Jahren in Großbritannien von Hounsfield erfunden. Bei dieser Art der Abbildung wird ein Röntgenstrahl durch das Gehirn zu einem mit einer Vielzahl von Detektoren bestückten Detektorkranz geschickt. Während der Röntgenstrahl durch das Hirngewebe dringt, wird er – je nach Dichte der verschiedenen Gehirnregionen – vermindert (oder abgeschwächt). Ein Scanner rekonstruiert eine Computerbildaufnahme des Gehirns, während er um dieses rotiert und dabei mit Hilfe der Detektoren Informationen sammelt.

Bei der Kernspinresonanztomographie (NMR) werden dadurch Bilder produziert, daß Zellen, die reich an Wasserstoff, Phosphor und anderen Elementen sind, empfindlich auf elektromagnetische Kräfte reagieren. Die Aufnahmen werden gemacht, indem man den Patienten in einem riesigen runden Magneten plaziert. Während die vom Magneten verursachten elektromagnetischen Kräfte die Wasserstoffatome in Bewegung bringen, erzeugen unterschiedliche Gewebe unterschiedliche Signale und damit eine Abbildung des Gehirns.

NMR-Aufnahmen haben gegenüber der CT zwei entscheidende Vorteile. Zum einen zeigen sie genauere Details, zum anderen entfällt das Risiko der Röntgenstrahlung, die das CT zur Produktion seiner Bilder benötigt.

Bei *Struktur*untersuchungen ist das ventrikuläre System der am häufigsten untersuchte Bereich des Gehirns. Das Hirn enthält eine Reihe von hohlen, miteinander verbundenen Kammern, sogenannte Ventrikel, die mit einer Liquor cerebrospinalis genannten Flüssigkeit gefüllt sind. Ihre Funktion liegt wohl darin, das restliche Gehirn vor Stößen und Druck von außen zu schützen. Die größten Ventrikel sind die Seitenventrikel. Da sich die Ventrikel auf bildgebenden Instrumenten deutlich abheben, dienen sie als wichtige strukturelle Orientierungspunkte. Wenn Teile des Gehirns aufgrund physikalischer Ursachen geschrumpft sind, vergrößern sich die Ventrikel; damit sind sie wichtige Hinweise auf Gehirnkrankheiten.

1976 wurde unter der Leitung von E.C. Johnson die erste CT-Untersuchung im Hinblick auf Schizophrenie durchgeführt. Johnson und sein Forscherteam untersuchten Stichproben von dreizehn langfristig stationär aufgenommenen Schizophrenie-Patienten und stießen dabei auf Seitenventrikel, die im Vergleich zu den Seitenventrikeln der acht an dieser Studie beteiligten normalen Freiwilligen signifikant vergrößert waren.[1]

In der Maiausgabe des *British Journal of Psychiatry* von 1995 wurde die vergangene und aktuelle Forschung auf diesem Gebiet von S.E. Chua und P.S. McKenna besprochen und zusammengefaßt. Nachdem sie alle relevanten Studien untersucht hatten, stellten sie fest, daß die »am häufigsten abgebildete Gehirnanomalie bei Schizophrenie eine strukturelle ist und sich in einer Vergößerung der Seitenventrikel ausdrückt.«[2] Mit anderen Worten: Wenn man alle mittels bildgebender Verfahren durchgeführte Strukturuntersuchungen zu Veränderungen des Gehirns im Fall von Schizophrenie zusammenfassend analysiert, entdeckt man durchweg Unterschiede im Bereich der Seitenventrikel. Findet man solche Unterschiede mit Hilfe von Abbildungen des Gehirns, so sieht dies wie in Abbildung 6.1 dargestellt aus.

Die Bilder zeigen NMR-Aufnahmen von identischen Zwillingen. Der Zwilling auf dem rechten Bild mit dem *größeren* Ventrikelbereich (siehe die hinweisenden Pfeile) wurde im Gegensatz zum anderen Zwilling als schizophren diagnostiziert.

Wenn man nur aufgrund dieser beiden Photos ein Urteil fällen würde, wäre es einfach zu folgern, daß etwas mit dem rechts abgebildeten Gehirn *falsch* sein muß – dem Gehirn der als schizophren diagnostizierten Person.

In der Tat vertreten viele Fachleute öffentlich eine solche Behauptung. In seinem Buch *Schizophrenia and Manic-Depressive Disorder* meint der Psychiater E. Fuller Torrey: »CT- und NMR-Aufnahmen haben schlüssig bewiesen, daß Schizophrenie die Struktur des Gehirns verändert.«[3] Richard Keefe und Philip Harvey schreiben in ihrem Buch *Understanding Schizophrenia*: »Diese jüngsten Erkennt-

119

nisse sind nicht nur spannend, weil sie zeigen, daß Schizophrenie eine Gehirnkrankheit ist, sondern auch, weil sie Licht auf die komplexe Art werfen, in der das Gehirn bei jemandem mit dieser Krankheit krank sein könnte.«[4]

Im *Harvard Mental Health Letter* war zu lesen, daß der eindeutigste Beweis für Größe und Form des mit Schizophrenie in Zusammenhang gebrachten Gehirns »von Untersuchungen geliefert wird, in denen ein gesunder identischer Zwilling mit seinem schizophrenen Zwilling verglichen wird.«[5] Doch wie in allen anderen Bereichen der Erforschung psychischer Erkrankungen gibt es auch hier einen heftigen Meinungsstreit mit vielen widersprüchlichen Resultaten hinsichtlich der bildgebenden Verfahren.

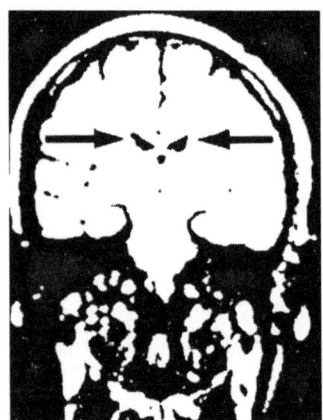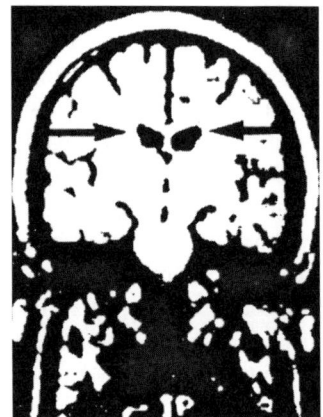

Abb. 6.1: Die rechte Abbildung zeigt vergrößerte Seitenventrikel bei einem als schizophren diagnostizierten Patienten.

Wie bereits erwähnt, entdeckte man 1976 bei der ersten Studie über Schizophrenie mit Hilfe von CT-Aufnahmen bei den Probanden signifikante Vergrößerungen der Seitenventrikel. Später zeigten die Aufnahmen oft die gleichen Ergebnisse, doch wurde zunehmend klar, daß das Ausmaß der Vergrößerung, die man bei den als schizophren Diagnostizierten feststellte, klein war. Tatsächlich hatten die meisten Patienten Seitenventrikel in einer Größenordnung, die innerhalb des für die Kontrollgruppe festgestellten Bereiches lag.[6]

Außerdem schien das Ausmaß der in früheren Untersuchungen gefundenen Seitenventrikel-Vergrößerung in späteren Untersuchungen geringer gewesen zu sein.[7, 8] Van Horn und McManus schlossen daraus, daß dieser Trend zumindest teilweise methodologischen Problemen im Zusammenhang mit der Auswahl der Kontrollpersonen zuzuschreiben sein könnte.[9]

Als zum Beispiel Smith und Iacono 1986 eine Analyse von einundzwanzig Untersuchungen vornahmen, machten sie eine interessante Entdeckung. Sie beobachteten, daß die Kontrollpersonen, die in Untersuchungen eingesetzt wurden, anhand derer man zu der Behauptung gelangte, daß Schizophrene eine signifikante Vergrößerung der Seitenventrikel aufweisen würden, in Wirklichkeit *kleinere* Ventrikel besaßen als die Kontrollpersonen aus denjenigen Untersuchungen, bei denen *keine* signifikante Vergrößerung der Seitenventrikel bei Schizophrenen feststellt werden konnte. Sie schlossen daraus, daß die Feststellung von vergrößerten Seitenventrikel mehr mit der Auswahl der Kontrollpersonen, die kleinere Ventrikel aufwiesen, zu tun hatte als mit der Beweisführung, daß Schizophrene größere Ventrikel hätten.[10]

Die tatsächlichen Unterschiede, die in den meisten dieser Untersuchungen festgestellt wurden, sind klein, und die große Mehrheit schizophrener Patienten hat Seitenventrikel, deren Größe innerhalb des Normalmaßes rangiert; daraus ziehen P.B. Jones und sein Forschungsteam den Schluß, daß diese Erkenntnisse bestenfalls mager sind und eher einen »Risikofaktor« oder »Merkmals-Marker« darstellen, als daß sie von direkter kausaler Relevanz seien.[11]

Was könnte neben Schizophrenie eine Vergrößerung der Seitenventrikel des Gehirns verursachen? Lassen Sie uns dieser Frage weiter nachgehen. Torrey, der, wie wir wissen, die Ansicht vertritt, daß diese Studien »schlüssig bewiesen [haben], daß Schizophrenie die Struktur des Gehirns verändert«, hat die Möglichkeit anderer Erklärungen nicht ausgeschlossen. In den Schlußausführungen einer Studie, die er gemeinsam mit seinen Kollegen verfaßte, schreibt er:

Wir können die Möglichkeit nicht ausschließen, daß unsere Beobachtungen in erster Linie nicht der Krankheit selbst, sondern unspezifischen Aspekten der Schizophrenie oder ihrer Behandlung zuzuschreiben sind. So unterscheiden sich zum Beispiel betroffene Zwillinge von nicht betroffenen Zwillingen hinsichtlich der Einnahme von Neuro-

121

leptika, der Vorgeschichte ihrer Krankenhausaufenthalte und möglicherweise auch hinsichtlich ihres Ernährungszustandes und des Ausmaßes des Stresses.[12]

Somit erkennen die Autoren der Studie an, daß Gehirnveränderungen – falls sie existieren – auch folgenden Faktoren zuzuschreiben sein könnten:

➤ den Wirkungen von Neuroleptika

➤ dem Streß im Leben eines Menschen

➤ schlechter Ernährung

➤ den Folgen von Krankenhausaufenthalten

Breggin glaubt, daß eine mögliche Ursache für die Vergrößerung der Ventrikel in den Medikamenten liegt, die als schizophren diagnostizierten Personen verabreicht werden:

> Die Tatsachen geben der neuroleptischen Behandlung (...) den Vorrang. (...) Bis auf zwei hatten alle Patienten zur Zeit der Studie Neuroleptika erhalten, und allen war durchschnittlich mehr als zehn Jahre lang eine massive medikamentöse Behandlung verabreicht worden.[13]

Tatsächlich könnte Frederick Goodwin, einer der führenden Forscher des Landes auf dem Gebiet der Biopsychiatrie, die vernünftigste Erklärung für diese leichte Schrumpfung der Ventrikel bei manchen Personen haben. Er glaubt, daß sie mit der unzureichenden Funktionsfähigkeit des Hypothalamus-Nebennieren-Hypophysen-Systems (hypothalamic-adrenal-pituitary axis) zusammenhängt, die dazu führe, daß das Gehirn Cortisol nicht im erforderlichen Maße hemmen könne.

Cortisolsteroide beeinflussen den Wasser- und Elektrolythaushalt. Während einer Diskussion über Depression erklärte Goodwin, daß der häufigste biologische Befund in den Gehirnen von an Depression Leidenden vermehrte Cortisolsteroide (Hypersekretion) seien.[14] Außerdem haben auch als schizophren und manisch diagnostizierte

Menschen die Unfähigkeit gezeigt, Cortisol zu hemmen.[15] Goodwin drückt dies so aus:»Wenn eine große Menge Cortisol im Gehirn herumfliegt, wird sie wahrscheinlich den Wassergehalt im Gehirn verringern, das heißt, sie wird wahrscheinlich das Gehirn zum Schrumpfen bringen.«[16]

Man weiß seit den 30er Jahren, daß eine Funktionsstörung des Hypothalamus-Nebennieren-Hypophysen-Systems auch mit Streß zusammenhängt. So ist es wahrscheinlich, daß die Gehirnschrumpfung von emotionalem Streß verursacht wird oder mit ihm in Zusammenhang steht. Doch muß die leichte Gehirnschrumpfung, auf die man manchmal stößt, wenn man Personengruppen miteinander vergleicht, nicht notwendigerweise einen ursächlichen Zusammenhang mit einer emotionalen Störung haben. Allein daraus, daß das Gehirngewebe einer Person aufgrund eines geringen Verlustes der Fähigkeit des Gehirns, Cortisol zu hemmen, leicht geschrumpft ist, können wir nicht schließen, daß diese Person ein funktionsgestörtes Gehirn hat.

Das eigentliche Problem

Wie in anderen von uns untersuchten Studien, die Gründe für eine biologische Ursache der emotionalen Störungen suchten, versuchen die Forscher auch hier, diese Schlußfolgerung durch bildgebende Verfahren zu beweisen. Doch je mehr sie dies versuchen, desto deutlicher werden die Anhaltspunkte für ein nicht-biologisches Modell. Dies geschieht, weil sie immer wieder von der Annahme *ausgehen*, daß Schizophrenie und andere Störungen Gehirnkrankheiten seien. Zeigt eine Untersuchung auf einem neuen Gebiet vielversprechende Resultate, ziehen die Forscher eine entsprechende »Krankheits«-Schlußfolgerung und streuen diese Information unters Volk. Als zum Beispiel die von Suddath geleitete Studie über identische Zwillinge das Krankheitsmodell zu unterstützen schien, wurden die Ergebnisse vom National Institute of Mental Health (NIMH) schnell veröffentlicht. Am 22. März 1990 berichtete die *New York Times*, daß diese neue Untersuchung »unbestreitbar den Beweis dafür [erbrachte], daß Schizophrenie eine Gehirnkrankheit ist«.

Es fällt leicht, sich vorzustellen, daß Menschen wie mein Klient Bob, die sich selbst jahrelang beständig unter Streß setzten, sich vielleicht unzureichend ernährten, Medikamente nach eigenem Gutdünken nahmen und/oder in Krankenhäusern erniedrigenden Verhältnissen ausgesetzt waren, letzten Endes eine leicht veränderte Gehirnanatomie aufweisen könnten – eine, die sich trotz alledem noch immer im *normalen* Bereich befindet.

Zudem stellte ein vom US-Kongreß 1992 herausgegebener Sonderbericht über psychische Erkrankungen fest, daß »die Spezifität dieser Beobachtungen für Schizophrenie in Frage gestellt wurde, weil diese sich auch beim normalen Alterungsprozeß und in einer Anzahl anderer neurologischer und psychiatrischer Zustände zeigen«.[17]

Abschließend sei gesagt, daß die Beobachtung leichter Vergrößerungen der Ventrikel *allein* noch kein Anzeichen dafür ist, daß eine solche Veränderung irgendeinen Einfluß auf die gesunde Funktionsfähigkeit des Gehirns hätte oder mit Symptomen emotionaler Störungen zusammenhängen würde. Strukturuntersuchungen des Gehirns werden mit technisch hochentwickelten Geräten durchgeführt, die die Forscher in die Lage versetzen, geringfügige Unterschiede in der Hirnstruktur zu entdecken. Hat sich ein Forscher erst einmal zum Ziel gesetzt, einen Beweis zur Untermauerung des medizinischen Modells zu finden, so ist es nur ein kleiner Schritt dahin, die getroffenen Beobachtungen als Beweis für eine biologische Ursache psychischer Erkrankungen zu verwenden.

Funktionsuntersuchungen mit bildgebenden Verfahren

Ziel der Funktionsuntersuchungen ist es, festzustellen, welche Hirnregionen am *meisten* arbeiten und ob es Unterschiede gibt zwischen der Gehirnfunktion eines Menschen, der als psychisch krank diagnostiziert wurde, und eines Menschen, der als normal betrachtet wird. Dieses Ziel wird dadurch erreicht, daß man Glukose, versetzt mit einer nachweisbaren radioaktiven Substanz, in das Gehirn einführt, um verfolgen zu können, wie das Gehirn Glukose als Brennstoff nutzt.

Für diese Untersuchungen werden viele unterschiedliche Methoden oder Instrumente angewandt bzw. eingesetzt, einschließlich Positronemissionstomographie (PET), regionale Hirndurchblutung (rCBF), Single-Photon-Emissionscomputertomographie (SPECT) und Kernspinresonanztomographie (NMR). All diese Techniken gelten als bildgebende Verfahren für Funktionsuntersuchungen, weil sie bestimmte Aspekte des Gehirns messen, während es arbeitet. PET wird am häufigsten eingesetzt. Dabei werden Radioisotope und Glukose in ein Blutgefäß injiziert und schließlich vom Gehirn aufgenommen. Wenn die aktivsten Teile des Gehirns die größte Anzahl der Isotope zu absorbieren beginnen, wird von diesen Bereichen eine stärkere Strahlung ausgehen.

Führt ein Mensch eine Aufgabe aus, so sollte ein erhöhter Glukoseanteil in einer bestimmten Region anzeigen, daß diese Region in Anspruch genommen wird. In ähnlicher Weise wird eine verstärkte Durchblutung – wie sie durch das rCBF-Verfahren gemessen wird – mit Hilfe des vermehrten Sauerstoffs, der zum Synthetisieren der Neurotransmitter verwendet wird, anzeigen, welche Hirnregion aktiv beteiligt ist.

1974 veröffentlichten die Forscher D.H. Ingvar und G. Franzen die ersten Funktionsuntersuchungen mit bildgebenden Verfahren; bei der Untersuchung der als schizophren diagnostizierten Probanden verwendeten sie eine nicht ausgereifte Technik zur Messung der Durchblutung des Gehirns. Obwohl die Unterschiede hinsichtlich der Durchblutung zwischen den als schizophren diagnostizierten und den »normalen« Menschen nicht signifikant waren, gab es Anhaltspunkte für eine Verkehrung der normalen Muster des Blutflusses in den Gehirnen der Schizophrenen. Zudem wurde in den vorderen Regionen eine stärkere Durchblutung als in den hinteren Regionen festgestellt. Dieses Muster wurde als Hypofrontalität bekannt. Es schien zu beweisen, daß normale Menschen dazu neigen, die größte Gehirnaktivität in den Stirnlappen zu haben – ein »hyperfrontales« Muster –, während als schizophren Diagnostizierte dieses Muster vor allem im Ruhezustand zeigen können.

Seitdem sind über dreißig Funktionsstudien über schizophrene Patienten durchgeführt worden. Bei dem Versuch, die besser angelegten Studien zusammenzufassen, stellten Chua und McKenna fest, daß in nur vier von zwanzig dieser Untersuchungen eine statistisch signifikante Reduzierung der gesamten Hirndurchblutung oder des Stoffwechsels in verschiedenen Gehirnregionen festgestellt worden waren.[18] Sie bemerkten auch, daß die Unterschiede zwischen Patienten und Kontrollpersonen in den meisten Fällen ziemlich klein waren – oftmals in einem Bereich von nur vier bis sechs Prozent.

Sie faßten ihre Ergebnisse wie folgt zusammen:

Die recht überraschende Schlußfolgerung, die aus einer beträchtlichen Anzahl von Funktionsuntersuchungen, die mittels bildgebender Verfahren durchgeführt wurden, gezogen werden muß, ist die, daß eine Technik, die so empfindlich ist, daß sie die sich aus geöffneten und geschlossenen Augen ergebenden Unterschiede registrieren kann, keine Unterschiede zwischen schizophrenen Patienten und normalen Probanden zum Vorschein bringt. Vor allem scheint Hypofrontalität, genauer gesagt: Hypofrontalität im Ruhezustand, Schizophrenie nicht als eine Störung zu charakterisieren: Negative Beobachtungen sind positiven Beobachtungen bei weitem zahlenmäßig überlegen, und die beiden umfangreichsten Untersuchungen – eine von ihnen stammt von einer Gruppe, in der sich seit Jahren die überzeugtesten Anwälte der Hypofrontalität befinden – scheinen allenfalls auf die entschieden weniger interessante Beobachtung der Hyperokzipitalität hinzuweisen.[19]

Trotz ihrer Zweifel ließen sich die Forscher dennoch eine Hintertür für mögliche Unterschiede zwischen den Gehirnen normaler und als schizophren diagnostizierter Personen offen. Wenn es überhaupt einen Anhaltspunkt für Hypofrontalität gibt, scheint dieses Merkmal mit den negativen Symptomen der Schizophrenie – Rückzug, extreme Apathie oder katatones Verhalten – in Verbindung gebracht zu werden und nicht mit den positiven oder ausdrucksvolleren Symptomen wie Halluzinationen und Wahnvorstellungen.

Zudem legen die Autoren dar, daß es einen Anhaltspunkt für Hypofrontalität geben könnte, wenn der »präfrontale Kortex von einer kognitiven Aufgabe in Anspruch genommen wird«.[20] Doch noch immer zeigen die Untersuchungen von P.F. Liddle, C.D. Frith und ihren Mitarbeitern trotz des Einsatzes der empfindlichsten bildgebenden Techniken für Funktionsuntersuchungen und der hochentwickeltsten Methodologie keinen Anhaltspunkt für Hypofrontalität.[21, 22]

Chua und McKenna kamen letztendlich zu dem Schluß, daß Schizophrenie wohl nicht durch die Reduzierung der Gehirntätigkeit in bestimmten Regionen, sondern durch »komplexe Veränderungen der normalen wechselseitigen Aktivierungsmuster zwischen den anatomisch zusammenhängenden Bereichen der Großhirnrinde« gekennzeichnet ist.[23]

Wenn wir Bob als Beispiel nehmen, können wir vielleicht erkennen, warum das Gehirn eines als schizophren Diagnostizierten anders arbeitet oder einige Unterschiede – falls solche wirklich existieren – zu einem normalen Gehirn aufweisen könnte. Aus der Distanz betrachtet, könnten wir meinen, daß mit Bobs Gehirn etwas nicht in Ordnung sei, wenn er erstarrt gegen die Wand gerichtet dasteht oder in einen katatonen Stupor verfällt. Wenn wir Tests mit ihm machen würden, könnten wir sehen, daß sein Gehirn Glukose auf andere Weise umwandelt als die Gehirne der sogenannten Normalen – besonders deshalb, weil die von ihm gezeigten Symptome als die negativen Symptome der Schizophrenie charakterisiert werden.

Doch wir wissen, was Bob während dieser Zustände denkt; wir wissen, daß sein Verstand in Wirklichkeit Überstunden macht und sich in an und für sich sehr einfache kognitive Aufgaben verbeißt, z.B. herauszufinden, ob er die Tür korrekt geschlossen hat, korrekt zur Tür hereingekommen ist usw. Aus diesem Grund sind die extrem kleinen Unterschiede, die wir in seinem Gehirn gefunden haben, nicht notwendigerweise ein Hinweis darauf, daß sein Gehirn »erkrankt« ist, sondern könnten dadurch erklärt werden, wie Bob sich *entscheidet*, seinen Verstand einzusetzen, um für sich selbst zu sorgen.

Ich bat Dr. med. Fred A. Baughman junior, einen Neurologen im Ruhestand, der in seiner freien Zeit den aktuellen Stand der Literatur über bildgebende Verfahren verfolgt, dieses Kapitel zu rezensieren. Er hielt es für wichtig, an folgendes zu erinnern:

> Hypofrontalität ist aus der Sicht einer Funktionsuntersuchung funktional, nicht pathologisch. Sie mag eine sekundäre Erscheinung einer Gehirnkrankheit sein – pathologisch –, kann jedoch auch aufgrund der Art und Weise, wie das Gehirn beansprucht wird, funktional oder physiologisch sein.[24]

Diese Anmerkung schrieb er in das beigelegte Manuskript neben den obenstehenden Absatz über Bob. Mit anderen Worten: Jeder Grad an Hypofrontalität, der bei jemandem wie Bob gemessen werden konnte, könnte sehr wohl die Folge von etwas Pathologischem sein; es könnte aber auch einfach die Folge davon sein, »wie das Gehirn beansprucht wird«. Die Biopsychiatrie nimmt sich nicht die Zeit, Bobs Verhalten zu verstehen, und geht deshalb von der ersten Alternative aus.

Wenn man sämtliche Untersuchungen mit bildgebenden Verfahren zusammenfassend betrachtet, bleibt folgendes übrig: Manche Strukturuntersuchungen konnten leichte Vergrößerungen der Ventrikelregionen des Gehirns aufzeigen. In Funktionsuntersuchungen könnten einige Probanden, die als psychisch krank diagnostiziert worden sind, verschiedene Bereiche ihres Gehirns auf eine andere Art als »Normale« beanspruchen. Doch keiner dieser winzigen Unterschiede, die mit Hilfe einer hochentwickelten Technik ermittelt wurden, vermag wirklich zu beweisen, daß das Gehirn defekt arbeitet. Im Grunde sagen diese Untersuchungen nichts weiter, als daß die Gehirne von Menschen, die unter emotionalem Streß stehen, vielleicht hochpotente Medikamente nehmen, sich sehr unzulänglich ernähren und sich von der Gesellschaft isoliert fühlen, gewisse leichte Unterschiede aufweisen könnten. So ist es in Wahrheit viel wahrscheinlicher, daß diese Instrumente lediglich messen, wie sich das Gehirn auf verinnerlichten emotionalen Streß einstellt.

Das medizinische Modell – Zusammenfassung

Obwohl Milliarden Dollar für die Forschung ausgegeben werden und obwohl es Hunderte von biochemischen Theorien zur Frage nach den Ursachen psychischer Erkrankungen gibt, können wir nun die Ergebnisse dieser Untersuchungen mit einfachen Worten wiedergeben:

➤ Psychopharmaka korrigieren kein biochemisches Ungleichgewicht; sie machen die emotional-kognitiven Fähigkeiten des menschlichen Gehirns unbrauchbar.

➤ Stammbaum- oder Familienstudien liefern keine Beweise für eine genetische Vererbung und weisen bei korrekter Analyse in Wahrheit auf einen umweltbezogenen Erklärungsansatz hin.

➤ Es könnten weiterhin genetische Marker gefunden werden, doch sind sie kein Beweis für die Existenz defekter Gene.

➤ Aufnahmen des Gehirns haben in bezug auf die Schizophrenie lediglich Unterschiede im Bereich der Seitenventrikel aufgezeigt. Diese *kleinen* Unterschiede, die oftmals innerhalb der als *normal* geltenden Werteskala der Anatomie des menschlichen Gehirns liegen, könnten leicht Streß, Ernährung, Medikamenten oder anderen Faktoren zuzuschreiben sein.

Bitte denken Sie daran, daß die vorstehenden Schlußfolgerungen nicht meinen Ansichten entspringen, sondern in erster Linie auf Ergebnissen und Daten von Forschern basieren, die von dem Glauben an das medizinisches Modell ausgingen. Chua und McKenna fassen in ihrem umfangreichen zwanzigseitigen Artikel »Schizophrenia – A Brain Disease?« nicht nur sämtliche mit Hilfe bildgebender Verfahren durchgeführten Gehirnuntersuchungen zusammen, sondern geben uns außerdem eine große Zusammenfassung des biologischen Modells. In ihrer Einleitung stellen sie bezüglich der Schizophrenie fest: »Es konnte keine zugrundeliegende kausale Pathologie festgestellt werden.«[25]

Obwohl sie zugeben, daß *nichts gefunden worden ist,* konstatieren sie im weiteren Verlauf ihres Artikels, daß die Verlagerung des Schwerpunkts vom Umweltmodell hin zum biologischen Modell auf zwei grundlegende Beobachtungen zurückgehen könne:

1. Die Rolle der Vererbung.

2. Die antipsychotische Wirkung von Neuroleptika.

In der Zusammenfassung des betreffenden Kapitels berichten sie, daß die einzige »einwandfrei nachgewiesene Abnormalität in der Struktur« in der größten Ventrikelregion liege. Des weiteren sei es aufgrund der sich widersprechenden und überschneidenden Ergebnisse äußerst »unwahrscheinlich«, daß es irgendeine kausale Beziehung zwischen der Vergrößerung der Ventrikel und der Schizophrenie gebe.

Der Artikel von Chua und McKenna wurde 1995 im angesehenen *British Journal of Psychiatry* veröffentlicht. Beide gestehen ein, daß die Biopsychiater *nichts* gefunden haben, was die Annahme einer physiologischen Ursache psychischer Erkrankungen untermauern könnte. Dessen ungeachtet glauben die Biopsychiater weiterhin an

129

das medizinische Modell und stützen sich dabei auf einen unbewiesenen Vererbungsfaktor und eine unrichtige Ursache-Wirkung-Beziehung zwischen den Symptomen psychischer Erkrankungen und den Wirkungen von Medikamenten.

In seiner Abschlußbemerkung stellt Dr. Baughman fest:

> Erstens ist es der Psychiatrie nicht gelungen, irgendeine ihrer »Krankheiten« als Krankheit (organisch, physisch) zu beweisen, dennoch hat sie nichts Eiligeres zu tun, als neue physikalische Technologien für ihre Untersuchungen einzusetzen. Ab und zu gibt es positive Beobachtungen. Das Problem liegt jedoch darin, daß es keine Gewißheit über die physischen Ähnlichkeiten der Probanden gibt, denn keine von ihnen ist klinisch, biochemisch oder pathologisch identifiziert worden. Aus diesem Grund läuft die organische Forschung weiter und weiter und weiter, ohne jemals irgend etwas zu beweisen, und *erfindet* Illusionen über Krankheit und Biologie. Das ist auch der Grund, warum die Pharmaindustrie die biologische Forschung in außerordentlichem Maße finanziert.[26]

Um unserer Gesellschaft, unserer Kinder und unserer eigenen emotionalen Gesundheit willen ist es an der Zeit, das medizinische Modell beiseite zu schieben und einen unbefangenen Blick auf das Modell des emotionalen Schmerzes zu werfen.

Kapitel 7

PHILIPPE PINEL, PETER BREGGIN UND SIGMUND FREUD

Um nun endlich von einem biologisch begründeten Modell für emotionale Störungen Abstand zu nehmen und unsere Aufmerksamkeit auf das Wesentliche, d.h. den emotionalen Schmerz zu richten, ist es am besten, zunächst auf drei prominente Persönlichkeiten aus dem Bereich der Psychiatrie einzugehen. Die beiden ersten, Philippe Pinel und Peter Breggin, halfen Licht in das Problem psychischer Erkrankungen zu bringen, indem sie sich auf mutige Weise für die sogenannten psychisch Kranken einsetzten. Wir werden außerdem auf Sigmund Freud eingehen, weil auch er versuchte, Menschen mit emotionalen Problemen zu helfen. Dabei ging er allerdings nach Ansicht seiner Kollegen nicht weit genug. Am Ende distanzierte er sich von seinen innersten Überzeugungen hinsichtlich der emotionalen Grundlagen psychischer Erkrankungen und brachte erhebliche Verwirrung in die Untersuchung derselben.

Philippe Pinel (1745–1826)

Philippe Pinel war der erste, der die Einstellung gegenüber psychisch Kranken und deren Behandlung entscheidend veränderte. Im Mittelalter war man zu der Vorstellung zurückgekehrt, daß Dämonen die Ursache für psychische Erkrankungen waren und diejenigen, die an diesen Krankheiten litten, besessen seien. Diese Auffassung führte im 15. Jahrhundert zur Hexenverfolgung. Für Fluten, Pest, Mißernten, Fehlgeburten und sogar lahmende Pferde wurde häufig demjenigen im Dorf die Schuld zugeschrieben, der das Pech hatte, sich eben zu dieser Zeit ein wenig merkwürdig zu benehmen. Da Menschen, die an emotionalen Störungen leiden, oft sehr große Schuldgefühle haben, waren viele bereit, sich zu jedwedem Verbrechen zu bekennen, dessen man sie beschuldigte. Andere wurden so lange gefoltert, bis sie ihren Pakt mit dem »Teufel« zugaben. Vorsichtigen Schätzungen zufolge wurden von der Mitte des fünfzehnten Jahrhunderts bis zum Ende des siebzehnten Jahrhunderts einhunderttausend Menschen als Hexen hingerichtet – viele von ihnen auf Marktplätzen gehängt und verbrannt.[1]

Mit der Geburt der rationalen Wissenschaften im 18. Jahrhundert ließ die Hexenverfolgung nach. Während der Renaissance wurden in mehreren Städten Krankenhäuser für die psychisch Kranken gegründet. Leider ließen die Bedingungen in solchen »Asylen« die Hinrichtung im Vergleich dazu beinahe barmherzig erscheinen. Die Patienten waren in Ketten gelegt und schrien, während die neugierige Öffentlichkeit Eintrittskarten kaufte, um deren »Vorführungen« zu beobachten. Doch nicht genug, man sperrte sie in Käfige, überließ sie den Ratten als Beute, ließ sie verhungern und jahrelang nackt in ihren eigenen Exkrementen liegen. Genau zu dieser Zeit machte Pinel von sich reden. Der Chefarzt von La Bicetre, einer großen Irrenanstalt in Paris, vertrat einen ganz einfachen Standpunkt. Seiner Meinung nach waren die psychisch Kranken normale menschliche Wesen, die aufgrund schwerer persönlicher Probleme ihres Verstandes beraubt worden waren; sie wie Tiere zu behandeln war nicht nur inhuman, sondern auch ihrer Genesung hinderlich.

Pinel konnte die französische Regierung davon überzeugen, eine Gruppe von Patienten loszuketten, von denen viele vierzig Jahre lang kein Tageslicht mehr gesehen hatten. Mit lahmen Beinen, Lungen, die nicht an frische Luft gewöhnt waren, und Augen, die vom Sonnenlicht geblendet wurden, humpelten diese Patienten ehrfurchtsvoll in eine Welt hinaus, die sie schon beinahe vergessen hatte. Pinels Experiment, diese Menschen freizulassen, war erfolgreicher, als er gehofft hatte. Die Patienten wurden nicht nur fügsamer, viele von ihnen wurden auch wieder gesund und konnten entlassen werden. Statt seinen Patienten Behandlungen wie den Aderlaß zu verschreiben, verbrachte Pinel viele Stunden mit ihnen, um zu reden, ihre Probleme anzuhören und ihnen Trost und Rat zu geben.

Zur gleichen Zeit versuchte der Quäker William Tuke, ähnliche Reformen in Nordengland einzuführen. Tuke brachte eine Gruppe von psychisch Kranken zu einem ruhigen Landsitz, wo sie über ihre Probleme sprechen, arbeiten, beten, sich ausruhen und Spaziergänge machen konnten.

Obwohl Pinels und Tukes Techniken von den Fachkollegen vehement abgelehnt wurden, fanden sie schließlich unter dem Namen *Moraltherapie* weite Verbreitung. Diese Behandlungsmethode basierte auf der Vorstellung, daß die psychisch Kranken ganz normale Menschen mit außerordentlich belastenden Problemen seien. Wichtigstes Therapieziel war es, die Patienten wie Menschen zu behandeln.

Diese beiden Männer leisteten Pionierarbeit, denn sie zeigten, daß die als psychisch krank Diagnostizierten sehr erfolgreich mit nichtmedizinischen Methoden behandelt werden konnten. Mit ihrer Methode hatten sie großen Erfolg, und bei mindestens 70 % der Patienten zeigte sich spätestens nach einem Jahr eine Verbesserung ihres Zustandes oder eine vollständige Genesung.[2]

Werfen wir nun einen Blick auf einen unserer Zeitgenossen.

Peter Breggin (geb. 1935)

Peter Breggin ist ein wichtiger Psychiater unserer Zeit, weil er unter Fachkollegen das biopsychiatrische System am vehementesten bekämpft. Sein Leben ist besonders interessant, denn es weist eine Reihe von Parallelen zum Leben so vieler anderer auf, die schließlich jene Irrtümer verstanden haben, auf denen das medizinische Modell beruht.

Breggins Weg begann 1954, als er im ersten Semester in Harvard studierte. Dort überredete ihn ein Freund, sich einer Freiwilligengruppe von Harvard- und Radcliffe-Studenten anzuschließen, die den Patienten einer staatlichen psychiatrischen Klinik vor Ort einen Teil ihrer Zeit widmen wollten. Als sie die Klinik zum ersten Mal betraten (insbesondere die rückwärtig gelegenen Stationen), waren diese Studenten schockiert. Breggin beschreibt die Patienten als »unterernährt, still, mit versteinerten Gesichtern und eingesunkenen Augen. Sie saßen in der Ecke oder gingen hin und her. Einige sprachen mit sich selbst. ... Keiner gesellte sich zu einem anderem. Es schien, als schäme oder ängstige sich jeder vor dem anderen.«[3]

135

Breggin erinnert sich, daß die Freiwilligen einen ganzen Tag lang mit geringem Erfolg versuchten, mit den Patienten zu sprechen. Als sie am Abend gerade gehen wollten, reagierten plötzlich einige der Patienten und baten sie zu bleiben. Manche sagten sogar: »Ich gehöre nicht hierher.« Breggin weiß noch, wie er sich die Einrichtung anschaute und zu sich selbst sagte: »Niemand gehört in das Met State.«[4]

Das Freiwilligenprogramm weitete sich aus, und Breggin wurde bald zu einem seiner Leiter. Als er sich eines Tages beim Personal über die eiskalten Temperaturen im Winter und die kochendheißen Temperaturen im Sommer beschwerte, sagte man ihm: »Schizophrenen macht extreme Hitze oder Kälte nicht so viel aus wie normalen Menschen.«[5] Eine Aussage wie diese ergab für den gerade achtzehnjährigen Breggin keinen Sinn.

Tatsächlich machte das meiste von dem, was er sah und was ihm Ärzte und Psychiatrieprofessoren in Harvard sagten, keinen Sinn. Breggin hatte sein Medizinstudium ein oder zwei Jahre, bevor die ersten Neuroleptika eingesetzt wurden, aufgenommen, und er erinnert sich lebhaft an die inhumanen Behandlungsmethoden, die zu jener Zeit üblich waren. Da gab es zum Beispiel den Insulin-Komaraum, in dem große Gruppen von Patienten absichtlich mit Insulin überdosiert wurden. Als Folge sank der Blutzucker so weit ab, daß das Gehirn nicht mehr ausreichend versorgt wurde und sie in Krämpfe und in ein Koma verfielen. Dazu Breggin:

> Als ich sie beobachtete, wie sie sich auf ihren Matten krümmten, dem Tode nahe, erschien mir das wie eine Szene aus der Hölle. Ich schaute zu, wie sie mit Zucker und Orangensaft gefüttert wurden, um dann ängstlich und verwirrt zu erwachen. Die einst schwierigen und aufsässigen Insassen, deren Gehirne nun dauerhaft geschädigt waren, wurden ihren Aufsehern gegenüber dankbar und abhängig, nachdem man sie von der Schwelle des Todes zurückgeholt hatte.[6]

Als Breggin dieses Verfahren in Frage stellte, wurde ihm von Psychiatern der Klinik gesagt, Elektroschock und Insulinschock würden schlechte Gehirnzellen abtöten. Breggin wußte jedoch aus dem Studium psychiatrischer Lehrbücher, daß noch niemand einen physischen Defekt oder schlechte Gehirnzellen als Ursache für psychische

Erkrankungen entdeckt hatte. Deshalb fragte er sich ernsthaft, warum die Ärzte »derartiges Zeug erfinden«. Er konnte in den Behandlungen nichts Geheimnisvolles entdecken. Sie funktionierten, indem sie das Gehirn schädigten.

Zutiefst verärgert über die Lebensbedingungen in dieser Anstalt und über Behandlungsmethoden wie Insulin- und Schocktherapie, begannen die Freiwilligen mit der Umgestaltung des Krankenhauses. Da sie erkannten, daß die gewalttätigeren Patienten höchstwahrscheinlich lediglich auf die vom Personal ausgehende Gewalt reagierten, stahlen Breggin und andere Freiwillige eines Tages die Schlüssel und nahmen die Hälfte der Frauen aus der Abteilung für Gewalttätige mit auf einen Ausflug in die Stadt: »Wir gaben ihnen Geld, um Kleinigkeiten zu kaufen, und brachten sie ohne Zwischenfälle ins Krankenhaus zurück. Sie waren uns dankbar und hätten nichts getan, was uns in Schwierigkeiten gebracht hätte.«[7]

Die Freiwilligen begannen mit vereinten Kräften, die Station so weit wie möglich zu reinigen und sie dann zu streichen. Als Student im zweiten Jahr unterbreitete Breggin dem Direktor einen Plan. Ihm und etwa einem Dutzend anderer Freiwilliger sollten für die Dauer eines Jahres jeweils ein Patient zugewiesen werden, um zu sehen, was passierte. Der Direktor war empört. Er empfand es als Beleidigung, daß Studenten im ersten und zweiten Semester glaubten, sie könnten schwerkranke Schizophrene behandeln. Dank strategischem Vorgehen gelang es Breggin, die Zustimmung des Direktors zu erhalten, doch der Präsident der Bostoner Psychoanalytischen Gesellschaft protestierte und behauptete, daß diese Studenten ohne eine umfassende Ausbildung den Patienten schaden und sie sogar zugrunde richten könnten. Schließlich wurden jedoch vierzehn Freiwilligen einige der älteren chronischen Patienten überlassen.

Gegen Ende des Jahres waren elf der vierzehn Patienten aus dem Krankenhaus entlassen worden und nach zwei weiteren Jahren nur drei von ihnen zurückgekehrt. Breggin sagt, daß dies ein weit besseres Ergebnis war als jenes, das später von ausgebildeten, mit Psychopharmaka arbeitenden Fachleuten erzielt wurde.

Wir erreichten dieses »Wunder«, indem wir unseren Patienten Fürsorge und Aufmerksamkeit zollten; indem wir mit ihnen sprachen und sie auf einen Spaziergang mitnahmen; indem wir ihnen passende

Brillen, Gebisse oder Kleidung beschafften; indem wir die Verbindung mit ihren in Vergessenheit geratenen Familien wieder herstellten oder indem wir sie mit betreuten Einrichtungen außerhalb des Krankenhauses in Kontakt brachten.[8]

Das Programm erwies sich als so erfolgreich, daß Breggin das Department of Social Relations in Harvard davon überzeugte, das Freiwilligenprojekt zu einem regulären Kurs für Studenten zu machen. Genau zu dieser Zeit (1955) wurden im Met State auch Medikamente eingeführt. Aus erster Hand erlebte Breggin den Kontrast zwischen den vielen Patienten, die aufgrund der Arbeit der Freiwilligen »lebendig wurden« und der »roboterhaften Gleichgültigkeit« und der »geringeren Ansprechbarkeit« derjenigen, die Psychopharmaka nahmen.

Als er das Freiwilligenprogramm verließ, um sich mehr auf sein Studium zu konzentrieren, fragte er sich, warum sich Psychiater so sehr auf die Verabreichung von Medikamenten versteiften, statt nach menschlichen Lösungen zu suchen, die den Bemühungen der Freiwilligen glichen. Er hatte die heilende Wirkung von Liebe und Bestätigung unmittelbar erfahren, doch, so Breggin, »nachdem ich meine medizinische und psychiatrische Ausbildung angetreten hatte, hörte ich nie wieder auch nur ein Wort über die Bedeutung von Liebe, wenn man Menschen aus ihrer Hilflosigkeit und Verzweiflung heraushelfen will.« Statt dessen lehrte man ihn, daß die Menschen Krankheiten hatten.

Nach Beendigung seines Studiums und seiner Assistenzzeit als Psychiater plante Breggin, sich in einer schönen Privatpraxis für die gehobene Mittelschicht niederzulassen. Er glaubte, seine Kämpferzeit sei vorbei.

In den 70er Jahren stieß er jedoch auf einen Artikel in den *Psychiatric News*, der berichtete, daß Lobotomie und Psychochirurgie zurückkehren würden und daß vor kurzem eine internationale Konferenz in Kopenhagen stattgefunden hatte. Breggin ging der Sache nach und fand heraus, daß es internationale Bemühungen gab, die Psychochirurgie wiederzubeleben. Er fand auch heraus, daß zwei Harvard-Chirurgen und ein Psychiater von der Bundesregierung Mittel erhielten, um diese Methode zu erforschen. Man glaubte nämlich, die Psychochirurgie könne die Antwort auf Krawalle in den

Ghettos der Farbigen sein, da man davon ausging, daß die afro-amerikanischen Randalierer an einer Gehirnkrankheit litten. Diese beiden Chirurgen führten damals noch keine Operationen an Farbigen aus, doch Breggin erfuhr, daß andere Chirurgen farbige Kinder in Mississippi operierten, um deren Aggressivität in den Griff zu bekommen. Dank dieser Informationen, der Unterstützung mehrerer Gruppen und der afroamerikanischen Gemeinde konnte Breggin dazu beitragen, das Wiederaufleben der Psychochirurgie in den USA aufzuhalten.

Als die Dyskinesia tarda, eine durch Neuroleptika verursachte Gehirnkrankheit, bekannt wurde, kamen Breggin und andere in Kontakt mit einer Gruppe von Menschen, die die Psychiatrie überlebt hatten und ihren Leidensgenossen helfen wollten.

1987 geriet Breggins Aprobation als Folge seines Auftretens in der »Oprah Winfrey Show« unter Beschuß. Zu dieser Fernsehsendung, in der es um institutionellen Mißbrauch ging, waren neben Breggin drei Überlebende psychiatrischen Mißbrauchs eingeladen worden. Die American Psychiatric Association (APA) und die National Alliance for the Mentally Ill (NAMI) waren über einige Bemerkungen Breggins erbost und versuchten, Oprah Winfrey dazu zu zwingen, ihnen in einer eigenen Sendung Gelegenheit zu geben, Breggin zu widerlegen. Die Moderatorin weigerte sich jedoch und forderte sie statt dessen auf, einen ihrer Vertreter zu einer Diskussion mit Breggin zu schicken.

Breggin sah sich schließlich mit Paul Fink, dem damaligen Vorsitzenden der APA, konfrontiert. Fink hatte einen seiner Patienten mitgebracht, der Breggin wegen seines Standpunktes scharf verurteilte; Breggin trat mit Judi Chamberlain auf, einer Überlebenden der Psychiatrie, die nun zum Personal der Boston University gehört. Breggin sagte:»Wir vernichteten sie, was sie so wütend machte, daß sie meine ärztliche Aprobation im Staate Maryland anfochten.«[9]

Die NAMI betrieb dann tatsächlich diese Anfechtung und behauptete, Breggin habe Patienten während der Oprah-Show geraten, sie sollten mit der Einnahme von Medikamenten aufhören. Breggin hatte jedoch nur betont, daß die Leute nicht mit der Einnahme von Medikamenten beginnen, sondern statt dessen einen Therapeuten finden sollten, der sie liebte und sich um sie kümmerte. Schließlich wurde Breggin entlastet, und der Lizenzausschuß entschuldigte sich bei ihm, ja dankte ihm sogar für seinen Beitrag zur geistigen Gesundheit in Maryland.[10] Kurz danach veröffentlichte Breggin den Klassiker *Giftige Psychiatrie.*

Vor kurzem hat Breggin mit seiner Frau Ginger die Organisation *Children First! Center for the Study of Psychiatry* gegründet. Dieses Zentrum ist das einzige nationale Programm, das sich den Gefahren biopsychiatrischer Eingriffe für das Leben von Kindern und Jugendlichen widmet, das Patienten unterstützt und über humanere Alternativen aufklärt.

Sigmund Freud (1856–1939)

Sowohl Pinel als auch Breggin zeigten in ihrer Zeit großen Mut, die Wahrheit über psychische Erkrankungen ans Licht zu bringen. Pinel bestand darauf, daß die psychisch Kranken ganz einfach normale Individuen seien, die unter schweren persönlichen Problemen litten. Auch Breggin vertritt diese Überzeugung und kämpft gegen die Vorstellung, daß Menschen aufgrund eines unbekannten biologischen Defekts emotional gestört seien. Sigmund Freud befand sich zunächst auf dem gleichen Weg wie Pinel und Breggin, beugte sich dann jedoch einem intensiven Druck, bis er schließlich seine ursprünglichen Beobachtungen leugnete und vertuschte.

Obwohl Freud ursprünglich glaubte, daß psychische Erkrankungen schließlich von einer neurologischen oder biologischen Grundlage her erklärt werden könnten, war er schon früh in seiner Karriere nahe daran, ein beinahe *reines* Modell der Verletzungen oder des emotionalen Schmerzes als die eigentliche Ursache für diese Erkrankungen zu präsentieren. Am 21. April 1896 hielt er vor seinen Kollegen der Gesellschaft für Psychiatrie und Neurologie in Wien einen Vortrag über »Die Ätiologie der Hysterie«. Er begann seine Rede mit der provokativen Ankündigung »Meine Herren, Steine sprechen tatsächlich. Ich habe die ›Quelle des Nils‹ der Psychopathologie entdeckt. Ich habe den Ursprung menschlichen Leids entdeckt.«[11] Dann fuhr er damit fort, seine Beobachtungen darzulegen: Er war der Ansicht, daß der Ursprung der Neurose in frühen *sexuellen* Traumen zu finden sei.

Freud gründete seine Behauptungen unmittelbar auf das, was ihm einige seiner Patienten erzählten. Viele, die schwerste Symptome zeigten, hatten davon berichtet, als Kind sexuell mißbraucht worden zu sein, häufig vom eigenen Vater. Freud nannte seine Idee die »Verführungstheorie«, weil er glaubte, daß diese frühen Erfahrungen real waren und die Betroffenen ein Leben lang unter dem angerichteten Schaden leiden würden.

Ein Jahr später hatte Freud jedoch seinen Standpunkt geändert. Er war nun der Überzeugung, daß die Traumen, von denen seine Patienten berichteten, die Phantasien hysterischer Frauen seien, die Geschichten erfanden und logen. Als ein Ergebnis dieses neuen Standpunktes entwickelte er schließlich seine berühmte Theorie vom Ödipuskomplex und beharrte darauf, daß alle Neurosen auf sexuellen Schwierigkeiten beruhten. Er behauptete auch, daß diese Patientinnen ihre Geschichten erfunden hätten, weil sie ihre Väter um deren Penis beneideten. Mit dieser Aussage wendete sich Freud vom Problem des sexuellen Mißbrauchs ab und entwickelte seine psychoanalytischen Theorien als Ersatz für die Wahrheit. Zu sehen, wie und warum Freud diesen Wandel vollzog, wird uns helfen, die anhaltende Begeisterung für das medizinische Modell und den Widerstand gegen die Entwicklung eines Modells des emotionalen Schmerzes zu verstehen.

Freud und Fließ

Um das von Freud entwickelte psychoanalytische Modell und seine Entscheidung, den Berichten seiner Patienten nicht länger zu glauben, nachvollziehen zu können, müssen wir seine Beziehung zu seinem Kollegen Wilhelm Fließ und die Verbindung der beiden zu Freuds Patientin Emma Eckstein verstehen.

Als Freud Fließ im Jahre 1887 kennenlernte, war dieser HNO-Spezialist in Berlin. Zwischen 1894 und 1900 entwickelte sich eine enge Freundschaft zwischen ihnen. Während dieser Zeit korrespondierten die beiden Männer häufig miteinander und tauschten ihre Manuskripte, ihre medizinischen Ideen und die vorläufigen Fassungen ihrer wissenschaftlichen Publikationen aus, die wenig später erschienen.

Die beiden Männer vereinte auch ihr gemeinsames wissenschaftliches Interesse an »abnormen« Formen der Sexualität, insbesondere der Masturbation und den Schwierigkeiten während der Menstruation. Als Freud begann, seine eigenen psychologischen Ergebnisse seiner Untersuchung der Hysterie vorzustellen, war er darauf angewiesen, daß Fließ ihm dabei half, die *physiologische* Basis für solche Störungen zu finden und zu erklären. Da Freud Neurologe war und glaubte, daß alle psychiatrischen Störungen letzten Endes von einer biologischen Grundlage her erklärt werden könnten, bat er Fließ auch dann noch um Unterstützung, als er sich bereits vom biologischen Modell abgewandt und seine Theorie des *Unbewußten* entwickelt hatte.

Während dieser Zeit war Fließ damit beschäftigt, nach »wissenschaftlichen Beweisen« zu suchen, die die Entwicklung einer »exakten Biologie« psychischer Erkrankungen unterstützen sollte – ein Begriff, den er später zur Beschreibung seiner Theorien verwendete. Seine Hauptthese, zu deren Veröffentlichung Freud ihn drängte, basierte auf einem Phänomen, das er »Reflexneurose« nannte, eine Reihe komplexer klinischer Gegebenheiten, die von der Nase herrührten.

Fließ glaubte, daß Symptome wie Kopf-, Schulter-, Arm- und Magenschmerzen entweder von organischen Störungen innerhalb der Nase selbst, von verschiedenen Infektionskrankheiten oder von Störungen herrührten, die mit dem menschlichen Fortpflanzungssystem verbunden waren. Er behauptete sogar, daß es eine spezielle physiologische Verbindung zwischen der Nase und den Genitalien gebe, die in gewissen »genitalen« Punkten innerhalb der Nasengänge zu finden sei! Dieser Theorie zufolge waren eine schmerzhafte Menstruation und Geburt pathologische Zustände, die durch Funktionsstörungen dieser sogenannten genitalen Punkte verursacht wurden. Als klinischen Beweis für seine Überzeugung verwies Fließ auf die sichtbare Schwellung der Nasenmuschel während der Menstruation und das Nasenbluten, das häufig als Begleiterscheinung von Menstruation und Schwangerschaft auftritt.

Fließ' Heilmethode bestand aus drei Schritten. Zunächst versuchte er, die Symptome zu lindern, indem er den Patienten mit Kokain betäubte. Als nächstes versuchte er, die Punkte in der Nase mittels eines durch galvanischen Strom erhitzten Drahtes zu kauterisieren. Der letzte Schritt bestand darin, mittels einer Operation die Nasenmuschel auszubohren, den Bereich, der während der Menstruation am meisten anschwoll.

Obwohl Fließ zu seiner Zeit ein sehr einflußreicher Arzt war, wurde seine Arbeit von späteren Generationen als eine »gutentwickelte

Form der Pseudowissenschaft« beurteilt. Sie beschrieben Fließ und seine Theorien mit Begriffen wie »Überbewertung einer Idee«, »psychopathologisch«, »mystisch« und »Spinnerei«.[12]

Höchstwahrscheinlich fühlte sich Freud von Fließ' Ideen angezogen, weil er zu dieser Zeit mit Menschen arbeitete, die an Hysterie litten, und versuchte, eine Brücke zwischen psychologischen Symptomen und der Physiologie zu bauen.

Im neunzehnten Jahrhundert kam das Wort *Hysterie* als Etikett für eine Vielzahl von emotionalen Störungen in Mode, von denen gewöhnlich Frauen betroffen waren. Das griechische Stammwort *hyster* bedeutet Gebärmutter, daher auch das Wort Hysterektomie (Gebärmutterentfernung). Menschen, die an Hysterie leiden, zeigen vielleicht eine große emotionale Erregbarkeit, doch es sind die begleitenden organischen Störungen wie Blindheit, Taubheit oder Lähmung, die diese Störung so rätselhaft machen.

Ich erinnere mich zum Beispiel an einen Fall: eine Frau, die immer stärker den Wunsch entwickelte, ihren Ehemann zu töten, der sie mißbrauchte, litt an einer Lähmung des Armes. Aus Angst davor, ihn wirklich zu töten, kam ihr Unterbewußtsein ihr zu Hilfe und machte sie unfähig, ihren Arm zu bewegen. Ein anderes Beispiel wäre eine Person, die ein furchtbares Verbrechen beobachtet und daraufhin blind wird, um ihre Erinnerung auszuschalten.

Da mit der Hysterie solch offensichtliche physische Symptome verbunden waren und da die Psychiatrie gerade dabei war, sich aus der Neurologie zu entwickeln, verspürten viele Ärzte das Bedürfnis nachzuweisen, daß es eine biologische Grundlage für Hysterie gab.

Freud befand sich mitten in diesem Dilemma. Trotz seiner Entdeckung der Natur des Unbewußten wollte er offensichtlich an einem neurologischen/biologischen Modell festhalten und begann, sich an Fließ und dessen Unterstützung zu klammern. Sulloway beschreibt ihre Beziehung wie folgt:

> Daß Freud Fließ' bizarre Theorien akzeptierte, ist somit ihrer engen persönlichen Freundschaft zugeschrieben worden, die offensichtlich auch eine neurotische Seite hatte ... Freuds Neurose und seine merkwürdige intellektuelle und emotionale Abhängigkeit von Fließ in den 90er Jahren des 19. Jahrhunderts sind als Nebenprodukte seiner Pioniertätigkeit erklärt worden, bei der es eben zu dieser Zeit um die

Erforschung der »beängstigenden« Tiefen seines eigenen Unbewußten ging. Seine Beziehung zu Fließ muß deshalb als der Prototyp einer »Übertragungsbeziehung« gesehen werden, in der Freud durch seine Haltung gegenüber diesem passenden Vaterersatz die frühe Abhängigkeit und latente Feindseligkeit seines unbewußten Ödipuskomplexes noch einmal durchlebte.[13]

In ihrer Gesamtheit beeinflußten all diese Elemente Freuds psychoanalytisches Modell und seine Leugnung des Kindesmißbrauchs.

Die Operation, die den Lauf der Geschichte änderte

Zu dieser Zeit lernte Freud Emma Eckstein kennen. Die Arbeit mit dieser Patientin veränderte den Lauf der Geschichte auf unglückselige Weise.

Als Emma ihre Analyse bei Freud begann, war sie etwa 20 Jahre alt. Über ihre Geschichte ist nicht sehr viel bekannt, außer daß sie an Magenbeschwerden litt, Probleme mit der Menstruation und Masturbation sowie Schwierigkeiten beim Gehen hatte. Während der Weihnachtstage 1894 besuchte Fließ Freud und lernte Emma kennen. Als er vorschlug, daß eine Nasenoperation helfen könne, ihre Symptome abzuschwächen, stimmte Freud zu. Fließ glaubte, daß unverheiratete Frauen, die masturbierten, generell an Dysmenorrhoe (schmerzhaften Regelblutungen) litten und daß das einzige Heilmittel eine Nasenoperation sei, um ihnen zu helfen »diese schlechte Angewohnheit aufzugeben«.[14]

Viele der nun folgenden Informationen sind einem Briefwechsel zwischen Freud und Fließ entnommen. Die meisten dieser Briefe wurden von Jeffrey Masson in der Zeit entdeckt, als er für die Freud-Archive verantwortlich war. 1984 veröffentlichte Masson in seinem Buch *The Assault On Truth*[15] seinen Bericht über diesen Lebensabschnitt Freuds.

Nach Emmas Operation stellten sich schwere Komplikationen ein. Am 4. März 1895 schrieb Freud einen Brief an Fließ, in dem er diesem berichtete, daß Emma schwere Schwellungen, Schmerzen und Blutungen habe, und daß er zwei Schalen voll Eiter aus ihrer Nase entfernt habe. Er schrieb auch, daß er den Arzt Robert Gersuny hinzugezogen habe und daß dieser ein Drainrohr in Emmas Nase eingeführt und gedroht habe, den Knochen aufzubrechen, falls das Rohr nicht hielte. Freud beendete seine Ausführungen zu diesem Punkt mit den Worten: »Ich bitte um deinen maßgebenden Rat. Auf neue Operationen mit dem Mädel freue ich mich nicht.«[16]

Wenige Tage später schrieb Freud erneut an Fließ, um ihn über den neuesten Stand der Dinge zu informieren. Dabei warnte er ihn, daß ihn das, was er nun schreiben werde, möglicherweise verärgern würde. Als Emmas »starke Blutungen« erneut angefangen hätten, habe er, so Freud, versucht, den Arzt herbeizurufen, der das Rohr eingeführt habe. Als er Gersuny nicht erreichen konnte, bat er einen anderen Arzt um Hilfe, einen alten Freund namens Ignaz Rosanes. Als Rosanes Emmas Nase säuberte, stieß er auf einen Faden, an dem er zu ziehen begann. Was dann herauskam, war ein gut einen halben Meter langes Stück Gaze, das Fließ in der Nase gelassen hatte, und ein Schwall von Blut. Am nächsten Tag brach Gersuny, der das Rohr eingeführt hatte, den Knochen auf und säuberte Emmas Nase. Freud teilt Fließ in diesem Brief mit, daß er glaube, Emma sei nicht »abnorm«, daß die Operation überflüssig gewesen sei und sie ihr »Unrecht« getan hätten. Wenn andere Ärzte nicht schnellstens eingegriffen hätten, wäre Emma höchstwahrscheinlich gestorben.

An diesem Punkt beginnt Freud, seine eigenen Theorien über psychische Erkrankungen zu revidieren, vielleicht in dem Bestreben, die Freundschaft mit seinem Freund, seinem Mentor und seiner Vaterfigur zu wahren. In den folgenden Briefen an Fließ gibt es Hinweise darauf, daß er bereits nach einer Möglichkeit sucht, Emma für ihre Blutungen *die Schuld zu geben*. Freud schreibt, daß sie fast gesund sei, er jedoch nun damit anfangen müsse, sie wegen ihrer »nächtlichen hysterischen Anfälle« zu behandeln. »Es wäre jetzt an der Zeit, daß Du Dir das minimale Versehen [die Gaze in der Nase gelassen zu haben] ... verzeihst«[17], beruhigt er Fließ.

Aus einem anderen von Freuds Briefen zitierend, schreibt Masson:

Das mächtige Werkzeug, das Freud gerade entdeckte, die psychologische Erklärung physischer Krankheiten, machte er sich nun zu Diensten, um sein eigenes zweifelhaftes Verhalten und mehr noch das zweifelhafte Verhalten seines engsten Freundes zu rechtfertigen. Freud hatte begonnen, sein eigenes schlechtes Gewissen wegzuerklären.[18]

Wenige Tage später verschlechtert sich Emmas Zustand derart, daß Freud glaubt, sie werde sterben. Eine erneute Operation verunstaltet ihr Gesicht für immer. Ein paar Tage lang scheint es ihr besser zu gehen, doch dann verfällt sie erneut in einen sehr kritischen Zustand. In seinem nächsten Brief an Fließ scheint Freud verärgert zu sein: »Ich bin doch sehr erschüttert, wenn dergleichen Malheur aus der für harmlos ausgegebenen Operation entstehen kann.«[19]

Später gibt Freud noch einmal nach und beginnt, den Boden dafür zu bereiten, Emma als hysterisch diagnostizieren zu können. In einem anderen Brief an Fließ nennt er Emma »meine Peinigerin und die Deine«. Wenn er schreibt »Die Eckstein hat schon *wieder* Schmerzen. Ob sie nächstens bluten wird?«[20], gibt er eindeutig zu verstehen, daß sie die Blutungen in gewisser Weise aufgrund unterdrückter Wünsche absichtlich herbeiführt, sie also nicht auf den Fehler eines ungeschickten Chirurgen zurückzuführen sind.

Fließ' mißlungene Operation hatte Freud in die Enge getrieben. Wenn er sich selbst eingestand, daß Emmas Hysterie eigentlich auf Mißbrauch in ihrer Kindheit basierte, dann waren die Operation überflüssig und die postchirurgischen Komplikationen und Blutungen auf Fließ' medizinische Inkompetenz zurückzuführen. Freuds Dilemma wurde auch dadurch verkompliziert, daß seine eigene klinische Arbeit über Hysterie und Hypnose ihn bereits dazu zwang, von Fließ' »reinerem« biologischen Modell abzuweichen. Würde er bestätigen, daß Emma an den Folgen von Kindesmißbrauch litt und daß Hysterie emotionale und nicht biologische Ursachen hatte, dann müßte er sich von seinem Mentor Fließ distanzieren.

Masson glaubt, daß Freud aus diesem schmerzlichen persönlichen Dilemma nur herauskommen konnte, wenn er den »Grund für die Blutungen in Emma Eckstein selbst« fand.[21] Um dies zu erreichen, mußte er folgende Theorie konstruieren: »die Theorie des hysterischen Lügens, derzufolge die äußerlichen Traumen, die die Patienten erlitten, nicht Realität, sondern Phantasien sind.«[22] Zu seiner Entlastung entschied Freud also, daß Emmas Blutungen nichts mit der Operation zu tun hatten, sondern das Ergebnis ihrer hysterischen Einbildung waren. Und wenn ihre Einbildungskraft körperliche Symptome wie postoperative Blutungen erzeugen konnte, dann erzeugte sie wahrscheinlich auch Phantasien und Geschichten über ihre Kindheit. Freud löste also sein Problem, indem er Emma, dem Opfer, die

Schuld für ihre eigenen Probleme gab. So brauchte er nicht länger die Schuld für ihr neuerliches Leiden auf sich zu nehmen. Außerdem konnte er auf diese Weise auch seinen Freund Fließ herauspauken. Am 4. Mai erklärt Freud in einem weiteren Brief die Theorie, an der er arbeitete, etwas genauer.

> Von der Eckstein ... weiß ich bis jetzt, daß sie aus *Sehnsucht* geblutet hat. Sie war von jeher eine Bluterin ... Als sie meine Ergriffenheit bei der ersten Blutung ... sah, fand sie einen alten Wunsch nach Liebe in Kranksein verwirklicht ... bekam dann im Sanatorium nächtliche Unruhe aus der unbewußten Sehnsuchtsabsicht, mich hinzulocken, und als ich nachts nicht kam, erneuerte sie die Blutung, als unfehlbares Mittel, meine Zärtlichkeit wieder zu wecken.[23]

In einem Brief vom 4. Juni 1896 schreibt Freud:»Ihre Geschichte klärt sich weiter auf; daß es Wunschblutungen waren, ist unzweifelhaft.«[24]

Schließlich überwältigten die Ereignisse ihn. Emmas Operation fand um den 1. März 1895 statt. Am 4. März schrieb Freud einen seiner ersten besorgten Brief an Fließ. Am 21. April 1896 präsentierte Freud seine These von dem Zusammenhang von Neurose und Kindesmißbrauch, die jedoch von seinen Kollegen glatt abgelehnt wurde. Am 4. Mai 1896 beginnt Freud, Fließ seine neue Theorie zu erklären. In einem Brief vom 4. Juni 1896 sagt er, daß Emmas Blutungen auf ihre Wünsche zurückzuführen seien. Wenn hysterische Individuen durch unterbewußte Wünsche Blindheit und Lähmungen herbeiführen können, warum dann nicht auch Blutungen?

Es ist unmöglich, den Druck zu ermessen, dem Freud ausgesetzt war, als er begann, der Wahrheit über den Ursprung emotionaler Störungen ins Gesicht zu sehen. Seit Tausenden von Jahren hatte man den psychisch Kranken auf die eine oder andere Weise die Schuld an den mit psychischen Krankheiten verbundenen Symptomen gegeben. Für Freud war der Sprung, die Schuld an einigen dieser Störungen dem Mißbrauch durch andere zuzuschreiben, einfach zu groß. Im Jahr 1905 nahm Freud öffentlich seine Verführungstheorie zurück und schlug seine psychoanalytische Theorie vor. Bis 1908 waren ihm viele angesehene Psychiater gefolgt und bereiteten den Weg für die psychoanalytische Bewegung.

Was können wir aus Freuds Geschichte lernen?

Was müssen wir von diesen drei Männern lernen? Pinel wie auch Breggin begannen, den Grund für das oft bizarre Verhalten ihrer Patienten zu erkennen, weil sie diese persönlich kennenlernten und ihnen nahe genug kamen, um ihren Schmerz zu spüren. Die Fürsorge, die Bestätigung und die vorbehaltlose Liebe gegenüber ihren Patienten, deren menschlicher Natur sie Achtung schenkten, führte zu Ergebnissen, die die Fachleute ihrer Zeit in Erstaunen versetzten.

Freud befand sich zunächst auf dem gleichen Weg. Er hörte seinen Patienten zu und begann, eine eindeutige Verbindung zwischen ihrem emtionalen Schmerz und den entsprechenden Symptomen zu sehen. Um jedoch zu dem zu stehen, was er glaubte, hätte er sehr viel aufgeben müssen. Er hätte akzeptieren müssen, daß es keine biologische oder neurologische Grundlage für psychische Krankheiten gab, hätte sich der Frage des Kindesmißbrauchs stellen müssen und sein Bedürfnis nach einer Vaterautorität in seinem Leben aufgeben müssen. Als seine Fachkollegen ihn abzulehnen begannen und aufhörten, Patienten an ihn zu überweisen, schwanden sein Mut und seine Überzeugungen. Freud entschied sich, aus diesem Dilemma herauszukommen, indem er Emma die Schuld gab. Schließlich war sie diejenige mit den »verrückten« Symptomen.

Wie so viele Fachleute vor ihm, die das grundlegende Modell des emotionalen Schmerzes leugneten, stand Freud zwischen zwei Modellen, in denen es um die Frage der »Schuld« ging, und schwankte zwischen folgenden Optionen:

➢ dem Patienten die Schuld zuzuweisen, indem er behauptete, die Symptome seien das Ergebnis unterbewußter Wünsche, oder

➢ die Symptome einem biologisch geschädigten Gehirn zuzuschreiben.

Statt den Mut zu finden, sich dem Problem des Kindesmißbrauchs zuzuwenden und sich gleichzeitig seinen persönlichen, mit seinem Bedürfnis nach einer ihn unterstützenden Vaterfigur zusammenhängenden Problemen zu stellen, erschuf er ein psychoanalytisches Modell, daß es ihm erlaubte, Emma die Schuld zuzuschreiben. Freud war ein brillanter und hingebungsvoller Arzt, der – um ihm Gerechtigkeit widerfahren zu lassen – *tatsächlich* die Rolle früher Kindheitstraumen und des Unterbewußten betonte. Doch er hielt jäh darin inne, wie Masson behauptet, »um sein eigenes schlechtes Gewissen wegzuerklären«.

In gewisser Weise ist das Modell des emotionalen Schmerzes das am leichtesten verständliche. Es geht von drei Hauptprämissen oder Kernpunkten aus:

1. **Wir alle verletzen einander zuweilen, sowohl unabsichtlich als auch absichtlich.**

2. **Wir alle brauchen andere, um diese Verletzungen zu heilen.**

3. **Wir alle leugnen bis zu einem gewissen Maße, daß wir andere verletzen und andere brauchen, um unsere Wunden zu heilen.**

Die Menschen entwickeln exotische Theorien über die Ursachen seltsamer Verhaltensweisen und emotionaler Störungen, weil es ihnen zu peinlich erscheint, ihr grundlegendes menschliches Bedürfnis nach gegenseitiger Liebe und Unterstützung einzugestehen. Wir können offenbar nur schwer der Tatsache ins Auge sehen, daß wir andere verletzen und von unseren Mitmenschen verletzt werden können.

Mißbrauch kommt in einigen Familien vor, und als Folge davon leiden viele Kinder emotional. Doch Mißbrauch geschieht auch außerhalb der Familie, oft auf sehr subtile Weise. Es ist der emotionale Schmerz darüber, daß wir verwundbare menschliche Wesen sind, der zu emotionalen Störungen führt. Deshalb brauchen wir ein Modell, das genau an diesem Punkt ansetzt und keine Theorien, die von hysterischen Lügen, einem biochemischen Ungleichgewicht im Gehirn oder einem defekten Gen ausgehen.

Es ist an der Zeit, daß wir den Mut aufbringen, den andere vor uns gezeigt haben, und unsere Augen nicht länger vor der wirklichen Verfassung des Menschen verschließen. Wir sollten uns nicht länger hinter unseren ausgefallenen Theorien und unseren häufig schädlichen Heilverfahren verstecken. Laßt uns lernen, was es heißt, sich um verwundete Herzen zu kümmern und sie zu heilen.

Teil Zwei

Das Modell des emotionalen Schmerzes

Kapitel 8

DAS MODELL DES EMOTIONALEN SCHMERZES EINE EINFÜHRUNG

Wenn wir den Ursprung emotionaler Störungen richtig verstehen wollen, dürfen wir weder bei unserer Biologie noch bei unseren Instinkten ansetzen, sondern müssen mit dem beginnen, was uns als Menschen einzigartig macht. Die wichtigsten Faktoren bei der Untersuchung emotionaler Störungen sind: (1) das menschliche Bewußtsein und (2) die Intensität unserer Schmerzempfindung. Lassen Sie uns diese Faktoren näher betrachten.

Die Intensität emotionalen Schmerzes

Der am heftigsten geleugnete Aspekt dessen, was uns Menschen einzigartig macht, ist vielleicht die Intensität, mit der wir Schmerz, insbesondere emotionalen Schmerz, empfinden. Ob es sich um ein Kind handelt, das aus dem Mutterschoß herauskommt, um ein Kind, das seinen Willen nicht durchsetzt oder einen Erwachsenen, der einen geliebten Menschen verliert – Schmerz kann uns plötzlich überfallen. In einigen Fällen dringt er schnell zum Kern unseres Selbst vor und hat das Potential, uns emotional zu zerstören.

Freunde von mir verloren kürzlich ihren ältesten Sohn aufgrund einer Überdosis Kokain. Drei Monate vor seinem Collegeabschluß wollte er ein einziges Mal die Wirkung dieser Droge testen. Er war ein anständiger junger Mann, der äußerst selten Alkohol trank, hatte jedoch ein angeborenes Herzleiden. Das war es wohl, was in Kombination mit dem Drogenkonsum zu seinem Tod führte.

Die Nachricht von seinem Tod traf die Eltern zutiefst. Sie spürten den Schock in jedem Nerv ihres Körpers. Wie sehr ihre natürliche psychische Abwehr auch versuchte, die Intensität des Schmerzes zu mindern, sie war nicht stark genug, um sie vor dem Schmerz zu bewahren. Solche Erfahrungen lösen nicht nur intensiven körperlichen und seelischen Schmerz aus, sie bedeuten zudem eine Verletzung unseres eigentlichen Selbst, unserer Identität oder der als Selbst erlebten inneren Einheit. Vor allem der Vater quälte sich mit der Frage nach der eigenen Verantwortung für den Tod seines Sohnes.»Was habe ich bei seiner Erziehung falsch gemacht?«»Wie hätte ich besser für ihn da sein können?«»Hätte ich ihn öfter anrufen oder besuchen sollen?«»Starb er, weil ich kein guter Vater war?«

Ich weiß, daß mein Freund ein liebevoller und verantwortungsbewußter Vater war, doch der Tod seines Sohnes löste bei ihm ernsthafte Zweifel an seinem Selbstwertgefühl aus. Er hatte sich selbst in hohem Maße als Vater und Beschützer seiner Familie gesehen und definiert, und in einem einzigen Augenblick war ein großer Teil seiner Identität zerstört worden.

Unsere Ungeschütztheit gegenüber Schmerz hat ihren Ursprung im menschlichen Bewußtsein. Da wir die Fähigkeit haben, bewußt wahrzunehmen und uns mit unserem Herzen sehr tief auf all das einzulassen, worauf wir uns konzentrieren, schweben wir auch in der Gefahr, sehr stark für Verletzungen empfänglich zu werden. Indem wir auf diese Weise bewußte Entscheidungen treffen und uns selbst dieser Gefahr aussetzen, werden unsere Entscheidungen Teil unseres eigentlichen Selbst. Wir sind bewußte Wesen, das ist der Ausgangspunkt unserer Problematik. Hinzu kommt aber noch etwas anderes: Indem wir uns für Bewußtheit entscheiden, können wir nicht umhin, uns selbst oder das, was wir als unser Selbst erleben, in unsere Entscheidungen einfließen zu lassen. Und somit wird jede Entscheidung Teil unserer Identität, unseres Selbstwertgefühls und des allgemeinen Bildes, das wir uns von uns selbst und dem Leben machen.

Wenn zum Beispiel ein Kind einen Laden betritt und ein Spielzeug sieht, das ihm gefällt, dann hängt es einen Teil seines Herzens daran. Bis zu einem gewissen Grade »verliebt es sich« in dieses Spielzeug. Seine Entscheidung, eine Bindung zu diesem Spielzeug zu entwickeln, basiert auf der Phantasie, daß dieses Spielzeug es glücklich machen oder Bedeutung in sein Leben bringen könnte.

Wenn seine Eltern ihm nun sagen, daß es das Spielzeug nicht haben kann, wird es den Verlustschmerz mit seinem ganzen Körper fühlen. Besonders, wenn es noch jung und seine Abwehr noch nicht stark genug ist, um den Schmerz abzufangen. Das kann dazu führen, daß es tief verzweifelt aufschreit oder sogar zornig wird, um die Gefühle des Schmerzes abzuwehren.

Wir Erwachsenen glauben vielleicht nicht, daß mit dem Verlust eines Spielzeugs so viel Schmerz verbunden sein kann, doch für ein Kind ist dies Realität. Es erlebt den Verlust sehr intensiv, nicht nur, weil seine Abwehr noch nicht ausreichend entwickelt ist, sondern vor allem, weil es die Unschuld seines Herzens in dieses Spielzeug investiert hat. Seine ganze Welt, seine unmittelbare Zukunft war in dem Wunsch enthalten, dieses Spielzeug zu besitzen. Dieser Wunsch und die Bedeutung, die dieses Spielzeug für das Kind hat, werden in diesem Moment zu einem Teil seines eigentlichen Selbst.

Infolgedessen geht es beim Reifungsprozeß häufig darum, zu lernen, wie es uns gelingen kann, unser Herz, unsere Freude und unsere Träume in sinnvolle Projekte zu investieren. Gleichzeitig geht es darum, die Fähigkeit zu entwickeln, die schmerzvollen Momente des Lebens in uns aufzunehmen. Wir wollen niemals unsere schöpferische Lebensenergie verlieren, doch wir müssen auch lernen, mit unserem Schmerz umzugehen, damit wir nicht den nackten Schmerz fühlen, den ein Kind beim Verlust kleinerer Dinge verspürt.

Wenn aber Erwachsene, die in ihrer Welt eingebunden sind, besonders große Verluste erleiden, kann es sein, daß der erfahrene überwältigende Schmerz die klassischen Symptome verursacht, die dann von Ärzten als psychische Erkrankung definiert werden. Häufig führt ein schwerer Verlust zu extremen Depressionen. Ein Mensch, dessen Ehe zerbricht, dessen Eltern sterben oder der seinen Job verliert, kann sich durch den Schmerz wie betäubt und ausgelaugt fühlen. Wenn er dann die Schwere eines solchen Verlustes bewußt leugnet, kann sein Verhalten in zunehmendem Maße manisch oder wahnhaft werden. Vielleicht versucht er sogar, sich selbst dazu zu bringen, nicht an den Verlust zu glauben, oder zu glauben, daß er es beim nächsten Mal schaffen wird.

Wenn jemand – wie mein Freund, dessen Sohn starb – einen geliebten Menschen verliert, beginnt er manchmal sogar zu halluzinieren und die Person, die er verloren hat, zu hören und zu sehen.

155

Mit diesem Versuch, den geliebten Menschen »lebendig zu halten«, will er vermeiden, mit dem durch diesen Verlust ausgelösten tiefen Schmerz fertigwerden zu müssen.

Wenn die Ehe oder Liebesbeziehung eines Menschen zerbricht, bekommt er bei dem Gedanken daran, daß er seine »Ex« in der Kirche oder in einem bestimmten Geschäft treffen könnte, mitunter Angst- und/oder Panikanfälle. Die Angst ist da, weil die Person auf ein durch den Verlust erzeugtes inneres Verwundetsein reagiert. Auf einer unterbewußten Ebene ist sie sich dieser Verwundbarkeit bewußt, und von dieser Ebene geht auch der Abwehrmechanismus der Angst aus.

Unser emotionaler Schmerz ist eine natürliche Folge unserer menschlichen Natur. Wir können nicht anders, als zu investieren, zu hoffen, zu träumen und uns das Beste für unser Leben zu wünschen. Je mehr wir jedoch investieren, desto größer ist die Möglichkeit intensiven Schmerzes.

Leider geben wir aufgrund dieser grundlegenden Verletzlichkeit und unseres Bedürfnisses, von anderen Menschen akzeptiert zu werden, unabsichtlich unsere *Macht* an diese ab und ermöglichen es ihnen, uns zu verletzen. Wenn Billy an seinem ersten Schultag todschick aussehen und akzeptiert werden will, verwendet er vielleicht zusätzliche Zeit darauf, das Hemd auszuwählen, das er an diesem Tag tragen wird. Indem er dies tut, investiert er sein Herz und seine Unschuld in diese Wahl und wird abhängig von der Akzeptanz anderer. In diesem Moment werden seine Entscheidungen wie auch seine Abhängigkeit von anderen Menschen zu einem Teil seines eigentlichen Selbst.

Während Billy das Hemd auswählt, wird er sich aufgrund der Natur des menschlichen Bewußtseins dieser Wahl und seiner dadurch entstehenden Verletzlichkeit bewußt. In diesem Moment werden das Hemd, für das er sich entschieden hat, der Wert, den er diesem Hemd beimißt, die Art und Weise, wie andere sein Hemd aufnehmen werden und er auf diese Aufnahme reagieren wird, ein Teil seines »existentiellen« eigentlichen Selbst.

Die Wahl des Hemdes kann sicherlich teilweise auf einen angeborenen Persönlichkeitsfaktor zurückgeführt werden, der wiederum von seinen Erbanlagen abhängt. Sie könnte jedoch auch auf vergangenen Ereignissen beruhen, die Teil seines eigentlichen Selbst geworden sind. So könnte ein in der Schule beliebtes Kind ein ähnliches Hemd getragen haben. Indem Billy sein Hemd auswählt, investiert er vielleicht (bewußt oder unterbewußt) in die Hoffnung, daß er und sein Hemd ähnlich aufgenommen werden wie das beliebte Kind.

Wenn wir Billys eigentliches Selbst verstehen wollen, müssen wir zunächst bei seinen Entscheidungen, seinem Bewußtsein von diesen Entscheidungen und dem Wert, den er diesen und der daraufhin folgenden Bestätigung oder Ablehnung beimißt, beginnen. Wenn Billy das nächste Mal in seinen Schrank schaut, wird die Entscheidung für oder gegen dieses Hemd von seinen vergangenen Entscheidungen und von seinem Bewußtsein von diesem Entscheidungen abhängen. Es sind die bewußten Entscheidungen und die aus diesen Entscheidungen erwachsenden Gefühle und nicht unsere Gene oder unsere Chemie, die unser Selbstbewußtsein oder unser eigentliches Selbst ausmachen. Billy weiß bewußt oder unterbewußt, daß er diese Wahl absichtlich und aus einem ganz bestimmten Grund trifft, und das ist ein Teil von dem, was ihn in jedem einzelnen Moment seiner Existenz ausmacht.

Wir werden erschaffen bzw. kommen in diese Welt mit der Fähigkeit, bewußte menschliche Wesen zu sein, und vor dem Hintergrund dieses Bewußtseins treffen wir eine Reihe von Entscheidungen, von denen wir wissen, daß wir sie treffen. Diese Entscheidungen und die Art und Weise, in der sie Bestätigung erfahren, werden unser eigentliches Selbst. Wir können unterschiedliche Persönlichkeitsmerkmale oder sogar körperliche Kennzeichen erben, die diese Entscheidungen möglicherweise beeinflussen, doch letztlich werden unsere Entscheidungen zu unserem eigentlichen Selbst, unserer Identität oder der Art, wie wir uns selbst sehen. Somit kann sich unser Selbstbild sehr von dem unterscheiden, wie uns andere aus der Perspektive gewisser Persönlichkeitsmerkmale sehen würden. Wir könnten innerlich vor Einsamkeit sterben, während andere uns immer noch als »fröhliche« Person sehen.

Da Billy bei der Herausbildung eines Teils seines eigentlichen Selbst von der Art und Weise, wie andere seine Entscheidungen bestätigen oder ablehnen, abhängig ist, können seine Klassenkameraden ihn mit einer, selbst zufälligen, negativen Bemerkung über sein Hemd verletzen oder vernichten. Einer seiner Altersgenossen könnte Billy noch tiefer verletzen, indem er absichtlich dessen

Unschuld angreift und sagt: »Was für ein blödes Hemd!« Es gibt also zwei Arten, auf die eine Person verletzt werden kann: unabsichtlich (Vater sagt »nein« zu einem Spielzeug) oder absichtlich (»blödes Hemd«).

Wann immer jemand die Wahl trifft, sein Herz oder seine Unschuld in eine Sache hineinzulegen, wird er von der vorbehaltlosen Anerkennung oder Liebe anderer abhängig und vertraut auf diese. Wenn Billy ein bestimmtes Hemd auswählt und von seinen Altersgenossen abgelehnt wird, fühlt er sich auf einer bestimmten Ebene verletzt. Erzählt er die Geschichte dann seinem Vater und sagt dieser »Die haben recht. Es ist ein blödes Hemd. Das habe ich dir doch gesagt«, wird er aufgrund seines Bedürfnisses nach der vorbehaltlosen Liebe seines Vaters noch tiefer verletzt sein. Ist dies ein einzelner Vorfall in einer ansonsten herzlichen Beziehung, wird Billy die Chance haben, die Ablehnung seines Vater zu überwinden. Wenn sein Vater ihn jedoch gewohnheitsmäßig schlechtmacht, wird Billys Verwundetsein wachsen und in seinem späteren Leben zu emotionalen Problemen führen.

Diese kurzen Beispiele des Modells des emotionalen Schmerzes zeigen, wie emotionaler Schmerz schließlich für alle möglichen emotionalen Störungen verantwortlich werden kann. Diese Störungen resultieren aus unserer grundlegenden menschlichen Natur, unserem Bedürfnis, unsere Unschuld in eine Welt zu investieren, die uns zuweilen großen Schmerz bringen kann und wird.

Dieses Modell zeigt uns auch, daß es unendlich viele Quellen des Schmerzes außerhalb des Zuhauses gibt, selbst wenn ein Elternteil für einen Teil des Schmerzes im Leben seines oder ihres Kindes verantwortlich sein mag. Klassenkameraden auf dem Schulhof könnten etwa anfangen, ständig auf einem Kind herumzuhacken, und wenn zu diesen Verletzungen andere hinzukommen, könnte daraus schwerer emotionaler Schaden entstehen.

Ich hatte einen Freund mexikanisch-amerikanischer Abstammung, der seine erste Frau durch eine Krankheit verlor. Eine Zeitlang zog er seine Tochter alleine auf. Später heiratete er eine Asiatin, die seine Tochter oft zur Schule brachte. Obwohl Tochter und Stiefmutter meiner Ansicht nach sehr viel Ähnlichkeit hatten, ritten die Kinder auf den ethnischen Unterschieden herum und begannen, die Tochter damit aufzuziehen, daß sie eine Mutter mit »Schlitzaugen«

habe. Nachdem das Mädchen seine biologische Mutter verloren hatte, wurde es nun wegen einer Stiefmutter abgelehnt, die anders aussah als es selbst. Das ist typisch für die Art von Ereignissen, die ein Kind emotional verletzen können, ohne daß sich die Eltern jemals bewußt werden, was hier vor sich geht.

Das Element der Wahl

Auch wenn emotionale Verletzungen (der Tod eines geliebten Menschen, das Gehänseltwerden in der Schule usw.) eine unmittelbare, automatische Reaktion herbeiführen können, müssen wir doch anerkennen, daß letztendlich das Element der Wahl eine Rolle spielt. Eine Wahlmöglichkeit existiert und muß gegeben sein, einfach weil wir bewußte menschliche Wesen sind. Diese Wahl ist nicht immer eine bewußte; sie kann uns von unserem Unterbewußtsein aufgezwungen werden, doch ein *gewisses* Element von Wahlfreiheit wird immer noch eine Rolle spielen. Dieses Element müssen wir verstehen und akzeptieren, wollen wir die rätselhaftesten Aspekte emotionaler Störungen richtig erfassen.

Ein Junge, der mit einem Vater aufwächst, der ihn verbal beleidigt, könnte zum Beispiel lernen, daß er die Intensität seines Schmerzes am besten dadurch mindern kann, daß er an den Augen des Vaters vorbei auf ein anderes Objekt schaut. Als er das erste Mal den Zorn in den Augen seines Vaters sah und wegschaute, war dies einfach eine natürliche Reaktion. Hätte er eine nahezu »übernatürliche« emotionale Stärke entwickelt, hätte er seinem Vater direkt in die Augen schauen und sagen können: »Dad, ich werde dir nicht zuhören, bis du gelernt hast, vernünftig mit mir zu reden.«

Ich würde allerdings nicht erwarten, daß ein Kind dazu in der Lage wäre. Wenn dieses Kind jedoch, während es heranwächst, »Augenkontakt vermeidet«, so hat dieses Verhalten seinen Ursprung eindeutig in seiner frühen Entscheidung, dem Augenkontakt mit dem Vater aus dem Weg zu gehen, um sein eigentliches Selbst zu schützen. Obwohl die Entscheidung aus dem genannten Grund das ist, was ich eine *erzwungene Wahl* nenne, kann sich der Betroffene, wenn er über eine ausreichende emotionale Stärke verfügt, dieses Verhaltens bewußt werden und *sich dafür entscheiden*, es zu verändern. Als Erwachsener wird er vielleicht erkennen, daß seine Kommunikationsfertigkeiten sehr mangelhaft sind, weil er als Kind zu einer bestimmten Wahl gezwungen wurde, um mit seinem Schmerz fertigwerden zu können. Mit diesem neuen Bewußtsein kann er beginnen, für seine Angst und seine Entscheidungen hinsichtlich der Augenkontakte Verantwortung zu übernehmen.

An einem Beispiel wie diesem können wir sehen, daß das Modell des emotionalen Schmerzes dem Individuum keine Schuld zuweist, ihm aber letztendlich die Tür öffnet, damit es sein Leben und seine Entscheidungen selbst in die Hand nehmen kann. Demgegenüber unterstellt das medizinische Modell, daß das Individuum aufgrund eines biochemischen Defekts keine Wahl zwischen möglichen Verhaltensweisen hat. Obwohl diese Vorstellung zunächst befreiend sein und Schuldgefühle abbauen mag, führt sie letztlich doch zu Unmündigkeit, weil der Betroffene sich niemals mit der eigentlichen Ursache der emotionalen Störung auseinandersetzt und weil die im allgemeinen von Ärzten angewendeten Behandlungsmethoden (Medikation, EKT, erzwungene Hospitalisierung) die Funktionsfähigkeit des Menschen einschränken, ohne jedoch seine emotionalen Probleme zu lösen.

Das Modell des emotionalen Schmerzes weist weder dem Individuum noch notwendigerweise den Eltern die Schuld zu. Um ein richtiges Verständnis dieses Modells zu entwickeln, ist es wichtig, zu erkennen und zu akzeptieren, daß emotionale Störungen sogar in guten, liebevollen Familien entstehen können. Nicht, weil mit den Eltern irgend etwas nicht stimmt, wie man uns seit jeher beigebracht hat, sondern weil jedes Individuum bewußt oder unbewußt in einem relativ frühen Alter, vielleicht sogar schon von Geburt an, beginnt, seine eigene Art der Schmerzbewältigung zu wählen.

Ein Kind, das sehr empfänglich für emotionalen Schmerz ist, mag sich entscheiden, seinen Schmerz dadurch zu bewältigen, daß es anderen gefällig ist. Es versucht vielleicht, das mit der Verletzung der Gefühle anderer verbundene Leid dadurch zu vermeiden, daß es das »ideale Kind« wird. Obwohl dieses Kind also durchaus liebende und fürsorgliche Eltern hat, versucht es vielleicht unterbewußt, mehr und mehr nach Perfektion zu streben und damit den Schmerz, von anderen abgelehnt oder enttäuscht zu werden, zu vermeiden.

Diese Art von Verhalten geschieht zwar in aller Unschuld, wirft aber eine Reihe von Problemen auf: Es läßt den Eltern nur dann die

Möglichkeit, das Kind zu bestätigen, wenn es sich gut verhält. Vielleicht sind diese guten Willens, ihr Kind bedingungslos zu lieben, doch wenn dieses beginnt, »gute Leistungen« mehr und mehr als Möglichkeit zur Schmerzvermeidung einzusetzen, wird das Leistungsprinzip unwillkürlich immer mehr Raum in der Familie einnehmen. Je perfekter das Kind wird, um so weniger Chancen erhalten die Eltern, es auch dann zu bestätigen, wenn es versagen sollte. Auf diese Weise erfährt es nur selten (oder überhaupt nicht) jene bedingungslose Liebe, die seine Eltern ihm zeigen könnten, wenn es auch einmal etwas falsch gemacht hat. Wenn ein Kind bei Tests immer nur Einsen schreibt, haben die Eltern niemals die Möglichkeit, es angesichts eines Versagens (oder »nur« einer Zwei) zu bestätigen.

Wenn dieses Kind erwachsen wird und schließlich mit Fehlschlägen konfrontiert wird, kann es in eine schwere emotionale Krise geraten. Solche Situationen führen, wie ich beobachtet habe, zuweilen zu schweren Panikstörungen, ausgeprägtem Zwangsverhalten und sogar Symptomen, die als Schizophrenie bezeichnet werden können.

Betty, die ich in Kapitel 1 erwähnte, ist ein gutes Beispiel für diesen Personentyp. Da sie danach strebte, ein nahezu perfektes Leben zu führen, war sie nur sehr begrenzt fähig, mit dem Schmerz und der Scham über eine scheiternde Ehe fertigzuwerden.

Alle emotionalen oder sogenannten »psychischen Störungen«, ob es sich dabei um Schizophrenie, Depression, Manie, Panikanfälle oder Zwangsverhalten handelt, sind Abwehrmechanismen, die die Psyche hervorbringt, um ein Übermaß an Schmerz zu bewältigen. Dies ist der zentrale Unterschied zwischen dem medizinischen Modell und dem Modell des emotionalen Schmerzes. Das medizinische Modell stellt das Gehirn als zerstört oder defekt dar. Das Modell des emotionalen Schmerzes erklärt, daß mit dem Gehirn nichts falsch ist, ja es zeigt, daß das Gehirn häufig *ausgezeichnet* funktioniert und hilft, Strategien zu entwickeln, um mit dem emotionalen Schmerz eines Herzens fertig zu werden, das sich mit seiner ganzen Kraft zu lieben und zu wünschen auf eine Sache eingelassen hat. Von dieser Warte aus betrachtet ist Schizophrenie einer der am leichtesten zu verstehenden Zustände. Die Psyche eines Menschen, der als schizophren eingestuft wurde, arbeitet oft ausgezeichnet, um sich selbst vor emotionalem Leid zu schützen. Lassen Sie uns ein Beispiel betrachten.

Jack

Jack wurde vor vielen Jahren von einem ortsansässigen Geistlichen zu mir geschickt. Er glaubte ganz fest, er sei halb Mann und halb Frau. Jack wußte, daß er als Mann geboren worden war, erzählte jedoch ständig überall herum, daß er dabei sei, sich in eine Frau zu verwandeln. Er sagte dann zum Beispiel: »Schau mal, meine Brüste werden größer. Meine Stimme ist höher« und so weiter. Zuweilen glaubte er auch, daß er Stimmen höre, die aus dem Fernseher kämen und ihm sagten, daß er halb Frau und halb Mann sei.

Bevor ich begann, mit ihm zu arbeiten, hatte er zwanzig Jahre lang eine Vielzahl von Psychopharmaka genommen. Als er schließlich erkannte, daß die Medikamente ihn umbringen würden, setzte er sie von einem Tag zum anderen ab. **Das ist gefährlich, und jede Reduzierung der Medikation sollte von einem Arzt überwacht werden.**

Sobald er die Medikamente abgesetzt hatte, begannen seine Halluzinationen und sein Irrglaube stärker zu werden. An diesem Punkt wären die meisten Psychiater wohl zu dem Schluß gekommen, daß die Verstärkung der Symptome lediglich einen weiteren Beweis für Jacks psychische Erkrankung und die Notwendigkeit der Medikation darstelle. Ich betrachte Jack jedoch aus einer anderen Perspektive.

Es handelt sich hier um einen interessanten Fall, denn obwohl Jack seit über zwanzig Jahren immer wieder in verschiedenen psychiatrischen Einrichtungen gewesen war, ohne daß sich eine Besserung eingestellt hatte, war es leicht, den Ursprung seiner Probleme zu entdecken. Jack wuchs als Einzelkind auf, dessen Eltern emotional sehr zurückhaltend waren. Er kann sich nicht daran erinnern, körperliche Liebe oder Berührungen gespürt zu haben. Hinzu kam, daß sein Vater ihn verbal beleidigte und sagte, er werde es nie zu etwas bringen.

Als er etwa sieben Jahre alt war, kam ein älterer Cousin zu Besuch und näherte sich ihm sexuell. Die zärtliche Berührung des Cousins vermittelte Jack ein überwältigendes Gefühl der Wärme, das einen krassen Gegensatz zu all seinen aus der Kindheit herrührenden tieferen Gefühlen der Kälte darstellte. Nachdem der Cousin sich Jack im Verlauf mehrerer Wochen noch einige Male genähert hatte, fuhr er wieder ab. Jack erinnert sich, daß dieses Erlebnis bei ihm sowohl gute als auch schlechte Gefühle hervorrief. Er hatte sich nach der Berührung gesehnt, sich aber auch verletzt und beschmutzt gefühlt.

Einige Zeit später kam ein jüngerer Cousin zu Besuch. Für Jack war dies eine Gelegenheit, wieder einmal jemanden berühren zu können. Er konnte dem Wunsch nicht widerstehen, den Cousin mit seiner Zärtlichkeit zu behelligen. Obwohl er sich hinterher sehr schuldig fühlte, war sein Bedürfnis nach Wärme so groß, daß er den Cousin noch ein paar Mal belästigte. Schließlich waren seine Schuldgefühle so groß, daß er dieses Verhalten aufgab.

Jack und ich fanden heraus, daß er deshalb daran glauben mußte, halb Mann und halb Frau zu sein, weil dieser Glaube ihm oder seinem eigentlichen Selbst eine Möglichkeit bot, mit dem Schamgefühl fertig zu werden, das sich in seiner Erinnerung mit diesem Vorfall verband. Als der ältere Junge ihn berührte, investierte Jack seine ganze Unschuld in die guten Gefühle, die er dabei empfand, da sich mit ihnen ein zuvor unbefriedigtes Bedürfnis erfüllte. Als der Junge ihn verließ, blieb Jack mit den kalten Gefühlen der Einsamkeit und der Scham zurück. In bezug auf den jüngeren Jungen war sein Schamgefühl sogar noch größer, da mit der Entscheidung, ihn zu belästigen, mehr Verantwortung verbunden war. Obwohl der ältere Cousin ihm kaum eine oder gar keine Wahl gelassen haben mochte, wurde Jacks Bedürfnis nach Berührung in bezug auf seinen jüngeren Cousin zu einer *erzwungenen Wahl*. Zuerst hatte er die Kontrolle über seine Handlungen verloren, doch als er begann, sich schuldig zu fühlen, gewann er sie schließlich zurück und belästigte seinen jüngeren Cousin nicht weiter.

Jacks Psyche war keineswegs defekt. Indem sie entschieden hatte, daß Jack zur Hälfte eine Frau war, hatte sie eine brillante Lösung gefunden. War er halb Mann und halb Frau, brauchte er sich nicht zu schämen, sexuellen Kontakt mit beiden Geschlechtern zu haben. Indem er zwanghaft an dieses Identitätsproblem glaubte und sich darauf konzentrierte, gelang es ihm, seine Schamgefühle beiseitezuschieben und überzeugt zu sein, daß er tiefer Zuneigung wert sei. Damit diese Lösung auch funktionieren konnte, mußte Jack auch fest an sie glauben. Hätte er nicht daran geglaubt, hätten seine Scham und die neuen Lügen über sich selbst sein eigentliches Selbst überwältigt.

Jacks Tragödie ist die, daß ihm beinahe zwanzig Jahre lang gesagt wurde, daß er eine defekte Psyche habe. Dabei hatte seine Psyche tatsächlich eine höchst effiziente Lösung für das Problem seiner Einsamkeit und Scham gefunden. Sobald Jack seine Medikamente ab-

gesetzt hatte, war er in der Lage, die Wahrheit über sich selbst zu entdecken, während der Schmerz über seine Vergangenheit an die Oberfläche zu dringen begann. Dieser ins Bewußtsein dringende Schmerz
und nicht irgendein defekter Teil seiner Psyche, der weiterer Medikation bedurfte, brachte die Symptome zurück.

Unterschiedliche Wahlmöglichkeiten – Gleiche Krankheiten

Die Zahl der Probleme, die das medizinische Modell aufwirft, erhöht
sich nur noch weiter, wenn versucht wird, unterschiedliche Symptome mit unterschiedlichen sogenannten Krankheiten oder Defekten
zu assoziieren. Diesem Denksystem zufolge würde Schizophrenie
durch eine Art biochemisches Ungleichgewicht verursacht; bei
Depression wäre dann eine andere Art des Ungleichgewichts im
Spiel. Statt zu versuchen, all die unterschiedlichen Störungen fein
säuberlich zu kategorisieren und sie dann als Krankheiten zu etikettieren, sollten wir die unterschiedlichen Verhaltensweisen oder Symptome als unterschiedliche Entscheidungen verstehen, die die Psyche
trifft, um mit Schmerz fertig zu werden.

Das menschliche Unterbewußtsein kann eine Vielfalt von Strategien erschaffen (wählen), um mit emotionalem Schmerz umgehen zu
können. Ein Mensch mit multiplen Persönlichkeiten erschafft sich
häufig eine gesonderte Persönlichkeit, um mit den Schamgefühlen
fertigzuwerden, die auf eine Inzesterfahrung in der Kindheit zurückgehen. Ein anderer erschafft sich vielleicht eine gleichgeschlechtliche
Persönlichkeit, die keine sexuelle Scham empfindet. Wenn diese Person als Erwachsener mit ihrer Frau oder ihrem Mann schläft, wird
jene Zweitpersönlichkeit, die keine Scham empfindet, zum Vorschein
kommen und es dem Betreffenden ermöglichen, jemanden ohne
Hemmungen zu lieben. Als Alternative kann eine Persönlichkeit des
anderen Geschlechts erschaffen werden, die es dem Betroffenen
ermöglicht, eine gleichgeschlechtliche Beziehung einzugehen.

Andere sexuell mißbrauchte Individuen werden korpulent. Sie
nehmen zu, um für das andere Geschlecht unattraktiv zu werden.
Wiederum andere werden vielleicht gefährlich dünn oder wechseln
häufig ihre sexuellen Partner, um sich vor ihrer Scham zu verstecken.
Einige werden als Möglichkeit, mit Schmerz umzugehen, drogen-

oder alkoholabhängig. Andere verspüren vielleicht überhaupt kein sexuelles Verlangen mehr. Als Beispiel für die unterschiedlichen, dem Betroffenen zur Verfügung stehenden Wahlmöglichkeiten wird in Abbildung 8.1. das grundlegende Modell des emotionalen Schmerzes für sexuellen Mißbrauch dargestellt.

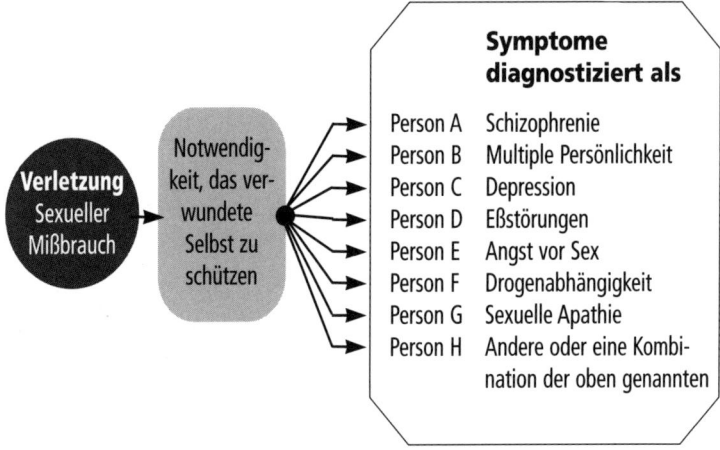

Abbildung 8.1.: Der grundlegende Prozeß emotionalen Schmerzes bei einem Opfer sexuellen Mißbrauchs.

Wir könnten auch eine Anzahl von Wahlmöglichkeiten für eine Person angeben, die aus einer guten Familie kommt, jedoch überempfindlich auf Schmerz reagiert oder Angst hat, andere zu verletzen. Diese Möglichkeiten werden in Abbildung 8.2. gezeigt.

Diese Abbildungen stellen natürlich eine grobe Vereinfachung des tatsächlichen Prozesses dar. Sie machen uns aber auf bildhafte Weise klar, daß wir alle verletzt worden sind und folglich alle Bewältigungsmechanismen entwickelt haben, die das medizinische Modell häufig als Symptome psychischer Erkrankungen etikettiert. Angesichts der Belastungen, denen wir heutzutage ausgesetzt sind, werden nämlich die meisten Menschen beinahe *jedes* Symptom, das mit den oben aufgeführten sogenannten Störungen oder psychischen Erkrankungen assoziiert wird, irgendwann einmal zumindest in abgeschwächter Form erlebt haben. Wer hat nicht schon einmal die Wirklichkeit verzerrt? Wer spricht nicht zuweilen mit sich selbst, als sei er eine

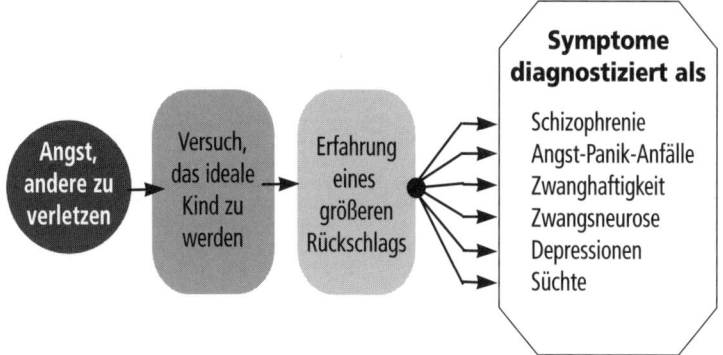

Abbildung 8.2.: Der grundlegende Prozeß emotionalen Schmerzes beim »idealen« Kind.

andere Person? (»Warum hast du das getan?«) Wer hat sich nicht schon einmal deprimiert oder unruhig gefühlt oder Nahrungsmittel und Drogen verwendet, um mit Schmerz fertig zu werden?

Obwohl die obengenannten Symptome oder Syndrome vielleicht auch von anderen Faktoren abhängen mögen, werden sie alle *in erster Linie* von der Psyche abgerufen, um den Betroffenen vor überwältigendem emotionalen Schmerz zu schützen. So kann eine Person aufgrund eines ererbten Persönlichkeitsfaktors wie Intelligenz oder Alter unterbewußt ein bestimmtes Verhaltensmuster einem anderen vorziehen. Die Entscheidung hierfür kann auch von der Art und Schwere des Mißbrauchs abhängen oder von dem Verhaltensmodell, das innerhalb der Familie praktiziert wird. Dennoch können wir in allen Fällen von einer Entscheidung sprechen, und diese Entscheidung wird in erster Linie getroffen, um die Verletzlichkeit der Person zu schützen.

Zusammenfassung des Modells des emotionalen Schmerzes

In diesem kurzen Überblick habe ich versucht, eines deutlich zu machen: Wir dürfen die Psyche nicht vorschnell als krank oder chaotisch einstufen. Vielmehr müssen wir erkennen, daß sie unbewußt sehr zielgerichtet operiert, um den verwundeten Teil des Individuums zu schützen. Je mehr Verletzungen und damit verbundene Vertrauensbrüche ein Individuum hinnehmen mußte, desto stärker wird das Unterbewußtsein reagieren, um Bewältigungsmechanismen zu entwickeln.

Jack empfand so große Scham und hatte so wenig Selbstachtung, daß sein Gefühl sich selbst gegenüber nicht positiv genug war, um die notwendigen Mittel zu finden, mit seinem tiefsten Schmerz fertigzuwerden. Er brauchte eine Lösung, und seine Psyche entwickelte sie; doch er konnte nicht akzeptieren oder glauben, daß ein Teil von ihm diese Strategie erschaffen hatte, denn dann hätte er sich wie ein Dummkopf gefühlt. Auf diese Weise redete er sich ein, daß die Ermächtigung oder die Erlaubnis für sein Verhalten von einer getrennten, gottähnlichen Autorität kommen mußte. Weil er dies glaubte, fühlte er sich von der Rücksicht auf die Meinung anderer entbunden. Wenn sie sich abfällig über seine Stimmen äußerten, lehnten sie ja Gott ab und nicht ihn oder seine Bewältigungsmechanismen.

Fälle von Kindesmißbrauch wie der zuvor geschilderte bringen uns oft zu sehr klaren Ergebnissen, weil die emotionale Distanz der Eltern wie auch die sexuelle Belästigung, zu der es daraufhin kam, besonders schwerwiegend sind. Wie bereits erwähnt, können emotionale Störungen ihren Ursprung jedoch auch in Familien haben, in denen kein Mißbrauch stattfindet. Denn die Familie ist der Ort, an dem das Individuum beginnt, seine Unschuld an Wünsche und Träume hinzugeben, Schmerz zu erfahren und unterbewußt zu *entscheiden*, wie es mit diesem Schmerz umgehen soll. Ein sehr liebevolles und für die Gefühle anderer empfängliches Kind wird es vielleicht niemals als richtig empfinden, seinen hingebungsvollen und liebenden Eltern gegenüber all seine Gefühle zu äußern. Aus Angst davor, die Gefühle seiner Eltern zu verletzen, wird es vielleicht unzählige kleine Entscheidungen treffen, die es ihm verbieten, seine Gefühle zum Ausdruck zu bringen.

Jede dieser kleinen Entscheidungen hindert es mehr und mehr daran, seine Gefühle richtig zu deuten oder sich für seine eigenen Bedürfnisse Gehör zu verschaffen. Sobald es sein Elternhaus verlassen hat und mit einer in viel höherem Maße verletzenden Welt konfrontiert wird, ist es möglicherweise nicht in der Lage, für sich selbst zu sorgen.

Kann man den Eltern die Schuld hierfür zuweisen? Die Antwort lautet: nein. Eltern, die versuchen, ihr Bestes zu tun, müssen verstehen, daß sie nie in der Lage sein werden, eine Welt zu erschaffen, in der es keinen Schmerz gibt und in der ein Kind nicht seine eigenen Abwehrmechanismen entwickeln müßte.

Wir müssen die diagnostizierten Störungen Schizophrenie, Depression und Manie wie auch die unterschiedlichen Suchtverhaltensweisen als Abwehrmechanismen betrachten, die von den Betroffenen gewählt wurden. Dies bedeutet jedoch nicht, Schuld zuzuweisen. Es heißt lediglich, daß wir uns in einer Welt voller Schmerz zu unserer Menschlichkeit bekennen. Es bedeutet zuzugeben, daß mit unserer Psyche im Grunde genommen nichts falsch ist –, abgesehen von der Tatsache, daß unsere Herzen einmal gebrochen worden sind und daß auch wir nicht umhin können, anderen Leid zuzufügen.

Kapitel 9

DAS MENSCHLICHE BEWUSSTSEIN UND MULTIPLE PERSÖNLICHKEITEN

Es ist ganz natürlich, davon auszugehen, daß das Gehirn eines Menschen irgendwie anomal ist, wenn dieser sich auf eine schwer verständliche Weise verhält. Tatsächlich haben die meisten von uns sich schon einmal gefragt: »Warum habe ich das getan?«, wenn wir unserer Meinung nach dumm oder destruktiv gehandelt haben.

Aufgrund dieser verbreiteten Einstellung in der Bevölkerung war es für die Verfechter des medizinischen Modells nur allzu leicht, den Versuch zu starten, das menschliche Verhalten auf die simpelsten Begriffe zu reduzieren. Dem medizinischen Modell zufolge ist das Verhalten des Menschen determiniert, und zwar nicht durch eine bewußte Entscheidung, sondern durch seine Gene und seine Chemie. Weil dieses Modell auf einer deterministischen Grundlage basiert, kann es dazu verwendet werden, das Leben anderer zu kontrollieren. Vor allem aber gelingt es diesem Modell nicht, das Element der menschlichen Wahlfreiheit ausreichend zu würdigen. Es vermag nicht aufzuzeigen, daß es einen durchaus produktiven Grund für unser Verhalten gibt, daß wir Strategien wählen, um unser empfindliches eigentliches Selbst zu schützen.

Wenn wir unsere Fähigkeit, bewußte Entscheidungen zu treffen, nicht in ihrer ganzen Tragweite erkennen, kann dies katastrophale Folgen für uns selbst und andere haben. Dies wird deutlicher werden, wenn wir uns eingehender mit dem Modell des emotionalen Schmerzes befassen.

Fälle wie die von Bob und Jack sowie auch Erkenntnisse darüber, wie wir Entscheidungen treffen, um Schmerz zu vermeiden, helfen den Unterschied zwischen dem deterministischen Modell und dem

Modell des emotionalen Schmerzes noch klarer herauszuarbeiten. Die beste Möglichkeit, die Funktionsweisen des menschlichen Bewußtseins und dessen Beziehungen zu emotionalen Störungen zu verstehen, bietet uns jedoch das Studium von Menschen mit multiplen Persönlichkeiten. So wie Bobs und Jacks Geschichten einen großen Beitrag dazu leisten, die Natur der Schizophrenie zu verstehen, so helfen uns Menschen mit multiplen Persönlichkeiten, emotionalen Schmerz im allgemeinen zu begreifen. Lassen Sie uns nun einen konkreten Fall betrachten, der uns einen guten Ausgangspunkt für das Verständnis emotionaler Störungen bietet.

Jamie

Meine Kollegin Dr. Joanne Crawford arbeitet mit einem Klienten mit multiplen Persönlichkeiten. Soweit wir feststellen konnten, bildete Jamie erstmals im Alter von einem Monat eine zweite Persönlichkeit aus. Wir glauben, daß ihre Mutter zu dieser Zeit versuchte, sie mit irgendeinem Gegenstand, vielleicht einem Kissen, zu ersticken. Da ich in der Vergangenheit verschiedentlich mit multiplen Persönlichkeiten zu tun hatte, arbeiten Dr. Crawford und ich oft zusammen.

Für mich persönlich ist dieser Fall faszinierend, weil er eine Bestätigung dafür liefert, daß das Bewußtsein des Menschen bereits in diesem Alter so weit entwickelt ist, daß eine Spaltung in zwei Persönlichkeiten stattfinden kann. Um Ihnen eine Einführung in das Thema der multiplen Persönlichkeit und die Rolle, die das Bewußtsein dabei spielt, zu geben, möchte ich Ihnen zeigen, wie wir herausfanden, daß sich Jamies Persönlichkeit im Alter von einem Monat spaltete.

Jamie weiß, daß sich etwas Traumatisches ereignete, als sie einen Monat alt war. Zu diesem Zeitpunkt wurde ihre Großmutter ins Haus geholt, um für sie zu sorgen und ihre Mutter soweit wie möglich von ihr fernzuhalten. Später erlaubte man der Mutter, aus welchem Grund auch immer, wieder in Jamies Nähe zu sein, und das mißbräuchliche Verhalten setzte sich fort.

Wenn Jamie (älter geworden) weinte, löste das bei ihrer Mutter stets die schlimmsten Reaktionen aus. Sie verfiel dann oft in einen Zustand emotionaler Verwirrung und rasender Wut. Wenn dies geschah, wurde Jamie bestraft, geschlagen und mit Nadeln gestochen, bis sie lernte, nicht mehr zu weinen. Zusammen mit Jamie haben wir das wahrscheinlichste Szenario für die Ereignisse herausgearbeitet, die ihre frühe Kindheit durchzogen. Wir glauben, daß sich folgendes ereignete: Als die einen Monat alte Jamie weinte, kam ihre Mutter herein, schnappte sich irgendeinen kissenähnlichen Gegenstand und versuchte, Jamie zu ersticken. Auch bei mehreren späteren Gelegenheiten versuchte sie, Jamie zu töten.

An diesem Punkt spaltete sich der Teil von Jamies Bewußtsein ab, der präsent war und das Bedürfnis verspürte zu weinen, und zog sich auf eine unterbewußte Ebene zurück. Was zurückblieb, war eine neue Art von Bewußtheit oder Bewußtsein, die nicht zu weinen brauchte.

So merkwürdig das auch klingen mag, diese Abspaltung oder Dissoziation ist tatsächlich ein ganz gewöhnlicher Prozeß, den jeder Erwachsene durchläuft. Immer wieder sehe ich Klienten, die dem Weinen nahe sind, die aber dann, aus dem einen oder anderen Grund, diesen Teil ihrer selbst in ihr Unterbewußtsein (bzw. aus ihrem Wachbewußtsein) »schieben«. Wenn dies geschieht, erschaffen sie keine neue Persönlichkeit, doch sie spalten das Bedürfnis zu weinen – häufig ohne dies bewußt zu erkennen – von diesem Augenblick an ab.

Der Schlüssel zum Verständnis emotionalen Schmerzes ist die Erkenntnis, daß jeder von uns mit dem Bedürfnis geboren wird, gehegt und gepflegt, genährt und geliebt zu werden. Da ein Kind jedoch nicht sprechen oder sich mitteilen kann und da sich kaum jemand von uns deutlich an Ereignisse erinnern kann, die im Alter von einem Monat stattfanden, neigen wir dazu, die Rolle, die das Bewußtsein in diesem Alter spielt, auf ein Minimum zu reduzieren. Statt dessen bringen wir die Entwicklung des Bewußtseins ausschließlich mit unserer kognitiven oder intellektuellen Entwicklung in Verbindung.

Bewußtsein ist jedoch etwas, das einfach *ist*. Das individuelle Bewußtsein des Selbst ist bereits bei der Geburt so gegenwärtig wie in jedem späteren Alter. Begrenzt ist in diesem Alter nicht etwa das menschliche Bewußtsein, sondern die Vorstellung des Kindes von seinem Selbst, seine sprachlichen Ausdrucksmöglichkeiten und das Verständnis, daß man ein von anderen getrenntes Wesen ist.

Und so schreit Jamie im Alter von einem Monat nicht aus irgendeinem Grundbedürfnis wie Hunger. Auf einer bestimmten Ebene hat auch sie ein ausgeprägtes Bewußtsein und investiert dieses Bewußtsein in ihr Bedürfnis, bestätigt zu werden. Auf einer nichtsprachlichen oder präkognitiven Ebene sagt sie:»Ich, Jamie, bin verletzt und brauche Liebe.« Indem derjenige, der für sie sorgt, sie auf seinen Arm nimmt und liebkost oder ihre Windeln wechselt, bestätigt er, daß sie eine wertvolle Person ist.

Als ihre Mutter versuchte, sie zu ersticken, erlebte Jamie diese Handlung nicht allein als Verletzung ihres Körpers, sondern auch als Verletzung ihres bewußten Selbst. Da sie noch keine psychischen Abwehrmechanismen entwickelt hatte, mußte sie *irgend etwas* tun, um ihr eigentliches Selbst oder den Teil, den sie in diesem Moment investieren wollte, zu schützen.

Deswegen drängte sie das Bewußtsein, daß sie zu einem Zeitpunkt verletzt worden war, als sie sich am meisten nach Geborgenheit gesehnt hatte, in ihr Unterbewußtsein ab. Damit dies möglich war, mußte sich eine neue Bewußtheit oder ein neues Bewußtsein von ihrem innersten Selbst abspalten.

Unser eigentliches Selbst repräsentiert zu jedem gegebenen Zeitpunkt das, womit wir uns identifizieren oder woran wir unser Herz hängen möchten. Wenn ich mich zum Beispiel dafür entscheide, eine bestimmte Mannschaft anzufeuern, wird diese Mannschaft Teil der Person,»die ich bin«. Ich bin Ty Colbert, der die Los Angeles Dodgers mag. Zieht jemand über meine Lieblingsmannschaft her, so habe ich das Gefühl, sie verteidigen zu müssen; wenn mein Team gewinnt, habe ich das Gefühl, an seinem Sieg teilzuhaben.

Selbst wenn wir uns nicht aus eigenem Antrieb zu einer bestimmten Identität bekennen wollen, können andere uns zwingen, uns dieser Identität bewußt zu werden. Zum Beispiel wird sich ein Kind in den ersten Lebensjahren seiner ethnischen Identität nicht bewußt sein. Andere können es dann aber dazu zwingen, sich die Tatsache zu vergegenwärtigen, daß es Mitglied einer bestimmten Gruppe ist, deren Hautfarbe, Glaubenssysteme und Sitten bei der Mehrheit der Bevölkerung entweder beliebt oder unerwünscht sind. Das Bewußtsein zwingt uns, unserer Identität gewahr zu werden, selbst wenn wir das gar nicht möchten.

Wenn jemand von einem anderen Menschen wegen seiner Abstammung erniedrigt wird, wird er vielleicht nicht die Person sein wollen,»die er ist«. Er möchte sich dann vielleicht in Nichts auflösen oder diesen Aspekt seiner Identität abspalten. So unterziehen sich zum Beispiel viele asiatische Frauen plastischen Operationen, um ihre Augen »richten zu lassen«. Vielleicht würde ich – um ein weniger dramatisches Beispiel zu nennen – kein »Dodger« sein wollen, sollten die Dodgers zur Witzfigur des Profisports werden.

Im Alter von einem Monat hatten Jamies Vorstellung von sich selbst und ihr Bewußtsein von der Welt noch kaum Form angenommen. In jedem Moment investierte sie ihr gesamtes eigentliches Selbst in ihre speziellen Bedürfnisse.

Wie immer man auch die Quelle des Bewußtseins definiert – eine Debatte, die in religiöse und philosophische Bereiche führt –, für unsere Diskussion ist allein das Verständnis wichtig, daß das Bewußtsein bereits in der Kindheit vollständig vorhanden ist. Sobald wir geboren werden, sind wir in der Lage, unser Herz in jedem Moment an eine Sache oder einen Menschen zu hängen und uns auf einer bestimmten Ebene dieser Investition bewußt zu sein. Somit wurde Jamies Bewußtsein von ihrem eigenen Selbst in dem Moment verletzt, in dem ihre Mutter versuchte, sie zu töten.

Wenn wir nicht verstehen, daß das Bewußtsein schon bei der Geburt oder sogar davor vollständig vorhanden ist, werden wir nie dahin gelangen, Menschen, die anders sind als wir, als vollwertige Persönlichkeiten mit der ganzen Fülle ihrer Entwicklungsmöglichkeiten anzuerkennen. Genau diese Unterschätzung des menschlichen Potentials führt uns nämlich oft dazu, andere Menschen als minderwertig zu beurteilen und zu behandeln. Wenn wir beispielsweise einen emotional gestörten Menschen sehen, kann es sein, daß wir vor uns selbst eine Rechtfertigung dafür finden, ihn zu beleidigen oder zu erniedrigen. Vielleicht fällen wir über ihn das Urteil, daß er als Mensch minderwertig sei, weil seine Fähigkeit zur Bewußtheit nicht voll ausgebildet ist. Obwohl sich unsere Gesellschaft nicht offen zu dieser Position bekennt, handeln wir oft auf diese Weise.

Wie ich Ihnen jedoch am Beispiel von Bob und Jack aufgezeigt habe, sind die Symptome oder angeblichen Krankheiten dieser Menschen kein Beweis dafür, daß ihr Bewußtsein etwa nicht voll ausgebildet ist. Es ist gewiß ebenso vollständig wie das jeder »normalen« Person.

Wenn man Personen betrachtet, die mit Psychopharmaka vollgestopft sind oder kürzlich einer Schocktherapie unterzogen wurden, dann mag es so erscheinen, als seien sie nicht »ganz da«. Der mentale, kognitive Aspekt ihrer Psyche ist vielleicht nicht vollständig funktionsfähig, doch das bedeutet nicht, daß ihr Bewußtsein fehlt oder eingeschränkt ist.

Wenn wir den Ursprung emotionaler Störungen verstehen wollen, ist es unabdingbar, den Unterschied zwischen dem *Bewußtsein* des Menschen und seiner *Funktionsfähigkeit* zu verstehen. Selbst jene Fachleute, die die Biopsychiatrie öffentlich als deterministisch kritisieren, erkennen häufig die Gesondertheit des Bewußtseins nicht vollständig an und lassen damit die Tür für eine deterministische Auffassung geöffnet.

Das Bewußtsein ist nicht etwas, das wie eine Pflanze an einem bestimmten Punkt beginnt und weiterwächst. Außenstehende können unseren Grad an Bewußtheit beeinflussen, doch sie haben nie die vollständige Kontrolle über uns, da wir selbst entscheiden, bis zu welchem Grad wir bewußt sein wollen. Jamies Mutter gelang es, ihre Tochter so zu bestrafen, daß diese in ihrem präsenten Bewußtsein zu weinen aufhörte; sie konnte jedoch nicht deren Bedürfnis, zu weinen und bestätigt zu werden, kontrollieren, selbst dann nicht, als Jamie erst einen Monat alt war.

Um Jamies investierendes Selbst in diesem Moment zu schützen, ging ihr ursprüngliches Selbst »in den Untergrund«, d.h. an einen Ort, wo es weiterhin weinen konnte, jedoch nicht verletzt wurde. Als es das tat, nahm es die Hoffnung wie auch das Bedürfnis mit sich, vielleicht zu einem späteren Zeitpunkt genährt oder geheilt zu werden. Die im Alter von einem Monat erfolgte Abspaltung blieb, so wie auch spätere Abspaltungen, auf einer unterbewußten Ebene »eingesperrt« und wartete auf eine Situation, die sicher genug sein würde, um wieder aus der Versenkung auftauchen zu können. Nachdem sie sich dreißig Jahre lang versteckt hatten, drangen diese abgespaltenen Persönlichkeiten, als Dr. Crawford das notwendige Vertrauen und die notwendige Sicherheit hergestellt hatte, schließlich an die Oberfläche. Als sie das taten, fand sich Dr. Crawford plötzlich in Gegenwart eines Kindes im Alter von einem Monat wieder, das *genau* die Bedürfnisse jedes gleichaltrigen Kindes hatte, das auf ähnliche Weise traumatisiert worden war.

Wenn wir genau genug hinsehen, können wir feststellen, daß sich jeder von uns irgendwann einmal auf ähnliche Weise verhält. So wird zum Beispiel ein Mann, der von seinem Chef, dem er vertraut hat, verletzt wurde, möglicherweise das Bewußtsein dieser Verletzung oder die Intensität seines Schmerzes ausschalten, weil er den Grad der Verletzung nicht zugeben will. Wenn er dann nach Hause kommt, wo er sich sicher fühlt, sucht er vielleicht direkt oder indirekt das Gefühl, von seiner Familie gehegt und gepflegt zu werden.

Jener Teil seines eigentlichen Selbst, der verletzt wurde und sich am Arbeitsplatz nicht offenbaren durfte, wurde abgespalten und – zu seinem eigenen Schutz – auf eine unterbewußte Ebene gedrängt. Doch so wie Jamies einen Monat alte abgespaltene Persönlichkeit später wieder an die Oberfläche dringen und bestätigt werden mußte, so mußte auch die abgespaltene Persönlichkeit dieses Mannes bestätigt werden. Während Jamie an diesem Punkt ihr gesamtes Selbst abspalten und eine neue Persönlichkeit werden mußte, brauchte dieser Mann nur einen Moment seines Lebens abzuspalten.

Wenn wir Individuen mit multiplen Persönlichkeiten untersuchen, müssen wir verstehen, daß zwischen ihrem und unserem alltäglichen Verhalten kein wesentlicher Unterschied besteht. Zwischen Ihnen und einer solchen Person gibt es keinen grundlegenden kognitiven oder biochemischen Unterschied. Es ist auch wichtig zu erkennen, welche Rolle das Element der Wahlfreiheit spielt.

Als bei Jamie die erste Abspaltung stattfand, hatte sie zwei Persönlichkeiten. Ihre ursprüngliche Persönlichkeit, das Kind, das das Bedürfnis hatte, zu weinen und umsorgt zu werden, wurde in ihr Unterbewußtsein gedrängt, und es entstand eine neue, willfährige Persönlichkeit, die nicht weinen mußte. Der erwachsenen Jamie wurde oft gesagt, wie lieb und gehorsam sie als kleines Mädchen gewesen sei. »Du hast nie geweint«, sagten die Leute.

Als Jamie heranwuchs, weinten auch einige ihrer Persönlichkeiten, die sich im späteren Kindesalter herausbildeten, doch nachdem sie von Jamies Mutter bestraft wurden, hörten auch sie zu weinen auf. Diese älteren Persönlichkeiten konnten schneller lernen, nicht zu weinen, weil das ursprüngliche Bedürfnis nach emotionaler Entladung bereits vorher abgespalten worden war.

Es ist wichtig festzuhalten, daß Jamies Bedürfnis zu weinen nicht verschwand; statt dessen wurde es vergewaltigt und erniedrigt. Als sie mit ihrem bewußten, investierenden Herzen nach ihrer Mutter verlangte, wurde dieser Teil ihrer Persönlichkeit von der Person, die sie am meisten hätte lieben sollen, erniedrigt. Als Reaktion darauf erfolgte der Rückzug »nach innen« – ein Bild, mit dem der Bewältigungsprozeß beschrieben wird –, d.h. an einen Ort, an dem sie, ohne erniedrigt oder bestraft zu werden, weinen konnte.

Viele von uns schämen sich oder empfinden es als peinlich zu weinen. Deswegen ziehen wir uns, wenn wir dieses Bedürfnis verspüren, zurück. Als Jamie das erste Mal verletzt wurde, konnte sie sich nicht körperlich zurückziehen. Deswegen begrub sie diesen Teil ihres Selbst und weinte im Inneren.

Jamies neue, willfährige Persönlichkeit blieb »draußen« und alterte entsprechend dem körperlichen Alterungsprozeß. Die erste bzw. Kernpersönlichkeit blieb abgespalten in Jamies Innerem und alterte nicht. Das wissen wir unter anderem daher, weil Jamie ihrer Therapeutin erzählte, sie habe ihr ganzes Leben lang in ihrem Inneren das entfernte Geräusch eines weinendes Kindes gehört. Die Tatsache, daß solche abgespaltenen Persönlichkeiten so lange nicht altern, bis sie wieder an die Oberfläche dringen, erhärtet eine meiner wichtigsten Thesen: daß nämlich das Bewußtsein eine vom physisch-kognitiven Aspekt unseres gesamten Seins getrennte Einheit darstellt.

Als Jamie drei Jahre alt war, lungerte der Bruder ihrer Mutter, der sie vielleicht auch als Kind vergewaltigt hatte, häufig im Haus herum. Wann immer er Gelegenheit dazu hatte, streichelte er Jamie. Dieser sexuelle Mißbrauch löste bei Jamie ein tiefes Gefühl der Verletzung und der Scham aus. Dieses neue Gefühl unterschied sich von dem Gefühl, abgelehnt zu werden, wenn sie weinte. Sie verspürte eine körperliche Scham.

Wenn wir einen Moment lang unsere eigenen Gefühle erforschen, können wir den Unterschied zwischen diesen beiden Arten der Scham erkennen. Da gibt es einen Teil von uns, dem es peinlich sein könnte, in der Öffentlichkeit zu weinen. Diese Scham hängt mit unserer Trauer zusammen und damit, daß wir es nicht in Ordnung finden, wenn andere um unsere Trauer wissen. Wenn andererseits jemand versucht, uns gegen unseren Willen zu berühren, zu küssen oder zu umarmen, dann resultieren daraus völlig andere Gefühle der Scham und der Wut. Sie können dazu führen, daß wir uns und unseren Körper als schlecht und schmutzig empfinden.

Als Erwachsene haben wir die Möglichkeit, solche Annäherungsversuche zu vermeiden oder zurückzuweisen. Wenn wir es mit älteren Verwandten zu tun haben, deren Berührung uns unangenehm ist, weil sie uns so mit Beschlag belegen, können wir dennoch den physischen Kontakt zulassen, ohne uns durch ihn überwältigt zu fühlen. Bei einem Kind, das in einem solchen Fall wirklich keine Wahlmöglichkeit hat, müssen die Gefühle der Scham oft in ein getrenntes Bewußtsein abgespalten werden.

Als Jamie von ihrem Onkel gestreichelt wurde, spaltete sie sich wiederum ab und erschuf sich eine neue Persönlichkeit, die keine Schuld und keinen Zorn empfinden mußte, wenn sie gestreichelt wurde. Sie brauchte diese dritte Persönlichkeit, um ihr gesamtes eigentliches Selbst vor der Schande des Mißbrauchs durch ihren Onkel zu schützen, so wie sie ihre zweite Persönlichkeit brauchte, um nicht zu weinen, wenn ihre Mutter sie mißhandelte.

Als Erwachsene erschaffen wir keine getrennten Persönlichkeiten, wenn wir uns verletzt fühlen, doch wir schaffen uns getrennte »falsche Selbste«, die uns die Möglichkeit geben, in einer verletzenden Welt zu funktionieren. Wenn uns beispielsweise jemand unangemessen berührt und wir ihm unser Bedürfnis nach Abgrenzung nicht klarmachen, sind wir in der Lage zu lachen oder so zu tun, als akzeptierten wir die Berührung. Wir schaffen uns dadurch eine schützende Distanz.

An diesem Punkt fragen Sie sich vielleicht, wie die bewußte Psyche bestimmte Segmente des Bewußtseins abspalten oder ausschalten kann. Das menschliche Bewußtsein besitzt die Fähigkeit zu entscheiden, was wir bewußt wahrnehmen wollen. Eben diese Fähigkeit ermöglicht es uns, uns als »die, die wir sind« dem Leben hinzugeben und uns aufgrund dieser Hingabe lebendig, geliebt und bestätigt zu fühlen. Wenn jemand uns bestätigt und wir fähig sind, diese Bestätigung anzunehmen, kann sie unsere Seelen und unsere Herzen erfüllen und in unserem Körper – vom Kopf bis zu den Zehen – ein warmes Gefühl hervorrufen.

Neben unserer Fähigkeit, bewußt zu sein, besitzen wir auch die Fähigkeit, uns für die Nicht-Bewußtheit zu entscheiden und diese Entscheidung anschließend zu leugnen. So kommt es, daß wir einerseits das Geschehen, das wir nicht an uns heranlassen wollen, andererseits aber auch die Tatsache, daß wir dieses Geschehen verdrängen, verleugnen. Diese doppelte Verleugnung schaltet gleichsam einen Teil unseres Bewußtseins aus.

Nehmen wir einmal an, jemand spaziert die Straße entlang und sieht zufällig, wie mehrere Rüpel eine ältere Frau verprügeln. Er wendet sich aber von dem Geschehen ab und geht weiter. Er mag dies tun, um den Anschein zu erwecken, daß er sich dieses Geschehens nicht bewußt ist. Sollte die Polizei ihn anhalten und verhören, könnte er einfach sagen »Ich habe nichts gesehen«. Somit könnte man ihm nicht vorwerfen, seine Verantwortung gegenüber der Gesellschaft oder dieser Frau ignoriert zu haben.

Wenn er sich zusätzlich dafür entscheidet, auch sich selbst gegenüber zu leugnen, daß er gesehen hat, wie die Frau verprügelt wurde, und das Bewußtsein von diesem Ereignis in sein Unterbewußtsein drängt, könnte er sich selbst von der *vollen* Bewußtheit seiner Verantwortung befreien.

Diese doppelte Entscheidung, Geschehnisse zu leugnen, ist alles, was nötig ist, um Bewußtes in das Unterbewußtsein zu *verdrängen*. Die Schuld und Angst, die er fühlte, als er dieser Frau nicht half, reichen vielleicht nicht aus, alle Erinnerungen dieses Mannes auszulöschen, doch vielleicht befähigen sie ihn, so viele Erinnerungen auszulöschen, daß er es sich selbst erlauben kann, bewußt kein schlechtes Gefühl zu haben. Jamie und viele andere mißbrauchte Kinder treffen diese doppelte Entscheidung beinahe unwillkürlich, um die Reinheit ihres ursprünglichen eigentlichen Selbst zu schützen.

Es ist leicht, diesen Entscheidungsprozeß bei einem Jungen zu beobachten, der Ärger vermeiden will. Wenn er zunächst sagt »Nein, ich habe es nicht getan«, schauen Sie ihm in die Augen, und Sie werden sehen, daß er *weiß*, daß er es getan hat. Wenn Sie ihn dann weiter verhören, können Sie jedoch tatsächlich beobachten, daß in seinem Kopf ein Entscheidungsprozeß abläuft, der darauf abzielt, die Tat nicht begangen zu haben. Je mehr er sich selbst hiervon überzeugen kann, desto ernster kann er da stehen und seine Handlungen vor der Welt leugnen.

Dieser Junge, der durch sein Leugnen versucht, sein eigentliches Selbst zu schützen, kann uns zudem helfen, den Begriff der »erzwungenen Wahl« zu verstehen. Als seine Angst und Scham an die Oberfläche zu dringen drohten, *zwangen* diese Gefühle sein Unterbewußtsein, die Verantwortung zu übernehmen und die Bewußtheit über das fragliche Verhalten auszuschalten. So zwangen ihn Angst und Scham und die Drohung einer weiteren Verletzung seines

180

eigentlichen Selbst, sich dafür zu entscheiden, sich seiner Tat nicht völlig bewußt zu sein.

Eltern, die sich schon einmal in einer solchen Situation befunden haben, wissen, wie behutsam sie dem Kind dabei helfen müssen, die Wahrheit zu sagen, ohne sein eigentliches Selbst zu sehr zu belasten. Indem sie ihm helfen, die Wahrheit zu sagen und sich nicht zu schämen, helfen sie ihm, die innere Stärke aufzubauen, beim nächsten Mal gleich die Wahrheit zu sagen. Das eigentliche Selbst eines Kindes ist äußerst verwundbar und muß sich dafür entscheiden, Erfahrungen abzuspalten, wenn diese zu bedrohlich werden.

Da Jamie die Fähigkeit hatte, sich zu entscheiden, die ihr zugefügten Dinge nicht bewußt wahrzunehmen, hatte sie im Alter von vier Jahren drei Persönlichkeiten – drei voneinander getrennte Segmente des Bewußtseins (siehe Abb. 9.1.).

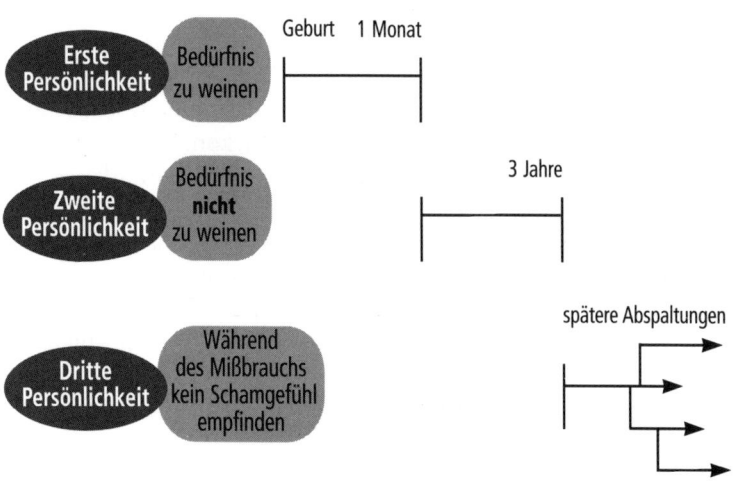

Abbildung 9.1: Diagramm von Jamies ersten drei Persönlichkeiten.

Jamies ursprüngliche Persönlichkeit spaltete sich ab und hörte im Alter von einem Monat zu altern auf. Als diese Persönlichkeit später bei vollem Bewußtsein zutage trat, war sie genauso alt wie zum Zeitpunkt der Abspaltung: einen Monat. Die nächste abgespaltene Persönlichkeit lebte im Zeitraum von einem Monat bis zu drei Jahren. Die dritte Persönlichkeit erinnert sich nur an Dinge, die sich nach dem dritten Lebensjahr ereigneten. Diese Erinnerungen reichen bis zu der Zeit, in der sich aufgrund späteren Mißbrauchs weitere Abspaltungen vollzogen.

Es dauerte beinahe sechs Monate mit wöchentlich bis zu zehn Therapiestunden, bis Dr. Crawford das notwendige Vertrauen aufbauen und Jamie die notwendige Sicherheit bieten konnte, um mit ihr zu arbeiten – ein sehr heikler und schwieriger Prozeß. Nachdem einige der älteren Persönlichkeiten (andere als die ursprünglichen drei) aufgetaucht waren, von ihren Traumen berichtet und den emotionalen Heilungsprozeß durchlaufen und integriert hatten, traten die jüngeren Persönlichkeiten ins Bewußtsein. Als die zweite Persönlichkeit auftauchte, wußte Jamie, wie alt diese war, weil dieser Teil von ihr über keine Erinnerungen nach dem dritten Lebensjahr verfügte und sich im Unterschied zu anderen Persönlichkeiten an Ereignisse und Gefühle aus der ganz frühen Kindheit bis zum dritten Lebensjahr erinnerte.

Die zweite Persönlichkeit konnte sprechen, war natürlich jedoch begrenzt in dem, was sie darüber berichten konnte, als sie einen Monat alt war. Mit Jamie zu sprechen, wenn sie sich mit dieser Persönlichkeit identifizierte, war so, als würde man versuchen, ein dreijähriges Kind danach zu fragen, was es über sich selbst als einmonatiges Kind wisse. Diese Persönlichkeit konnte sich an einige der von Jamie erlebten Traumen erinnern und über sie berichten, sah die Ereignisse jedoch in Bildern. In ihren ersten oder ursprünglichen Erinnerungen befand sie sich – wie in Abbildung 9.2. dargestellt – hinter etwas, das wie weiße Gitter aussah, und sah Tupfen.

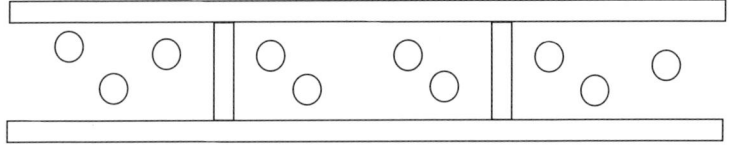

Abbildung 9.2: Ein Bild von Jamies frühesten Erinnerungen hinter Gittern.

Jamie hat ein Photo, auf dem ihre Mutter sie, kurz nachdem sie vom Krankenhaus nach Hause gebracht wurde, im Arm hält. Auf diesem Photo trägt ihre Mutter ein weißes Kleid mit blauen Tupfen. Deshalb gehen wir davon aus, daß die früheste Erinnerung der zweiten Persönlichkeit die Erinnerung daran ist, wie Jamie in ihrem Kinderbett lag und das Kleid ihrer Mutter anschaute. Jamie erinnert sich auch daran, daß im nächsten Moment ein Gegenstand auf ihr Gesicht herunterkam.

Wenn die ursprüngliche, einen Monat alte Persönlichkeit in der Praxis des Therapeuten zutage tritt, wird Jamies Körper der eines Kindes. Obwohl körperlich erwachsen, ist Jamie in diesem Zustand nicht fähig, ihren Kopf hochzuhalten. Dr. Crawford muß Kissen zu Hilfe nehmen, um sie zu stützen, und kann, so wie Eltern das mit ihrem einen Monat alten Kind tun würden, nur durch Augenkontakt und Berührung mit ihr kommunizieren.

Um es noch einmal zusammenzufassen: Dr. Crawford weiß, daß sie mit einer Persönlichkeit arbeitet, die nicht alt genug ist, um ihren Kopf hochzuhalten. Sie weiß, daß die drei Jahre alte Persönlichkeit frühere Bild-Erinnerungen an ein Kinderbett hat. Und Jamie weiß von ihrer Cousine, daß sich etwas Schreckliches ereignete, als sie etwa einen Monat alt war; daß zu diesem Zeitpunkt ihre Großmutter kommen und bei der Familie leben mußte, um Jamie vor ihrer Mutter zu schützen. Außerdem erinnert sich die einen Monat bis drei Jahre alte Jamie daran, daß irgend etwas auf ihr Gesicht gepreßt wurde. Aufgrund dieser Anhaltspunkte können wir ziemlich sicher sein, daß bei Jamie die erste Abspaltung im Alter von einem Monat stattfand.

Was haben wir gelernt?

Das Modell des emotionalen Schmerzes geht davon aus, daß das volle Potential menschlichen Bewußtseins bereits bei der Geburt und sehr wahrscheinlich schon davor existiert. Eine der Hauptqualitäten des menschlichen Bewußtseins ist eine »Reinheit der Seele«, eine besondere Fähigkeit und ein besonderes Bedürfnis, unser Herz und unser Selbst an all das zu hängen, dessen wir uns bewußt werden.

Aus dieser Investition erwächst nicht allein das Bedürfnis, genährt, gekleidet, berührt und gehegt, sondern auch als besondere und einzigartige Person bestätigt zu werden. Wenn eine Person nicht auf diese Weise bestätigt wird, fühlt sie sich verletzt. Der Schmerz, die Einsamkeit und die mit dieser Verletzung verbundene Scham können dann jenen Teil *zerstören*, den sich das Individuum zu investieren entschlossen hat. Wenn es um den Verlust eines geliebten Menschen geht, dann kann ein solcher Verlust den Teil einer Persönlichkeit zerstören, den sie in den geliebten Menschen investiert hat.

Im Alter von einem Monat geht es Jamie nicht allein um die Befriedigung ihrer biologischen Bedürfnisse. Sie muß auch als besonderer Mensch bestätigt werden, und sie kann nicht umhin, die Reinheit ihres Herzens und ihrer Seele in diesen Wunsch zu investieren. Verletzungen, die aufgrund dieser Investition erfolgen, führen dazu, daß sie, wie jedes Kind, weint. Wenn sie daraufhin innerhalb einer kurzen Frist gehegt und gepflegt wird, wird sie das Gefühl haben, daß diese, ihrem eigentlichen Selbst zugefügte kleine Wunde verheilt ist. Wenn eine Mutter richtig für ihr Kind sorgt, dann wiegt sie es, liebkost es, streichelt es und spricht mit ihm. Dabei ist es wichtig, daß die Wärme ihrer Augen mit dem Bedürfnis nach Bestätigung Kontakt aufnimmt, das in den Augen des Kindes sichtbar wird.

Als Jamies Mutter versuchte, ihr einen Monat altes Baby zu töten, kämpfte Jamie nicht allein um ihr physisches Überleben, sie mußte auch ihr persönliches Selbst vor dieser Verletzung schützen. Ein schützender Teil ihres Bewußtseins übernahm die Kontrolle und traf die erzwungene Wahl, sich abzuspalten. Er nahm also diesen verletzten Teil von ihr und versteckte ihn an einem sicheren Ort.

Als Jamie in dem Bedürfnis, bestätigt zu werden, ihr Herz oder ihre Unschuld investierte und statt dessen verletzt wurde, wurde dieser Teil ihres eigentlichen Selbst von einer von außen kommenden Liebesquelle abhängig. Ohne diese konnte ihr Schmerz nicht geheilt werden. Wenn diese einen Monat alte Persönlichkeit während der Therapie zum Vorschein kommt, hält und wiegt Jamies Therapeutin sie und ermöglicht es ihr damit, sich von ihrem Schmerz und ihren Tränen über dieses Ereignis zu befreien, um diese Wunde zu heilen.

Wenn der Therapeut genug Wärme und Vertrauen bietet, dann kann der Heilungsprozeß fortschreiten, und diese Kernpersönlichkeit wird wieder in die anderen Teile integriert werden.

Zusammenfassung

Das Studium multipler Persönlichkeiten (z.B. der Art und Weise, wie Jamie sich im Alter von einem Monat entschied, für ihr eigentliches Selbst zu sorgen) ist für den Forscher ein wahres Geschenk. Menschen mit multiplen Persönlichkeiten vermitteln uns am klarsten, was es heißt, ein bewußtes menschliches Wesen zu sein. Wenn wir dieses Phänomen untersuchen und insbesondere mit solchen Klienten arbeiten, bekommen wir eine Ahnung von der unbegrenzten Natur des menschlichen Bewußtseins und der Macht, die es über Körper und Geist ausüben kann. Wenn beispielsweise eine Person mit multiplen Persönlichkeiten vom Alkohol berauscht ist, kann eine neue, völlig nüchterne Persönlichkeit zutage treten, die es ihr ermöglicht, sicher und frei von den chemischen Wirkungen des Alkohols nach Hause zu fahren.

Individuen mit multiplen Persönlichkeiten ermöglichen es uns nicht nur, einen Einblick in die beinahe unbegrenzten Fähigkeiten des menschlichen Bewußtseins zu erlangen; sie zeugen auch von der Verletzlichkeit der menschlichen Seele. Wenn auch Jamies Körper nicht verletzt wurde, als sie einen Monat alt war, so wurden doch ihre Seele und ihre Identität verwundet. Allein war Jamie nicht in der Lage, diesen Teil ihres Selbst zu heilen, und die einen Monat alte Persönlichkeit blieb verborgen. Sie weinte in ihrem Inneren, bis diesem spezifischen Teil von einem fürsorglichen Menschen, in diesem Fall ihrer Therapeutin, geholfen werden konnte.

So wie die erwachsene Jamie die Existenz dieser Teile ihres Selbst verleugnen konnte, so leugnen wir alle jene Anteile in uns, die immer noch danach schreien, bestätigt und geheilt zu werden. Es sind nicht gesonderte Persönlichkeiten, wohl aber gesonderte Teile unseres gesamten Selbst. Es ist das, was in uns vor Schmerz aufschreit, aber auch das, was Zeugnis davon ablegt, was in unserem Leben für uns von Wert ist.

Das Studium multipler Persönlichkeiten hilft uns, den deterministischen Trend in Psychologie und Psychiatrie umzukehren. Für mein Gefühl ist es beinahe unmöglich, mit solchen Patienten zu arbeiten und dabei nicht zu der klaren Erkenntnis zu kommen, daß sie menschliche Wesen mit einem durchaus bewußten Geist sind.

Kapitel 10

HEFTIGES VERLANGEN,
SÜCHTE UND ZWÄNGE

Nachdem ich das vorangegangene Kapitel abgeschlossen hatte, gab ich es Dr. Crawford und Jamie zu lesen, um sicherzustellen, daß sie mit dem, was ich geschrieben hatte, einverstanden waren. Und ich versicherte Jamie, daß ihre Identität nicht preisgegeben würde (obwohl sie mit vielen Einzelpersonen und in Collegekursen offen über ihre Lebensgeschichte redet). Später sprach ich telefonisch mit Jamie über ihre Reaktion auf dieses Kapitel. Unsere Unterhaltung fand zufällig statt, nachdem Dr. Crawford mit Jamies einen Monat alter Persönlichkeit gearbeitet hatte. Dies bedeutete konkret, daß ihre Gefühle zum Zeitpunkt des Gesprächs noch sehr nahe an der Oberfläche waren. Vergleichbar mit einem Gespräch mit jemandem, der gerade einen geliebten Menschen verloren hat und dessen Gefühle für diesen Menschen noch sehr nahe an der Oberfläche des Bewußtseins sind.

Nachdem wir über das Kapitel im allgemeinen gesprochen hatten, fragte ich Jamie, ob sie glaube, daß die Abspaltung habe stattfinden müssen, weil ihr kindliches Selbst persönlich verletzt worden sei. »Ja«, antwortete sie schnell und sagte dann: »Ich hatte das Gefühl, etwas Schlechtes getan zu haben oder schlecht zu sein.«

Im Alter von einem Monat wäre Jamie auf keinen Fall in der Lage gewesen, ihre Gefühle mit diesen Worten zu beschreiben. Als diese jedoch in das erwachsene Bewußtsein vordrangen, konnte die heutige Jamie sie in Worte fassen. Als Kind hatte sie geglaubt, etwas *Schlechtes* getan zu haben, als sie sich durch ihr Weinen bemerkbar gemacht hatte, welches im wahrsten Sinne des Wortes erstickt worden war. Das Gefühl, der Liebe und Bestätigung durch andere nicht wert zu sein, hatte ihr Selbstwertgefühl in einem Maße getroffen, daß sie sich abspalten mußte. Der verletzte Teil ihrer Persönlichkeit (zu diesem Zeitpunkt ihr gesamtes Selbst) empfand eine solche Scham, daß er sich von jedem weiteren Kontakt mit der Außenwelt zurückziehen mußte. Er mußte sich an einem sicheren Ort verstecken, selbst wenn das bedeutete, die nächsten 35 Jahre heimlich zu weinen.

In unser aller Leben gibt es Dinge, derer wir uns schämen oder die uns ein schlechtes Gefühl einflößen. Hierzu könnte die Art und Weise gehören, in der wir andere verletzt oder uns selbst oder unseren Gott enttäuscht haben. Es gibt auch Aspekte unseres eigentlichen Selbst, die wir ablehnen, weil andere uns ein schlechtes Gefühl ihnen gegenüber vermittelt haben.

Wenn wir einen Moment innehalten und uns diese wunden Punkte vor Augen führen, werden wir wahrscheinlich das Bedürfnis verspüren, ihnen zu entkommen. Da wir mit diesen Bereichen unseres Selbst ein Gefühl der Scham verbinden, fühlen wir uns in ihrer Gegenwart unwohl. Je stärker unsere Gefühle der Scham und der Schlechtigkeit sind, desto größer ist unser Bedürfnis, diese Bereiche aus unserem Bewußtsein zu verdrängen. Wenn unser Bewußtsein wach genug ist, können wir unseren Verstand tatsächlich dabei erwischen, wie er sich für einen Moment auf diese Bereiche konzentriert und sich dann schnell wieder von ihnen entfernt. Indem wir uns unterbewußt dazu entscheiden, ein Nachdenken über diese Bereiche zu vermeiden, schalten wir unser Bewußtsein hinsichtlich dieser Seelenregionen der »empfundenen Minderwertigkeit« aus.

Im Alter von einem Monat war Jamies Bewußtsein voll funktionsfähig, ihr Gefühl für das eigene Selbst jedoch noch sehr begrenzt. Sie hatte nicht den Erfahrungsschatz eines Erwachsenen, der es ihrem Verstand ermöglicht hätte, sich einem anderen Bewußtsein zuzuwenden. Wenn sie beschämt wurde, weil sie ihre Bedürfnisse äußerte, war sie nicht in der Lage, ihren Verstand von der Scham weg und hin zu einer guten Mahlzeit oder zu einem Einkaufsbummel wandern zu lassen. Ihr gesamtes Selbst war beschämt worden; von daher mußte sie von neuem beginnen und eine neue Persönlichkeit erschaffen, die existieren konnte, ohne zu weinen.

Um emotionale Störungen richtig verstehen zu können, müssen wir erkennen, daß zwischen der Art und Weise, wie wir alle täglich schmerzvolle, beschämende Erlebnisse verarbeiten und wie Jamie oder als schizophren Diagnostizierte ihre Erfahrungen abspalten, kein Wesensunterschied besteht. Der Unterschied liegt lediglich in der *Heftigkeit* der Reaktion des Betroffenen auf die ihm zugefügte Verletzung. Die Wurzel aller emotionalen Störungen ist letztendlich das Bedürfnis des Menschen, sich geliebt und wertvoll zu fühlen.

Jamie verlangte nicht allein deshalb nach ihrer Mutter, weil sie gefüttert werden oder Körperkontakt haben wollte. Auch schon im Alter von einem Monat versuchte sie, der Mutter in Wahrheit mitzuteilen: »Das bin ich. Bitte liebe mich als die, die ich bin.«

So wie Jamie leben wir alle mit einer gewissen *Verzweiflung* tief in unserem Inneren. Diese Verzweiflung entspringt der panischen Angst, die wir verspüren würden, wenn wir eines Morgens aufwachten und entdeckten, daß wir es nicht wert seien, geliebt zu werden, nicht einmal von uns selbst.

Wenn andere unsere Entscheidungen akzeptieren oder gutheißen, fühlen wir uns bestätigt. Lehnen sie unsere Lebensentscheidungen ab, fühlen wir uns ungeliebt, wertlos und leer. Wenn wir zu oft beschämt werden, wird sich in uns ein Gefühl der Verzweiflung entwickeln. Der schützende Teil unseres Unterbewußtseins wird dann die Kontrolle übernehmen und beginnen, unser Leben zu *lenken*, indem er Entscheidungen für uns trifft.

Wenn wir in einer perfekten, nicht verletzenden Welt lebten, in der man uns stets vorbehaltlos akzeptierte, bräuchten wir uns theoretisch nicht vor unserer inneren Verzweiflung zu verstecken. Da dies jedoch nicht der Fall ist, versucht unsere Psyche, die Verletzungen unseres eigentlichen Selbst von unserem Bewußtsein fernzuhalten.

Als Erwachsene haben wir unzählige Möglichkeiten, diesen Gefühlen auszuweichen. Wird er von einer Frau zurückgewiesen, kann sich ein Mann schnell trösten, indem er sagt: »Nun, sie war nicht das, was ich wollte.« Ein Schüler, der Angst hat zu versagen und als dumm zu gelten, sagt vielleicht: »Warum zur Schule gehen? Die bringen einem nichts Nützliches bei.«

Aus Angst davor, den durch die Ablehnung zugefügten Schmerz zu tief in sich eindringen zu lassen, spalten der Mann und der Schüler die vollständige Wahrnehmung dieser Ereignisse ab, indem sie die Ablehnung wegrationalisieren. Der Mensch, der in dem Glauben, Jesus Christus zu sein und Botschaften von Gott zu hören, an der

Straßenecke steht, greift wahrscheinlich auf diese Überzeugungen zurück, um die Verletzlichkeit seines zerbrechlichen eigentlichen Selbst zu schützen. Ein sehr depressiver Mensch hat wahrscheinlich die meiste Zeit seines Lebens Körper und Geist dazu benutzt, schmerzliche Gefühle zu vermeiden und abzutöten.

Gleichgültig, welche Strategie wir wählen, um uns selbst vor Schmerz und der damit verbundenen Scham zu schützen, die uns ständig zu sagen versucht: »Du bist nicht liebenswert« oder »Du bist nicht so liebenswert wie jemand anderes, weil ...« – die damit einhergehenden Symptome werden stets durch den beschützenden Teil unseres Unterbewußtseins hervorgerufen.

Jamie verlangte im Alter von einem Monat bewußt danach, geliebt und bestätigt zu werden. Als ihre Mutter versuchte, sie zu töten, war sie sich der Tatsache bewußt, daß ihr Bedürfnis, geliebt zu werden und sich wertvoll zu fühlen, abgelehnt wurde. Als Ergebnis entwickelte sie ein *schlechtes* Gefühl sich selbst gegenüber. Bis zu einem gewissen Grad wußte sie, daß es jemanden gab, der sie nicht für wert erachtete, zu leben oder als menschliches Wesen geliebt zu werden.

Heftiges Verlangen, Süchte und Zwänge

Der vielleicht rätselhafteste Aspekt emotionaler Störungen ist die Frage, wodurch das dem unkontrollierten Verhalten zugrundeliegende *heftige Verlangen* verursacht wird. Welche Erklärungen können uns weiterhelfen, wenn nicht ein Gen oder ein biochemisches Ungleichgewicht dafür verantwortlich ist? Was löst beispielsweise bei einem Menschen, der sich dazu entschieden hat, einen Drink zu nehmen, ein so heftiges Verlangen nach weiteren Drinks aus, daß er wenig oder gar keine Macht zu haben scheint, mit dem Trinken aufzuhören? Was führt bei einem Menschen zum Verlust seiner Fähigkeit, sich für maßvolles Essen zu entscheiden? Welche geheime Kraft treibt jemanden dazu, ein Workaholic zu werden? Warum waschen einige Leute zwanghaft ihre Hände, vergewaltigen oder mißbrauchen andere oder verspüren sogar das zwanghafte Bedürfnis zu töten?

Als Jamie im Alter von einem Monat nach Bestätigung suchte und verletzt wurde, blieb sie, statt Wärme und Bestätigung zu erfahren, mit einem Gefühl der Kälte oder inneren Verzweiflung zurück. Es ist dieses Gefühl der *inneren Verzweiflung*, das allem unkontrollierten

Verhalten zugrunde liegt. Die meisten von uns haben irgendwann einmal im Leben einen tiefgehenden Verlust erlitten, der uns mit einem Gefühl der Verzweiflung zurückgelassen hat. In dieser Situation verspürten wir auch das Bedürfnis oder den Drang, alles Notwendige zu tun, um diesem schrecklichen Gefühl ein Ende zu setzen. Vielleicht verhielt sich unsere Psyche zu diesem Zeitpunkt sogar ein bißchen »gerissen« und versuchte, uns davon zu überzeugen, etwas wider besseres Wissen zu tun.

Wenn sich zum Beispiel unsere Geliebte von uns getrennt hat, verspüren wir in der Hoffnung, sie zurückzugewinnen, vielleicht ein echtes Bedürfnis, sie anzurufen oder ihr zu schreiben. Selbst wenn sie uns gesagt hat, daß die Beziehung endgültig vorbei ist, mag unsere Psyche den Versuch unternehmen, uns davon zu überzeugen, daß wir immer noch eine Chance haben, die Dinge in Ordnung zu bringen.

Möglicherweise verspüren wir das Bedürfnis, am Haus dieser Person vorbeizufahren, dort anzurufen, um ihre Stimme auf dem Anrufbeantworter zu hören und so weiter. Manche Leute haben offensichtlich so große Angst davor, sich ihrer Verzweiflung zu stellen, daß sie sich in der Absicht, die Person zur Rückkehr zu zwingen, an sie heranschleichen oder sogar gewalttätig werden.

Die treibende Kraft hinter dem Anruf, dem Brief und dem Glauben daran, daß die Beziehung doch noch funktionieren wird, besteht in dem Bedürfnis, das Gefühl der Verzweiflung zum Schwinden zu bringen. Schon einen Blick der geliebten Person zu erhaschen kann ziemlich verlockend sein, denn dieser Blick kann uns – zumindest vorübergehend – von unserer inneren Verzweiflung befreien, indem er Erinnerungen an diesen Menschen wachruft und uns die Möglichkeit einer neuen Beziehung vorgaukelt.

Um das überwältigend große Verlangen, das sich in jedem von uns entwickeln kann, richtig zu verstehen, müssen wir uns vor allem zwei Dinge klar machen: (1) Für die meisten von uns ist es extrem schwierig, mit unserer Verzweiflung länger als ein oder zwei Sekunden allein zu sein können. (2) Unsere Psyche wird alles tun, um uns von dem Gefühl der Verzweiflung zu befreien. Ja, sie wird jede Art von heftigem Verlangen oder Verhalten erzeugen, das diesem Zweck zu dienen scheint. Lassen Sie uns jeden dieser Punkte einzeln betrachten.

Niemand kann die tiefen Gefühle der Verzweiflung lange ertragen, denn wenn wir es diesen Gefühlen erlauben, unser eigentliches

Selbst zu durchdringen, beginnen sie, es zu zerstören oder aufzulösen. Da unser eigentliches Selbst letztlich von der Bestätigung und Liebe anderer abhängt, läßt uns die Verletzung durch andere mit einem Gefühl der Verzweiflung zurück, das unser eigentliches Selbst buchstäblich wie ein emotionaler Krebs zu zerfressen beginnt.

Menschen, die in ähnlichem Maße wie Jamie mißbraucht wurden, haben mir während der Therapie sehr deutlich zu verstehen gegeben, wie entsetzlich diese Verzweiflung ist. Manchmal haben sie sogar das Gefühl, von dieser vernichtet zu werden. Diese Gefühle der Verzweiflung sind so stark, daß sie die Macht zu haben scheinen, ihr eigentliches Selbst zu zerreißen.

Weshalb ist dieses innere Gefühl der Verzweiflung entscheidend für das Verständnis des wahren Ursprungs emotionaler Störungen? Wenn wir in diese Welt investieren und Entscheidungen treffen, werden wir von der Bestätigung anderer abhängig. Erhalten wir diese Bestätigung, dann spüren wir, daß diese Entscheidungen gleichsam in ein Gefühl der Wärme getaucht sind. Wenn ein Kind auf die richtige Weise bestätigt wird, kann man sehen, wie es innerlich vor Wärme glüht.

Denken Sie nur daran, wie oft ein kleines Kind zu seiner Mutter kommt und sagt: »Schau mal, was ich gemacht habe.« Es hat seine kreative Unschuld in dieses Projekt investiert und sucht nun nach Bestätigung. Die Wärme, die es während der Arbeit an diesem Projekt spürte, wird sein eigentliches Selbst nur bis zu einem *bestimmten Grad* durchdringen. Wenn es jedoch für sein Arbeitsergebnis von einer Person, mit der es sich eng verbunden fühlt, ausreichend bestätigt wird, dringt diese Wärme wesentlich tiefer in sein eigentliches Selbst ein.

Werden die Anstrengungen des Kindes hingegen abgelehnt, ist seine Investition von Gefühlen von Kälte umgeben. Wenn sein Selbstwertgefühl oder seine Abwehrmechanismen stark genug sind, wird die Kälte der Ablehnung nicht tief eindringen. Investiert es sein Herz jedoch ungeschützt, wird es ein Gefühl der Verzweiflung verspüren. Man kann sagen, daß die Kälte der Ablehnung denjenigen Bereich seines Selbst, der an dieser Investition beteiligt war, buchstäblich aushöhlt. Je größer die Investition und je größer die Verletzung, desto größer sind auch die Verzweiflung und das Bedürfnis der Psyche, die Kontrolle zu übernehmen. Es wird ein heftiges Verlangen nach etwas erzeugt, das diese Gefühle vom Bewußtsein fernhält.

Wenn wir verstehen, wie diese innere Verzweiflung das Bedürfnis erzeugt, sich nach bestimmten Verhaltensweisen oder Dingen zu sehnen, dann können wir auch das heftige Verlangen verstehen, das unserem Bedürfnis, andere zu verletzen, zugrunde liegt. Wenn andere uns angreifen, bleiben wir mit dem verzweifelten Bedürfnis zurück, den Teil unseres eigentlichen Selbst zu bestätigen, der Ablehnung erfahren hat. Das heftige Verlangen nach Alkohol kann die mit Einsamkeit verbundene Verzweiflung vorübergehend vergessen machen. Ebenso kann das Bedürfnis zurückzuschlagen den Wunsch, unsere verlorene Würde zurückzugewinnen, verdrängen, indem es andere ihrer Würde beraubt. Wenn wir andere verletzen, fühlen wir uns vorübergehend von unserer inneren Verzweiflung befreit. Deshalb haben wir häufig ein »gutes Gefühl«, wenn wir über andere tratschen oder von den Tragödien hören, die Leuten widerfahren, die wir nicht leiden können.

Die meisten von uns erleben niemals die wirkliche Tiefe unserer Verzweiflung. Unser Verstand übernimmt in dem Moment, in dem wir verletzt werden, die Kontrolle und schafft jene Form der Abwehr, die zur Vermeidung eines bewußten Kontaktes mit dem uns überwältigenden inneren Leid notwendig ist. Nur wenn wir plötzlich einen geliebten Menschen verlieren oder Opfer eines schweren Mißbrauchs werden, sehen wir uns unvermittelt mit einer überwältigenden Verzweiflung konfrontiert.

Unser schützendes Unterbewußtsein ist immer auf der Hut.

Wenn wir Gefahr laufen, in eine Situation zu geraten, die uns unserer inneren Verzweiflung aussetzen könnte, werden wir vielleicht ein wenig unruhig oder verspüren ein leichtes Gefühl der Panik. Diese Angst deutet nicht auf die von einem äußeren Objekt ausgehende Gefahr hin, sondern auf den Grad unserer inneren Verwundbarkeit.

Vor vielen Jahren machte ich zum Beispiel eine ziemlich harte Trennung von einer Freundin durch. Wir lebten beide in derselben Stadt, hatten dieselben Freunde und besuchten dieselbe Kirche. Ich erinnere mich daran, daß sich mir einige Monate lang, wenn ich dachte, ich sähe ihr Auto, der Magen umdrehte.

Hatte ich körperlich Angst vor ihr? Nein, natürlich nicht. Ich hatte Angst, durch diese Situation noch weiter verletzt zu werden. Als wir schließlich die Gelegenheit hatten, uns zusammenzusetzen und unsere Beziehung in Ordnung zu bringen, verschwand der *zwanghafte* Teil von mir, der ständig in Alarmstellung war.

Ist ein Mensch von Schamgefühl erfüllt, so wählt sein schützendes Unterbewußtsein vielleicht das Händewaschen als Mittel, sich sauber zu fühlen, oder Alkohol oder Drogen, um den Schmerz zu betäuben und ihm ein gutes Gefühl zu vermitteln. Ein anderer wählt vielleicht den Haß, um seine verlorene Würde zurückzugewinnen.

Dieses Element liegt auch den meisten halluzinatorischen Verhaltensweisen zugrunde. Ich habe einmal mit einer Klientin gearbeitet, die nicht vorhandene Käfer sah. Überall in der Praxis entdeckte sie Käfer, die auf sie zukamen und an ihr hochkrabbelten. Ihre Reaktion auf die Käfer war so real und sie sah so verängstigt aus, daß ich mich dabei ertappte, wie ich selbst im Raum herumschaute, um zu sehen, ob die Käfer wirklich existierten.

Was mir an diesen Halluzinationen besonders auffiel, war die Tatsache, daß sie die Käfer genau in dem Moment zu sehen begann, in dem sie gerade dabei war, mit ihrem tiefsten Schmerz in Berührung zu kommen. Nachdem ich eine Zeitlang mit ihr gearbeitet hatte, erkannte ich, daß die Käfer eine Möglichkeit darstellten, sich vor dieser inneren Verzweiflung zu schützen. Der Schmerz ihrer Verzweiflung war so intensiv, daß ihre Psyche die Käfer hervorbrachte, um ihre Aufmerksamkeit von der Angst vor diesen ihren tiefsten Gefühlen abzulenken. Da sie glaubte, die Käfer seien real, hatte sie Angst vor ihnen, und durch diesen Trick wurde ihr Bewußtsein erfolgreich von ihren tieferen Gefühlen abgetrennt.

Der Entscheidungsprozeß

Der Grund für all unser heftiges Verlangen, unsere Süchte, Zwangsneurosen und unkontrollierten Verhaltensweisen ist die Tatsache, daß unser Unterbewußtsein diese Verhaltensweisen *auswählt*, um uns von unseren inneren Gefühlen der Verzweiflung fernzuhalten. Die Frau, die Käfer sah, hatte vielleicht früher einmal einen Schatten oder die schwarze Spitze eines Füllers für einen Käfer gehalten. Während sie über ihre Fehlinterpretation bestürzt war, lernte ihr Unterbewußtsein, ihre Gefühle der Verzweiflung, des Schmerzes, der Einsamkeit, der Scham und der Wut zu unterdrücken, indem es sich die Käfer vorstellte. In der Folgezeit registrierte ihre Psyche sehr schnell, wenn diese Gefühle an die Oberfläche zu dringen begannen, und erschuf die Käfer, um diese Gefühle leichter verdrängen zu können.

Ein Alkoholiker, der seit mehreren Jahren abstinent ist und wieder Verbindung zu seinen Gefühlen hat, wird Ihnen etwas sehr Ähnliches erzählen. So erfuhr ich von meinem Klienten Alfred, daß er zu seinen Trinkerzeiten zunächst nur einen leichten Drang verspürte, auf dem Nachhauseweg die Straße zu seiner Lieblingsbar hinunterzufahren. Eigentlich war er sich dieses Drangs nicht einmal richtig bewußt – er fand sich einfach in dieser Straße wieder.

Während seiner Genesung wurde ihm klar, daß dieser erste Drink dem Bedürfnis entsprang, seine Gefühle der Unzulänglichkeit am Arbeitsplatz zu unterdrücken. Wenn diese Gefühle aufzutauchen begannen, kam Alfreds Psyche zu Hilfe, und führte ihn mittels einer Reihe kleiner Entscheidungen schließlich zu der Bar.

Dieser Prozeß wurde häufig in Gang gesetzt, wenn sein Chef ins Büro kam und ihm eine erniedrigende Bemerkung an den Kopf warf. Zunächst versuchte Alfred, seine Gefühle zu unterdrücken, indem er sich nicht länger auf die Arbeit, sondern auf das Arbeitsende konzentrierte. Das erleichterte ihn ein wenig. Sobald er frei hatte und auf dem Nachhauseweg war, überredete er sich selbst dazu, eine ganz bestimmte Straße entlangzufahren; nicht, weil sich dort seine Lieblingsbar befand, sondern weil es ein »besserer« Weg nach Hause war. Wenn er dann erst einmal in diese Straße eingebogen war, überzeugte seine Psyche ihn davon, daß er anhalten solle, um nach seinen alten Kumpels zu sehen.

Es ist wichtig zu erkennen, wie clever unser schützendes Unterbewußtsein agieren kann. In Alfreds Fall war jeder kleine Schritt genau kalkuliert und dazu bestimmt, die Angst zu reduzieren, die ihm signalisierte, daß seine tieferen Gefühle an die Oberfläche zu dringen begannen; dennoch war jeder Schritt für sich genommen scheinbar unschuldig genug, um Alfreds rationale Seite davon zu überzeugen, daß sich nichts Bedrohliches ereignete.

Wenn tiefe Gefühle der Verzweiflung, Einsamkeit, Verletzung, Scham und der Wut in das Bewußtsein zu dringen beginnen, entsteht Angst. Diese Angst ist ein Signal an das beschützende Unterbewußtsein, schnell etwas zu unternehmen, um diese Gefühle zurückzudrängen. In diesem Moment schaltet sich der kreative Teil der Psyche ein und ruft Halluzinationen oder bestimmte Verhaltensweisen hervor: z.B. das Bedürfnis zu trinken, zu essen, sich beschäftigt zu halten oder manisch zu werden.

Abb. 10.1: Ein Zeitdiagramm der von Alfred
getroffenen Entscheidungen.

Das Unterbewußtsein versteht es nicht nur meisterhaft zu planen,
welche Handlungen in einem bestimmten Moment für welche Person die geeignetsten sind; es ruft auch eine Reihe von Handlungen
hervor, die es ihm erlauben, zunehmend an Macht zu gewinnen.
Weder der Alkoholiker noch der Eßsüchtige oder der Händewascher
oder derjenige, der ein starkes Verlangen verspürt, andere zu verletzen, wird aufgrund eines geheimnisvollen biochemischen Ungleichgewichts plötzlich und wie aus heiterem Himmel von dem Drang, so
zu handeln, überfallen. Seine Verhaltensweisen resultieren aus einem
komplexen Prozeß, einer Reihe unterbewußter Entscheidungen, die
zunehmend mächtiger und zielgerichteter werden, bis die ab-
schließende bewußte Handlung aufhört, eine freie Entscheidung zu
sein. Abbildung 10.1. zeigt das Zeitdiagramm der Entscheidungen,
die Alfred zu der Bar führen.

Sobald man den ersten Drink genommen hat, übernehmen vielleicht die chemischen Wirkungen des Alkohols (oder des Medikamentes, der Nahrungsmittel, des sexuellen Akts etc.) die Kontrolle und steigern das Verlangen noch. Da auch Angst vor Entzugserscheinungen eine Rolle spielen mögen, können die chemischen Wirkungen eines Medikamentes wesentlich dazu beitragen, daß man das Medikament weiterhin einnimmt; das ursprüngliche Verlangen ist jedoch nicht das Ergebnis eines biologischen Mechanismus, sondern einer Reihe kleinerer Entscheidungen, die das Unterbewußtsein in der Absicht trifft, schmerzliche Gefühle vom eigentlichen Selbst des Individuums fernzuhalten.

Zusammenfassung

Jamie hat uns gelehrt, daß unser Bewußtsein schon in einem sehr frühen Alter beginnt, Entscheidungen zu treffen, um unser verwundetes Selbst zu schützen. Die Verhaltensweisen, die wir auswählen, sind nicht einfach konditionierte Reflexe, die auf einem deterministischen Modell oder einem Modell des biologischen Defizits basieren, sondern bewußte Entscheidungen.

Je verletzter das eigentliche Selbst ist, desto stärker muß die schützende Seite unseres Unterbewußtseins die Kontrolle übernehmen und Entscheidungen treffen, die allein der Bewahrung des eigentlichen Selbst dienen. Selbst wenn die langfristigen Folgen verheerend sind (Festnahme wegen Trunkenheit am Steuer oder extremes Übergewicht), wird die Psyche den Gedanken an solche Konsequenzen ausschalten, um es sich zu ermöglichen, die scheinbar effizienteste Lösung auszuwählen.

Diese Verringerung der Wahlmöglichkeiten und der Verlust an Kontrolle über unser Leben ist etwas, was wir in zunehmendem Maße in unserer Gesellschaft beobachten. Wenn Eltern sich am Ende des Tages verletzt, ausgebrannt und emotional erschöpft fühlen, verspüren sie vermehrt das Bedürfnis nach Isolation, nach Zuflucht zu egozentrischen Beschäftigungen wie Trinken, Fernsehen und übermäßigem Essen. Je weniger sie ihren Kindern zu bieten haben, desto einsamer und isolierter werden sich ihre Sprößlinge fühlen und desto mehr werden sie das Bedürfnis verspüren, sich von diesen Gefühlen durch Aktivitäten wie Essen, Fernsehen,

Spielen am Computer oder durch Verhaltensweisen, die Aufmerksamkeit erregen, abzuspalten.

Das medizinische Modell versucht zunehmend, uns zu überzeugen, daß die wachsende Anzahl emotionaler Funktionsstörungen in unserer Gesellschaft mit einer Art physischem Defekt zusammenhängt. Je mehr wir jedoch das medizinische Modell dazu einsetzen, unseren inneren Entscheidungsprozeß zu ignorieren, desto mehr werden die Menschen in unserer Kultur allmählich die Kontrolle über ihre Fähigkeit verlieren, auf moralische und verantwortungsvolle Weise zu handeln. Wenn dies geschieht, wird unsere Gesellschaft immer abhängiger davon werden, Menschen mittels Medikamenten unter Kontrolle zu halten. Die langfristigen Wirkungen von Psychopharmaka können nur noch mit den verheerenden Wirkungen der Straßendrogen verglichen werden. Wenn sich dieses Muster fortsetzt, wird die nächste Generation in einer Gesellschaft leben, die nicht von Liebe und Kooperation, sondern nur noch von Psychopharmaka in unseren Venen zusammengehalten wird.

Ein solches Szenario ist heutzutage keineswegs utopisch. Im März 1996 war in dem von der Brown University in St. Providence, Road Island, herausgegebenen *Child and Adolescent Behavioral Letter* zu lesen, daß Schätzungen zufolge 10 bis 12 % aller Jungen im Alter von sechs bis vierzehn Jahren Ritalin nehmen. In diesem Artikel heißt es weiter, daß eine größere einflußreiche Elterngruppe, Children and Adults with Attention Deficit Disorders (Kinder und Erwachsene mit Aufmerksamkeitsstörungen), die Verwendung dieses Medikamentes unterstützt und Gelder von der Firma Ciba-Geigy erhält, die Ritalin herstellt. Außerdem steigt diesem Artikel zufolge der Mißbrauch illegalen Ritalins unter Teenagern, die die anregenden Wirkungen dieses Stimulans suchen.

Wenn wir beginnen, unser unkontrolliertes Verhalten vom Standpunkt unseres inneren Verwundetseins aus zu betrachten, können wir dem medizinischen Modell den Rücken kehren und uns einem Modell der emotionalen Heilung zuwenden. Alfred verlor seine Entscheidungsfähigkeit aufgrund von Verletzungen, die seinem eigentlichen Selbst zugefügt wurden, doch nachdem dieser Teil seines Selbst geheilt war, gewann er nach und nach die Fähigkeit wieder, frei und verantwortungsbewußt zu entscheiden.

Heftiges Verlangen und unkontrolliertes Verhalten repräsentieren unser Bedürfnis nach Liebe und Würde und nach Heilung jener inneren Verzweiflung, die wir in immer mehr Individuen und in der Gesellschaft vorfinden. Wenn wir zulassen, daß unsere Gesellschaft insgesamt verletzender und gleichgültiger wird, werden wir allmählich die Freiheit verlieren, die richtige Wahl treffen zu können. Unsere Lebensentscheidungen werden dann zunehmend aus einer Position innerer Verzweiflung getroffen werden.

Kapitel 11

Das Modell des emotionalen Schmerzes – Grundlagen

So bizarr und unvorhersehbar sich unser Verhalten und unsere Denkprozesse auch gestalten können, innerhalb des emotionalen Prozesses beim Menschen gibt es etwas, das auf sehr genaue und berechenbare Weise funktioniert: Gefühle, die immer unmittelbar nach einer Verletzung erlebt werden. Diese grundlegende Gefühlsreaktion stellt sich ein, bevor der schützende Teil der Psyche aktiv wird. Sobald das Unterbewußtsein des Menschen dann Wege sucht, das eigentliche Selbst zu schützen, werden die aus dieser Suche resultierenden Möglichkeiten und entsprechenden Verhaltensweisen unbegrenzt.

Wenn wir das Gemeinsame an der Art und Weise, wie Menschen auf Schmerz reagieren, begreifen lernen, werden wir nicht nur ein besseres Verständnis von emotionalen Störungen gewinnen, sondern auch ein größeres Wissen über den Ursprung des Selbsthasses und der Gewalt gegen andere.

Sobald wir zu einem wirklichen Verständnis der schwereren Formen emotionaler Störungen und der »dunkleren« Seiten unseres eigenen Verhaltens gelangen, werden wir sehen, daß sie alle einem emotional verwundeten Selbst entspringen. Die Verhaltensweisen von Menschen wie Bob oder Jack und Leuten, die unter dem Zwang stehen, anderen schweres Leid zuzufügen, sind das Ergebnis schwerer Verletzungen, die das eigentliche Selbst dieser Menschen über einen langen Zeitraum erdulden mußte.

Um die Grundlagen des Modells des emotionalen Schmerzes deutlich zu machen, möchte ich zuerst einen Blick auf das Leben von Charles Manson werfen. Mein Ziel ist es nicht, um Sympathie für ihn zu werben, sondern Ihnen ein Beispiel für die langjährigen Verletzungsmuster zu geben, die notwendig sind, um eine so kriminelle Psyche wie die seine hervorzubringen.

Charles Mansons Kindheit

Im August 1969 randalierten mehrere Personen, die unter dem kultähnlichen Einfluß von Charles Manson standen, in der Gegend von Hollywood, Los Angeles, herum und töteten dort acht Menschen. Zu den Ermordeten gehörte die Schauspielerin Sharon Tate, und die Gewalttaten wurden als die »Tate-LaBianca-Morde« bekannt.

Informationen über Charles Manson können wir nicht nur dem später verfilmten Buch *Helter Skelter* entnehmen, das Berichte über sein Leben enthält, sondern auch seiner kurzen Autobiographie, in der er sich in erster Linie mit seiner Kindheit beschäftigt. Diese Autobiographie gehört nicht im entferntesten zu der Art von Büchern, die durch Selbstmitleid und Schuldzuweisungen an andere geprägt sind. Mansons Motivation scheint vielmehr zu sein, den in seiner Kindheit erfahrenen Schmerz mit anderen zu teilen.

Er beginnt seine Geschichte mit einem kurzen Einblick in die Vergangenheit seiner Mutter und berichtet, daß sie in ihrer Kindheit völlig unter dem Einfluß einer dominanten Mutter stand, die ihren religiösen Überzeugungen fanatisch anhing.

Meine Großmutter war in ihrer Auslegung von Gottes Willen streng und unerschütterlich und verlangte, daß jeder sich an ihre Ansichten über die Wünsche Gottes hielt. Großmutter zufolge war es sündhaft, einen Knöchel zu zeigen oder das andere Geschlecht zu freundlich anzulächeln.[1]

Er schreibt auch, daß sein Großvater jedes Mal, wenn er versuchte, seine Zuneigung zu seiner Tochter zu zeigen, von der Großmutter für sein »vulgäres« Verhalten gescholten wurde. Dann fährt er fort:

Großmutter war ständig hinter meiner Mutter her: »Das Kleid ist zu kurz, flechte dein Haar, komm direkt von der Schule nach Hause, sprich nicht mit Jungen, und, nein, du kannst nicht zum Schulball gehen.«[2]

Mit fünfzehn lief Mansons Mutter von zu Hause weg und »genoß« ihre neugewonnene Freiheit. »Sie trank viel, schlief, mit wem sie wollte, und war niemandem Rechenschaft schuldig.« Als sie sechzehn war, wurde Charles geboren. Er sah seinen Vater ein einziges Mal, als er jung war, kann sich jedoch nicht an dessen Gesicht erinnern.

Da sie nicht bereit war, die für die Erziehung eines Kindes notwendigen Opfer zu bringen, brachte die Mutter Manson nacheinander bei verschiedenen Verwandten unter. Oft ließ sie ihn, während sie für mehrere Tage verschwand, allein mit einem Babysitter, bis ein Verwandter kam, um ihn zu sich zu holen. Er behauptet, seine Mutter habe ihn sogar einmal für einen Krug Bier an eine Kellnerin verkauft. Einige Tage später mußte sein Onkel überall in der Stadt nach der Kellnerin suchen, um Charles zurückzuholen.

Als Manson sechs Jahre alt war, wurde seine Mutter wegen Diebstahls festgenommen und ins Gefängnis gesteckt. Wieder einmal wurde er als unerwünschtes Kind von einem Verwandten zum nächsten geschickt. Er erinnert sich, daß seine Familienangehörigen von ihm als dem »kleinen Bastard« sprachen und seine Altersgenossen ihm sagten: »Deine Mutter ist schlecht; sie ist ein Knastbruder.«

In jenem Jahr bekam er zu Weihnachten nichts weiter als eine Haarbürste von seiner Großmutter. Sie sagte ihm, er solle sie verwenden, um sein Haar in Ordnung zu halten. Die Kinder in der Nachbarschaft zogen ihn wegen dieses einen Geschenkes auf, indem sie vor ihm mit all ihrem neuen Spielzeug angaben. Wieder fühlte er sich gedemütigt, wie ein Ausgestoßener.

Als seine Mutter aus dem Gefängnis entlassen wurde, war Manson acht Jahre alt. Ihre Entlassung war einer der glücklichsten Tage seines Lebens. Sie kam, holte ihn ab und schien ihn vermißt zu haben, doch es dauerte nicht lange, bis sie wieder in ihre alten Gewohnheiten verfiel und ihn mit sich in die Gosse zog. Er war nun alt genug, um ständig bei ihr zu wohnen und für sich selbst zu sorgen, während sie sich draußen herumtrieb. Manson hatte »häufig in der Schule gefehlt« und, wie er schreibt, im Alter von zwölf bereits »eine Reihe von Heimen kennengelernt, in denen sie mich vorübergehend unterbrachte. Und ich glaubte nicht mehr, daß alle Liebhaber meiner Mutter Onkel waren, die uns besuchten.«

Etwa zu dieser Zeit begann der damalige Liebhaber seiner Mutter zu drohen, er werde sie verlassen, da er ihr Kind nicht ausstehen könne. Manson hörte, wie seine Mutter sagte: »Verlaß mich nicht, hab Geduld. Ich liebe dich, und wir werden eine Lösung finden.«

Ehe er sich versah, standen Manson und seine Mutter vor einem Richter, dem die Mutter erklärte, sie könne sich kein anständiges Heim für ihren Sohn leisten. Manson wurde zum Mündel unter Amtsvormundschaft und in einem Heim für Jungen untergebracht.

Die Einweisung in das Heim war für den jungen Manson ein vernichtender Schlag. Er schreibt:

> Mein Kopf und mein Magen begannen, verrückt zu spielen. Mir war übel. Ich konnte nicht atmen. Tränen rannen meine Wangen hinunter. Eine unsichtbare Macht zerquetschte mir den Brustkorb und stahl mir das Leben. Ich liebte meine Mutter. Ich wollte sie. »Warum, Mom? Bitte komm und hole mich.« Ich war einsamer als je zuvor in meinem Leben.[3]

Obwohl Manson dieses Heim als »Heim für gute Jungen« bezeichnete, war er dort vielen Dingen ausgesetzt, mit denen das Durchschnittskind nicht konfrontiert wird. Er sah, wie Kinder zu homosexuellen Handlungen gezwungen wurden, und lernte, Gesetze zu übertreten. Er lernte auch, seine Gefühle für sich zu behalten, da andere, wie er sagte, es ausnutzten, wenn man zuviel Gefühl zeigte.

In sehr langen Zeitabständen tauchte seine Mutter auf und sagte ihm: »Schon bald werde ich dich mit nach Hause nehmen.« Manson wollte seiner Mutter glauben, doch sie hielt ihr Versprechen nicht.

Als er es leid war, auf sie zu warten, lief er weg und direkt zu seiner Mutter. Sie brachte ihn zum Richter, der ihn sofort in das Heim zurückschickte. Dieses zweite Verlassenwerden war ein schmerzvoller Wendepunkt für Manson:

> Dieses Mal gab es keine Tränen. Zumindest liefen keine meine Wangen hinunter. Ich wußte auch, daß ich nicht länger lächeln oder glücklich sein konnte. Ich war verbittert, und ich kannte wirklichen Haß. Die Fahrt zurück war Zeitverschwendung. Ich machte mich bei der erstbesten Gelegenheit auf und davon. Auf Wiedersehen, Heim. Auf Wiedersehen, Mom.[4]

Zu diesem Zeitpunkt begann der erst Zwölfjährige zu stehlen, um sich auf der Straße durchzuschlagen. Bald lernte er einen Freund kennen, der ihn einlud, mit ihm bei seinem Onkel zu leben. Dieser Onkel zwang beide Kinder, für ihren Lebensunterhalt zu stehlen. Schließlich wurde Manson geschnappt und in eine bona-fide-Reformschule »voller verzogener, sadistischer Leute« gesteckt. Er schreibt, daß dieser Ort viele Schwerverbrecher hervorbrachte. Das lag in erster Linie an den Leuten, die an solchen Orten Beschäftigung suchten. Die Kinder wurden oft gepeitscht und geschlagen, bis sie ohnmächtig wurden. Die meisten von ihnen wurden durch diejenigen, die dort arbeiteten, oder durch ältere Insassen zu homosexuellen Handlungen gezwungen.

> Es war nicht unüblich von hinten vergewaltigt und dann geschlagen zu werden ... In einem Alter, in dem die meisten Kinder auf nette Schulen gehen, bei ihren Eltern leben und von den besseren Dingen des Lebens erfahren, erholte ich mich von den Wunden, die man mir mit einem Lederriemen zugefügt hatte, und lernte, die Welt und alle, die in ihr lebten, zu hassen.[5]

Im Alter von sechzehn Jahren flüchtete er schließlich mit einem Freund. Sie stahlen ein Auto und machten sich nach Kalifornien auf. Beim Überqueren der Grenze bei Utah wurden sie geschnappt. Da es sich hier um die Staatsgrenze handelte, wurde Manson für dreieinhalb Jahre in eine bundesstaatliche Besserungsanstalt geschickt.

Nach seiner Entlassung verliebte er sich und heiratete. Er schreibt, daß er zum ersten Mal in seinem Leben Liebe empfunden habe.

> Wenn sie flüsterte »Ich liebe dich«, bekam ich am ganzen Körper eine Gänsehaut. Ihre Liebe füllte eine große Leere. Zum ersten Mal in meinem Leben hatte ich das Gefühl, die Welt erobern zu können.[6]

Um eine Frau und dann ein Kind ernähren zu können, begann er zu stehlen und war bald wieder im Gefängnis. Dort wurde ihm mehr als je zuvor klar, welche Bedeutung die Liebe seiner Frau und die reine Liebe seines Kindes für ihn hatten. Er verstand jetzt, wie dumm er sich die meiste Zeit seines Lebens verhalten hatte. Zum ersten Mal war er wirklich motiviert, das Notwenige zu tun, um eine positive Einstellung zu entwickeln und ein ehrlicher Mensch zu werden. Seine Frau schrieb ihm täglich und besuchte ihn, so oft sie konnte.

Manson fühlte sich von den Empfindungen der Liebe, die er als Kind nie gekannt hatte, inspiriert. Sein eigenes Kind und der Gedanke daran, künftig seine Familie zu unterhalten, wurden sein größtes und einziges Ziel. Leider wurde ihm die emotionale Unterstützung, die ihn aufrecht hielt, dann mit einem Mal entzogen. Seine Frau besuchte ihn nicht länger, und seine Mutter erzählte ihm, daß sie mit einem anderen Mann davongelaufen sei. Als er erkannte, daß er von den einzigen Frauen, die er jemals geliebt hatte, verlassen worden war, zerbrach Manson. »Ich drehte durch. Die ganze Welt brach über mir zusammen. Ich sah sie und mein Kind nie wieder.«

Dennoch versuchte Manson, irgendeine Bedeutung und irgendeinen Zweck im Leben zu finden. Obwohl er noch immer im Gefängnis und über den Betrug seiner Frau verbittert war, entdeckte er, daß er einiges musikalisches Talent besaß, und setzte all seine Energie daran, es zur Entfaltung zu bringen. Er verliebte sich ins Gitarrenspiel und Komponieren.

Als ihn eines Tages seine Mutter besuchte, fragte er sie, ob es ihr möglich sei, etwa zweihundert Dollar aufzubringen, damit er sich eine eigene Gitarre kaufen könne. Sie antwortete, sie sei pleite und könne sich nicht einmal etwas zu essen leisten. Da Manson verzweifelt ihre Liebe brauchte, sagte er ihr, daß er es verstehe und daß es in Ordnung sei.

Etwa zwei Monate später besuchte seine Mutter ihn jedoch mit einem kleinen Mädchen auf dem Arm. Sie begrüßte ihn mit den Worten »Hier, das ist deine kleine Schwester« und erzählte ihm, daß sie weit über zweitausend Dollar ausgegeben habe, um das Kind zu adoptieren. Als Reaktion auf diese Situation schrieb Manson:

> Ich fühlte eine eifersüchtige Wut in mir hochsteigen. Ich rastete aus und sagte einige ziemlich scheußliche Dinge, unter anderem, daß ich sie nie mehr wiedersehen wolle.[7]

Er glaubte immer noch an seine Musik und verbrachte das letzte Jahr im Gefängnis damit, soviel zu komponieren, wie er nur konnte. Als er schließlich entlassen wurde, war er entschlossen, seinen Weg in der Musikwelt zu machen und ein ehrliches Leben zu führen. Nach mehreren Enttäuschungen und einigen gebrochenen Versprechen in der äußerst wettbewerbsorientierten Musikindustrie fand Manson sich in den 60er Jahren auf den Straßen von San Francisco wieder. Nach einem Leben voller Enttäuschungen, Fehlschlägen und Gefühlen des Verlassenwerdens, machte er sich daran, einer der gefürchtetsten und berüchtigtsten Mörder unserer Zeit zu werden.

Als Manson zum Kriminellen wurde, traf er Entscheidungen, für die er belangt werden muß; doch er war nicht der einzige, der für den Verlauf, den sein Leben nahm, verantwortlich war. Beinahe jede gesellschaftliche Gruppierung hatte Einfluß auf die Entwicklung seiner kriminellen Psyche: seine Eltern, seine Großeltern, die Kirche, die Gemeinde, die Gerichte, die Gefängnisse und das System der Jugendfürsorge.

Manson wurde nicht von heute auf morgen zum Mörder. Immer wieder investierte er als unschuldiges Kind sein Herz und mußte dann erfahren, wie seine Unschuld durch Ablehnung und Vernachlässigung zerbrochen wurde.

Wenn wir an einige der anderen zuvor beschriebenen Fallstudien zurückdenken, können wir in der Tat das gleiche Muster beobachten. Bob, der Klient, der vor der Wand in meiner Praxis stand, wurde nicht in einem solchen Ausmaß verletzt wie Manson, suchte jedoch Tag für Tag nach Bestätigung durch seinen Vater und seine Altersgenossen. An jedem neuen Tag mußte er mit weiterer Ablehnung rechnen. Jack, der fest daran glaubte, daß er halb Mann und halb Frau sei, fühlte sich jeden Tag fürchterlich einsam und sehnte sich zutiefst nach menschlicher Berührung.

Da unser Unterbewußtsein auf so effiziente Weise Schmerz ausschaltet und uns hilft, die unzähligen Verletzungen zu vergessen oder zu leugnen, können wir einfach nicht verstehen, welch ungeheurer Schmerz sich angesammelt haben muß, um ein Verhalten wie das von Bob, Jack oder Manson hervorzubringen.

Eine bestimmte Zeit lang war Bobs emotionaler Schmerz so intensiv, daß er ihn dazu zwang, sich regungslos vor die Wand zu stellen. Dies war für ihn die einzige Möglichkeit, sein Gefühl auszuschalten. Jack sehnte sich so sehr nach Berührung, daß er den sexuellen Kontakten mit seinen Cousins nicht widerstehen konnte. Manson war so sehr seiner Würde beraubt worden, daß er bald das zwanghafte Bedürfnis nach Kontrolle, Macht und Gewalt gegen andere entwickelte.

Das Diagramm des emotionalen Schmerzes

Wie können wir die Verhaltensweisen von Menschen wie Bob, Jack oder Charles Manson verstehen lernen? Wir können zu einem richtigen Verständnis emotionaler Störungen gelangen und Antwort auf unsere wichtigsten diesbezüglichen Fragen finden, wenn wir zunächst verstehen, wie unsere Psyche auf die Verletzungen unseres eigentlichen Selbst reagiert. Abbildung 11.1. zeigt das grundlegende Diagramm des emotionalen Schmerzes.

Wie ich schon zu Beginn dieses Kapitels erwähnte, gibt es bei unserer Reaktion auf emotionalen Schmerz einen Aspekt, der für alle Menschen gleich ist. Er bildet die Basis des Verarbeitungsprozesses bei erlebten Verletzungen durch andere Menschen und wird in der ersten Hälfte des Diagramms, **Punkt 1 bis 4**, aufgezeigt. Lassen Sie uns mit Pfad A beginnen, dem Ablauf, dem wir folgen, wenn wir von jemand anderem verletzt werden.

Pfad A

Jedes Mal, wenn wir uns entscheiden, am Leben teilzuhaben und unser Herz an eine Sache oder Person zu hängen, setzen wir uns der Möglichkeit aus, verletzt zu werden. Tatsächlich gehen wir dieses Risiko schon ein, wenn wir einfach vor die Haustür treten oder morgens aus dem Bett steigen.

Erinnern Sie sich an Zeiten, in denen Sie in der Schule ganz unschuldig herumschauten und irgendein Klugscheißer Sie aus dem Gleichgewicht brachte, indem er etwas sagte wie:»Was glotzt du so, Blödmann?« Hätte man ihn gefragt, er wäre vielleicht nicht einmal in der Lage gewesen, einen Grund für sein Verhalten anzugeben. Aber vielleicht spürte er doch irgendwie, daß Sie schon dadurch, daß Sie mit ihm im gleichen Raum waren, eine emotionale Investition tätigten und daß er diese Investition ausnutzen konnte.

Es ist von fundamentaler Bedeutung zu erkennen, daß wir *unmittelbar* und *immer* Gefühle des Schmerzes und der Einsamkeit empfinden, wenn wir verletzt werden, gleichgültig, ob diese Verletzung zufällig oder absichtlich geschah (**Punkt 3**). Wenn dies geschieht, schaltet sich häufig schnell der kognitiv-bewußte Teil unserer Psyche ein, um unser Bewußtsein von diesen ersten beiden Gefühlen fernzuhalten, doch trotz dieses Abwehrmechanismus können wir nicht umhin, sie zu spüren.

Wir verspüren Schmerz, weil ein Teil unseres eigentlichen Selbst verletzt oder ihm emotional »ein Stich versetzt« wurde. Wir fühlen uns einsam, weil es nun eine spürbare Distanz zwischen uns und der Person gibt, die uns verletzt hat, wie auch zwischen uns und allen anderen an diesem Vorfall Beteiligten. Wenn sich zum Beispiel jemand in der Cafeteria vor unseren Altersgenossen über uns lustig macht (»Was glotzt du so, Blödmann?«), würden wir uns durch diese Worte verletzt und in diesem Moment auch allein oder isoliert fühlen. Vielleicht käme uns unsere Psyche schnell zur Hilfe, wir würden lachen oder eine ebenso aggressive Antwort geben, z.B. »Halt's Maul!«. Dies würde uns aber nicht davor schützen, den Schmerz und die Einsamkeit erfahren.

Manchmal ist das dominierende Gefühl, das wir verspüren, Einsamkeit, so zum Beispiel wenn wir einen geliebten Menschen verlieren. Wenn die Verletzung dagegen zustandekommt, indem uns als Kind von einer Schwester oder einem Bruder ein Spielzeug weggenommen wird, fühlen wir uns vielleicht eher verletzt als einsam.

Unabhängig davon, wie intensiv diese beiden Gefühle auftreten oder wie effektiv es uns gelingt, sie auszuschalten, wird folgendes eintreten: Wenn wir verletzt werden, verspüren wir immer einen gewissen Grad an Schmerz und Einsamkeit.

Auf Schmerz und Einsamkeit folgt schon bald eine gewisse Wut (**Punkt 4**). Wut ist eine natürliche Schutzreaktion gegen Verletzungen, selbst wenn es sich um eine zufällige oder unabsichtliche Verletzung handelt. Wenn ich zum Beispiel mitten in der Nacht geweckt werde, weil mein Sohn schreit, dann werde ich manchmal, wenn ich genau hinsehe, entdecken, daß ich mich verletzt fühle. Natürlich wollte mein Kind mich nicht absichtlich verletzen, und dennoch fühle ich mich aufgrund meines Bedürfnisses und Wunsches nach Ruhe verletzt.

Wenn ich einen Moment innehalte und mir die Zeit nehme, über meine nächtlichen Gefühle nachzudenken, werde ich einen gewissen Schmerz, eine gewisse Einsamkeit und eine gewisse leichte Wut oder so etwas wie Irritation identifizieren können. Diese Gefühle sind normalerweise relativ schwach ausgeprägt, so daß meine Liebe zu meinem Sohn sie nach ein oder zwei Sekunden absorbiert und es mir ermöglicht, mich vollständig seinen Bedürfnissen zu widmen.

209

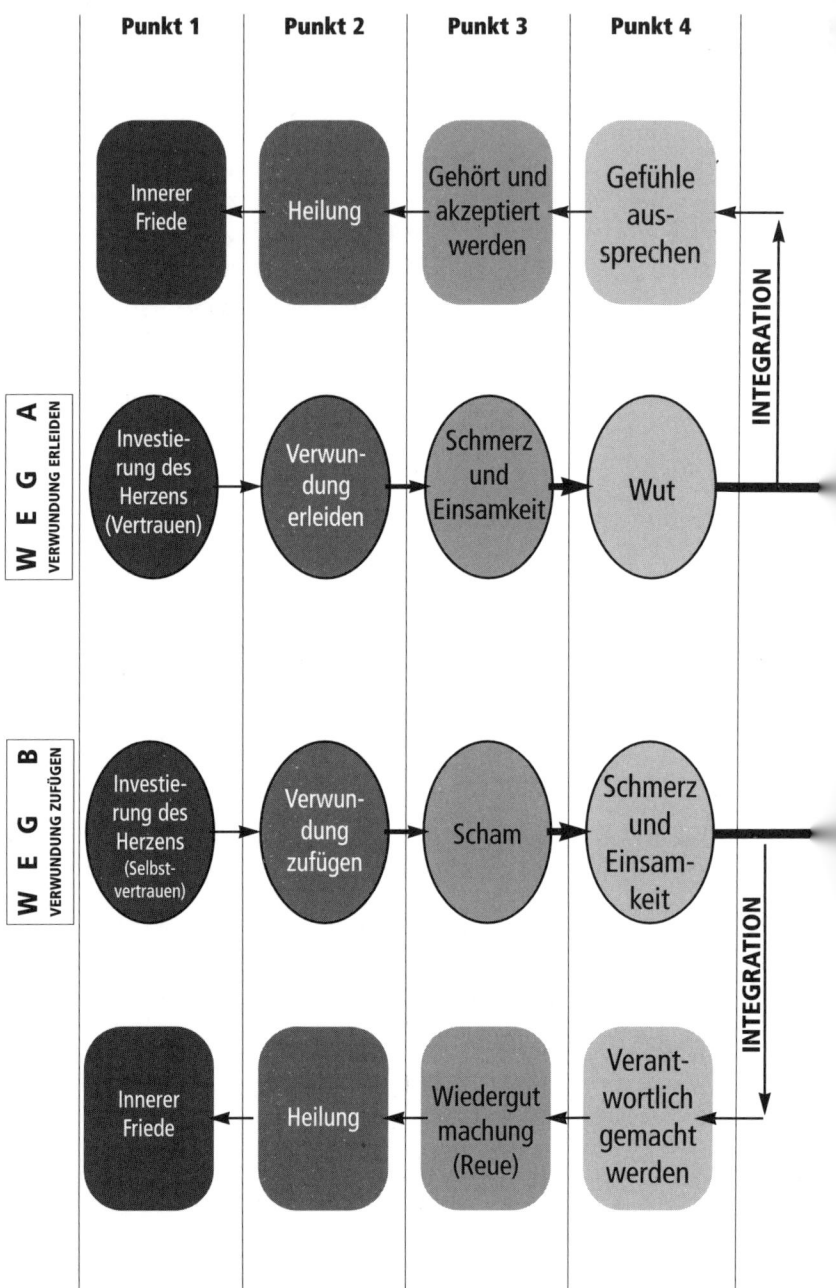

	Punkt 1	**Punkt 2**	**Punkt 3**	**Punkt 4**

WEG A — VERWUNDUNG ERLEIDEN

Innerer Friede ← Heilung ← Gehört und akzeptiert werden ← Gefühle aussprechen

Investierung des Herzens (Vertrauen) → Verwundung erleiden → Schmerz und Einsamkeit → Wut

INTEGRATION

WEG B — VERWUNDUNG ZUFÜGEN

Investierung des Herzens (Selbstvertrauen) → Verwundung zufügen → Scham → Schmerz und Einsamkeit

Innerer Friede ← Heilung ← Wiedergutmachung (Reue) ← Verantwortlich gemacht werden

INTEGRATION

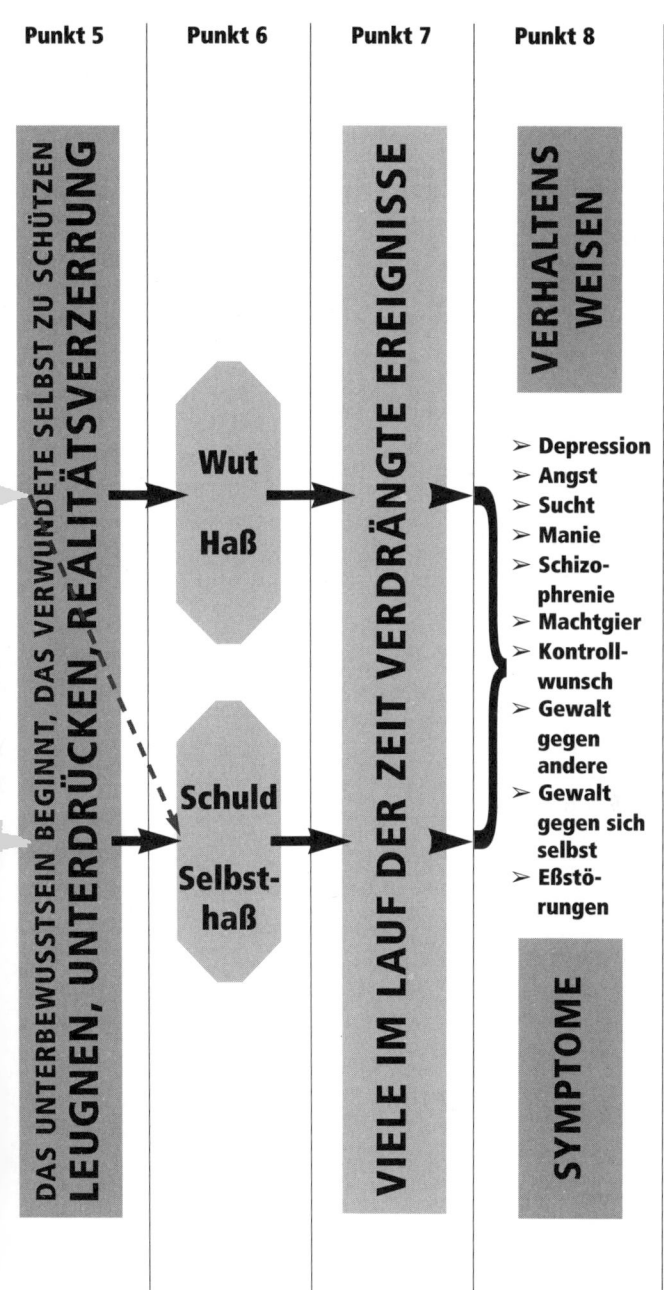

Punkt 5 **Punkt 6** **Punkt 7** **Punkt 8**

DAS UNTERBEWUSSTSEIN BEGINNT, DAS VERWUNDETE SELBST ZU SCHÜTZEN
LEUGNEN, UNTERDRÜCKEN, REALITÄTSVERZERRUNG

Wut
Haß

Schuld
Selbst-
haß

VIELE IM LAUF DER ZEIT VERDRÄNGTE EREIGNISSE

VERHALTENS
WEISEN

➢ Depression
➢ Angst
➢ Sucht
➢ Manie
➢ Schizo-
   phrenie
➢ Machtgier
➢ Kontroll-
   wunsch
➢ Gewalt
   gegen
   andere
➢ Gewalt
   gegen sich
   selbst
➢ Eßstö-
   rungen

SYMPTOME

Abb. 11.1. Das Diagramm des emotionalen Schmerzes.

211

Wenn ich jedoch gerade eine böse Erkältung hätte, wüßte, daß ich früh aufstehen muß oder das Gefühl hätte, daß meine Frau ihren Teil der Verantwortung nicht übernimmt, dann wäre meine Liebe oder Hingabe vielleicht nicht groß genug, um meinen Schmerz, meine Einsamkeit und meine Wut aufzufangen. In diesem Fall würde ich vielleicht an **Punkt 4** vorbei an einen Punkt kommen, an dem ich Wut darüber verspürte, daß mein Sohn mich geweckt hat (**Punkt 6**).

Wir müssen uns klar werden, daß jede Verletzung mit Gefühlen des Schmerzes, der Einsamkeit und des Zorns verbunden ist. Wenn wir uns selbst oder die Person, mit der wir in Kontakt stehen, genügend lieben oder in der Lage sind, unsere Gefühle richtig zu identifizieren und unser eigentliches Selbst zu verteidigen (z.B. »Deine Worte tun mir weh«), werden wir fähig sein, im Bereich von **Punkt 1 bis 4** zu bleiben. Verfügen wir nicht über die innere Stärke oder die Liebe, die Verletzung zu absorbieren, dann wird unsere Psyche oder unser schützendes Unterbewußtsein ins Spiel kommen. Das ist der Moment, in dem wir alle beginnen, ein bißchen »verrückt« zu werden.

Nehmen wir zum Beispiel an, ich mußte während der Nacht dreimal aufstehen, habe es jedoch geschafft, meine wachsende Wut zu unterdrücken, weil ich für meinen Sohn dasein wollte. Am nächsten Morgen würde ich dann vielleicht meine Frau anschnauzen: »Wieso kaufst du so teures Müsli? Warum hörst du nicht damit auf, unser Geld rauszuschmeißen?« Da sich mein Verleugnungssystem abgespalten und die Gefühle unterdrückt hätte, die ich während der Nacht verspürte – diejenigen, die zu absorbieren meine innere Stärke nicht ausreichte (**Punkt 5**) –, würde mein ungeheilter Schmerz das Bedürfnis verspüren, die Wut auf irgendeine Weise abzureagieren (**Punkt 6**). Beachten Sie jedoch, daß mein Zornesausbruch meine Wunde nicht heilt, sondern den Versuch darstellt, durch den Angriff auf die Würde und die Unschuld meiner Frau mein Selbst zu bestätigen.

Wenn ich näher an meinen Gefühlen drangeblieben wäre und vielleicht gesagt hätte »Ich bin ein bißchen gereizt, weil du mir letzte Nacht nicht geholfen hast. Ich finde, du solltest ab und zu auch mal aufstehen«, hätte ich ihr die Möglichkeit gegeben, mein Bedürfnis direkt zu bestätigen, vielleicht, indem sie gesagt hätte: »O, tut mir leid, ich habe einfach nichts davon mitgekriegt. Du kannst mich nächstes Mal ruhig wecken.«

Lassen Sie uns nun dieses Szenario einen Schritt weiterführen. Nehmen wir an, daß ich als Kind vernachlässigt wurde; daß ich, wenn ich nachts weinte, entweder ignoriert oder bestraft wurde. Als Erwachsener würde ich dann in dem Bereich, den mein schützendes Unterbewußtsein als Kind leugnen mußte, sehr viel Schmerz aufbewahren. Außer diesem Schmerz hätte ich auch eine Menge unterdrückte Wut. Wenn ich nun nachts aufgeweckt würde, würde die durch meinen Sohn verursachte leichte Gereiztheit beginnen, die aus meiner Kindheit stammende Wut auszulösen. Da meine Eltern ihre Würde scheinbar dadurch wiedergewannen, indem sie mich schlugen, könnte ich den starken Drang verspüren, meinen Sohn zu schlagen.

Der Grund, weshalb Kindesmißbrauch von einer Generation zur nächsten weitergereicht wird, sind nicht defekte Gene, einfache Konditionierung oder Nachahmung. Vielmehr ist der Grund in erster Linie in einem verletzten eigentlichen Selbst zu suchen – dem Bedürfnis, sich durch die Verletzung anderer auf unangemessene Weise selbst zu bestätigen. Wir ahmen nicht einfach passiv verletzendes Verhalten nach; da ist ein innerer emotionaler *Drang*, andere zu verletzen. Wenn ich als Kind stark vernachlässigt worden wäre und diesen Schmerz unterdrückt hätte, würde es mir so erscheinen, als sei mein Sohn schuld daran, daß dieser Schmerz in mir hochkommt. Wenn ich dann böse auf ihn wäre, würde ich ihn dafür bestrafen, meinen eigenen Schmerz ausgelöst zu haben, aber auch versuchen, *seine* Unschuld dazu zu benutzen, etwas von *meiner* verlorenen Unschuld wiederzugewinnen. Unterbewußt werde ich glauben, daß ich diesen Aspekt meiner verletzten Unschuld wiedergewinnen kann, wenn ich ihn auf die gleiche Weise verletze, auf die ich ursprünglich verletzt worden bin.

Um **Pfad A, Punkt 1 bis 6**, noch einmal zusammenzufassen: Wenn wir verletzt werden, erfahren wir Gefühle des Schmerzes, der Einsamkeit und schließlich der Wut. Wir sind uns dieser Gefühle nicht unbedingt vollständig bewußt, aber sie sind immer da. Wenn wir mit diesen Gefühlen im gegebenen Moment nicht richtig umgehen und sie unterdrücken, können sie schließlich in Form intensiverer Gefühle an die Oberfläche dringen. Dies können z.B. Regungen des Zorns, der Wut sein oder des Bedürfnisses, es anderen heimzuzahlen und sie zu verletzen.

Beachten Sie auch, daß sich unsere Gefühle – beginnend bei **Punkt 4** – bei **Punkt 6** in Schuld und/oder Selbsthaß verwandeln können. Bevor wir diesen Aspekt unseres Diagramms betrachten, wollen wir unsere Aufmerksamkeit Pfad B zuwenden.

Pfad B

Wir folgen Pfad A, wenn wir das Gefühl haben, von anderen verletzt worden zu sein. Pfad B repräsentiert den emotionalen Pfad, dem wir folgen, wenn wir unsererseits andere Menschen, Tiere oder etwas aus unserer Umgebung verletzen.

Wenn wir andere verletzen und auf diese Verletzung aufmerksam gemacht werden, erkennen wir in gewisser Weise, daß wir die Unschuld dieser Person verletzt haben. Als Folge empfinden wir Scham für das, was wir getan haben, und diese Scham führt zur Verletzung unserer eigenen Unschuld oder Güte. Hieraus resultieren wiederum Gefühle des Schmerzes über die Verletzung unserer eigenen Unschuld und ein Gefühl des Getrenntseins von unserem eigentlichen Selbst. Wir sind nicht nur traurig, weil wir andere verletzt haben, und fühlen uns allein (von ihnen getrennt), sondern – schlimmer noch – wir fühlen uns selbst verletzt und isoliert von unserer innersten Unschuld.

Gehen wir zum Beispiel einmal davon aus, daß ein fünfjähriges Kind am Eßtisch herumspielt und versehentlich die Milch verschüttet. Obwohl es dies nicht absichtlich getan hat, ist es sich doch darüber im klaren, daß es in gewisser Weise unvorsichtig oder unverantwortlich gehandelt hat. Wenn Sie seine Körpersprache oder seinen Gesichtsausdruck sorgfältig beobachten, werden Sie zuerst Scham und dann Schmerz und ein tiefes Gefühl der Einsamkeit sehen. Wir erfahren dieses Alleinsein in Momenten, in denen wir etwas falsch gemacht haben, deshalb, weil sich unsere Scham dann buchstäblich in das innere Bedürfnis verwandelt, uns von uns selbst zu trennen. Deswegen sagen wir uns Dinge wie: »Warum habe ich das getan? Wie konnte ich nur so dumm sein?«

Die natürliche Reaktion darauf, daß wir andere verletzen, ist ein leichtes Schamgefühl. Dieses Gefühl kann als natürlicher Teil unseres Gewissens schon vorher vorhanden sein oder erst dann auftreten, wenn andere uns wissen lassen, daß wir sie verletzt haben. Wie ich in meinem Buch *Why Do I Feel Guilty When I Have Done Nothing Wrong?* (*Warum fühle ich mich schuldig, obwohl ich nichts falsch gemacht habe?*) aufgezeigt habe, ist diese leichte Scham eine gute Art von Scham, weil sie allein dazu dient, uns auf unser Fehlverhalten aufmerksam zu machen. Mit anderen Worten, sie sollte sich nicht wie eine destruktive Scham anfühlen, sondern uns nur die Tatsache bewußt machen, daß wir jemanden verletzt haben und daß wir uns entschuldigen, um Vergebung bitten oder unser Verhalten ändern sollten.

Wenn Johnny seine Milch verschüttet und seine Mutter sagt: »Johnny, denk daran, daß ich dich gebeten habe, vorsichtig zu sein. Ich weiß, daß du Spaß haben willst, aber ich muß dich bitten, dein Verhalten bei Tisch besser zu kontrollieren. Verstehst du?«, dann nutzt sie diesen Vorfall und seine leichte Scham, um ihm zu helfen, seine Gefühle besser zu kontrollieren. Wenn er dann das nächste Mal bei Tisch zu kaspern beginnt, wird seine leichte Scham ihn zu richtiger Selbstdisziplin ermutigen.

Würde seine Mutter ihn anschreien und ihm sagen, daß er ein »böser Junge« sei, dann würde sie ihn in einem Moment, in dem er sich durch Schamgefühle selbst Schmerz zugefügt und sich in einem verwundbaren Zustand befindet, noch tiefer verletzen. Mit anderen Worten, er würde, vielleicht zufällig, eine Wunde öffnen, und sie würde die Gelegenheit nutzen, um das »emotionale Messer« noch tiefer hineinzustoßen.

Wenn wir allzusehr beschämt sind oder lernen, uns selbst übermäßig zu beschämen – vielleicht als Mittel, um nach einer Verletzung durch andere unsere Wutgefühle zu unterdrücken (**Punkt 4, Pfad A**) –, dann beginnt die Scham eine destruktive Kraft in unserem Leben zu entfalten und unsere Persönlichkeit wie ein Krebs zu überwuchern. Wir sollten jedoch wissen, daß eine leichte Scham, also eine bewußte Wahrnehmung eigener Fehler, positiv zu bewerten ist. Wenn wir diesem Gefühl folgen, indem wir angemessen um Verzeihung bitten oder unser Verhalten bereuen, werden wir zu einer heilend-liebenden Beziehung mit denen zurückfinden, die wir verletzt haben. Leider wurde den meisten von uns so viel destruktive Scham aufgezwungen, daß es uns schwerfällt, die wohltuende Art von Scham von der anderen zerstörerischen zu unterscheiden.

Wenn wir im nächsten Kapitel näher auf die **Punkte 5 bis 8** eingehen, werden Sie sehen, daß wir uns alle ein bißchen verrückt fühlen und verhalten, wenn wir gegenwärtige Schuld- und Wutgefühle mit Gefühlen aus der Vergangenheit verwechseln. Wenn wir die Fähigkeit entwickeln, unseren gegenwärtigen Zorn von vergangenem Zorn und destruktive Scham von einem leichten konstruktiven Schamgefühl korrekt zu unterscheiden, werden wir über die notwendigen und grundlegenden Fertigkeiten verfügen, ein emotional gesundes Leben zu führen.

Pfad A gegen Pfad B

Bevor wir näher auf die rechte Seite der Gleichung im Modell des emotionalen Schmerzes eingehen, möchte ich im Vorfeld einige andere Unterschiede zwischen Pfad A und Pfad B aufzeigen. Pfad B folgt im Unterschied zu Pfad A eher dem, was man allgemein moralische oder religiöse Grundsätze nennt. Das hat mit der Art und Weise zu tun, wie wir, unsere Gesellschaft und unsere religiöse oder moralische Erziehung korrektes, ethisches, gutes Verhalten definieren. Auf der Grundlage dessen, was als richtig oder heilig definiert wird, sollten wir eine gewisse Scham verspüren, wenn wir zum Beispiel stehlen oder andere verletzen. Dann wird erwartet, daß wir versuchen, die Situation richtigzustellen oder in Ordnung zu bringen.

Pfad A, auf den ich mich in diesem Buch vorrangig konzentriere, hat mehr mit unserer emotionalen Gesundheit zu tun. Während Pfad B die Sünde bzw. die einem anderen zugefügte Verletzung beschreibt, stellt Pfad A die Sünden bzw. Verletzungen dar, die wir uns selbst antun.

Es ist wichtig zu erkennen, daß Menschen, die an schweren emotionalen Störungen leiden, fast immer Unrecht oder Verletzungen erlitten haben. Wenn Johnny die Milch verschüttet und seine Mutter ihn anschreit und ihm sagt, daß er ein böser Junge sei, statt auf konstruktive Weise sein Verhalten anzusprechen, greift sie den Kern seines eigentlichen Selbst an. Indem sie das tut, fügt sie an Pfad A noch Pfad B an. Obwohl Charles Manson sich aus eigener Verantwortung entschied, ein Krimineller zu werden, hätte er dies wahrscheinlich nicht getan, wenn er in jedem Abschnitt seines Lebenswegs auf so überwältigende Weise verletzt worden wäre. Dies ist der Bereich, in dem die Kirche und andere religiöse Gruppen häufig einen großen

Fehler machen. Von einem theologischen Standpunkt aus betrachtet, könnte man zu dem Schluß kommen, die Symptome der Depression, der Schizophrenie oder andere Verhaltensweisen als das Ergebnis des Ungehorsams gegenüber Gott zu sehen. In Wirklichkeit ist genau das Gegenteil der Fall: andere haben *diese Person* verletzt. Wenn eine religiöse Autorität jemandem erzählt, daß seine Symptome das Ergebnis seines »Ungehorsams gegenüber Gott« oder seines »mangelnden Glaubens« seien, fügt sie ihm damit nur noch weitere Verletzungen zu.

Natürlich ist die Situation eines Menschen niemals so einfach. Vieles von Mansons Verhalten ist das Ergebnis der erlittenen Verletzungen, aber er *entschied* sich dennoch dazu, anderen weh zu tun. In diesem Sinne muß er immer noch für die Verbrechen verantwortlich gemacht werden, die er begangen hat.

Um die eigenen Gefühle und Emotionen in einem angemessenen Rahmen zu halten, muß man die Fähigkeit besitzen, auf der linken Seite des Diagramms zu bleiben. Wenn das Ausmaß der Verletzung den Betroffenen erst einmal auf die rechte Seite hinübergestoßen hat, beginnen Pfad A und Pfad B sich wie zwei Schnüre ineinander zu verwickeln und eine Vielzahl komplexer und schwer zu verstehender Verhaltensweisen hervorzurufen.

Sobald eine Person diese Stufe der emotionalen Funktionsstörung erreicht hat, kann der Versuch, sie von **Punkt 8** zu **Punkt 2** zurückzuführen – dem Punkt, an dem eine Heilung stattfinden kann –, eine schwierige und komplexe Angelegenheit sein. Dieser Prozeß wird sehr schwierig für Manson oder jede andere Person, die dieses Verhalten seit vielen Jahren als Abwehr gegen den an **Punkt 2** angesammelten intensiven Schmerz eingesetzt hat.

Wenn wir als Gesellschaft diese »Szenarios des schlimmsten Falls« vermeiden wollen, besteht die beste Lösung darin, ein Programm der emotionalen Gesundheit zu entwickeln, das die **Punkte 1 bis 4** umfaßt. Leider tut unsere Kultur dies nicht. Statt dessen geben unsere Gesellschaft und bestimmte religiöse Institutionen ausschließlich dem Betroffenen selbst die Schuld für seine Symptome. Das medizinische Modell wiederum leugnet den gesamten zwischen **Punkt 1** und **Punkt 7** ablaufenden Prozeß und konzentriert seine Anstrengungen vollständig darauf, die Symptome oder Verhaltensweisen an **Punkt 8** zu unterdrücken.

Der emotional gesunde Mensch

Vom Diagramm des emotionalen Schmerzes ausgehend, können wir den emotional gesunden Menschen sehr leicht definieren. Dieser Mensch hat die Fähigkeit, sich die meiste Zeit im Bereich von **Punkt 1 bis 4** zu bewegen. Wenn ihm Schmerz oder Verletzungen zugefügt werden und er nicht in der Lage ist, die verletzten Gefühle innerlich zu verarbeiten, hat er den Mut und die innere Stärke, die Verletzung auf offene und ehrliche Weise anzusprechen, ohne dabei die Unschuld der anderen Person zu verletzen. Eine solche Person wird nicht sagen »Du bist ein schlechter Arbeiter. Du bist gefeuert«, sondern eher: »Ich ärgere mich, wenn du zu spät kommst. Ich muß mit dir über dieses Thema reden.«

Selbst wenn der emotional gesunde Mensch gelegentlich unverantwortlich handelt und vielleicht die Rechte und Gefühle anderer verletzt, vermag er es zu vermeiden, sich selbst mit destruktiver Scham zu bestrafen. Statt dessen entscheidet er sich dazu, seine Fähigkeit, die Scham bewußt wahrzunehmen, zu nutzen. Er wird dann den Mut finden, sich mit anderen zu versöhnen. Je mehr wir in unseren Beziehungen zu anderen lernen, uns im Rahmen von **Punkt 1 bis 4** zu bewegen, desto mehr wird unser Leben von emotionaler Gesundheit geprägt sein.

Kapitel 12

HASS UND SELBSTHASS

Je besser wir die **Punkte 1 bis 4** des Diagramms des emotionalen Schmerzes verstehen und diesen Aspekt in unserem Alltagsleben erfahren, während wir Verletzendes erleben, desto eher werden wir in der Lage sein, **Punkt 5 bis 8** zu begreifen. Wenn wir die Dynamik des von **Punkt 1 bis 4** ablaufenden Prozesses jedoch nicht erfassen, dürften wir Schwierigkeiten haben, den Rest der Gleichung zu verstehen, insbesondere die Entstehungsgeschichte von Haß und Selbsthaß.

Mit ihrer angeborenen Unschuld und Empfindsamkeit sind Kinder besonders wehrlos gegen Verletzungen. Wird ein Kind verletzt und drohen die mit dieser Verletzung einhergehenden Gefühle die Unschuld seines eigentlichen Selbst zu überwältigen, so beginnt die schützende Seite seines Bewußtseins eine immer wichtigere Rolle zu spielen. Wenn zum Beispiel Johnnys Mutter, als dieser die Milch verschüttete, ihn weiter angeschrien und gesagt hätte, wie böse er sei, hätte seine schützende Seite vielleicht begonnen, auf eine von zwei Weisen zu agieren: Sie hätte möglicherweise jedes Gefühl einer konstruktiven Scham ausgeschaltet, um Johnny davor zu schützen, der destruktiven Scham ausgeliefert zu sein, oder ihn vielleicht auch dazu gebracht, bei allem, was er tat, zu zögern oder sich Sorgen zu machen. Vielleicht hätte er schließlich geglaubt, daß er nie etwas Falsches tun würde und immer sicher wäre, wenn er sich um jede kleine Tat nur genügend Gedanken machte. Welchen Pfad auch immer das schützende Unterbewußtsein wählt, das Endergebnis ist immer der Schutz des eigentlichen Selbst.

Wenn das eigentliche Selbst verletzt wird, fühlt es sich ungeliebt und hat ein Bedürfnis nach Heilung. Es ist wichtig zu erkennen, daß dieses Bedürfnis erst verschwinden wird, wenn eine Heilung erfolgt ist. Wir können leugnen, daß unsere Kindheitserinnerungen der

Heilung bedürfen, wissen jedoch aus unserer eigenen Lebenserfahrung, daß dies einfach eine Tatsache ist. Jedesmal, wenn wir von jemandem verletzt werden, der uns wichtig ist, verspürt ein Teil von uns das Bedürfnis, diesen Schmerz zu heilen. Irgend etwas fühlt sich *nicht abgeschlossen* an.

Nehmen wir zum Beispiel an, ein Kollege macht eine unfaire Bemerkung über mich. Wenn ich nichts sage, gelingt es mir vielleicht, das Ereignis zu verdrängen und mit meiner Arbeit fortzufahren, und dennoch wird eine gewisse negative Energie in mir sein. Ein schützender Teil von mir möchte dem Betreffenden diese Bemerkung übelnehmen und ihm nicht mehr soviel Vertrauen entgegenbringen.

Ich kann mich an mehrere kleine Vorfälle in meinem Leben erinnern, bei denen ich ungewollt von anderen verletzt wurde. Diese Vorfälle waren so klein, daß sie wenig – wenn überhaupt eine – Wirkung auf mein jetziges Leben haben. Da diese Situationen jedoch nie geklärt wurden, fühle ich immer noch ein wenig Schmerz, wenn ich an sie denke. Wurden solche Situationen früher auf vernünftige Weise geklärt, dann verspüre ich heute keinen Schmerz mehr, sondern Wärme in bezug auf die Situation oder Person. So zwang mich meine Tante einmal, als ich sie besuchte, Erbsen zu essen. Ich wurde dieses Erlebnis dreißig Jahre lang nicht los, bis ich es schließlich auf »spaßhafte« Weise zur Sprache brachte, wobei mein Humor die Tatsache vertuschen sollte, daß ich mich immer noch verletzt fühlte. Sie entschuldigte sich und sagte, daß es ihr nicht bewußt gewesen sei, meine Gefühle verletzt zu haben. Obwohl ich diese Tante immer besonders gern mochte und sie mir mehr als genug Liebe gegeben hat, um mit diesem Vorfall fertig zu werden, ersetzte ihre Entschuldigung den Schmerz über diesen *bestimmten* Vorfall durch ein Gefühl der Wärme.

Wir müssen erkennen, daß sich jeder Moment des Verletztwerdens nach Heilung sehnt, auch wenn wir zur Überwindung vieler solcher Momente in unserem Leben innere Stärke benötigen. Unsere Herzen sehnen sich nach Heilung, weil wir in jenen Momenten eine emotionale Investition getätigt haben. Im Fall meiner Tante brachte mich die Chance, sie zu besuchen, immer in Ferienstimmung. In den Ferien sollte man nicht dazu gezwungen werden, Erbsen zu essen, auch nicht von einer Lieblingstante.

Um emotionale Störungen richtig verstehen zu können, müssen wir erkennen, daß wir (a) auf eine bestimmte Verletzung (**Punkt 1** bis 4) immer auf die gleiche und grundlegende Weise reagieren und (b) ein *absolutes* Bedürfnis nach Heilung haben. Von diesen beiden Prinzipien ausgehend, wollen wir uns nun die rechte Seite der Gleichung ansehen: Punkt 5 bis 8.

Punkt 5 bis 8

Wenn wir verletzt werden und keine Heilung erfahren oder die entsprechenden Gefühle ausdrücken können, kommt unser schützendes Unterbewußtsein ins Spiel. Zunächst leugnet es unsere verletzten Gefühle. Findet keine Heilung statt, ist es jedoch nur eine Frage der Zeit, bis das schützende Unterbewußtsein mit der *aktiven* Suche nach einer Möglichkeit beginnt, das wiederzugewinnen, was wir verloren haben.

Es ist wichtig zu akzeptieren, daß dieser aktive Prozeß abläuft. Im letzten Kapitel habe ich beschrieben, wie ich nachts, als mein Kind mich weckte, meine Gefühle beiseite schob und dann am nächsten Morgen meine Frau anschnauzte, »teures« Müsli gekauft zu haben. Diese Reaktion ging auf den unterbewußten Teil meiner Psyche zurück, der nach einem Weg suchte, meine verlorene Würde wiederzugewinnen. Wenn wir verletzt werden, beginnen wir alle einen Suchprozeß. Die Reihenfolge ist:

a) Die Verletzung

b) Das Unterdrücken der Gefühle

c) Keine Heilung

d) Das Bedürfnis, das Selbst zu bestätigen, indem wir andere oder uns selbst durch Selbstbestrafung *aktiv* verletzen.

Auch wenn meine Bemerkung über das Müsli wie aus heiterem Himmel aufzutauchen schien, war sie doch das Ergebnis meiner unterbewußten Suche nach einem Weg, ein gutes Gefühl gegenüber meinem unidentifizierten und ungeheilten verletzten Selbst wiederzuerlangen. Meine Frau anzuschnauzen ist ganz gewiß nicht Teil meiner Biologie und auch nicht einfach eine erlernte Reaktion. Mein schützendes Unterbewußtsein könnte zwar eine bestimmte Verhal-

223

tensweise von anderen erlernt haben, indem es diese kopiert. Häufig tut es dies auch, doch dies berechtigt mich nicht zu leugnen, daß in mir selbst ein aktiver Suchprozeß stattfindet.

Wenn eine Verletzung nicht richtig identifiziert, zum Ausdruck gebracht oder geheilt wird, muß ein Teil unseres Bewußtseins mit der Suche nach einem alternativen Weg beginnen, damit wir das, was uns verlorenging oder uns weggenommen wurde, wiedergewinnen. Auch wenn wir es schaffen, diesen Prozeß von unserem Bewußtsein fernzuhalten, indem wir den Schmerz unterdrücken oder ihn durch Angstgefühle, Süchte und Zwangsverhalten vermeiden, wird die Energie der Verletzung dahin gelenkt werden, andere oder uns selbst zu hassen. In Abbildung 12.1. habe ich das Diagramm des emotionalen Schmerzes noch einmal gezeichnet und dabei diese Aspekte hervorgehoben.

Lassen Sie uns mit dem Aspekt des Selbsthasses beginnen und anschließend das Bedürfnis, andere zu verletzen, untersuchen.

Selbsthaß

Wie wir bereits gesehen haben, schließt der normale Prozeß, mit den verletzenden Seiten des Lebens konfrontiert zu werden, immer einen gewissen Zorn mit ein. Wenn es einem Kind, dessen Unschuld zutiefst verletzt wurde, nicht gestattet wird, seine Gefühle wahrzunehmen, oder wenn es Schuld als Möglichkeit gewählt hat, seine eigenen Gefühle zu leugnen, kann dieses falsche Schuldgefühl sich in viele unterschiedliche Formen des Selbsthasses verwandeln. Der Prozeß könnte mit einer milden Form der Selbstbestrafung mittels schuldbewußter Gedanken und Aussagen beginnen und dann mit Zwangshandlungen fortgesetzt werden, die es dem Kind ermöglichen, seine Gefühle der Scham und des Zorns von sich fernzuhalten. Es könnte sogar das Bedürfnis verspüren, andere oder sich selbst zu verletzen.

Viele Eltern, die als Kinder mißbraucht wurden, haben sich geschworen, selbst die besten Eltern zu werden. Um andere nicht mit ihren Gefühlen der unterdrückten Wut zu verletzen, müssen sie sich ständig mit schuldbewußten Botschaften füttern. Jedes Mal, wenn das kleinste Anzeichen von Wut an die Oberfläche zu dringen beginnt, kommt ihr schützendes Unterbewußtsein ihnen schnell zu Hilfe und ruft eine schuldbewußte oder destruktive emotionale Reaktion hervor.

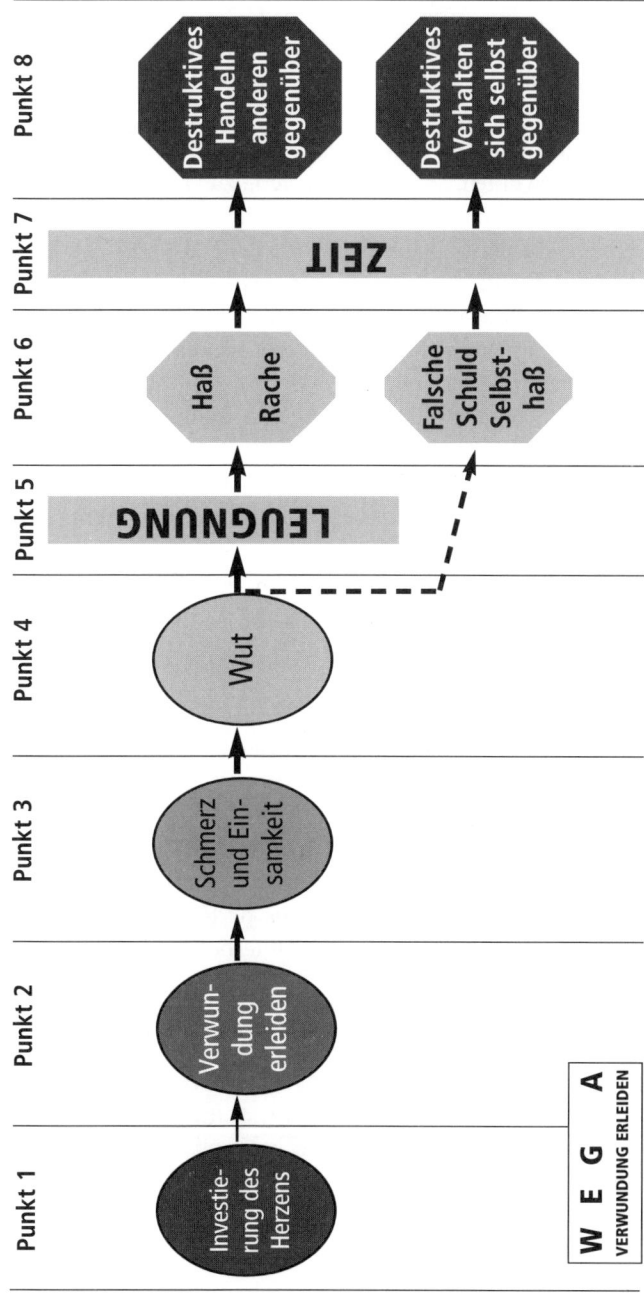

Abb. 12.1.: Ungeheilte Verletzungen, die sich in Haß und Selbsthaß verwandeln.

Viele Individuen schaffen es, ihren lebenslangen Zorn auf ihre Eltern zu unterdrücken, indem sie sich ständig wegen irgendeiner Sache schuldig fühlen. Wenn eine herrische Mutter anruft und fragt: »Was ist los mit dir? Du solltest mich öfter besuchen«, verspürt die Tochter keinen bewußten Zorn über die Verletzung ihres Lebensraumes, sondern fühlt sich schuldig, es ihrer Mutter nicht recht zu machen. Eine solche Person kann sich schon dann als »schlecht« empfinden oder schuldig fühlen, wenn ihr nur jemand einen enttäuschten Blick zuwirft. Auf diese Weise gibt sie natürlich sehr viel Macht an andere ab, weil sie ihnen die Möglichkeit gibt, sie durch das Erzeugen falscher Schuldgefühle oder destruktiver Scham zu kontrollieren.

Um Wut- und Schamgefühle zu vermeiden, kann sich eine solche Person auch in ein Zwangsverhalten flüchten. Lassen Sie uns als Beispiel eine Frau nehmen, die als Kind mißbraucht wurde, nun jedoch entschlossen ist, ihrem Kind die beste Mutter zu sein. Wenn diese Frau nachts mehrmals von einem kranken Kind aufgeweckt wird, kann sie sich vielleicht nicht einmal das leiseste Gefühl von Gereiztheit zugestehen, da ein solches Gefühl etwas von dem tiefen Zorn und Haß aus ihrer eigenen Kindheit auslösen würde. Um ihre tieferen Gefühle unterdrücken zu können, wird sie vielleicht in manchen Bereichen ein Zwangsverhalten an den Tag legen. Eine meiner Bekannten putzte jedes Mal nach einer schwierigen Nacht mit ihrem Kind das ganze Haus, besonders wenn sie von ihrem Mann keine Hilfe erfahren hatte. Um den Zorn zu unterdrücken, der in ihr hochkam, nachdem sie aufgestanden war und ihr Kind getröstet hatte, begann sie in Gedanken den nächsten Tag zu organisieren. Wenn sie bei dem guten Gefühl verweilte, ihr Haus perfekt in Ordnung zu haben, wurde ihr Zorn weit genug ins Unterbewußtsein gedrängt, um sie wieder schlafen zu lassen.

Aus Angst oder Abscheu vor irgendeiner Form des Zorns verwandeln einige Menschen ihn selbst dann in Scham, wenn sie nicht ernsthaft verletzt wurden. Diese Reaktion habe ich öfter bei Töchtern beobachtet, die von sehr liebevollen und fürsorglichen Vätern großgezogen wurden. Gleichgültig, wie liebevoll oder perfekt ein Vater sein mag, es wird immer Momente geben, in denen die Tochter ihm gegenüber Wut verspürt. Wenn sie das Gefühl hat, diese angemessene Wut nicht ausdrücken zu können oder sich dafür entscheidet, sie in Schuld oder Selbsthaß zu verwandeln, um ja nicht die

Liebe des Vaters zu verlieren, wird sie beginnen, sich selbst zu verkrüppeln. Wenn sie in ihrem späteren Leben verletzt wird, wird sie nicht in der Lage sein, Zorn zu empfinden und sich gegen den verletzenden Menschen zur Wehr zu setzen. Statt dessen wird sie sich selbst die Schuld an diesen Verletzungen geben. Als Reaktion auf einen sie mißbrauchenden Ehemann sagt sie vielleicht zu sich selbst: »Wenn ich nur eine bessere Ehefrau wäre, würde er nicht böse auf mich werden und mich schlagen.«

Extremer Selbsthaß

Eine der wichtigsten Möglichkeiten des schützenden Unterbewußtseins, mit ungeheiltem Schmerz umzugehen, ist die, ihn erneut gegen die betroffene Person zu richten: Diese bestraft sich dann selbst dafür, daß sie Schlechtes getan oder anderen gegenüber negative Gefühle gehabt hat. Leider kann die Umwandlung von Zorn in falsche Schuldgefühle oder Selbsthaß zu extremem Selbsthaß führen.

Viele von Ihnen werden von Menschen gehört haben, die das Bedürfnis verspüren, sich selbst zu schneiden oder ihre Körper auf irgendeine andere Weise zu verstümmeln. Hierbei handelt es sich nicht um Selbstmordversuche, sondern in einigen Fällen um das Bedürfnis, sich selbst zu bestrafen. In anderen Fällen ist es einfach der drastische Versuch, den Schmerz zu vertreiben. Wenn jemand eine Rasierklinge nimmt und kleine Schnitte zu machen beginnt oder sich mit einer Zigarette verbrennt, empfindet er *keinen* Schmerz. Statt dessen verspürt er häufig ein warmes Glühen in seinem Körper. Dieses warme Glühen ist begleitet von der Sehnsucht, sich selbst zu schaden. Dieses Gefühl kann genauso überwältigend werden wie das Bedürfnis, Alkohol zu trinken oder Drogen zu nehmen. Da Selbstverstümmelung eine extreme Form des Selbsthasses sein kann und oft das Ergebnis sexuellen Mißbrauchs ist, werden wir Inzest als Beispiel heranziehen, um die mit jedem Selbsthaß verbundene Sehnsucht, sich selbst zu schaden, verstehen zu können.

Inzest repräsentiert in vielerlei Hinsicht eine tiefgehende Verletzung des Selbst. Der vielleicht wichtigste Aspekt beim Inzests ist der Vertrauensbruch. Ein kleines Kind, das verwundbar ist und sich sicher fühlen möchte in der Obhut der Eltern (gewöhnlich des Vaters), wird sich selbst und seine Bedürfnisse rückhaltlos in diesen

Elternteil investieren. Dabei wird eine bewußte, vertrauensvolle Liebesbeziehung zwischen dem Kind und seinem Vater gebildet.

Wenn ein Kind mißbraucht wird, wird dieser Schmerz tief in sein Inneres, vielleicht bis zum Kern seines eigentlichen Selbst vordringen. Das liegt daran, daß es in seinem Kern unbedingt darauf angewiesen ist, anderen zu vertrauen. Eltern sind für ein Kind hierbei natürlich normalerweise die erste Wahl.

Ein Kind wird ein intensives Gefühl der Einsamkeit verspüren, wenn es zum Beispiel von seinem Vater auf verletzende Weise berührt wird. Es wird sich auch schämen oder schmutzig fühlen, weil es *sein* Körper war, von dem sein Vater sich angezogen fühlte und den er nun zu seinem Schaden mißbraucht hat. Aus diesem Grund wird es leicht zu dem Schluß kommen, daß die Verletzung sein Fehler war, besonders wenn der Vater seine eigene Schuld leugnet.

Diese intensiven Gefühle des Schmerzes und der Einsamkeit, die bis zur tiefsten Verzweiflung anwachsen können, werden auf sehr heftige und destruktive Weise an seinem eigentlichen Selbst zu zehren beginnen. An diesem Punkt muß entweder sein bewußtes Selbst oder sein schützendes Unterbewußtsein irgendwoher Rettung herbeiholen. Aber wie? Es kann damit offensichtlich nicht zu seinem Vater gehen; und aufgrund der erfahrenen Scham und des erfahrenen Vertrauensbruches wird es wahrscheinlich auch Angst haben, die Hilfe anderer Erwachsener zu suchen. Süchte, Zwänge und die Entwicklung schizophrener Symptome können als Möglichkeit genutzt werden, mit dieser Verzweiflung fertig zu werden. Doch selbst diese Methoden versagen häufig, weil sie die intensive Scham nicht unterdrücken können. Angesichts eines solch extremen Dilemmas ist Selbsthaß häufig die einzige Antwort. Wenn das Kind sich selbst davon überzeugen kann, daß es schlecht ist oder falsch gehandelt hat, könnte es versuchen, sich selbst zu bestrafen. Während es das tut – vielleicht, indem es sich selbst schneidet oder sich Verbrennungen zufügt –, wird es sich emotional dahingehend beruhigen können, nun »das Recht« auf Vergebung verdient zu haben. Die Wärme dieses Gefühls verleiht ihm ein gewisses Maß an Kraft, um die durch den Mißbrauch ausgelöste Verzweiflung zu besiegen.

Da diese Handlungsweise zu keiner wirklichen Heilung der Verzweiflung führt, bringt das Schneiden nur eine vorübergehende Erleichterung, und schon bald wird sich das Kind danach sehnen, sich erneut zu schneiden, zu verbrennen oder irgendeine andere Methode zur Linderung seines seelischen Schmerzes anzuwenden.

Die Verzweiflung wird erst dann nachlassen, wenn eine sichere, vertrauensvolle Beziehung zu einem anderen Menschen entsteht und das Kind durch vorbehaltlose Liebe bestätigt wird. »Du warst kein böses kleines Mädchen. Dein Vater war böse. Er hätte dich auf die richtige Art lieben und berühren müssen.«

Inzest ist eine extreme Form des Mißbrauchs, die gewöhnlich zu selbstzerstörerischem Verhalten führt, doch wir sollten unsere Aufmerksamkeit nicht nur Fällen schweren Mißbrauchs zuwenden. Kinder, deren Eltern sich scheiden lassen, geben sich beispielsweise häufig die Schuld daran, weil dies für sie die beste Möglichkeit ist, mit dem Schmerz über ein Ereignis zurechtzukommen, über das sie so wenig Kontrolle haben. Während sie versuchen, mit der Verzweiflung darüber fertigzuwerden, daß sie einen Elternteil verlieren, greift oft das schützende Unterbewußtsein zu ihrer Rettung ein. Wenn sie sich selbst davon überzeugen können, daß sie an der Trennung schuld sind und dann herausfinden, was sie falsch machen, glauben sie, durch richtiges Verhalten ihre Eltern dazu bewegen zu können, zusammenzubleiben. Wenn ihnen dies gelänge, dann würde der Schmerz über die Scheidung aufhören.

Der gleiche Prozeß ist, parallel dazu, in unserer Gesellschaft als Ganzes zu beobachten. In dem Maße, wie der emotionale Schmerz innerhalb unserer Kultur intensiver wird, werden unsere Kinder immer mehr Wege finden müssen, mit diesem Schmerz fertigzuwerden, oft mit Hilfe so destruktiver Ausdrucksmöglichkeiten wie Selbsthaß, Drogen, leichtsinnigem Sex oder rücksichtslosem Fahren. All dies zeugt von ihrem tiefgehenden Bedürfnis, durch selbstzerstörerisches Verhalten wenigstens ein bißchen Kontrolle über ihre Emotionen zu gewinnen.

Viele der jungen Leute, die ihre Körper aus Selbsthaß verstümmeln, wurden als Kinder nicht einmal ernsthaft mißbraucht. Ihr Verhalten ist einfach ein Produkt von ablehnenden Gefühle sich selbst gegenüber, die häufig durch den andauernden negativen Druck seitens ihrer Altersgenossen ausgelöst werden. Viele junge Mädchen hassen sich zum Beispiel, weil sie nicht dünn genug sind. Könnten sie sich selbst wirklich lieben und dieser Liebe gegenüber Verantwortung empfinden, so würden sie besser auf sich aufpassen.

Mir geht es hier darum, deutlich zu machen, daß wir ein zunehmendes Bedürfnis verspüren werden, uns selbst und/oder andere zu verletzen, wenn wir nicht lernen, angemessen mit unseren Gefühlen umzugehen. Da sich in unserer Gesellschaft zunehmend Gewalt breit macht und wir unseren Kindern nicht richtig beibringen, wie sie im Rahmen von **Punkt 1 bis 4** emotional agieren können, werden wir immer mehr selbstzerstörerisches Verhalten erleben.

Haß, Gewalt und das Böse

Wie also wird jemand zu einem Serienmörder oder entwickelt eine *Liebe* zum Töten? Er beginnt auf dem gleichen Pfad wie wir alle, doch die Intensität seines Schmerzes ist viel größer. Sein Schmerz ist so groß und so intensiv, daß seine beschützende Seite sich mehr und mehr auf eine einzige Möglichkeit konzentriert, mit diesem fertig zu werden: die Verletzung anderer.

Um Ihnen eine Vorstellung von der Intensität des Schmerzes zu geben, den ein solcher Mensch erfährt, lassen Sie mich zu dem zurückkehren, was Manson sagte, als seine Mutter ihn dem Richter auslieferte, um ihren Freund nicht zu verlieren:

> Mein Kopf und mein Magen begannen, verrückt zu spielen. Mir war übel. Ich konnte nicht atmen. Tränen rannen meine Wangen hinunter. Eine unsichtbare Macht zerquetschte mir den Brustkorb und stahl mir das Leben. Ich liebte meine Mutter. Ich wollte sie. »Warum, Mom? Bitte komm und hole mich.« Ich war einsamer als jemals zuvor in meinem Leben.[1]

Die Intensität seines Schmerzes war nicht nur auf einen einzigen Vorfall zurückzuführen. In seinem Buch erwähnt er mehrere ähnliche Erfahrungen. Dieses Gefühl der Verlassenheit und des Betrugs muß Manson jedoch beinahe täglich verspürt haben. Wenn er als Kind von einem Aufpasser zum anderen herumgeschubst wurde, wieviele tausend Male hat er dann wohl andere Kinder mit ihren Eltern gesehen und einen stechenden Schmerz verspürt? Er hätte diesen Schmerz in Scham verwandeln können, aber erinnern Sie sich daran, daß unser Diagramm zeigt, daß die natürliche Reaktion auf Verletzungen ein Gefühl des Zorns ist.

Wie aber konnte er jemals hoffen, die Intensität seines Zornes »richtig« auszudrücken, ohne weiter bestraft zu werden? Mansons einzige Wahl, sich von diesen Gefühlen zu befreien und sie zu kontrollieren, bestand darin, sie zurückzudrängen und allmählich in Haß zu verwandeln.

Wenn wir einen ehrlichen Blick in unsere eigene Psyche werfen, können wir eine Ahnung davon erhalten, was in Manson vor sich gegangen sein muß. Wenn wir in eine Situation verstrickt werden, in der man uns verletzt, wir es uns jedoch (ohne schwere Folgen befürchten zu müssen) nicht erlauben können, wütend zu werden, verbringen wir vielleicht *zwanghaft* unsere Zeit damit, diese Wut in unseren Gedanken auszufüllen.

Wenn das Ereignis nicht so wichtig war und wir genügend Reserven an Selbstachtung besitzen, können wir uns schließlich zum Bereich von **Punkt 1 bis 4** zurückbewegen. Wenn Sie zum Beispiel der Manager einer Kundendienstabteilung wären und ein Kunde würde Ihr Team während einer Besprechung unter Beschuß nehmen, müßten Sie wohl während der Sitzung Ihren Zorn unterdrücken. Danach könnten Sie »Dampf ablassen«, indem Sie sich bei Ihren Mitarbeitern beschweren. Sie können den Vorfall auch anders wegstecken, indem Sie sich einreden, daß der Kunde nicht aufrichtig war, oder viele andere Möglichkeiten suchen, mit dem Zorn fertig zu werden. Wenn Sie jedoch täglich an Besprechungen teilnehmen müßten und man Sie persönlich angriffe, ohne daß Sie die Möglichkeit hätten, sich zu wehren oder Erleichterung zu verschaffen, würde Ihr Zorn schließlich einen Weg finden, sich zu äußern, ob konstruktiv (Lösung des Problems mit dem Management) oder destruktiv (übermäßig trinken oder kündigen).

Was tut jemand wie Manson? Wenn er seinem Zorn offen Ausdruck gibt, läuft er Gefahr, seine Mutter zu verlieren, von deren Freund geschlagen, von Verwandten, die ihn nicht um sich haben wollen, verstoßen zu werden oder in der Jugenderziehungsanstalt heftiger Prügel und Vergewaltigungen ausgesetzt zu sein. Ich bin sicher, daß es Zeiten gab, in denen er wütend wurde, jedoch lernen mußte, seine Wut »hinunterzuschlucken«. Er hatte dann sehr viel Schmerz und Erniedrigung hinzunehmen.

Höchstwahrscheinlich konnte er allein durch abscheuliche, rachsüchtige Gedanken Erleichterung finden. Vielleicht malte er sich in seiner Phantasie sogar die Möglichkeit aus, sich durch den Mord an seiner Mutter oder ihrer Liebhaber von einem Teil seines Zorns zu befreien. Diese zornigen Gedanken bereiteten ihm jedes Mal Vergnügen, denn sie bestätigten für einen Augenblick sein eigentliches Selbst und gaben ihm seine Würde zurück. Als er schließlich eine Gruppe von Anhängern fand, die an seinen Haß glaubten, war dies ein Grund mehr, zu hassen und sich dabei gut zu fühlen.

Manson hatte wie die meisten Psychopathen und Serienmörder sein ganzes Leben lang Haß dazu benutzt, das Gefühl des Verwundetseins zu kontrollieren. Wenn er phantasierte, wie er sich an denen rächen könnte, die er haßte, konnte er ein gewisses Maß an Kontrolle über sie verspüren und seine Würde wiedergewinnen. So wie Selbsthaß und Selbstverstümmelung dem Menschen, der voller Scham ist, vorübergehend ein gutes Gefühl geben und damit den zwanghaften Wunsch erzeugen, solche Handlungen ständig zu wiederholen, so werden Haß und schließlich das Töten für jemanden wie Manson zu einem zwanghaften Bedürfnis.

Je mehr solch ein Mensch Haß als Möglichkeit nutzt, seine verlorene Würde wiederzugewinnen, desto mehr werden Haß, Rache und Töten zu einer absoluten Notwendigkeit, um seine Selbstachtung aufrechtzuerhalten. Wenn der Serienmörder tötet, verschafft ihm diese Handlung – wie das bei jeder Art von Zwangsverhalten der Fall ist – Erleichterung. Schon bald wird er jedoch das Bedürfnis verspüren, erneut zu töten, um noch mehr von seiner verlorenen Würde zurückzugewinnen. Jahre des versteckten Zorns können vergehen, während ein Mensch sich mehr und mehr auf seinen Haß oder den Gedanken an Mord als Möglichkeit versteift, um seinen inneren Schmerz zu kontrollieren. Wenn er das erste Mal tötet, hat er vielleicht nicht die bewußte Absicht, dies zu tun. Möglicherweise tötet er im Affekt.

Nach dem ersten Mord wird er wahrscheinlich ein gewisses Maß an echter Scham verspüren. Indem er jemanden tötet, hat der Mörder tatsächlich sich selbst schwer verletzt. Wenn er nur in geringem Maße dazu fähig ist, sich selbst gegenüber eine solche Verletzung einzugestehen, wird er schließlich seine echte Scham in weiteren Zorn verwandeln. Dies wird veranschaulicht durch die Linie, die von **Punkt 3** auf **Pfad B** – der Scham, die er nach dem Mord fühlen sollte – zu **Punkt 6** auf **Pfad A** führt. (Siehe Abbildung 12.2.)

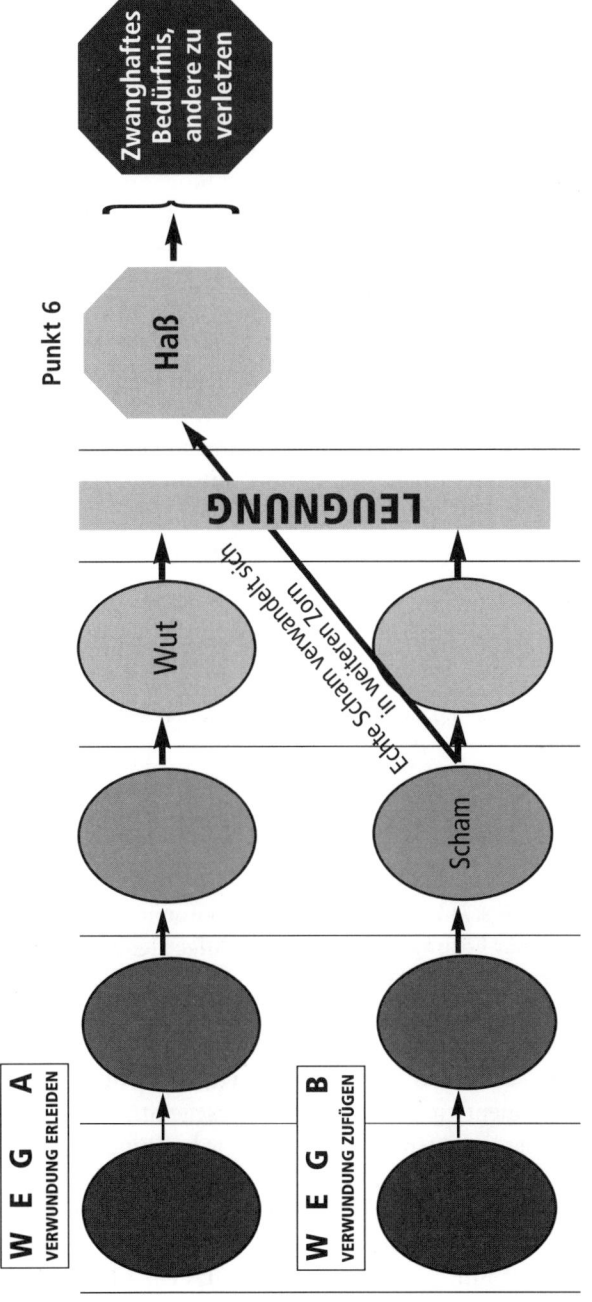

Abb. 12.2: Leugnung echter Scham und die Akkumulation von Haß.

Die meisten Fachleute glauben, daß der Massenmörder oder Soziopath keine Scham oder Schuld verspürt. Das ist nicht richtig. Er hat so viel echte Scham und so wenig Selbstachtung, die ihm helfen könnte, mit dieser Scham fertig zu werden, daß er sich von dieser abspalten muß, bevor sie ihn überwältigt. Er fühlt dann den Zwang, sie in gegen andere gerichteten Zorn zu verwandeln. Bevor eine solche Person einen unschuldigen Menschen töten oder vergewaltigen kann, muß sie diesen in ihrer Phantasie tatsächlich in jemanden verwandeln, der so schlecht ist, daß sie an ihm seine Wut auslassen kann, ohne ein Gefühl von Scham zu empfinden.

Jedes Mal, wenn der Serienmörder einen weiteren Menschen tötet, dient dieser Mord seinem schützenden Unterbewußtsein dazu, seine Verzweiflung, den aus der Vergangenheit stammenden Zorn und die echte Scham, die sich mit jedem neuen Mord anhäuft, zu vermeiden. Bald entwickelt er ein unkontrollierbares Bedürfnis nach dem Bösen. Wenn er tötet, verspürt er ein extremes Hoch, das jenem gleicht, das Rauschgiftsüchtige, Sexsüchtige oder andere Süchtige erleben.

Sie mögen sich fragen, wie das schützende Unterbewußtsein eine Person bis zu Mord und Vergewaltigung treiben kann. Inwieweit schützt es einen Menschen, wenn er sich zu solchen Verhaltensweisen gedrängt fühlt?

Erinnern Sie sich, daß das schützende Unterbewußtsein nur eine einzige Funktion hat. Es ist da, um das eigentliche Selbst des Menschen vor den Gefühlen der Verzweiflung, des Schmerzes, der Scham und des Zorns zu schützen. Sobald das schützende Unterbewußtsein eine Lösung findet – seien es Drogen, Haß, Katatonie oder Überessen – hält es an dieser Lösung fest. Da keine richtige Heilung stattfindet, fügt die Person sich in Wirklichkeit weitere Verletzungen zu. Schließlich kann sie die mit einem bestimmten Bereich verbundene Scham nur dadurch vermeiden, daß sie sich in eben diesem Bereich weiter abreagiert. Wenn es jemandem gelingt, das Überessen im gegenwärtigen Moment zu rechtfertigen, so erscheint – wenigstens für die Dauer dieses erneuten Vorfalls – auch jedes frühere Überessen gerechtfertigt. Wenn jemand eine Möglichkeit finden kann, den Mord an der achten Prostituierten zu rechtfertigen, dann kann er in diesem Moment auch den Mord an den sieben anderen rechtfertigen. Auf diese Weise führt uns unser schützendes Unterbewußtsein

234

in eine Sackgasse, in der wir mit dem zwanghaften Bedürfnis zurückgelassen werden, die gleiche Methode der Selbstrechtfertigung immer und immer wieder anzuwenden.

Was also sind »psychische Erkrankungen«?

Jeder von uns hat schon Situationen erlebt, in denen er sich ein bißchen verrückt oder selbstzerstörerisch verhalten hat oder in denen er über seine Wut und seinen Haß anderen gegenüber erstaunt war. Wenn dies also noch in den Bereich des Normalen fällt, worin besteht dann das Besondere an psychischen Erkrankungen?

Bei der Betrachtung selbst der bizarrsten Verhaltensweise können wir erkennen, daß es hier nicht um ein biologisch funktionsgestörtes Gehirn geht, sondern um einen verwundeten Menschen, der darum kämpft, seine Gefühle richtig wahrzunehmen und zu heilen. Hinter diesen seltsamen Verhaltensweisen oder Denkmustern werden sich immer Gefühle des Schmerzes, der Einsamkeit, der Angst und das Bedürfnis verbergen, andere oder sich selbst zu verletzen. Neben zerstörtem Vertrauen und dem Bedürfnis nach uneingeschränkter Bestätigung sind diese Gefühle die eigentliche Ursache aller emotionalen Störungen.

Wenn Sie dem wirren, scheinbaren Gefasel einer als schizophren diagnostizierten Person sorgfältig zuhören, können Sie mit ein bißchen Übung bald heraushören, daß dieser Mensch wahrscheinlich ein Thema mit den Gefühlen des Zorns und der Schuld hat – vor allem mit dem der Schuld! Eine Person kann sich als so schlecht oder schmutzig empfinden, daß sie sich aus Furcht davor, jemand könne ihr einen giftigen Blick zuwerfen, nicht vor die Tür wagt. So könnte ein Patient zum Beispiel die Wahnvorstellung entwickeln, daß der KGB hinter ihm her sei. Auf diese Weise kann er es vor sich selbst rechtfertigen, daß er sich den ganzen Tag im Haus versteckt, wo er sich sicher fühlt.

Ein anderer wird behaupten, außerirdische Raumschiffe gesichtet zu haben, oder er wird sich verantwortlich fühlen, den Präsidenten vor einem Attentäter zu schützen. Solche Phantasien sind oft auf ein Gefühl der Wertlosigkeit zurückzuführen und stellen für diese Person vielleicht die einzige Möglichkeit dar, auf sich aufmerksam zu machen. Diese Art der Wahnvorstellung treten häufig in Begleitung von Zorn und Haß auf. Nehmen wir als Beispiel den Fall eines Patienten an, der glaubt, gewisse Individuen hätten den KGB aus unlauteren Gründen auf ihn gehetzt. Diese Vorstellung ermöglicht es ihm, auf jeden, der ihm gegen diese Gefahr nicht beisteht, böse zu sein. Dieses Gefühl der Wut könnte wiederum mit Gefühlen der Hilflosigkeit zusammenhängen, die er als Kind verspürte.

Die Formen, die die Geschichten, Halluzinationen und Wahnvorstellungen solcher Menschen annehmen, sind so vielfältig wie ihre Persönlichkeiten; allen gemeinsam ist jedoch der starke Bezug zu den Gefühlen der Schuld, des Zorns und der Angst. Manchmal werden solche Phantasien auch benutzt, um Gefühle des Schmerzes und der Einsamkeit zu unterdrücken.

Schwere Depressionen resultieren aus der Angst, tiefere Gefühle zum Ausdruck zu bringen. Zwangshandlungen wie Händewaschen stellen für bestimmte Personen eine wirksame Taktik dar, ihr Gefühl des Beschmutztseins unter Kontrolle zu halten. Ein solcher Mensch kann dadurch zwar die tiefer liegende Scham, die aus früher erlittenen Verletzungen resultiert, nicht wirklich auflösen, doch kann das Waschen der Hände ihm wenigstes *für einen Moment* das Gefühl geben, sauberer zu sein. Nach dieser kurzfristigen Erleichterung melden sich bald wieder die tieferen Gefühle und drängen an die Oberfläche. Bevor diese Gefühle jedoch ins Bewußtsein vordringen, wird die Person das heftige Verlangen verspüren, sich wieder die Hände zu waschen. Viele Frauen, die Opfer sexuellen Mißbrauchs geworden sind, gehen in dem Versuch, ihren Körper zu reinigen, so weit, daß sie ihre Vagina schrubben, bis sie blutet.

Unabhängig von den konkreten Symptomen oder Verhaltensweisen liegen emotionalen Störungen immer Haß oder Selbsthaß oder auch ein Bedürfnis zugrunde, tiefere Gefühle des Schmerzes und der Einsamkeit zu unterdrücken. Um zu genesen, müssen wir Ursprung und Wesen des Problems richtig bestimmen und uns durch Heilung auf die linke Seite der emotionalen Gleichung unseres Lebens zurückbewegen.

Kapitel 13

MINIMIERUNG VON EMOTIONALEM SCHMERZ UND GEWALT

Wenn es wahr ist, daß emotionaler Schmerz zu den Symptomen und Verhaltensweisen führt, die als psychische Erkrankung etikettiert werden, stellt sich sofort eine entscheidende Frage: Wie können wir den emotionalen Schmerz in unserem Leben und im Leben anderer verringern? Wir müssen zunächst damit beginnen, die Funktionsweise unserer Emotionen klar zu verstehen; Abbildung 13.1 veranschaulicht die **Punkte 1 bis 4.**

Dieses einfache Diagramm könnte uns als brauchbares Modell dienen, um Veränderungen in unserer Gesellschaft vorzunehmen und unsere Kinder auf eine emotional gesunde Weise zu erziehen. Ein Mensch, der entsprechend diesem Diagramm gelernt hat, mit seinen Gefühlen umzugehen, wird die Fähigkeit besitzen, unter beinahe allen Umständen emotional stabil zu bleiben. Damit dies gelingt, müssen wir zunächst lernen, unsere Gefühle richtig wahrzunehmen. Wenn wir diese Fertigkeit nicht schon als Kind erlernt haben, brauchen wir als Erwachsene oft sehr lange, um sie nachträglich zu erwerben. Ich denke, ich selbst bin ein hervorragendes Beispiel dafür, wie unfähig wir oft sind, das Wesen unserer Gefühle zu erkennen.

Direktes Zum-Ausdruck-Bringen der Gefühle

Ich wuchs in einer halbländlichen Umgebung mit vier sehr ruppigen Brüdern auf. Wir konnten alle wütend werden, doch unsere Methode, die wir wahrscheinlich von unserem Vater lernten, bestand darin, unsere Gefühle in dem Moment, da sie entstanden, zu unterdrücken und dann plötzlich zu explodieren.

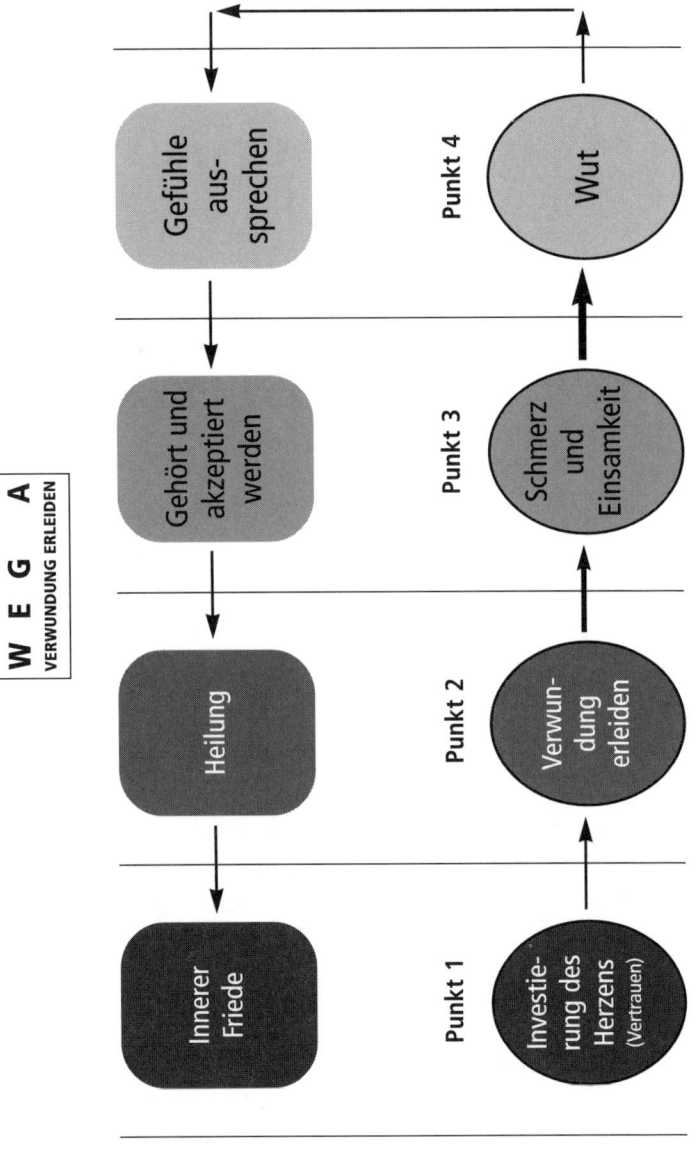

W E G A
VERWUNDUNG ERLEIDEN

Gefühle aus-sprechen

Gehört und akzeptiert werden

Heilung

Innerer Friede

Punkt 4 — Wut

Punkt 3 — Schmerz und Einsamkeit

Punkt 2 — Verwundung erleiden

Punkt 1 — Investierung des Herzens (Vertrauen)

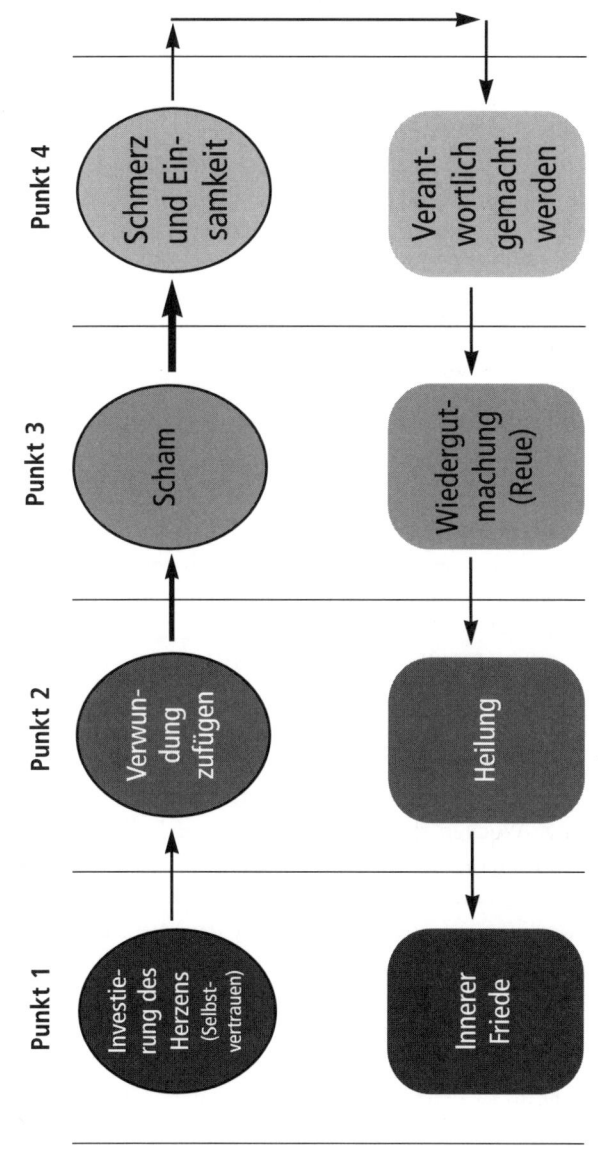

Abb. 13.1: Das Diagramm des emotionalen Schmerzes.

Das war vielleicht in Ordnung, solange es sich nur darum handelte, daß ich als Kind meinen Willen nicht bekam oder einen Wettkampf beim Sport verlor. Doch als ich älter wurde, erkannte ich bald, daß sich meine Ausbrüche sehr destruktiv auf Beziehungen auswirkten. Und so arbeitete ich daran, meine Wut zu beherrschen.

Während des Praktikums, das Teil meiner Ausbildung zum Therapeuten war, erlebte ich einen der größten Schocks meines Lebens. Meine Ausbildungsklasse bestand aus zehn Doktoranden, einem Professor und zwei Assistenten. Nachdem wir Klienten beraten hatten, die in eine auf unserem Gelände gelegene Klinik kamen, trafen wir uns in einem zentralen Raum und diskutierten unsere Fälle. Unweigerlich wurde unsere Aufmerksamkeit von den Klienten weg und auf unsere eigenen Probleme gelenkt.

Während eines Seminars wandte sich der Professor mir zu und sagte: »Ty, worüber bist du so verärgert?« Ich war mir in diesem Moment absolut nicht bewußt, über irgend etwas verärgert zu sein, also antwortete ich »Nichts«. Innerhalb der nächsten Minuten sagten mir die beiden Assistenten und die neun Studenten, daß der Ärger deutlich in meinem Gesicht geschrieben stehe. Da ich wirklich immer noch keinen bewußten Zorn verspürte und auch keine finsteren Gedanken hegte, war ich fest davon überzeugt, daß sie *alle* unrecht hatten. Ich dachte sogar, daß alle anderen verrückt geworden sein mußten.

Fünf Tage später dämmerte es mir plötzlich während einer Autofahrt, daß ich sehr wohl verärgert gewesen war und worin der Anlaß bestanden hatte. Die anderen hatten recht gehabt! Ich hatte meinen Zorn so effektiv verdrängt, daß ich ihn erst nach fünf Tagen bemerkte.

Wenige Wochen später konfrontierte mich die Gruppe mit einem neuen Problem, doch immer noch verspürte ich in der konkreten Situation keinen Zorn. Auf dem Nachhauseweg verstand ich plötzlich, worüber ich böse war. Obwohl ich offensichtlich Fortschritte machte (zwei Stunden im Vergleich zu fünf Tagen) schämte ich mich meiner Unfähigkeit, meine Gefühle »direkt« zum Ausdruck zu bringen. Ich hatte die Gewohnheit entwickelt, Ärger so lange anzustauen, bis mir eine wirklich schwerwiegende Verletzung eine Rechtfertigung dafür zu geben schien, zu explodieren; was ich jedoch nicht schaffte, war, die kleinen, alltäglichen verletzenden Erlebnisse schon im Moment ihres Auftauchens wahrzunehmen und adäquat darauf zu reagieren. Ich hatte so viel von mir selbst darin investiert, ein »netter

242

Kerl« zu sein, daß ich gelernt hatte, meine Wut so lange zu übergehen, bis sie das Faß zum Überlaufen brachte. Je härter ich daran arbeitete, nicht zu explodieren, desto verschlossener wurde mein Charakter. Als ich später mit Depressionen zu tun hatte, erkannte ich
auch, daß diese daraus resultierten, daß ich meine Gefühle wegschloß.

Seither ist mir bewußt geworden, daß es auch mit einer erhebli-
chen Schattenseite verbunden ist, keinen direkten Zugang zu seinen
Gefühlen zu haben. Dies bedeutet ja, daß ich nicht in der Lage war,
sie in dem Moment in meinem Körper zu spüren, in dem sie sich
entwickelten. Wenn man sich so weit von seinen Gefühlen entfernt,
verliert man wertvolle Informationen darüber, was sich im eigenen
Leben ereignet, und die Fähigkeit, für sich selbst zu sorgen. Da die
meisten von uns ihre Wut bis zu einem gewissen Grad spüren können, neigen wir zu der Ansicht, daß wir uns dieser Wut *immer*
bewußt seien. Es ist jedoch so, daß wir zum größten Teil gelernt
haben, den der Wut zugrundeliegenden Schmerz zu leugnen. Wir
sind uns deshalb in der Regel nur »der Spitze des Eisberges« unserer
eigenen Gefühle bewußt.

Dieser Mangel an Selbstwahrnehmung betrifft natürlich nicht nur
die Wut, sondern all unsere elementaren Gefühle, einschließlich
Schmerz, Einsamkeit, Scham und oft auch das Bedürfnis nach Liebe.
Manche Klienten sitzen in meiner Praxis, den Tränen nahe, und sind
sich dennoch ihres Bedürfnisses, zu weinen oder ihren Schmerz mitzuteilen, überhaupt nicht bewußt. Andere sprechen über etwas sehr
Schmerzliches, das ihnen jemand angetan hat, und leugnen dennoch,
daß dieses Ereignis Wut auf die betreffende Person ausgelöst hat.

Da wir uns alle *eines Teils* unserer Gefühle bewußt sind, neigen wir,
zu glauben, daß wir in der Lage sind, *alle* unsere Gefühle wahrzunehmen; doch so wie ich es mit meiner Wut gemacht habe, neigen
wir alle dazu, einen gewissen, unliebsamen Anteil unserer Gefühle
auszuschalten. Dieser Vorgang der Verdrängung fordert von uns aber
einen hohen Preis: Er hindert uns daran, mit allen Sinnen in dieser
Welt zu leben. Er hindert uns nicht zuletzt auch daran, ganz bei uns
selbst zu sein.

Ich erinnere mich, daß ich in jüngeren Jahren, wenn ich wußte,
daß ich jemanden verletzt hatte, nicht den Mut aufbrachte, die
Verantwortung auf mich zu nehmen, die Sache wiedergutzumachen,
die Situation zu bereinigen und mein eigentliches Selbst zu heilen.

Als Ergebnis meiner eigenen Therapie habe ich nun das tiefe Bedürfnis, alle meine Beziehungen so »rein« wie möglich zu halten. Wenn in einer Beziehung etwas für mich Verletzendes geschieht, versuche ich, dieses Problem sofort offen anzusprechen. Wenn ich meinerseits jemanden verletzt habe, versuche ich, die Sache wiedergutzumachen.

Da ich meine Gefühle nun in jeder konkreten Situation zutreffend bestimmen kann und bestimmte Fertigkeiten gelernt habe (und immer noch lerne), bin ich in der Lage, die meiste Zeit innerhalb der **Punkte 1 bis 4** im Diagramm des emotionalen Schmerzes bleiben. Infolgedessen habe ich gelernt, meine Gefühle besser zu schützen, streßfreier zu leben und mich sicherer und anderen näher zu fühlen. Obwohl ich immer noch ein Lernender bin, weiß ich, daß ich eine genaue Vorstellung davon habe, was emotionale Gesundheit bedeutet und wie man sie bewahrt.

Ich habe die eben angesprochenen Grundsätze und das, was ich aus meinem eigenen Leben gelernt habe, direkt in meine therapeutische Methode einfließen lassen. Von den Klienten, mit denen ich zu tun habe, machen diejenigen die größten Fortschritte, die am härtesten daran arbeiten, ihre eigenen Gefühle richtig wahrzunehmen und sie sich selbst *einzugestehen*. Sie sind am besten in der Lage, optimal für sich selbst zu sorgen, zu bestimmen, was sie im Leben erreichen wollen, und andere so wenig wie möglich zu verletzen.

Wir können Bobs Fall dazu verwenden, diese Grundsätze noch einmal zu verdeutlichen. Zu Hause, in den Krankenhäusern und in anderen Situationen war Bob sich nicht einmal der Tatsache bewußt gewesen, daß er seine katatone Pose häufig einsetzte, um die mit der Ablehnung durch andere Personen verbundenen Gefühle von seinem eigentlichen Selbst fernzuhalten. Um seine Bewältigungsmethode zu optimieren, verleugnete er seine Gefühle, wenn er in diesen katatonen Zustand verfiel.

In meiner Praxis verspürte er den Drang, sich an die Wand zu stellen. Dort drehten sich seine Gedanken so sehr um die Frage, ob er sich in meiner Gegenwart richtig verhalten habe, daß er kaum wahrnahm, wo er stand. Erst als er sich sicher genug fühlte, konnte sich sein Verstand so weit beruhigen, daß Bob die Ängste spürte, mit denen er seine tieferen Gefühle des Schmerzes und der als Kind erfahrenen Einsamkeit verdeckte.

244

Sein Diagramm des emotionalen Schmerzes:

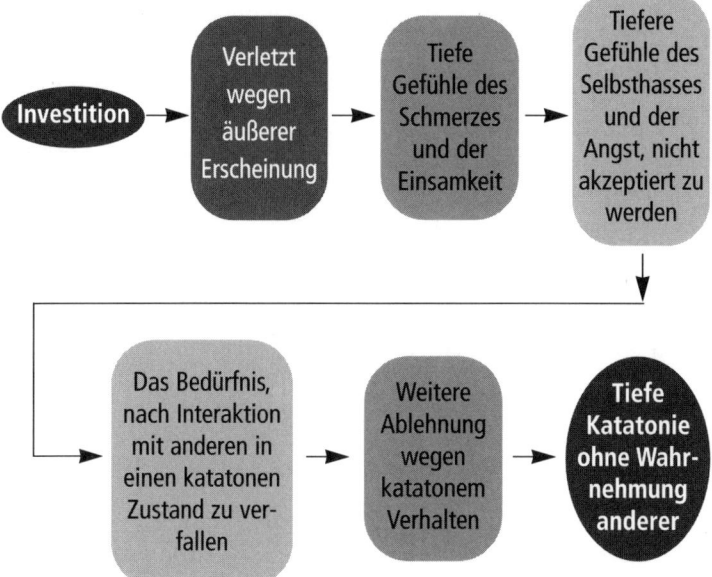

Als ich begann, mit Bob zu arbeiten, mußten wir an dem Punkt ansetzen, an dem er sich gerade befand: dem Mechanismus des Selbstschutzes. Als er dann allmählich Vertrauen zu mir faßte und weil ich mich mit ihm vor die Wand gestellt hatte, wurde er sich dieser Situation und seines Verhaltens zunehmend bewußt. Sobald wir sein Verhalten zu verstehen begannen, bewegte sich sein Bewußtsein in Richtung des Bereichs, der auf Abbildung 13.1. dargestellt ist.

Als er schließlich die Scham darüber fühlen konnte, daß er als häßlich galt, und als er sich dann selbst durch liebevolle Gedanken zu betätigen vermochte, drang die mit seiner Scham verbundene Wut allmählich an die Oberfläche. Sobald er diese Wut fühlte und mitteilte, konnte er auch den Schmerz und die in seiner Kindheit erfahrene Einsamkeit spüren. An diesem Punkt waren wir in der Lage, den aus seiner Vergangenheit stammenden Schmerz zu heilen.

Als er schließlich stark genug war, diesen alten Schmerz zu spüren, konnten wir damit beginnen, auch den gegenwärtigen Schmerz wahrzunehmen. Wenn ihn nun irgend jemand komisch anschaute

oder er eine mögliche Verletzung durch andere spürte oder arg-
wöhnte, fühlte er sich stark genug, sich nicht auf die rechte Seite der
Gleichung zurückzubewegen und seine katatonen Bewältigungsmechanismen einzusetzen.

Bobs therapeutischer Prozeß war viel komplizierter, als ich es auf
wenigen Seiten darstellen könnte, und ich kam mit ihm leider nicht
so weit, wie ich es mir gewünscht hätte, bevor er seine Therapie
beendete; doch solange wir die oben beschriebene Arbeit leisten
konnten, schritt der Heilungsprozeß voran.

Zunächst nahm er diesen Prozeß selbst kaum zur Kenntnis, und je
häufiger er in ein Krankenhaus eingewiesen und mit Medikamenten
oder Schocktherapie behandelt wurde, desto mehr verflüchtigte sich
diese Wahrnehmung. Doch der Heilungsprozeß verstärkte nach und
nach seine Fähigkeit, auch seine eigenen Fortschritte zu spüren und
angemessen zu würdigen. Bis er an den Punkt kam, wo er sich entschloß, nun sein Leben für sich selbst *zurückzufordern.*

Auch wenn Bobs Fall extrem zu sein scheint, so repräsentiert sein
Heilungsverlauf doch den gleichen Prozeß, den jedermann durchlaufen muß, um Verlorenes wiederzugewinnen: jene Lebendigkeit,
die immer dann verloren geht, wenn sich jemand gezwungen sieht,
Verletzungen vor sich selbst zu leugnen, so daß keine wirkliche Heilung stattfinden kann. Jeder von uns wird jeden Kasten des Diagramms mit unterschiedlichen Daten aus seinem eigenen Leben füllen, doch der Prozeß bleibt immer der gleiche. Das Geheimnis
besteht darin, sich der eigenen elementaren Gefühle in dem Moment
bewußt zu werden, in dem sie sich zu manifestieren beginnen. Auf
dem Diagramm heißt dies, im Rahmen von **Punkt 1 bis 4** zu agieren.

Tun Sie das, was richtig für Sie ist

Ein wichtiger Schritt auf dem Weg zu emotionaler Gesundheit
besteht darin, überhaupt Achtung vor der Integrität unseres Ge-
fühlslebens und der Gefühle anderer zu entwickeln. Der Wert emotionaler Gesundheit muß uns so vollständig bewußt sein, daß wir
ihm höchste Priorität einräumen. Dies zu tun, heißt zu lernen, wie
wir den verwundbarsten Teil unseres Selbst, unser investierendes
Herz, schützen können. Gleichzeitig müssen wir lernen, wie wir es
vermeiden können, andere zu verletzen.

246

Wenn wir unsere emotionale Gesundheit vernachlässigen, fügen wir unseren früheren Verletzungen noch weitere hinzu. Wir versetzen gerade jenem empfindlichen Teil unseres Selbst einen weiteren Fußtritt, der ja schon oft genug durch andere verletzt worden ist. Wenn wir verletzt wurden und leugnen, wie wir uns aufgrund dessen in unserem Inneren fühlen, ignorieren wir unsere Gefühle. Dies ist für uns genauso verletzend wie die Mißachtung oder Leugnung unserer Gefühle durch andere. Obwohl ich als junger Mann dachte, daß ich das Richtige tat, wenn ich meine Wut vergaß oder sie ertrug, ohne ihr Luft zu verschaffen, so verdoppelte ich damit doch in Wirklichkeit die Intensität meiner Verletzung und damit meine Wut.

Wenn eine Person leugnet, daß sie verletzt wurde, verursacht sie in ihrem Inneren einen noch intensiveren Zorn, der sich dann entweder nach außen durch die Verletzung anderer äußert oder nach innen gegen das eigene Selbst richtet. Unterdrückte Gefühle können schließlich zur Quelle der Gewalt gegen andere oder uns selbst werden. Depression, Zwangsneurosen und mit Schizophrenie verbundene Symptome sind oft nichts anderes als Möglichkeiten, unterdrückte Gefühle unter Kontrolle zu halten.

Die beste Möglichkeit, emotional für uns selbst zu sorgen, ist die, unsere Gefühle in dem Moment korrekt zu identifizieren, in dem wir uns verletzt fühlen. Außerdem müssen wir lernen, über diese Situation in angemessener Weise mit anderen zu reden, ohne unsererseits deren Rechte zu verletzen. Wir müssen erkennen, daß wir sowohl das Recht als auch die Verantwortung haben, anderen, wenn angebracht, ein klares Wort zu sagen. Dies gilt selbst dann, wenn diese Konfrontation dazu führt, daß sich der andere verletzt fühlt.

Als mein Psychologieprofessor mich darauf ansprach, daß ich meine Gefühle leugnete, fühlte ich mich verletzt und sogar beleidigt. Das Beleidigtsein entsprang jedoch in Wirklichkeit meiner eigenen Verlegenheit darüber, daß ich meine Gefühle nicht wahrgenommen hatte.

Obwohl er mir durch diese Konfrontation Schmerz zufügte, verletzte er nicht meine Rechte. Er hatte das Recht, meinen Zorn offen anzusprechen, da ich ja auch von ihm erwartete, sich mit mir im gleichen Raum aufzuhalten. Ich meinerseits hätte das Recht gehabt zu gehen, wenn ich nicht bleiben und lernen wollte, ehrlich mit meinen Gefühlen umzugehen. Da er sich dazu entschied, so ehrlich wie möglich in Worte zu fassen, was er an mir wahrgenommen hatte, gab er mir die Chance, mich von außen betrachten zu können. Wenn wir Beziehungen heilen wollen, wird also oft ein Element des Schmerzes mitspielen. Diesen Schmerz zu vermeiden, heißt, sich für Unehrlichkeit zu entscheiden und den Weg in die Krankheit zu wählen.

Wenn wir lernen, auf der linken Seite unseres Diagramms zu operieren, werden am wenigsten Schmerz, Einsamkeit, Scham und Zorn zurückbleiben und wir von den sogenannten Symptomen der psychischen Erkrankungen so weit wie möglich verschont bleiben.

Wie man ein Problem richtig anspricht

Ein Problem mit jemandem zu besprechen, bedeutet, ihm eine klare Botschaft dessen zu vermitteln, was man fühlt und sieht, und ihm die Grenzen zu erklären, die man braucht, um sich sicher zu fühlen. Während ich Ihnen nun einige Beispiele dafür gebe, sollten Sie darauf achten, wie offene Konfrontation nicht notwendig zu Verletzungen führen muß und daß aus ihr emotionale Stabilität und Harmonie entstehen kann.

Eine Klientin namens Rosa wuchs mit einem herrischen Vater auf, der oft ausfallend wurde. Nachdem sie sich mit diesem Problem in der Therapie auseinandergesetzt hatte, war sie schließlich an den Punkt gelangt, an dem sie nicht länger akzeptieren wollte, daß irgend jemand mit ihr auf diese grobe Weise sprach. Sie wollte die Rechte anderer Menschen, ihre Anliegen zum Ausdruck zu bringen, achten, doch sollten sie das auf eine Weise tun, die sie nicht verletzte.

Sie hatte die Gelegenheit, diese Entscheidung an ihrer Arbeitsstelle in die Tat umzusetzen, als ihr ein neuer Abteilungsleiter zugeteilt wurde, der leicht in Wut geriet und auf diese Weise die Abteilung »auf Vordermann« bringen wollte. Als er das erste Mal explodierte, ging sie anschließend zu ihm und sagte: »Ich weiß, daß Sie verärgert sind, und ich konnte Ihren Schmerz spüren, doch ich muß Sie bitten, mich nicht anzuschreien.« Als er behauptete, daß er nicht geschrien habe, sagte sie: »Dann heben Sie mir gegenüber bitte nicht Ihre Stimme.«

Zwei Wochen später betrat er schreiend ihr Büro. Sie wandte sich ihm zu und sagte: »Ich bin nicht bereit, mit Ihnen zu sprechen, wenn Sie schreien. Bitte sprechen Sie leiser oder verlassen Sie mein Büro.« Als er weiter herumbrüllte, sagte sie: »Ich habe das Recht, nicht angebrüllt zu werden. Ich gehe jetzt, bin aber selbstverständlich bereit, mit Ihnen zu sprechen, wenn Sie ruhig sind.« Damit schnappte sie ihre Tasche und ging nach Hause. Am nächsten Tag kam sie wie gewöhnlich zur Arbeit. Ihr Abteilungsleiter sagte nichts dazu, daß sie gegangen war, und brüllte sie nie wieder an. Obwohl er sein verletzendes Verhalten niemals zugegeben hat, war Rosa dennoch in der Lage, aus eigener Kraft zu handeln und auf sich selbst achtzugeben.

Ein weiteres gutes Beispiel dafür, wie man jemanden mit einer Sache auf positive Weise konfrontieren kann, stellt die Erfahrung dar, die meine Frau Kathy machte, als sie in der Schule unseres Sohnes Kevin auf dem Pausenhof aushalf. Sie bemerkte mit Sorge, daß die Schulhof-Aufsicht die Kinder auf eine sehr beschämende Weise maßregelte. Wenn sie das tat, brachte sie die Kinder absichtlich vor ihren Altersgenossen in Verlegenheit.

Meine Frau beschloß, mit dem Rektor zu sprechen. Als sie dieses Problem mit ihm diskutierte, brachte er Entschuldigungen vor und wechselte dann das Thema. Kathy führte ihn immer wieder zu besagtem Punkt zurück, indem sie sagte: »Ich habe das Gefühl, daß Sie mich nicht hören.« Als er meinte, er habe sie gehört, und dennoch fortfuhr, das, was sie ihm zu sagen versuchte, zu ignorieren, variierte sie ihre Aussage folgendermaßen: »Ich habe immer noch nicht das Gefühl, daß Sie mich gehört haben, und ich werde nicht eher gehen, bis ich das Gefühl habe, daß ich gehört und verstanden wurde.« Schließlich hörte er ihr zu und stimmte ihrer Analyse zu. Daraufhin änderte er die Politik der Schule hinsichtlich der Beaufsichtigung des Pausenhofes.

Ein drittes Beispiel betrifft Kathy und mich. Wie bei allen anderen Paaren auch gibt es Zeiten, in denen sie mir eine Bitte abschlägt. Wenn ich mich weigere, ihr »nein« als Antwort zu akzeptieren, und sie weiter bedränge, nimmt sie sich einen Moment Zeit, um nachzudenken und mit ihren Gefühlen in Verbindung zu bleiben. Statt sich durch die beschämende Rationalisierung »Ich sollte immer tun, worum andere mich bitten« von ihren Gefühlen zu entfernen, hat sie die innere Stärke, bei dem zu bleiben, was sie für richtig hält. Oft unterstreicht sie das, indem sie sagt: »Nein, ich bin nicht bereit, das zu tun.« Sobald ich ihre klare Aussage höre, habe ich eine viel bessere Chance, ihre Grenzen zu akzeptieren, weil mir meine »penetrante Art« dadurch bewußter wird.

249

Lassen Sie uns nun diese Beispiele näher ansehen. Wir wollen mit dem letzten Beispiel beginnen. Wenn meine Frau mir sagt, daß sie irgend etwas nicht zu tun bereit ist, bin ich gewöhnlich zunächst ein bißchen erschrocken. Manchmal tut mir diese Reaktion sogar ein wenig weh. Es ist jedoch wichtig zu erkennen, daß nicht sie mir weh getan hat. Ich wurde verletzt, weil ich die Erwartung hegte, daß sie immer das tun würde, was ich wollte. Wenn sie also »nein« sagt, weil sie meine Bitte nicht richtig findet, verspüre ich etwas von dem Schmerz, den unser Sohn fühlt, wenn er ein Spielzeug nicht bekommt.

Während Kathy unserem Sohn Kevin meistens etwas zu seinem Besten abschlägt, tut sie das bei mir zu ihrem eigenen Besten. Als Erwachsene muß sie immer die Möglichkeit haben, dieses Recht wahrzunehmen.

Der Schmerz, den ich möglicherweise bei ihrer Ablehnung verspüre, ist verhältnismäßig geringfügig, und ich kann normalerweise die Verantwortung für diesen Schmerz – solange ich mir seiner bewußt bin – übernehmen und dennoch meine Selbstachtung intakt halten: »Ich fühle mich verletzt, wenn du nein sagst, aber ich möchte dein Recht respektieren, es tun zu können.« Kathy könnte dann sogar fortfahren: »Ich spüre deinen Schmerz, aber ich muß dies für mich tun.«

Nochmals: Es ist die Leugnung unserer Gefühle, die schließlich zu Problemen in Beziehungen führt. Wenn der Ehemann zum Beispiel sehr viel ungeheilten Schmerz und Zorn aus der Vergangenheit mitbringt, könnte er sogar mit körperlicher Gewalt reagieren, wenn seine Frau seinen Wünschen nicht nachkommt. Andererseits gestatten es sich viele Ehefrauen nicht, nein zu sagen, selbst wenn ihre Gatten mit einer solchen Aussage gar keine Probleme hätten. Sie sind so eifrig bemüht, gefällig und die perfekte Mutter und Ehefrau zu sein, daß sie mit ihrer Scham und Angst, nicht perfekt zu sein, ihre eigenen Bedürfnisse zudecken. Weil Frauen sich in dieser Situation eigentlich selbst verletzen, kann und wird dies letzten Endes zu Depression, Zwangsverhalten und anderen emotionalen Problemen führen.

Wenn meine Frau »nein« sagt, fühle ich zunächst ein wenig Schmerz. Dann aber bin ich stolz, daß sie die für sie notwendigen Grenzen setzen und ich ihr Recht darauf respektieren kann. Als Folge davon kann sie so ehrlich wie möglich sein und für sich selbst sorgen und dabei andere so wenig wie möglich verletzen.

250

Beachten Sie bei den ersten beiden Beispielen, in welchem Maße Gewalt und Scham reduziert werden, wenn sich Menschen nicht unterkriegen lassen und ihresgleichen auf gesunde Weise gegenübertreten. Wenn eine Angestellte es ihrem Chef erlaubt, sie anzuschreien, respektiert sie nicht ihr Recht, unverletzt zu bleiben und mit Respekt behandelt zu werden. Wenn meine Frau ihr Recht, vom Schulleiter angehört zu werden, geleugnet hätte, hätte sie damit nicht nur ihre Erlaubnis zur Fortsetzung dieser Verletzungen gegeben, sondern auch die Möglichkeit ausgeschlossen, daß das beschämende Verhalten auf dem Schulhof korrigiert wird.

Menschen wie Rosa und Kathy haben die Kraft, ihr eigenes personales Selbst zu schützen. Das tun sie nicht, indem sie andere verletzen, sondern indem sie diese darum bitten, sie mit Respekt zu behandeln und ihnen zuzuhören, bis *sie* das Gefühl haben, gehört zu werden.

Beachten Sie, wie die Leute in den genannten Beispielen versuchten, Rosa und meiner Frau diese innere Stärke zu nehmen. Der Chef leugnete, daß er Rosa anschrie. Der Schulleiter versuchte, meiner Frau nicht zuzuhören. Hätte man ihm gestattet, nur das zu hören, was er hören wollte, dann hätte er annehmen können, daß er damit seiner Verantwortung nachgekommen sei. Da meine Frau jedoch darauf bestand, daß er ihr zuhörte und sie *verstand*, trat die notwendige Veränderung ein. Im dritten Beispiel versuchte ich, meiner Frau die Kraft zum Selbstschutz zu nehmen, indem ich versuchte, sie zu etwas zu drängen, was sie nicht wollte.

In allen drei Situationen wird das eigentliche Selbst der Betroffenen bis zu einem gewissen Grad verletzt. Läßt jemand diese Verletzung zu, so verletzt er sich selbst, vor allem dann, wenn der andere sich dieser Verletzung gar nicht bewußt ist. Als Rosa und meine Frau sich dazu entschieden, ihren Gefühlen gegenüber ehrlich zu sein und ihr eigentliches Selbst und das ihres Gegenübers zu schützen, wurde die jeweilige Situation weniger verletzend.

Wenn wir emotionale Gesundheit in unserem und dem Leben anderer herbeiführen wollen, müssen wir lernen, verletzende Situationen richtig zu identifizieren und anzusprechen. Wir müssen aber auch zu einem besseren Verständnis des Zusammenhangs zwischen Verletzungen, Gewalt, Selbsthaß und emotionalen Störungen gelangen.

Probleme aus unserer Vergangenheit

Was hält uns davon ab, auf vernünftige und emotional gesunde Weise zu agieren, wenn wir doch alle von einem solchen Verhalten profitieren könnten? Dafür gibt es zwei wesentliche Gründe. Erstens haben die meisten von uns diese Grundprinzipien nicht gelernt, ebensowenig wie es unsere Eltern als Kinder gelernt haben dürften. Zweitens sind wir fortwährend von ungelösten Problemen aus unserer Vergangenheit beeinflußt. Alice Miller, eine sehr begabte Autorin und Psychotherapeutin sagt: »Die Motive der Eltern sind die gleichen wie damals (im Nazi-Deutschland); dadurch, daß sie ihre Kinder schlagen, kämpfen sie darum, die Macht wiederzugewinnen, die sie einst an ihre Eltern verloren.«[1] Um unserer eigenen emotionalen Gesundheit und der unserer Kinder willen müssen wir verstehen, was Alice Miller hiermit aussagen will.

Wenn unser fünfjähriger Sohn zufällig aus dem Vorderfenster hinausschaut und seine Freunde spielen sieht, wird er sich vielleicht in die Vorstellung hineinsteigern, hinauszugehen und mit ihnen zu spielen. An diesem Punkt wird er es sich gestatten, davon zu träumen, wie es wäre, hinauszugehen und Spaß zu haben. Indem er dies tut, investiert er einen Teil von sich in diese Aktivität.

Wenn er mich fragt, ob er hinausgehen darf, und ich nein sage, weil er sich gerade von einer Erkältung erholt, fühlt er sich verletzt. Ich, sein Vater, versagte ihm seinen Wunsch hinauszugehen. Wenn er wütend wird oder zu weinen beginnt, könnte ich mit der Situation so umgehen, daß ich nun meinerseits wegen seines Wütendseins wütend werde oder ihn wegen seiner Tränen beschäme. Ich hätte ihm dann nicht nur seinen Wunsch, nach draußen zu gehen, nicht erfüllt, sondern auch sein Recht auf diesen Wunsch, und die ihn begleitenden Gefühle verletzt. Wenn er weiß, daß er krank gewesen ist, wird ihm normalerweise auch klar sein, daß ich mich fair verhalten habe, wenn ich ihn nicht nach draußen lasse. Doch wenn ich außerdem seine Gefühle mißachte, sein Recht, das Leben aufregend zu finden, dann verletze und beschäme ich diesen Teil von ihm. Ich nehme ihm das Recht und etwas von der Kraft, sein eigentliches Selbst voll und ganz zu spüren.

Wenn ich ehrlich zu mir bin und mir in dem Moment, in dem mein Sohn wütend wird, meiner Gefühle bewußt bin, dann muß ich auch zugeben, daß sein Zorn bei mir Zorn darüber auslöst, daß meine eigenen Gefühle nicht respektiert wurden, als ich jung war. In diesem Fall enthält mein Zorn, wenn er auftaucht, etwa folgende Botschaft: »Wenn ich immer noch Schmerz darüber verspüre, daß meine Wut damals nicht anerkannt wurde, weshalb sollte ich dann *dein* Recht anerkennen, wütend zu sein? Ich fühlte mich als Kind in solchen Situationen machtlos, und nun gibst du mir mit deinem Weinen das Gefühl der Machtlosigkeit.«

Wenn ich auf seinen Zorn mit eigenen Ausbrüchen von Wut reagiere, dann bleibt in ihm das Bedürfnis ungestillt, das Recht auf seine Gefühle in seinem späteren Leben *zurückzuverlangen*. Vielleicht verlangt er dann später einmal diese Macht zurück, indem er andere verletzt, oder fährt damit fort, sein Bedürfnis zu leugnen, indem er das Gefühl von Scham entwickelt. Ich kann mich aber auch dazu entscheiden, sein Recht auf seine verletzten Gefühle anzuerkennen und zu sagen: »Kevin, ich höre, daß du wütend bist. Du wolltest gerne nach draußen gehen. Du bist sauer auf deinen Dad, weil er dich nicht rausläßt. Ich kann deinen Schmerz und deine Wut verstehen, aber ich möchte, daß du drinnen bleibst, bis du dich besser fühlst.«

Mit einer solchen Aussage erkenne ich sein Recht auf den Schmerz an, den ich ihm unabsichtlich zugefügt habe, versichere mich aber dennoch *meines* Rechtes, die Autorität in seinem Leben zu sein. Auf diese Weise kann ich ihn einerseits disziplinieren und andererseits seinen Schmerz mit ihm teilen. Wenn wir als Eltern oder als Gesellschaft aus Zorn oder aus einem übermäßigen Bedürfnis nach Kontrolle maßregeln, fügen wir dem Kind weitere Verletzungen zu und lassen es mit seinen verletzten Gefühlen allein.

Je mehr eine Person verletzt wird und sieht, wie ihr ihre Rechte und ihre Macht genommen werden, desto stärker wird ihr Wunsch sein, diese Rechte eines Tages, wenn sie dazu in der Lage ist, zurückzufordern. Die Person kann als Teenager oder sogar schon früher zu rebellieren beginnen. Als Elternteil fordert sie vielleicht ihre Macht zurück, indem sie sie ihren eigenen Kindern entzieht.

Wenn mein Sohn weint oder wütend auf mich wird und ich in diesem Moment nicht genug mit meinem eigenen Schmerz verbunden und geheilt bin, um verstehen zu können, was mit uns passiert, wird er spüren, daß ich auf unangemessene Weise reagiere – sicherlich nicht zu seinem Besten. Gewiß muß ich nicht 100 % der Zeit auf die Gefühle meines Sohnes achten, doch ich muß in der Lage sein, seinen Schmerz so weit wahrzunehmen, daß er das Gefühl hat, von mir gehört zu werden. Dabei muß ich den aus meiner eigenen Vergangenheit stammenden Schmerz aus dem Spiel lassen und nicht ihn dafür verantwortlich machen. Wenn ich zuviel Schmerz aus meiner Vergangenheit mit mir herumschleppe, der niemals richtig anerkannt oder gehört wurde, werde ich Schwierigkeiten haben, für meinen Sohn dazusein. Es wird mir schwer fallen, den Schmerz eines anderen zu ertragen. Da ich als Kind meinen eigenen Schmerz über ähnliche Vorfälle wegschließen und mich selbst von ihm abspalten mußte, neige ich auch dazu abzuspalten, wenn diese Art von Schmerz in anderen zum Vorschein kommt.

Abgesehen davon, daß es ein entscheidendes Problem in der Entwicklung des Kindes und in Beziehungen darstellt, kann das Abspalten von Schmerz auch zum gravierenden Problem für Therapeuten werden. Wenn ein Klient beginnt, einen Teil seines Schmerzes in Gegenwart des Therapeuten abzureagieren, gelingt es diesem häufig nicht, auf diesen Schmerz konzentriert zu bleiben. In diesem Fall hat der Klient den unterbewußten Schmerz des Therapeuten ausgelöst, der dann die Kontrolle über seine Gefühle zu verlieren beginnt. Ist der Therapeut sich in diesem Moment des gerade ablaufenden Prozesses nicht bewußt, wird er dazu neigen, die Kontrolle über seine Gefühle dadurch wiederzugewinnen, daß er versucht, die Kontrolle über den Klienten zu erlangen. Dies kann er z.B. tun, indem er die Gefühle des Klienten leugnet oder ihn beschämt, ihn ins Krankenhaus einweist und/oder Medikation empfiehlt.

Andererseits kann der Therapeut, der in der Lage ist, seinen Schmerz zu ertragen, wenn der Klient den seinen zum Ausdruck bringt, erfolgreich mit »schwierigen« Klienten arbeiten, ohne auf Medikamente zurückzugreifen. Ein solcher Therapeut wird gar keine Medikamente verschreiben wollen, weil er weiß, daß er dem Klienten dadurch, daß er ihn bei der Verarbeitung seines Schmerzes unterstützt, auch zu Unabhängigkeit und Selbstbestimmung verhilft.

Zusammenfassung

Alice Miller sagt, daß Eltern gegen ihre Kinder Gewalt anwenden, um jene Macht wiederzugewinnen, die sie an ihre eigenen Eltern verloren haben; wir alle müssen unsere Gefühle und unser Verhalten gegenüber unseren Kindern überprüfen. Wenn unsere Kinder etwas tun, was bei uns tiefe Gefühle zum Vorschein bringt, müssen wir die wahre Quelle dieser Gefühle kennen, bevor wir dem Kind dafür die Schuld geben.

Dieses Szenario spielt sich nicht nur zwischen Eltern und ihren Kindern ab, sondern auch in unserer Gesellschaft als Ganzes. Als unser Sohn Kevin ein wenig Schwierigkeiten hatte, während einer Untersuchung durch den Hausarzt stillzusitzen, wandte dieser sich an meine Frau und fragte, ob sie jemals überlegt habe, ihm Ritalin zu geben. Meine Frau anwortete: »Zu wessen Bestem – seinem oder unserem?« Verlegen gab der Arzt zu: »Sie haben recht.«

Ich garantiere Ihnen, daß ein Kind, das sich bedingungslos geliebt fühlt, dem man feste und faire Grenzen setzt und erlaubt, gehört zu werden und seine Gefühle auszudrücken, keine schweren emotionalen Störungen bekommen wird. Zeitweilig wird es großen emotionalen Schmerz erfahren, denn das Leben hat seine tückischen Momente, doch es wird diesen Schmerz nicht für immer abspalten und auch keine Angst vor ihm entwickeln. Zudem wird es wissen, wie es seine Gefühle korrekt identifizieren kann und sich frei fühlen, auf andere zuzugehen.

Die meisten von uns hatten nicht das Glück, diese Prinzipien in ihrer Kindheit und Jugend zu lernen. Sie wurden erst in den letzten Jahren entwickelt, als der Mensch herauszufinden versuchte, wie wir miteinander auf eine gesündere und nicht verletzende Art leben könnten. So wie unsere Eltern den Mut haben mußten, die Weltwirtschaftskrise, den Zweiten Weltkrieg, Krankheiten und große Hungersnöte zu überleben, müssen wir vielleicht den Mut aufbringen zu lernen, wie wir miteinander auf offene und ehrliche Weise leben können. Hierzu müssen wir uns verpflichten – nicht nur um unseretwillen, sondern auch, um dieses Wissen und diese Fertigkeit an unsere Kinder weiterzugeben.

TEIL DREI

EINE NEUE RICHTUNG

Kapitel 14

HAT DIE PSYCHIATRIE UNS IM STICH GELASSEN?

In diesem letzten Teil werde ich ein Modell vorstellen, bei dessen richtiger Anwendung das Problem emotionaler Störungen weitgehend ausgeschaltet werden kann. Ich sage »weitgehend«, weil ich weiß, daß man psychische Erkrankungen oder emotionale Störungen niemals vollständig verhindern wird. Dennoch glaube ich, daß wir die Häufigkeit und das Ausmaß des Elends, das mit solchen Zuständen verbunden ist, umso weiter verringern können, je mehr sich dieses Modell durchsetzen wird. Ebenso werden die für solche Behandlungen erforderlichen Kosten zurückgehen. Um zu verstehen, wie mein Modell funktionieren kann, müssen wir zunächst die Frage beantworten, warum es der Psychiatrie im großen und ganzen nicht gelungen ist, das Problem der emotionalen Störungen zu lösen.

Von einem bestimmten Blickwinkel aus betrachtet könnte es vielleicht so erscheinen, als biete die biologische Psychiatrie unserer Gesellschaft viel Gutes. Hat sie nicht schließlich vielen Menschen, die durch ihre Krankheit arbeitsunfähig geworden waren, mittels Medikamenten geholfen, selbständig zu leben und sogar einer festen Arbeit nachzugehen? Würden nicht alle Beteiligten beschwören, daß diese gestörten Männer und Frauen nicht ohne Medikamente funktionieren könnten – die Ärzte, die Familien und nicht zuletzt auch sie selbst?

Offenbar gibt es unzählige Individuen, deren emotionaler Zustand mit Hilfe von Medikamenten stabilisiert worden ist. Wir wissen nun jedoch, daß diese Medikamente nicht die psychische oder emotionale »Erkrankung« selbst stabilisieren oder heilen, sondern in Wirklichkeit das Gefühlsleben des Menschen in der Weise ruhigstellen, daß sie es verkrüppeln – manchmal für immer. Und dennoch hält man an der Behauptung fest, daß diese Medikamente eine echte Lösung darstellten. Ist es nicht ein tatsächlicher Durchbruch, wenn die Biopsychiatrie heute in der Lage ist, Menschen mittels Drogen und Schocktherapie so zu behandeln, daß sie wenigstens dem Anschein nach normal funktionieren? Oder ist es nicht vielmehr so, daß uns die Psychiatrie wieder im Stich gelassen hat?

Diese Fragen müssen selbstverständlich diskutiert werden. Ich wurde mir ihrer Tragweite schmerzhaft bewußt, als ich 1992 zum ersten Mal eine Konferenz für Überlebende der Psychiatrie besuchte. Im allgemeinen sind Menschen, die sich selbst als Überlebende der Psychiatrie bezeichnen, in irgendeiner Form von der Psychiatrie mißbraucht worden und arbeiten gemeinsam mit anderen daran, diesen Mißbrauch zu verarbeiten und eine Reform der Psychiatrie herbeizuführen. Vor dieser Konferenz hatte ich niemals einen solchen Menschen kennengelernt. Ich hatte nicht einmal von diesem Begriff gehört oder gewußt, daß es solche Menschen gibt. Mein Entschluß, diese Konferenz zu besuchen, entsprang einer allgemeinen Neugier, aber auch der Tatsache, daß ich mit der Arbeit an diesem Buch begonnen hatte. Während der Konferenz lernte ich mehrere der Opfer persönlich kennen. Ihre Geschichten waren so beunruhigend und überzeugend, daß ich beschloß, sie mir genauer anzuhören und auf Band aufzunehmen.

Was mich erstaunte, war, daß sich die Lebensgeschichten und Lebensmuster der Interviewten sehr ähnelten. Auf dem Hintergrund dieses Musters entwickelte ich die in Kapitel 1 erwähnten drei Phasen der emotionalen Störungen.

Phase 1: Leichter bis schwerer Mißbrauch in Kindheit oder frühem Erwachsenenalter.

Phase 2: Erste Anzeichen oder Symptome emotionaler Störungen.

Phase 3: Psychiatrische Intervention, d.h. Hospitalisierung (Unterbringung in geschlossenen Anstalten) und/oder Medikation, die zu schwereren Symptomen und der Gefahr der permanenten psychischen Behinderung führt.

Wenn ich von den Menschen spreche, die ich bei dieser Konferenz kennengelernt habe, muß ich das Wort »Gefahr« verwenden, denn viele von ihnen haben wie durch ein Wunder aus diesem System herausgefunden. Im folgenden finden Sie einige Biographien von Menschen, die es geschafft haben, dem Teufelskreis von Hospitalisierung, Medikation und anderen psychiatrischen Methoden zu entkommen.

Biographie 1:
Jerry wurde auf ein Privatinternat geschickt, weil seine Eltern ihm eine gute Ausbildung mitgeben wollten. Da er übergewichtig und unsportlich war, beschlossen seine Mitschüler, sich gegen ihn zu verbünden und ihn zu piesacken. Wenn er schlief, schlichen sie sich mit einer Zigarette heran und verbrannten seinen Fuß. Manchmal hielten sie ihn nieder und schlugen so lange auf seinen Bauch ein, bis die Haut platzte.

Dieser Mißbrauch löste bei Jerry im Laufe der Zeit Depressionen aus. Da er sich schämte, daß er nicht gemocht wurde, und wünschte, zu den anderen Kindern dazuzugehören, mußte er den Mißbrauch bagatellisieren. Dennoch wurde sein gesamtes emotionales Wohlbefinden in Mitleidenschaft gezogen.

Als Jerry zwölf Jahre alt war, brachte ihn seine Mutter zu einem Psychiater, der ihn ins Krankenhaus einwies. Da die Medikamente nicht anschlugen, versuchten es die Ärzte mit einer Schocktherapie; doch auch die half nicht. Im Verlauf der Jahre landete Jerry in fünfzehn verschiedenen Krankenhäusern. Als Ergebnis der Neuroleptika, die man ihm dort verabreichte, leidet Jerry heute an schwerer Dyskinesia tarda, einer Störung der Basalganglien des Nervensystems, die zu Krämpfen und Zuckungen führt. Zurückblickend ist er fest davon überzeugt, daß die Medikamente und Schocktherapien nichts weiter bewirkten, als ihn noch stärker in seinem Schmerz gefangenzuhalten.

Jerry schaudert nun bei dem Gedanken an die Art, wie die Ärzte gewöhnlich entschieden, ob er weitere Schockbehandlungen brauche oder nicht. Sie gaben ihm eine Zeitung zu lesen und dann eine Spritze mit Natriumpentothal, damit er während der eigentlichen Behandlung schlafe. Anschließend fragten sie ihn nach den Überschriften in der Zeitung. Konnte er sich an diese erinnern, bestanden sie auf zusätzlichen Schockbehandlungen, um seine Erinnerung noch weiter abzutöten.

Wie befreite sich Jerry? Er wurde sich eines Tages zwischen zwei Krankenhausaufenthalten bewußt, daß er unter anderem deshalb immer wieder in psychiatrischen Institutionen landete, weil er zuviel Energie darauf verwandte, anderen die Schuld an seinem Zustand zu geben. Er begann, seine Energie auf sich selbst zu konzentrieren und allmählich die Verantwortung für sein Leben und seine Befindlichkeit zu übernehmen. Sport und eine richtige Ernährung halfen ihm, sein Leben besser unter Kontrolle zu bekommen. Seine Privatstudien im Bereich der psychiatrischen Gesetzgebung halfen ihm zu größerer Selbstbestimmung. Obwohl es berechtigte Gründe gab, anderen die Schuld zuzuweisen, wurde ihm klar, daß er sich damit nie von seinem Schmerz befreien würde.

Während er sich seiner unterschwelligen Wut gegen seine Mutter, die ihn ins Internat gesteckt und zum Psychiater gebracht hatte, bewußt wurde, erkannte er auch, daß sie dabei vielleicht gar keine bösen Absichten gehabt hatte. Sie hatte einfach nicht gewußt, wie sie mit Jerrys Depression umgehen sollte.

Der zweiunddreißigjährige Jerry ist aufgeweckt und arbeitet sehr aktiv in der Bewegung der Überlebenden. Er hat vor einem Parlamentsunterausschuß zu psychiatrischen Reformen ausgesagt und viele damit zusammenhängende Projekte organisiert oder mitgetragen. Als Fürsprecher anderer Patienten ruft er deren Arzt an, sobald er erfährt, daß sie mit Medikamenten vollgestopft werden, und übt (wenn nötig mit juristischen Mitteln) Druck aus, die Dosis zu verringern.

Obwohl Jerry immer noch an Dyskinesia tarda leidet, ist er gesund und glücklich. Sein Leben hat endlich einen Sinn.

Biographie 2:
Angelas Depressionen begannen, als sie, damals vierzehn, von ihrem Nachbarn mißbraucht wurde. Ihre besorgten Eltern brachten sie zu einem Psychiater, der sie schließlich in ein Krankenhaus einwies. Nach ihrer Entlassung lief Angela aus Angst vor dem Nachbarn, der immer noch versuchte, sie sexuell zu mißbrauchen, von zu Hause fort. Als sie zurückkam, brachte man sie wieder ins Krankenhaus und gab ihr Medikamente. Einige Jahre später schaffte sie es, mit Hilfe eines kommunalen Unterstützungsprogramms von den Medikamenten loszukommen. Sie wundert sich noch heute, warum damals niemand nach dem Ursprung ihrer Probleme fragte und sich alle nur für ihre Symptome interessierten.

Biographie 3:

Als Sally und ihr Mann Eheprobleme hatten, bat Sally ihren Hausarzt um Hilfe. Er überwies sie an einen Psychiater, der ihr Valium verordnete. Das hatte jedoch eine sogenannte paradoxe Wirkung auf sie, denn sie wurde übernervös statt ruhiger. Das Valium unterdrückte ihre Hemmungen, so daß ihre Wut ungehindert an die Oberfläche dringen konnte. Nachdem Sally ihren Ehemann angegriffen und seine Autoreifen zerstochen hatte, meinte ihr Psychiater, sie habe eine Charakterstörung. Da sie als Ergebnis eines Verhaltens, das sie nicht verstehen oder akzeptieren konnte, noch depressiver und suizidgefährdeter wurde, gab man ihr Antidepressiva. Schon bald zeigte Sally psychotische Symptome, die ihrer Meinung nach zumindest teilweise durch die Medikamente verursacht wurden. Als der Psychiater ihr Neuroleptika verordnete, verschlimmerten sich ihre Depressionen. Es gab eine Zeit, in der sie zehn verschiedene Medikamente einnehmen mußte.

Obwohl sie zu einem bestimmten Zeitpunkt nur noch knapp 38 Kilo wog, gab man ihr das Zweifache der empfohlenen Maximaldosis Stelazine (in Deutschland unter dem Produktnamen Trifluoperazin (Generic) oder Jatroneural), eines hochwirksamen Neuroleptikums. Das war auch die Zeit, in der ihr Psychiater für längere Zeit Urlaub machte. Erst in diesem Moment gelang es Sally, die bereits zwanzig Krankenhausaufenthalte hinter sich hatte, die Medikamente abzusetzen. Als ihr Psychiater nach seiner Rückkehr davon erfuhr, war er entrüstet, wurde ausfallend und ließ sie unter Vormundschaft stellen.

Sallys Vormund, ein Anwalt, machte lange Spaziergänge mit ihr und hörte ihr einfach zu. »Er kümmerte sich um den Menschen in mir und half mir, gesund zu werden.«

So wie vielen anderen Überlebenden der Psychiatrie geht es Sally heute gut. Wir sind enge Freunde geworden, und sie ist ein sehr liebenswürdiger und geistig gesunder Mensch. Obwohl sie sich ihres Schmerzes bewußt ist und immer noch die Nachwirkungen der früher erfahrenen Verwundungen spürt, lebt sie derzeit ein medikamentenfreies, produktives Leben.

Schockierend ist, daß diese Menschen nicht etwa Einzelfälle darstellen, die durch die Maschen des Netzes fielen, als man ihre Diagnose stellte; vielmehr repräsentieren sie die Mehrheit derjenigen, die vom medizinischen Gesundheitssystem Hilfe erhofften und im Stich gelassen wurden. Seit dieser ersten Konferenz habe ich viele weitere Überlebende der Psychiatrie kennengelernt, einige ihrer Biographien gelesen und mit anderen Patienten und Eltern gesprochen, die ihr Leben damit verbringen mußten, für ihre emotional gestörten Kinder zu sorgen. Die meisten, wenn nicht gar alle, haben wohl die gleiche, aus drei Phasen bestehende Geschiche durchgemacht. (Siehe Abb. 14.1.)

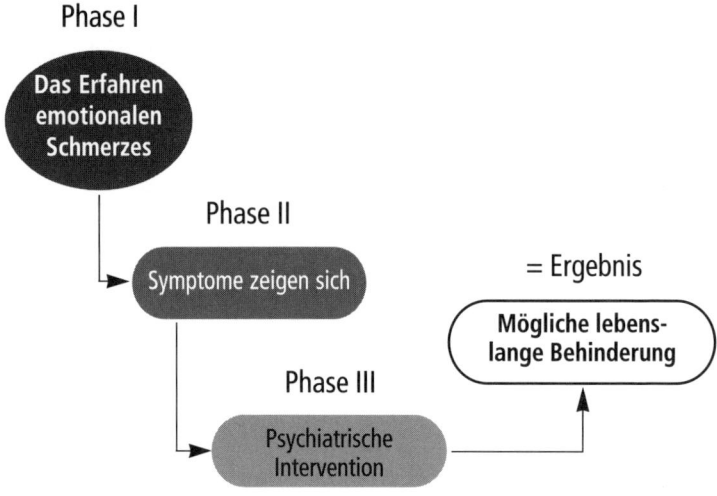

Abbildung 14.1: Das psychiatrische Drei-Phasen-Modell.

Lassen Sie uns diese drei Phasen genauer betrachten, bevor wir das Modell des emotionalen Schmerzes erforschen.

Phase I: Leichter bis schwerer Mißbrauch

Der in Phase I erlittene Mißbrauch kann leichter oder schwerer Natur sein. Einen leichten Mißbrauch wird ein Kind vielleicht bewältigen, indem es ein bißchen einfühlsamer ist, als es bei Kindern üblich ist, oder sich allzu angestrengt darum bemüht, seinen Eltern zu gefallen. Ein anderes Kind mag versuchen, in die Fußstapfen älterer, erfolgreicherer Geschwister zu treten, und entwickelt dabei das Gefühl, nicht gut genug zu sein. Kinder können im Laufe der Zeit sehr viel emotionalen Schmerz anhäufen, ohne daß die Eltern dies bemerken. Auch dem Kind selbst ist nicht bewußt, daß es täglich die unterbewußte Entscheidung trifft, sich minderwertig oder weniger geliebt zu fühlen als seine Geschwister.

Als ältestes Kind kann es das Muster entwickeln, immer »verantwortlich« für andere zu sein, und wird dann niemals lernen, sich um seine eigenen Bedürfnisse zu kümmern. Andere Kinder ziehen sich emotional immer mehr zurück, statt sich dem negativen, zornigen Verhalten gefühlloser Eltern zu stellen.

Wie Sie sehen, gibt es tausend verschiedene Szenarien, in denen ein Kind aufwachsen und sich bei ihm sehr viel ungeheilter emotionaler Schmerz ansammeln kann. Wenn es zusätzlich von einem Familienmitglied mißbraucht wurde oder – ob innerhalb oder außerhalb der Familie – schwere Traumen erlitten hat, wird die Verletzung seines eigentlichen Selbst sehr viel größer sein. Unser modernes Leben ist äußerst belastend, vor allem für Kinder. Jedes Kind, gleichgültig wie sehr seine Eltern darum bemüht sind, es zu schützen, wird bis zu einem gewissen Grad traumatisiert werden.

Phase II: Symptome emotionaler Störungen

Für jeden Menschen wird einmal die Zeit kommen, in der er in Phase II eintritt und durch Streß, emotionale Überlastung oder ein schweres Trauma ausgelöste Verhaltensweisen oder Symptome zeigt. Einige Leute reagieren vielleicht mit Depressionen; andere versuchen, dies zu kompensieren, indem sie ihre Mitmenschen kontrollieren oder dem Erfolg nachjagen.

In letzter Zeit arbeite ich mit mehreren Klienten, die Stimmen hören, obwohl sie aus guten Familien kommen und allem Anschein nach ein normales Leben führen. Betty, die ich in Kapitel 1 vorgestellt habe, ist ein gutes Beispiel hierfür. Obwohl sie sehr erfolgreich ist und aus einer guten, liebevollen Familie stammt, neigt sie dazu, alles was sie tut, mit ganzem Herzen zu tun. Als ihr Ehemann plötzlich ankündigte, er wolle sich scheiden lassen, brach für sie eine Welt zusammen.

Nachdem ihr Mann mehrere Monate lang ein widersprüchliches und verantwortungsloses Verhalten an den Tag gelegt hatte, begann

Sally, Stimmen zu hören. Während die Kinder einmal bei ihm und seiner neuen Freundin zu Besuch waren, glaubte sie zu hören, wie das jüngste Kind nach ihr schrie. Da Betty allein zu Hause war, wußte sie, daß es in Wirklichkeit nicht ihr Kind war, sondern etwas, das sich in ihrer Psyche abspielte. Sie wußte auch, weshalb sie diese Stimmen hörte – aus Angst, daß die »andere« die Liebe ihrer Kinder stehlen könnte. Da sie sich bereits aufgrund des Verhaltens ihres Ehemannes ungeliebt fühlte, wurde sie von einem Gefühl der inneren Verzweiflung und der Wertlosigkeit überwältigt. Zum ersten Mal in ihrem Leben fühlte sie sich hilflos und unfähig, im Beruf erfolgreich zu arbeiten oder durch ihre eigenen Bemühungen das Bewußtsein zu entwickeln, wertvoll zu sein. Als Antwort auf all diese Belastungen und diesen Schmerz eilte ihre Psyche ihr zu Hilfe und schuf die Stimme eines ihrer Kinder, das dem Anschein nach in Not war.

Aufgrund der emotionalen Belastungen, denen wir alle ausgesetzt sind, werden in unserem Leben Symptome der Phase II auftauchen. Nicht jeder wird unter schweren Depressionen leiden oder anfangen, Stimmen zu hören. Und dennoch sollten wir nicht hingehen und diese Symptome als Indikatoren für eine defekte Psyche ansehen. Vielmehr müssen wir erkennen, daß emotionaler Schmerz uns in Phase II drängen kann, wie immer die Symptome auch aussehen mögen.

Phase III: Psychiatrische Intervention

Phase III ist jene Phase, in der die Biopsychiatrie sehr gefährlich und verführerisch werden kann. Was wäre gewesen, wenn Betty zuviel Angst davor gehabt hätte, mir im Frühstadium von den gehörten Stimmen zu berichten? Diese hätten verstärkt auftreten können, während sie gleichzeitig versucht hätte, sie zu ignorieren, zu vermeiden oder zu unterdrücken. Schließlich hätte dieses Phänomen zu schweren Problemen in ihrem Leben führen können. Sie hatte zum Glück keine Angst, mit mir über ihre »Halluzinationen« zu sprechen, weil sie meine Ansicht über emotionale Erkrankungen kannte. Wenn sie jedoch mit jemandem gearbeitet hätte, der nicht an das Modell des emotionalen Schmerzes glaubt, und ihm erzählt hätte, daß sie Stimmen hört, wäre sie wahrscheinlich zu Krankenhausaufenthalt und Medikamenten genötigt worden. Hätten ihre Symptome dann nachgelassen, hätte man ihr wahrscheinlich gesagt: »Die Medikamente wirken. Folglich mußt du an einem biochemischen Ungleichgewicht leiden.«

Da Betty meine Ansicht zu emotionalen Störungen kannte und wußte, daß jemand, der Stimmen hörte, mich nicht beunruhigen würde, ging sie das Risiko ein, mir davon zu berichten. Da ich nicht glaubte, daß ihre Psyche krank sei, sondern daß ihre Stimmen auf einen ganz bestimmten seelischen Schmerz zurückgingen, konnten sie und ich gemeinsam diese und andere, noch verwirrendere Verhaltensweisen richtig einordnen. Da wir das Problem in einem frühen Stadium angingen (dem Beginn von Phase III) und ihren Schmerz richtig identifizierten, erkannte Betty schließlich, wie sie auf angemessenere Weise mit ihm umgehen konnte. Da wir auf Medikamente verzichteten, bewahrte sie bei all dem einen klaren Verstand, und ihr Schmerz half, uns genau zu dem Punkt zu führen, wo ihr Heilungs- und Genesungsprozeß seinen Ausgang nehmen mußte. Statt von Medikamenten war sie vorübergehend von einem Therapeuten abhängig, der sie lehrte, ihren Schmerz zu erkennen und die notwendigen Schritte zu unternehmen, um letztlich in diesem Bereich die Verantwortung für ihr eigenes Leben zu übernehmen.

Renee

Um diese Erkenntnisse für meine Leser noch anschaulicher zu machen, möchte ich nun gern auf die Geschichte von Renee eingehen, die darüber selbst in ihrem Buch *Autobiography of a Schizophrenic Girl* Auskunft gibt. Renee hat es geschafft, sich von ihrer Schizophrenie zu befreien und konnte dementsprechend in ihrem Buch einige großartige Einsichten vermitteln. Sie schreibt, wie sie das erste Mal im Alter von fünf Jahren den Kontakt mit der Realität verlor:

Ich erinnere mich sehr gut an den Tag, an dem es passierte. Wir wohnten damals auf dem Land, und ich war, wie ich das manchmal tat, allein spazierengegangen. Als ich an der Schule vorbeiging, hörte ich plötzlich ein deutsches Lied. Ich hielt an, um zuzuhören, und in diesem Moment überkam mich ein seltsames Gefühl, ein Gefühl, das schwer zu analysieren ist, doch dem sehr ähnlich war, was ich später nur allzugut kennen sollte – ein verwirrendes Gefühl der Unwirklichkeit. Mir war, als würde ich die Schule nicht länger erkennen; sie hatte die Größe einer Kaserne angenommen; die singenden Kinder waren Gefangene, zum Singen gezwungen. Es war so, als wären die Schule und das Lied der Kinder vom Rest der Welt abgeschnitten ... Das Lied der Kinder, die in dieser aus glattem Stein gebauten Schulkaserne gefangengehalten wurden, erfüllte mich mit einer solchen Angst, daß ich zu schluchzen begann. Ich rannte nach Hause zu unserem Garten und begann zu spielen, »um den Dingen den Anschein von Normalität zu geben«, das heißt, zur Realität zurückzukehren. Es war das erste Mal, daß diese Phänomene auftraten, die bei späteren Gefühlen der Unwirklichkeit immer vorhanden waren: grenzenlose Weite, strahlendes Licht und Glanz und Glätte materieller Dinge. Ich kann nicht erklären, was und warum es passierte. Doch es war genau die Zeit, in der ich erfuhr, daß mein Vater eine Geliebte hatte und meine Mutter zum Weinen brachte. Diese Enthüllung warf mich um, denn ich hatte meine Mutter sagen hören, daß sie sich umbringen würde, falls mein Vater sie verlasse.[1]

Renees Gefühle der Unwirklichkeit sind eigentlich ganz normal. Wenn Klienten in der Therapie mit starkem emotionalen Material umgehen und die entsprechenden Gefühle an die Oberfläche dringen, dann schaltet sich häufig das schützende Unterbewußtsein ein und beginnt, diese Gefühle oder Erfahrungen abzuspalten. In diesem Moment entsteht ein Gefühl der Unwirklichkeit oder das Gefühl, verrückt zu werden.

Wenn zum Beispiel in meiner Männergruppe ein sehr gefühlslastiges Thema wie eine schwierige Beziehung zum Vater zur Sprache kommt, dann geschieht es oft, daß gleich mehrere Männer unwirkliche oder verzerrte Gefühle und Wahrnehmungen haben. Einer schläft ein, ein anderer sieht, wie der Raum seine Form zu ändern beginnt, ein dritter sieht vielleicht, daß die Gesichter der anderen verschwommen werden. Es ist ungemein wichtig zu erkennen, daß die Psyche in Momenten, in denen sie mit einem überwältigenden emotionalen Schmerz konfrontiert wird, diesen Schmerz abspaltet und dabei »verrückt spielt«.

Renee beschreibt, daß sie diese unwirklichen Gefühle und Erlebnisse in den folgenden Jahren immer häufiger hatte. Als sie einmal mit ihren Freundinnen beim Seilhüpfen war, schrie sie plötzlich:

»Hör auf, Alice, du siehst aus wie ein Löwe; du machst mir Angst!«
Die anderen Mädchen schauten sie an und sagten: »Du bist blöd –
Alice, ein Löwe. Du weißt nicht, was du da sagst.«[2] Als sie das Spiel
wieder aufnahmen, erkannte Renee, daß ihre Freundin nicht wirklich wie ein Löwe ausgesehen hatte, daß dies für sie jedoch die einzige Art gewesen war, zu beschreiben, daß in ihrer Wahrnehmung die
Freundin größer und strahlender wurde.

Renee beschreibt auch die Angst, die sie während eines Alptraums
hatte, den sie die »Nadel im Heuhaufen« nennt:

> Das ist der Traum: Eine Scheune, durch elektrische Beleuchtung in
> strahlendes Licht getaucht. Die Wände weiß gestrichen, glatt – glatt
> und glänzend. In der Unendlichkeit dieses Raumes: eine Nadel – fein,
> spitz, hart, im Licht glitzernd. Die Nadel in der Leere versetzte mich in
> entsetzliche, panische Angst. Dann füllt ein Heuhaufen die Leere und
> verschlingt die Nadel.[3]

Später schreibt sie, daß sie ihre unwirklichen Wahrnehmungen
immer mit dem Traum von der Nadel assoziierte.

Als Renee diese Erfahrungen öfter machte, begann sie, sich zurückzuziehen. Sie hielt sich in der Nähe des Schulzauns auf, um »zu
beobachten, wie die anderen Schüler schrien und auf dem Schulhof
herumrannten«. Dazu schreibt sie:

> Ich erwischte mich nur auf dem Schulhof in diesem Zustand, niemals
> im Klassenzimmer. Ich litt schrecklich darunter, wußte jedoch nicht,
> wie ich mich daraus befreien konnte. Spielen, Unterhaltungen, Lesen –
> nichts schien den unwirklichen Kreis, der mich umgab, durchbrechen
> zu können.[4]

Renee suchte jedoch Hilfe. Sie beschreibt, wie sie einmal versuchte,
sich an ihre Lehrerin zu wenden.

> Ich ging zu meiner Lehrerin und sagte: »Ich habe Angst, weil alle
> einen winzigen Krähenkopf auf ihrem Hals haben.« Sie lächelte mich
> freundlich an und sagte etwas, an das ich mich nicht mehr erinnere.
> Doch statt mich zu beruhigen, verstärkte ihr Lächeln nur meine Angst
> und Verwirrung, denn ich sah ihre Zähne, weiß und ebenmäßig im

269

Schein des Lichtes. Obwohl sie sich in Wirklichkeit nicht veränderten, füllten sie bald mein gesamtes Blickfeld aus, als ob der ganze Raum aus nichts anderem bestünde als aus Zähnen in einem unbarmherzigen Licht. Eine entsetzliche Angst ergriff mich.[5]

Wie würden Sie Renees Situation analysieren? Würden Sie davon ausgehen, daß sie an einem biochemischen Ungleichgewicht litt, oder aber davon, daß sie einfach auf die Einsamkeit und Angst reagierte, von der sie sich bedroht fühlte, wenn ihr Vater sie verlassen und ihre Mutter sich das Leben nehmen würde? Ist das für ein fünfjähriges Mädchen nicht eine sehr reale, ernste und angsterregende Situation?

Was hätte geschehen können, wenn sich jemand mit Renee zusammengesetzt, ihr Vertrauen gewonnen und ihr geholfen hätte, ihre Gefühle in Worte zu fassen?

Wenn Menschen in der Lage sind, solche Wahrnehmungen zu verbalisieren und den Schmerz und ihre Gefühle hinter diesen Wahrnehmungen zu verstehen, stellen sie häufig fest, daß ihr verzerrtes Bild von der Realität in gewisser Weise durchaus Sinn macht – so wie Jacks Glaube, daß er halb Frau sei.

Wie viele andere Menschen sind als Kind auf ähnliche Weise wie Renee traumatisiert worden und haben ihre Wahrnehmungen einer verzerrten Realität für sich behalten, weil niemand ihnen half, ihre starken Gefühle zu verstehen? Nach Abschluß der High-School, wenn ihre Welt dann tatsächlich zu groß für sie zu werden scheint, kann es passieren, daß sie sogar noch mehr zu halluzinieren beginnen.

Wir können sehen, daß Renees Erfahrungen einem bekannten Muster folgen. Wie die Menschen, von denen wir bereits gesprochen haben, fühlte Renee sich in ihrer Kindheit von einem inneren Gefühl der Verzweiflung überwältigt. Diese Verzweiflung wuchs als Folge eines einzigen traumatischen Moments sehr bald ins Unerträgliche: Es war der Augenblick, als sie sich plötzlich der Möglichkeit gegenübersah, daß ihr Vater mit einer anderen Frau weglaufen und ihre Mutter sich umbringen könnte.

Angesichts ihrer tiefen Verzweiflung begann ihr Unterbewußtsein, sehr intensiv daran zu arbeiten, ihr eigentliches Selbst zu schützen. Als dieser Teil ihrer Psyche die Kontrolle übernahm und gewisse Illusionen schuf, begann sie, ihren Realitätssinn zu verlieren. Als ihre

Lehrerin nicht wußte, wie sie darauf reagieren sollte, und vielleicht ein falsches Lächeln zeigte, hat Renees schützendes Unterbewußtsein ihr wahrscheinlich gesagt, daß sie einem Lächeln nicht mehr vertrauen könne. Die Lehrerin hatte ihr Lächeln wahrscheinlich dazu eingesetzt, ihre eigentlichen Gefühle zu vertuschen. Deshalb fühlte sich Renee betrogen und hatte Angst. Als ihre Angst zunahm, bestand der ganze Raum für sie nur noch aus Zähnen.

Da ich nicht selbst mit Renee gesprochen habe, kann ich nicht absolut sicher sein, ob meine Interpretation ihres Lebens richtig ist. Sicher bin ich mir jedoch, daß ihr Unterbewußtsein die Symptome absichtlich hervorrief: Als sie ihre Gefühle nicht länger ertragen konnte und ihr Vertrauen weiter verletzt wurde, mußte der phantasievolle Teil ihrer Psyche zu ihrer Rettung einspringen.

Renees emotionaler Zustand begann mit einem Übermaß an Schmerz und einer Anpassung an diesen Schmerz in Phase I. In Phase II verschlimmerte sich ihr Zustand. Sie begann, den Versuch ihrer Psyche, den Schmerz nur noch weiter zu ignorieren, zu fürchten und abzulehnen. Als ihre Symptome schließlich von anderen identifiziert wurden, als Renee, als schizophren etikettiert, ins Krankenhaus eingewiesen und unter Medikamente gesetzt wurde, trat sie in Phase III ein. Ihre Symptome wurden vielleicht vorübergehend von den Medikamenten unterdrückt, doch ihr Gesamtzustand verschlimmerte sich schließlich, weil ihr emotionaler Schmerz weiterhin geleugnet wurde.

Wie hat die Psychiatrie uns im Stich gelassen?

Wenn wir die vielen Fälle betrachten, die Renees Fall gleichen, wird deutlich, daß die Biopsychiatrie in drei wesentlichen Punkten versagt:

Erstens: indem sie leugnet, daß emotionaler Schmerz die Wurzel emotionaler Störungen ist. (Phase I)

Zweitens: indem sie die wahre Bedeutung dessen, was sie als Symptome bezeichnet, nicht versteht. Die Person, die unter den »Symptomen« leidet, erkennt nicht, daß diese durch ihren Schmerz verursacht werden, doch ebensowenig erkennt dies der um Hilfe gebetene Psychiater. (Phase II)

271

Drittens: indem sie den Betroffenen ins Krankenhaus einweist und/oder ihm Medikamente verordnet mit dem vorrangigen Ziel, die Symptome zu kontrollieren, statt auf die Ursache der Symptome abzuzielen. (Phase III)

Wenn wir jedoch verstanden haben, wie die Psychiatrie uns im Stich läßt, können wir auch eine Lösung für dieses Szenario finden:

Erstens: indem wir erkennen und weiterzugeben lernen, daß alle Kinder während ihres Wachstums mit Schmerz konfrontiert werden, und indem wir ihnen helfen, diesen Schmerz zu heilen. (Phase I)

Zweitens: indem wir die wichtigsten »Symptome« und den Kontext, in dem sie sich entwickeln, entmystifizieren und verstehen, wie wir bei ihrem Erscheinen mit ihnen umgehen können – zum Beispiel nicht in Panik zu verfallen, wenn jemand Stimmen hört. (Phase II)

Drittens: indem uns nicht auf Medikation basierende therapeutische Programme zur Verfügung stehen, um leidenden Individuen zu helfen, ihren inneren Schmerz richtig zu erkennen und zu heilen. (Phase III)

Abbildung 14.2. veranschaulicht den wichtigsten Unterschied zwischen dem psychiatrischen/medizinischen Modell und dem in diesem Buch vorgeschlagenen Modell des emotionalen Schmerzes.

Wenn Sie diese beiden Modelle einander gegenüberstellen und miteinander vergleichen, ist das Ergebnis offensichtlich. Das medizinische Modell leugnet den Schmerz und die Verletzung im eigentlichen Selbst des Menschen, wartet, bis dieser beginnt, sich ein wenig merkwürdig zu verhalten, und versucht dann, ihn vorrangig mit Medikamenten unter Kontrolle zu halten. Das Ergebnis ist ein mit Chemie vollgepumpter Mensch, der glaubt, daß er eine biologische, unheilbare Krankheit hat, die nur mit Medikamenten kontrolliert werden kann.

Der Ansatz des medizinischen Modells

Phase I   Phase II   Phase III

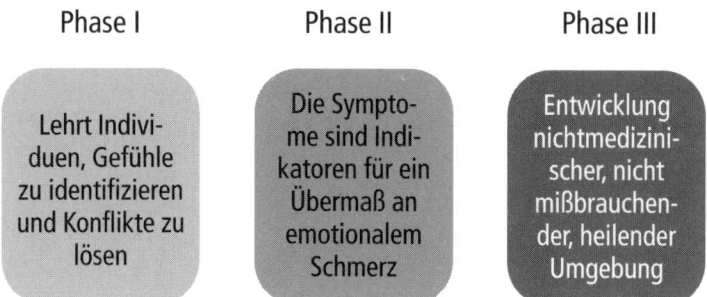

Leugnen von
Schmerz

Symptome
zeigen sich,
werden aber als
Produkt eines
Defektes
gewertet

Symptome
werden medi-
zinisch unter-
drückt

Der Ansatz des Modells des emotionalen Schmerzes

Phase I   Phase II   Phase III

Lehrt Indivi-
duen, Gefühle
zu identifizieren
und Konflikte zu
lösen

Die Sympto-
me sind Indi-
katoren für ein
Übermaß an
emotionalem
Schmerz

Entwicklung
nichtmedizini-
scher, nicht
mißbrauchen-
der, heilender
Umgebung

Abb. 14.2: Das Drei-Phasen-Modell.

Dem Modell des emotionalen Schmerzes folgend, versuchen Therapeuten und Eltern dagegen zunächst, den Kindern zu helfen, ihren emotionalen Schmerz wahrzunehmen und mit ihm fertigzuwerden. Wenn ein Individuum beginnt, sich ein bißchen merkwürdig oder unkontrolliert zu verhalten, wird es nicht als gestört, sondern als verletzt betrachtet. Sobald man die Symptome einer Person entmystifiziert, wird es für sie viel leichter und wesentlich weniger beschämend sein, um Hilfe zu bitten. Wir alle sind zuweilen verletzt und verhalten uns *sonderbar* und sollten dementsprechend mehr Verständnis für und Mitgefühl mit Menschen haben, die unter Verletzungen leiden. Das Ergebnis dieses Modells ist ein Mensch, dessen Schmerz geheilt und dessen Symptome verstanden wurden und der vielleicht eines Tages anderen mit ähnlichen Problemen helfen wird.

Ein weiterer Vorteil des Modells des emotionalen Schmerzes besteht darin, daß wir Menschen helfen können, an einem viel früheren Punkt innerhalb des Drei-Phasen-Prozesses Verantwortung für ihre Entscheidungen zu übernehmen. Während wir uns also vom medizinischen Modell fort und zu einem kooperativen emotionalen Heilungsmodell hin bewegen, werden wir das Bedürfnis nach oder die Abhängigkeit von Medikamenten, institutioneller Fürsorge und dem Wohlfahrtssystem reduzieren.

Entlassung aus psychiatrischen Einrichtungen

Bevor wir weiter der Frage nachgehen, wie wir die drei Behandlungsphasen des Modells des emotionalen Schmerzes konkret durchführen können, möchte ich einen weitverbreiteten Mythos ansprechen.

Da die Verordnung von Neuroleptika in den 50er Jahren sehr verbreitet war, nimmt man generell an, daß viele Patienten erfolgreich behandelt und stabilisiert wurden und deshalb aus psychiatrischen Einrichtungen entlassen werden konnten. Diese Entlassungen haben zu einer rapiden Abnahme der Patientenzahl in solchen Einrichtungen geführt, was nun als einer der Glanzleistungen der Biopsychiatrie betrachtet wird.

Es ist jedoch ein Mythos zu behaupten, daß die Medikamente für die Leerung der staatlichen Krankenhäuser verantwortlich waren. Der Rückgang der Zahl stationärer Patienten begann mehr als acht Jahre nach der Einführung von Neuroleptika, nämlich 1963, als »psychische Erkrankungen« erstmals von bundesstaatlichen Behindertenprogrammen erfaßt wurden. Als Ergebnis konnte man Patienten mit psychischen Erkrankungen nun in Altenheime und Pflegeeinrichtungen schicken, wo sie für ihren Aufenthalt mit Schecks der Behindertenhilfe zahlten. Die einzelnen Staaten konnten es sich nun erlauben, die Krankenhäuser zu räumen, indem sie ganz einfach die finanzielle Last auf die bundesstaatlichen Programme abwälzten. Medikamente halfen bei diesem Prozeß, jedoch nicht, weil sie für eine Heilung sorgten. Sie halfen insofern, als es viel einfacher ist, unter Medikamenten stehende, passive Menschen in Pflegeeinrichtungen unterzubringen.

Von Entlassungen aus psychiatrischen Einrichtungen zu sprechen ist irreführend, weil nur sehr wenige Patienten wirklich von Institutionen unabhängig geworden sind. Tragischerweise wurden viele der vorher in Anstalten untergebrachten Menschen schließlich auf die Straßen vertrieben, wo sie zu Obdachlosen wurden. Tatsächlich ziehen viele die Obdachlosigkeit den Zwängen der Biopsychiatrie vor. Als Ergebnis entwickelte sich eine »Drehtürpolitik«, bei der die Patienten in verschiedenen Krankenhäusern ein- und ausgingen und mit unterschiedlichen Lebensbedingungen und ständig wechselnder Medikation zurechtkommen mußten.

Wahre Freiheit

Wie ich bereits im Zusammenhang mit den vorgestellten Biographien aufgezeigt habe, die tatsächlich die Erfahrungen von Millionen von Individuen auf der ganzen Welt repräsentieren, hat die Psychiatrie diese Menschen und uns alle mit ihrem medizinischen Modell im Stich gelassen.

Psychopharmaka können keine langfristige Lösung sein, insbesondere nicht angesichts des wachsenden Ausmaßes emotionaler Probleme und der Gewalt, mit der unsere Kinder konfrontiert werden. Es ist an der Zeit, daß wir uns dem Modell des emotionalen Schmerzes zuwenden, denn es kann eine ganze Generation dauern, bis der notwendige Wandel vollzogen sein wird. Nach Hunderten von Jahren ist es endlich an der Zeit, daß wir uns eingestehen, daß das biopsychiatrische Modell versagt hat. Wir dürfen jetzt nicht zögern, entsprechend unserer Erkenntnisse zu handeln.

Kapitel 15

PHASE I

Um das Problem emotionaler Störungen wirksam lösen zu können, müssen wir mit Phase I beginnen und die Fähigkeit entwickeln, unsere Kinder und uns selbst zu lehren, wie man Gefühle erkennt und Konflikte richtig löst. Dabei muß das richtige Erkennen von Gefühlen an erster Stelle stehen, bevor man zu einer Lösung des Konflikts übergehen kann. Daniel Goleman berichtet in seinem Buch *Emotionale Intelligenz* darüber, daß die Bedeutung von Gefühlen und Emotionen zunehmend erkannt wird. Er zitiert die Definitionen emotionaler Intelligenz von Salovey und Mayer und schreibt:

> Selbstwahrnehmung – das Erkennen eines Gefühls, während es auftritt – ist die Grundlage der emotionalen Intelligenz. (...) Wer sich seiner Gefühle sicherer ist, kommt besser durchs Leben, erfaßt klarer, was er über persönliche Entscheidungen wirklich denkt, von der Wahl des Ehepartners bis zur Berufswahl.[1]

Lassen Sie uns die Bedeutung der Gefühle im emotionalen Heilungsprozeß näher betrachten.

Gefühle – die Quelle der inneren Wahrheit des Menschen

Das Diagramm des emotionalen Schmerzes verdeutlicht, warum die korrekte Identifizierung unserer Gefühle entscheidend für unsere emotionale Gesundheit ist. Abbildung 15.1 stellt eine andere Version dieses Diagramms dar. Der Vergleich dieses Diagramms mit anderen psychotherapeutischen Modellen hilft uns zu verstehen, wie wichtig die korrekte Identifizierung unserer Gefühle in Phase I ist. Betrachten wir zunächst das medizinische Modell.

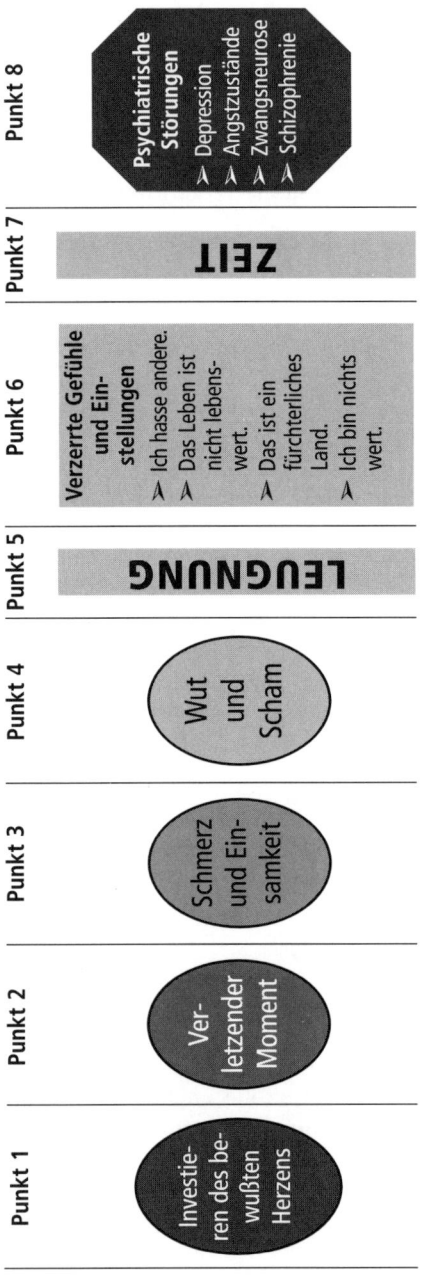

Punkt 1

Investieren des bewußten Herzens

Punkt 2

Verletzender Moment

Punkt 3

Schmerz und Einsamkeit

Punkt 4

Wut und Scham

Punkt 5

LEUGNUNG

Punkt 6

Verzerrte Gefühle und Einstellungen

➢ Ich hasse andere.
➢ Das Leben ist nicht lebenswert.
➢ Das ist ein fürchterliches Land.
➢ Ich bin nichts wert.

Punkt 7

ZEIT

Punkt 8

Psychiatrische Störungen

➢ Depression
➢ Angstzustände
➢ Zwangsneurose
➢ Schizophrenie

Abb. 15.1: Das grundlegende Diagramm des emotionalen Schmerzes.

Medizinisches Modell

Das medizinische Modell beginnt bei **Punkt 8**. Seine Strategie besteht darin, eine Diagnose anhand der vorhandenen Symptome zu erstellen und danach Medikamente zu verschreiben; alles in dem Glauben, daß in erster Linie irgendein biologischer Defekt die Probleme verursacht. Verringern sich die Symptome nach der Einnahme der Medikamente, wird die Behandlung für erfolgreich erklärt, ohne Rücksicht auf die unmittelbaren Nebenwirkungen der Medikamente oder deren langfristig schädigende Wirkungen.

Kognitives und behavioristisches Modell

Auch das kognitive und das behavioristische Modell beginnen bei **Punkt 8** mit den vorhandenen Symptomen. Beide gehen dann jedoch zurück zu **Punkt 6**, um das verzerrte Denken und das unkontrollierte Verhalten des leidenden Menschen zu untersuchen. Danach wird ein Therapieplan erstellt, um entweder die Symptome des Menschen, sein verzerrtes Denken oder sein Verhalten zu verändern. So war es zum Beispiel in den 70er und 80er Jahren, als der Behaviorismus den Gipfel seiner Popularität erreicht hatte, üblich, besonders in bezug auf Kinder von positiver oder negativer Verstärkung zu sprechen. Bei dieser Methode gaben die Kliniker den Kindern keine Medikamente, sondern versuchten sie buchstäblich zu dressieren – wie Tiere.

Der Behaviorismus entwickelte sich aus der Forschung mit Ratten, Tauben und Hunden und zeigte recht deutlich, daß bestimmte erwünschte Verhaltensweisen verstärkt und unerwünschte abgeschwächt werden können, wenn das angemessene Verhalten belohnt wird. Wollen wir unseren Hund zum Beispiel dazu bringen, daß er uns die Morgenzeitung bringt, könnten wir den Trainingsprozeß in kleine Schritte aufteilen. Als erstes könnten wir ihn vielleicht darauf dressieren, daß er die Zeitung aufhebt und uns übergibt, während wir neben ihm stehen; dabei wird korrektes Verhalten mit Futter belohnt. Als nächstes plazieren wir die Zeitung vielleicht etwas weiter weg, bis er gelernt hat, sie uns aus der Entfernung zu bringen.

Es mag ja stimmen, daß ein Hund diesen Akt des Holens tagtäglich über Jahre hinweg getreu ausführt; ich bin mir aber sicher, daß selbst der geschickteste Behaviorist sein Kind niemals dazu bewegen könnte, ihm die Zeitung ebenso gehorsam und zuverlässig zu bringen wie ein

Hund. Menschen sind keine Tiere. Sie werden von sehr viel komplexeren emotionalen Systemen, Bedürfnissen und Wünschen motiviert. Auch wenn heute noch ein großer Teil der Terminologie des Behaviorismus in Gebrauch ist, hat dieses Modell doch in bezug auf Menschen mit schwerwiegenden emotionalen Verletzungen im wesentlichen versagt. Damit es überhaupt funktionieren konnte, mußten die Psychologen nämlich die Elemente der vorbehaltlosen Liebe und der Disziplin in ihr Schema mit einbeziehen. Obwohl das ursprüngliche Modell somit beträchtliche Änderungen erfahren hat, wird es von den Psychologen noch immer Behaviorismus genannt, weil der Fortschritt des Patienten auch weiterhin an seinem Verhalten gemessen wird. Dennoch versagt das Modell, wenn es in erster Linie als Kontrollmittel eingesetzt wird. Denn im Gegensatz zu Tieren durchschauen Kinder unsere Motive bald.

Der kognitive Ansatz unterscheidet sich insofern geringfügig vom Ansatz der Behavioristen, als der Therapeut statt des Verhaltens die »irrationalen« Gedanken oder die Kognition des Menschen zu kontrollieren und zu verändern versucht. Nach Aaron Becks klassischer Depressions-Triade neigt die deprimierte Person dazu, (1) negativ über sich selbst zu denken, (2) negativ über ihre Erfahrungen zu denken und (3) negativ über ihre Zukunft zu denken.[2] Man hofft, daß depressive Störungen, Angstzustände, Phobien und andere Störungen nachlassen werden, wenn dieser Mensch lernt, seine Lebensumstände anders wahrzunehmen.

Sowohl das behavioristische als auch das kognitive Modell sind hilfreich, und es wird viel daran gearbeitet, ihren Einsatz zu rechtfertigen. Unsere Welt verlangt in der Tat von uns, daß wir unser Verhalten strukturieren und daß wir positiv denken, um den täglichen Herausforderungen gewachsen zu sein. Wenn jemand zu spät und mit einer schlechten Einstellung zur Arbeit kommt, wird er die Menschen um ihn herum verdrießlich stimmen. Als ich vor vielen Jahren aus meiner eigenen Depression herausfand, half es mir, mir Verhaltensziele zu setzen und positiv zu denken, so gut es eben möglich war. Noch wichtiger war es, daß ich zunächst verstand, daß ich meine Gefühle nicht richtig erkannte und deshalb nicht gut mit ihnen zurechtkam. Diese Erkenntnis half mir dann, auch meine Depression und die Befreiung von ihr richtig verstehen zu können. Kognitive und verhaltensorientierte Techniken und Medikation helfen oft nur vorübergehend.

Ich meine natürlich nicht, daß diese Modelle und Programme wertlos sind; aber sie konzentrieren sich nur auf die Symptome und oftmals nur auf eine schnelle »Reparatur«. Wenn wir zum Diagramm des emotionalen Schmerzes zurückkehren, sehen wir, warum dies so ist. Das medizinische Modell behandelt nur **Punkt 8**, das kognitive und das behavioristische Modell konzentrieren sich nur auf die **Punkte 6 und 8**. Ausgeklammert bleiben die verletzte Person, die Heilung, die stattfinden müßte, und die korrekte Identifizierung und Auflösung jener verletzenden Aspekte, mit denen das Leben diesen Menschen konfrontiert hat.

Dies ist recht einleutend. Wir kennen alle Situationen, in denen wir die Kontrolle über unser Verhalten und die Fähigkeit zum positiven Denken verlieren, wenn wir emotional tief verletzt werden. Unsere Gedanken und unser Verhalten nehmen nicht grundlos einen negativen und verzerrten Charakter an. Meine Depression war das Ergebnis meiner Unfähigkeit, *all* meine Gefühle richtig zu erkennen, schon *während* ich sie fühlte. Wäre ich dazu imstande gewesen, hätte mir dies einen klaren Hinweis darauf gegeben, was genau mir das Gefühl gab, verletzt zu werden.

Der Prozeß des richtigen Identifizierens der Gefühle wurde auch zu einem sehr erfolgreichen Therapie- und Heilprogramm namens »Focusing« entwickelt. Professor Eugene Gendlin und einige seiner Kollegen werteten in den 60er Jahren Hunderte von Tonbändern von Therapiesitzungen aus, um herauszufinden, warum die Psychotherapie manchen Klienten zu helfen schien und manchen nicht.

Sie lauschten den Aufzeichnungen der Klientengespräche und machten dabei eine faszinierende und wichtige Entdeckung. Sie konnten ausmachen, wodurch sich Patienten, deren Therapie sich später als erfolgreich erweisen sollte, von solchen unterschieden, die nicht nachhaltig geheilt wurden. Außerdem waren sie in der Lage, die Unterschiede zwischen der ersten und der zweiten Sitzung zu identifizieren.

Was fanden sie? Hier ein Zitat aus Dr. Ann Weiser Cornells Buch *The Power of Focusing*:

> (...) die erfolgreichen Klienten *verlangsamten* ihre Rede, drückten sich *weniger klar* aus und fingen an, *nach Worten zu suchen*, um das zu beschreiben, was sie in diesem Moment fühlten. Wenn Sie sich die Tonbänder anhörten, würden Sie so etwas hören wie: »Hmmm. Wie

soll ich das beschreiben? Es ist genau *hier*. Es ist ... uh ... es ist ... es ist nicht unbedingt Wut ... hmmm.«³

Dr. Cornell beschreibt die Fähigkeit des Klienten, zurück zu den **Punkten 1 bis 4** des Diagramms des emotionalen Schmerzes zu gehen. Der erfolgreiche Klient hat die Fähigkeit, mit der Situation, dem Problem, dem Konflikt und den damit zusammenhängenden Emotionen zu beginnen, um sich dann an das heranzutasten, was in diesem Moment in seinem Körper auf einer grundlegenden Gefühlsebene passiert. Im Gegensatz dazu zeigten die Untersuchungen laut Dr. Cornell, daß

(...) sich die erfolglosen Klienten während der gesamten Sitzung klar ausdrückten! Sie blieben »oben in ihrem Kopf«. Sie fühlten nichts in ihrem Körper, und sie fühlten niemals etwas unmittelbar, das sie nicht problemlos mit Worten hätten beschreiben können. Gleichgültig, wie sehr sie ihre Probleme analysierten oder erklärten, über sie nachdachten oder sie beweinten – ihre Therapie blieb letzten Endes erfolglos.⁴

Gefühle helfen uns herauszufinden, wer wir sind, und verleihen einer bestimmten Situation Bedeutung. Deshalb können wir ohne die Fähigkeit, in jedem einzelnen Moment unsere Gefühle richtig zu erkennen, unmöglich jemals emotional gesund sein oder die Fähigkeit zu echter Selbstbestimmung erlangen. Wenn es uns nicht gelingt, unsere Gefühle zu identifizieren, werden wir letztendlich nur uns selbst und/oder andere verletzen.

Im Idealfall können wir schon im Moment der Geburt damit beginnen, diese Fähigkeit unseren Kindern zu vermitteln. Um Ihnen einige der Möglichkeiten aufzuzeigen, möchte ich Ihnen etwas von dem erzählen, was meine Frau unseren Sohn über das Erkennen seiner Gefühle und den Umgang mit ihnen gelehrt hat.

Wie man Kinder Bewußtheit lehrt

Vom ersten Tag an, nachdem sie mit unserem Sohn Kevin aus dem Krankenhaus nach Hause kam, brachte Kathy ihm bei, seine Gefühle zu erkennen. Wenn sie sah, daß er glücklich war oder lächelte, sagte sie ihm, daß er ein glücklicher Junge sei. Wenn er weinte, erzählte sie ihm, daß er traurig sei. Sah sie, daß sein Körper sich verspannte, erzählte sie ihm, daß er sauer sei. Manchmal sagte sie: »Ich sehe, daß dein Gesicht rot anläuft. Du bist bestimmt sauer.«

Als Kevin etwa zehn oder elf Monate alt war, begann Kathy, mehr Zeit auf die Beschreibung seiner Körperreaktionen, die seine Gefühle begleiteten, zu verwenden, und sie ging dabei mehr ins Detail. Sah sie, daß Kevin seine Fäuste ballte, sagte sie: »Ich sehe, was du mit den Fäusten machst. Du bist wirklich sauer.« Dadurch, daß sie ihm half, bestimmte Gefühle mit seinem Körper in Verbindung zu bringen, lernten beide, seine Gefühle mit Hilfe einer korrekten Deutung der Körpersprache richtig zu verstehen.

Als Kevin kanpp ein Jahr alt war, fing er an, mit »ah-hah« zu antworten, wenn Kathy eines seiner Gefühle identifizierte. Gelegentlich korrigierte er sie, wenn sie einen Fehler machte und meinte, er sei traurig, obwohl er in Wirklichkeit sauer war. Sie sagte zum Beispiel »Du bist wirklich traurig«, wenn er weinte, und er sagte »Ah-nah«. Dann fragte sie: »Bist du sauer?«, und er antwortete »Ah-hah.« Noch bevor er seine Gefühle verbalisieren konnte, verstand er Kathy gut genug, um ihr zu erzählen, ob sie ihn richtig verstanden hatte oder nicht.

Kathy versuchte auch mit allen Mitteln, in bezug auf ihre eigenen Gefühle sehr ehrlich zu ihm zu sein, sogar, als er noch sehr jung war. Sie sagte »Mami ist jetzt böse« oder traurig oder glücklich und brachte ihm bei, ihr direkt ins Gesicht zu sehen und ihre Gefühle richtig zu erkennen.

Als Kevin zwei Jahre alt war, bemerkte sie, daß er plötzlich ein bißchen erschreckt aussah, wenn er registrierte, daß sie traurig war. Kathy sagte dann etwas in der Art wie »Mami ist traurig, aber es ist alles in Ordnung«. Sie tat dies, damit er lernte, seiner Wahrnehmung zu trauen, sich aber nicht für ihre Gefühle verantwortlich zu fühlen. Auf diese Weise konnten beide an den Gefühlen des anderen teilhaben, ohne sich übermäßig zu verstricken oder voneinander abhängig zu werden.

Wenn sie gereizt oder sogar wütend war und spürte, daß diese Gefühle es ihr erschweren würden, in angemessener Weise mit Kevin umzugehen, achtete sie besonders sorgfältig darauf, daß sie ihn nicht für diese Gefühle verantwortlich machte. So sagte sie zu ihm: »Mami ist müde und wird langsam böse auf dich. Das ist nicht dein Fehler, aber du mußt mir besser zuhören und das tun, worum ich dich bitte.«

Die meisten Eltern haben gelernt, daß sie Zwang einsetzen müssen, um zu erreichen, daß Kinder das tun, was sie tun sollen. Wenn wir aber lernen, unsere Gefühle richtig mitzuteilen, geben wir den Kindern die Chance, sich in uns einfühlen zu können.

Mit zwei Jahren konnte mein Sohn sich selbst ausdrücken, indem er sagte »sauer«, »traurig« und »glücklich«, und seinen Eltern mitteilen, wann er diese Gefühle spürte. Mit etwa drei Jahren konnte er es uns erzählen, wenn er sich einsam fühlte. Als Kevin dreieinhalb Jahre alt war, hatten wir alle drei beträchtliche Erfahrung darin, uns innerhalb der **Punkte 1 bis 4** des Diagramms des emotionalen Schmerzes zu bewegen. Wenn einer von uns den anderen – bewußt oder unbewußt – verletzte, hatten wir das nötige Rüstzeug, um uns sehr ehrlich mit unseren Gefühlen auseinanderzusetzen. Als Folge davon blieb – wenn überhaupt – sehr wenig Wut oder Scham in Kevin zurück, die ihn über **Punkt 4** hätte hinaustragen können. Jedes Mal, wenn er zornig war, erlaubten wir ihm, diese Gefühle ungehindert auszudrücken. Auch wenn sein Verhalten einmal die Grenzen überschritt und wir uns ihm entgegenstellen mußten, wußte er doch, daß wir ihn – so wie er war – noch immer liebten. Unsere Art der Kommunikation führte dazu, daß er nur wenig und ausschließlich konstruktive Scham empfand. Und selbst die verschwand dann bald wieder.

Ein traumatischer Augenblick

Weil meine Frau seit Kevins Geburt beträchtliche Zeit darauf verwandt hatte, für seine Gefühle dazusein, konnte sie leicht feststellen, wann etwas mit ihm nicht stimmte. Er war zudem viel besser in der Lage, ihr gegenüber seine Gefühle in Worten auszudrücken oder die schmerzhafte Situation zu erkennen, wenn ihn etwas beunruhigte.

Einmal bekam er Probleme mit seiner Vorschullehrerin, die wir zunächst nicht zur Kenntnis nahmen. Das Hauptproblem betraf Kevins Toilettenbesuche, etwas, das er gerade lernte, allein zu erledigen. Er ging zur Toilette, kam dann wieder heraus und hatte die Hosen verkehrt herum an. Als die Lehrerin dies sah, wurde sie sauer und schickte ihn zurück, damit er sie richtig herum anzöge. Kevin hatte damit Schwierigkeiten. Wenn er die Hosen aus- und dann wieder anzog, saßen sie oft wieder verkehrt herum. Die Lehrerin erklärte ihm vor der gesamten Klasse, daß er sie falsch angezogen hatte, und schickte ihn zurück zur Toilette, damit er es erneut versuche. Als dies passierte, fühlte er sich sehr hilflos und beschämt.

Meine Frau erkannte, daß es irgendein Problem gab, als er plötzlich nicht mehr zur Schule gehen wollte. Als sie ihn fragte, was nicht in Ordnung sei, las sie eine große Scham in seinem Gesicht. Zu dieser Zeit bemerkten wir auch, daß er mit dem Nägelkauen begonnen hatte. Um Kevin aus der Reserve zu locken, fragte sie ihn, ob in der Schule irgend etwas vorgefallen sei, was ihn traurig machte oder ihm ein schlechtes Gefühl gab. Dann erzählte er ihr von dem Vorfall.

Wir fanden heraus, daß es in der Schule auch noch andere Klagen über diese Lehrerin gab. Ich selbst hatte mich schon bei unserer ersten Begegnung in ihrer Nähe nicht wohlgefühlt. Nachdem wir das Problem mit dem Schuldirektor besprochen hatten, entschied sich die Schule dafür, sie zu ersetzen.

Leider hatte diese eine Situation für Kevin ziemlich negative Langzeitfolgen. Noch ein gutes Jahr danach war er frustriert, wenn er etwas nicht perfekt konnte. Wenn er das Gefühl hatte, daß er eine Aufgabe vielleicht nicht lösen könnte, versuchte er es oft genug nicht einmal. Jedes Mal, wenn er etwas Schwieriges versuchte, sahen wir, wie seine Scham wieder emporstieg und wie er sie mit seiner Wut wieder hinunterdrückte; er bestand dann oft darauf, daß seine Art, etwas zu tun, die richtige sei, selbst dann, wenn er Schwierigkeiten mit einer Aufgabe hatte. Er begann auch wieder mit dem Nägelkauen, wenn er ein neues Projekt plante.

Wenn wir für diese Situation das Diagramm des emotionalen Schmerzes entwerfen, erhalten wir eine klarere Vorstellung davon, wie Kevins schützendes Unterbewußtsein Verhaltensweisen und Gefühle zu entwickeln beginnt, die jenseits von **Punkt 4** liegen. Abbildung 15.2 zeigt dieses Diagramm.

An **Punkt 4** sollte er – resultierend aus dem Verhalten der Lehrerin – Wut empfinden und tat dies auch; da er aber emotional in den Wunsch investiert hatte, die Hosen richtig herum anzuziehen, um der Lehrerin zu gefallen, verwirrte ihn dieser Wirrwarr der Gefühle, der auftrat, nachdem sie ihn beschämt hatte. Als dies passierte, unterdrückte seine Psyche die Wut, so wie sie auch seine Scham zu unterdrücken versuchte. In Fällen wie diesem kann die Wut später wieder auftauchen und sich dabei – scheinbar aus heiterem Himmel – gegen Altersgenossen oder Eltern richten.

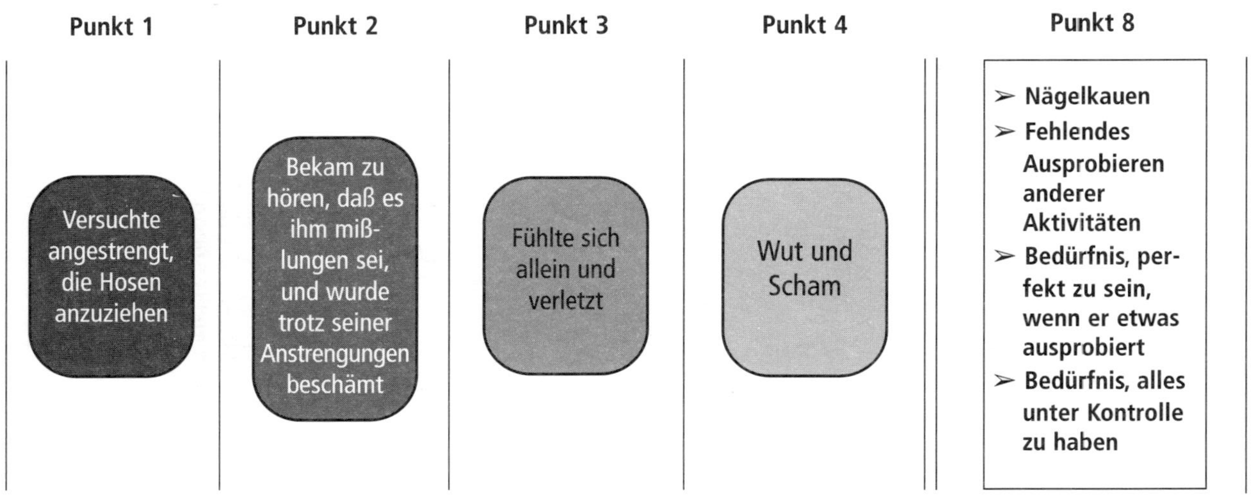

Punkt 1	Punkt 2	Punkt 3	Punkt 4	Punkt 8
Versuchte angestrengt, die Hosen anzuziehen	Bekam zu hören, daß es ihm mißlungen sei, und wurde trotz seiner Anstrengungen beschämt	Fühlte sich allein und verletzt	Wut und Scham	⋏ Nägelkauen ⋏ Fehlendes Ausprobieren anderer Aktivitäten ⋏ Bedürfnis, perfekt zu sein, wenn er etwas ausprobiert ⋏ Bedürfnis, alles unter Kontrolle zu haben

Abb. 15.2: Kevins Anpassung an die Verletzung seines Selbst.

Beachten Sie, daß Kevins Lehrerin im Prinzip dieselbe Art der Verwirrung in Kevin hervorrief, die Charles Manson immer wieder erlebte, wenn er von Menschen, die er liebte, und Bekannten beschämt und enttäuscht wurde. Nur daß die Vorfälle in Kevins Fall zum Glück weit harmloser waren. Wenn sich Manson einem Menschen zuwandte, wurde er als Reaktion darauf stets beschämt und mußte dann seinen Zorn unterdrücken, um auch sein Gefühl der Scham in Schranken zu halten. Auf diese Weise erzeugt die Gesellschaft in einem Menschen eine Wut, die sich am Ende überhaupt nicht mehr kontrollieren läßt. Deshalb ist es unbedingt notwendig, unseren Kindern dabei zu helfen, ihre Gefühle an den **Punkten 1 bis 4** richtig wahrnehmen zu können, statt zu versuchen, ihre Symptome erst dann zu bekämpfen, wenn sie bereits bis zu **Punkt 6 bis 8** vorgedrungen sind.

Weil Kevin gelernt hatte, seine Gefühle des Schmerzes und der Trauer zu erkennen, hatte seine Mutter keine Probleme, ihm verstehen zu helfen, wie seine Gefühle von der Lehrerin verletzt worden waren. Sie konnte ihn Dinge fragen wie zum Beispiel: »Wie hast du dich gefühlt? Fühltest du dich schlecht (traurig, sauer, ängstlich)?« Sie konnte ihn dann fragen, wie er das Gefühl in seinem Körper erlebt habe, was ihr weitere Hinweise auf das Wesen seiner Gefühle gab. Kevin verstand es bereits, zu fokussieren.

Meine Frau und ich sorgten dafür, daß Kevin sich bei seiner nächsten Lehrerin sicher fühlte. Wir ließen ihm auch die Freiheit, nur solche Arbeiten auszuwählen, die er glaubte, meistern zu können. Dies half ihm, wieder Vertrauen zu sich selbst zu entwickeln. Schließlich fühlte er sich stark genug, auch solche Arbeiten oder Aktivitäten in Angriff zu nehmen, die ihm mißlingen konnten. An diesem Punkt fühlte er sich so geborgen, daß er zugeben konnte, wenn er nicht wußte, wie man etwas richtig machte. In solchen Fällen bat er dann ganz offen um Hilfe. Man sieht an diesem Beispiel: Für die Verarbeitung dieses Vorfalls war es notwendig, Kevin dabei zu helfen, seine Gefühle zu identifizieren und zu verstehen, wie er verletzt worden war; zudem mußte, um die Heilung zu bewerkstelligen, eine Atmosphäre der Geborgenheit geschaffen werden.

Man kann an diesem Fall sehr gut studieren, wie Kevins beschämendes Erlebnis mit seiner Lehrerin, einer wichtigen Bezugsperson, zu einer Kettenreaktion emotionaler Schwierigkeiten führte. Sie setzte Scham ein, um Kevins Verhalten zu kontrollieren, und dies war wahrscheinlich ein Muster, nach dem sie ihn und andere Kinder oft behandelte. Dies war auch der Zeitpunkt, an dem zwanghafte Verhaltensweisen wie Nägelkauen einsetzten; es zeigten sich auch einige Anzeichen für eine Depression im Frühstadium wie zum Beispiel Apathie und der Wunsch, nicht zur Schule zu gehen. Ebenso ein Verhalten, das als Lernunvermögen bezeichnet werden könnte, zum Beispiel die Unfähigkeit, eine Arbeit zu Ende zu führen. Wären die Dinge so weitergelaufen, hätte Kevin innerhalb kurzer Zeit sehr leicht ein »diagnostizierbarer« Kandidat für eine Medikation werden können.

Die wirkliche Ursache für Kevins Probleme konnte jedoch ausfindig gemacht werden, weil meine Frau und ich dazu bereit waren, mit einiger Mühe herauszufinden, was wirklich passiert war. Kevin war damals erst drei Jahre alt und nur sehr begrenzt fähig, in Worte zu fassen, was in ihm vorging. Dennoch wird er sich auf einer bestimmten Bewußtseinsebene immer an diesen Vorfall und die daraus gezogenen Lehren erinnern.

Wenn Kevin Medikamente bekommen hätte, hätten wir erstens das verletzende Ereignis in seinem Leben geleugnet und ihm zweitens die Botschaft vermittelt, daß er sein Leben an Medikamente ausliefern müßte. All dies, weil wir, seine Eltern, nicht wußten, wie wir die Welt für ihn weniger bedrohlich gestalten konnten.

Die Beziehungen zu seinen Altersgenossen und zu der ihn umgebenden Welt

Mit vier Jahren konnte Kevin gegenüber seinen Freunden ziemlich leicht seine Gefühle ausdrücken. Manchmal, wenn Kathy in die Schule kam, um ihn abzuholen, hörte sie ihn zu seinen Freunden sagen, daß sie seine Gefühle verletzten, und wenn sie nicht damit aufhörten, würde er nicht mehr mit ihnen spielen.

Die meisten seiner Freunde wußten nicht, wie sie ihre Gefühle ausdrücken konnten. Wenn sie sich über etwas aufregten, schubsten sie nur, traten, schlugen oder setzten andere Verhaltensweisen ein, um ihre Bedürfnisse deutlich zu machen. Das machte Kevin jedoch nichts aus. Wenn sie seiner Bitte, ihn nicht mehr zu verletzen, nicht nachkamen, spielte er nicht mehr mit ihnen.

Kevin konnte sich in emotionaler Hinsicht im großen und ganzen um sich selbst kümmern und seine Grenzen setzen, ohne gewalttätig zu werden. Einmal hörte Kathy ihn zu einem Kind sagen: »Du machst mich sauer, hör auf.« Nachdem er das Kind zum zweiten Mal gewarnt hatte, sagte Kevin: »Hör auf, oder ich werde dich schlagen.« Meistens jedoch reichte es, wenn er sich nur mit Worten durchsetzte.

Wenn wir Kevin bei der Verbalisierung seiner Gefühle unterstützen, helfen wir ihm auch, eine weitere wichtige Fähigkeit zu entwickeln. Er lernt, mit der Frustration umzugehen, die er empfindet, wenn er nicht genau weiß, wie er die Energie seiner Gefühle herauslassen kann. Eine Geschichte, die Kathy gern über ihn erzählt, ereignete sich in einem Spielzeugladen des Ortes, in dem Kevin ein Spielzeug entdeckt hatte, das er haben wollte. Als sie »nein« sagte, merkte sie, daß ihn dies wirklich verletzte. Sein ganzer Körper spannte sich an, und er bekam einen heftigen Wutanfall, trat um sich und schrie. Owohl alle Leute ihn anstarrten, begann Kathy mit ruhiger Stimme auf ihn einzureden. Als sie sagte »Du wolltest dieses Spielzeug?«, antwortete er »Mhm!« Dann sagte sie: »Du bist wirklich sauer, wenn du dieses Spielzeug nicht haben kannst«, und er stimmte ihr zu, während sie weiter über seine Gefühle sprach. Schließlich hielt er einen Moment inne, blickte nachdenklich und sagte: »Ich traurig, Mami.«

Dies war die Gelegenheit, auf die Kathy gewartet hatte, um ihm zu sagen: »Ich höre, daß du traurig bist.« An diesem Punkt hatte der Wutanfall ein Ende. Sie und Kevin waren durch seinen Zorn (**Punkt 4**) zu dem darunterliegenden Schmerz (**Punkt 3**) gedrungen. Als er seinen Schmerz ausdrücken konnte und wußte, daß sie ihn gehört hatte, entspannte sich sein ganzer Körper.

Es ist wichtig, genau zu verstehen, was unser Sohn durchmachte. Als er das Spielzeug sah, wandten sich sein Bewußtsein, sein Herz und seine Seele diesem Gegenstand buchstäblich zu und griffen nach ihm. Er hatte es in seiner Vorstellung schon besessen und die Freude über seinen Besitz gefühlt, bevor Kathy nein sagen konnte.

Als sie ihm sagte, daß er es nicht haben könne, fühlte er den Schmerz dieses Verlustes. An diesem Punkt hätte sie ihre »Autorität« einsetzen können, damit er sich besser benahm, doch statt dessen nahm sie sich die Zeit, ihm dabei zu helfen, *durch seinen Schmerz hindurchgehen* zu lernen. Als sie die Traurigkeit, die von seinem Zorn überlagert worden war, ernst nahm, gab ihm dies die Kraft, diese darunterliegende Traurigkeit zuzugeben und zu ertragen. Das Problem lag also nicht im Ungehorsam, sondern darin, daß er jemanden brauchte, der ihm durch den Schmerz seiner Enttäuschung hindurchhalf. Als Kevin sich von seinem Schmerz abzuspalten begann und dabei war, zu **Punkt 6** überzugehen, halfen ihm Kathys nicht verletzende Entschlossenheit und ihr aufrichtiger Wunsch, durch ihn selbst von seiner Verletzung zu erfahren. Er konnte den einmal eingeschlagenen emotionalen Weg verlassen, umkehren und zu seinem ursprünglichen Schmerz zurückgehen.

Dies ist es, was wir unsere Kinder lehren müssen: wie sie in einer beständig enttäuschenden, beständig verletzenden Welt durch ihren Schmerz hindurchgehen können. Das wird ihnen die notwendige Stärke verleihen und ihnen die Mittel an die Hand geben, mit Verletzung und Schmerz zurechtzukommen – auch später, wenn wir dann nicht mehr in ihrer Nähe sind. Je mehr Zeit ich darauf verwende, meinem Sohn zuzuhören, desto mehr lerne ich über seine Persönlichkeit, was es mir wiederum beim nächsten Mal leichter macht, ihn richtig zu behandeln. Wenn Kevin weiß, daß ich seine Individualität und seine Gefühle achte, lernt er, diese Technik der Verbalisierung als Ventil für seinen Schmerz zu gebrauchen, statt in ungesunder Weise Wutanfälle zu bekommen oder sich verschlossen in seine innere Welt zurückzuziehen.

Die Entwicklung solcher Fähigkeiten nimmt viel Druck auch von mir. Ich muß nicht länger versuchen, ein perfekter Vater zu sein. Ich kann Fehler machen und sogar manchmal seine Gefühle verletzen, weil wir einen Weg gefunden haben, unsere Beziehung in Ordnung zu bringen und den Schmerz zu heilen. Das Verständnis der Phase I und ihre Anwendung bei Kindern von Geburt an gibt Eltern und ihren Kindern das Rüstzeug, das sie benötigen, um emotional eng miteinander in Kontakt zu bleiben – selbst mitten in einem Konflikt.

Die Anwendung der Phase I auf unsere Schulen

In den letzten Jahren wurde das Schwergewicht der Aufmerksamkeit auf Entwicklungsprogramme verlagert, die auf das »ganze« Kind zugeschnitten sind, nicht nur auf seine intellektuelle Seite. SCORE ist eines dieser Programme.[5] Sharon Marshall Johnson, Entwicklerin und Leiterin von SCORE, unterteilt die Entwicklungsbedürfnisse des Kindes in vier verschiedene Bereiche: intellektuell, emotional, körperlich und geistig.

Ihr Programm, das ursprünglich von der University of California in Irvine in Zusammenarbeit mit dem Orange County Department of Education (Kultusministerium von Orange County) durchgeführt wurde, wird nun überall in den Vereinigten Staaten eingesetzt, um Schülern der High Schools dabei zu helfen, im Studium oder anderen Lebensbereichen erfolgreicher zu werden.

Obwohl solche Programme in den kommenden Jahren zunehmend an Bedeutung gewinnen werden, müssen wir uns weiterhin auf eine genaue Erfassung der Ursachen von emotionalen und Verhaltensproblemen konzentrieren. Wir müssen unseren Kindern helfen, die innere Stärke zu entwickeln, ihre Gefühle richtig wahrzunehmen, mit ihnen verbunden zu bleiben, durch ihren Schmerz hindurchzugehen und die notwendige innere Stärke für ein erfolgreiches Bestehen in der Erwachsenenwelt aufzubauen. SCORE verwendet eine Technik, mit der man diesen Punkt gut veranschaulichen kann.

Diese Technik nennt sich »Brücken schlagen«. Wenn ein Schüler sich über etwas aufregt, was der Lehrer gesagt oder getan hat, wird ihm beigebracht, sich nicht in eine psychisch-emotionale Distanz vom Lehrer zurückzuziehen und sich später bei seinen Kameraden zu beschweren, sondern eine Brücke zurück zum Lehrer zu schlagen. Wenn der Lehrer zum Beispiel eine Aussage macht, die der Schüler als unangebracht und rassistisch empfindet, lernt der Schüler, um eine Klarstellung zu bitten. Das kann in Form einer höflichen Frage geschehen, durch die Vermittlung neuer Informationen oder die Verbalisierung von Vermutungen. »Was Sie gerade gesagt haben, klang für mich rassistisch. Habe ich Sie richtig verstanden?«

Einer der Schritte, um eine Brücke zu schlagen, besteht darin, daß man dem Schüler beibringt, auf seinen Körper und den Zorn, der sich darin vielleicht aufbaut, zu achten. Das Bewußtsein davon, wie der Körper uns hilft, unsere Gefühle korrekt zu erkennen, ähnelt sehr dem, was wir Kevin beibrachten. Auf diese Weise kann der Schüler eine Brücke zurück zu der Person schlagen, über die er sich geärgert hat, statt sich in seine innere Wut zurückzuziehen und damit die Voraussetzungen dafür zu schaffen, daß diese später als Wut oder Haß gegen andere wiederkehrt. Gelingt dies dem Schüler, und antwortet der Lehrer in einer unterstützenden Weise, dann hat der Schüler wenigstens eine verletzende Situation in seinem Leben geheilt und eine engere, ehrlichere und vertrauensvollere Bindung zu seinem Lehrer entwickelt. Antwortet der Lehrer (oder Erwachsene) dagegen nicht verantwortungsvoll, wird der Schüler dennoch mit sich selbst zufrieden sein, weil er weiß, daß er mit seinen Emotionen in angemessener und gesunder Weise umgegangen ist.

Wenn sich solche und ähnliche Erfahrungen ständig wiederholen, hat dieser Schüler gute Chancen zu lernen, wie er seine Gefühle erkennen und durch seinen Schmerz hindurchgehen kann. Wenn er lernt, wie man richtig Brücken schlägt, ist die Gefahr weitaus geringer, daß er im späteren Leben seinen Zorn an der Gesellschaft, seinen Kameraden, seinen Mitarbeitern, seiner Frau oder seinen Kindern auslassen wird.

Last, but not least: Erwachsene

Wir Erwachsenen müssen ebenfalls lernen, wie wir unsere Gefühle besser identifizieren und angemessen danach handeln können. Als Voraussetzung dafür müssen wir jedoch zuerst einmal zugeben, daß wir unsere Gefühle verdecken und Hilfe brauchen, um sie richtig erkennen zu lernen. Wir spalten unsere Gefühle als Antwort auf eine schmerzvolle Situation ab, weil unser Vertrauen vor langer Zeit gebrochen worden ist. Wir lernten, daß es sicherer sei, uns vor solchen Gefühlen zu verstecken und uns einzureden, daß wir die Hilfe anderer nicht benötigen würden. Da es jedoch das zerstörte Vertrauen war, das ursprünglich diese Gefühle abspaltete, müssen wir die *gefühlte* Liebe und das Vertrauen anderer erfahren, wenn unsere versteckten Gefühle jemals wieder an die Oberfläche kommen sollten.

Wenn wir ohne Verbindung zu unseren Gefühlen bleiben, behandeln wir uns selbst – und damit auch andere – als »nicht-fühlende« Objekte. Das bedeutet nicht, daß wir nicht in der Lage wären, mit anderen in *einigen* Bereichen Vertrautheit zu erleben. Wenn ein Mann zum Beispiel von einem schönen Auto oder einem Sportereignis emotional angesprochen wird, kann er ein Gefühl der Verbundenheit und Vertrautheit zu anderen, denen es genauso geht, verspüren. Wenn er jedoch immer von der Traurigkeit abgeschnitten war, die er aufgrund der fehlenden Vertrautheit mit seinem Vater fühlte, wird er die Traurigkeit seiner eigenen Kinder nicht wahrnehmen können, wenn diese keine Nähe zu ihm fühlen. So sehr er auch versucht, sie zu lieben, sie werden bestenfalls seine Bemühungen wahrnehmen, werden aber sein Mitgefühl nicht spüren, wenn sie *traurig* oder *allein* sind.

Phase I, die Entwicklung der inneren Stärke, die dazu notwendig ist, unsere tiefsten Gefühle zu identifizieren und mitzuteilen, ist der erste Baustein für wirkliche emotionale Gesundheit. Lassen Sie uns nun zu den Phasen II und III übergehen.

Kapitel 16

PHASE II UND III

Wenn Phase I richtig vermittelt worden ist und die Kinder zu lernen beginnen, wie sie durch die richtige emotionale Interaktion zu Hause und in der Schule in Verbindung zu ihren Gefühlen bleiben, werden sich die Phasen II und III des emotionalen Modells herausbilden. Wenn Kinder und Heranwachsende nämlich die Gründe dafür kennen, warum sie depressiv, ängstlich, hyperaktiv werden oder sogar Stimmen hören, sind sie auch in der Lage zu entscheiden, wann und bei wem sie Hilfe suchen müssen.

Nicht jeder in der Gesellschaft wird die idealen Voraussetzungen vorfinden, die durch einen optimalen Umgang mit den in Phase I anstehenden Problemen und Krisen geschaffen werden. Für eben diese Menschen, die nicht das Glück hatten, den richtigen Umgang mit ihren Gefühlen schon in der Kindheit zu lernen, gewinnen die Phasen II und III entscheidende Bedeutung. Lassen Sie uns näher betrachten, wie diese Phasen sich in der Zukunft entwickeln sollten.

Phase II

Wie bereits gesagt, beginnen sich in Phase II die Symptome oder Verhaltensweisen zu zeigen, die den nicht identifizierten und nicht geheilten Verletzungen des eigentlichen Selbst aus Phase I zuzuschreiben sind. Jemand, der an seinem Arbeitsplatz jahrelang übermäßig belastet wurde (Phase I), wird wahrscheinlich eine Reihe psychischer Symptome entwickeln, die auf die Phase II hindeuten. Somit wird die Entscheidung für das medizinische Modell oder für das Modell des emotionalen Schmerzes in Phase II getroffen. Dies hängt entscheidend davon ab, wie die in Phase II auftretenden Symptome oder Verhaltensweisen bewertet werden.

Wir haben bereits gesehen, daß das medizinische Modell die »Symptome« emotionalen Schmerzes auf einen biologischen Defekt zurückführt. Akzeptiert die emotional verwundete Person diese Betrachtungsweise, dann trennt sie sich weiterhin von jenem Schmerz ab, der unter den Symptomen verborgen ist. Sie übergibt dann die Verantwortung für diese verwundeten Teile ihres Selbst an eine außenstehende Autorität. Diese Entwicklung muß als Teil des krankmachenden Prozesses verstanden werden, der zu dauerhafter Behinderung und Abhängigkeit führen kann und oft auch führt. Als Beispiel dafür kann der bereits zuvor genannte Ken dienen, der depressiv war und am liebsten gestorben wäre. Als Ken hierüber das erste Mal mit seiner Mutter sprach, rief sie sofort ihren Hausarzt an, der Ken an einen Psychiater überwies. Während des Vorgespräches bemerkte der Psychiater Verhaltensweisen, die stark darauf hinwiesen, daß Ken sich in einem frühen Stadium von etwas befand, dem er möglicherweise das Etikett Schizophrenie verleihen konnte. Der Arzt wollte ihn sofort ins Krankenhaus schicken und verschrieb ihm Neuroleptika. Als Ken sich weigerte, ins Krankenhaus zu gehen, rief mich seine Mutter an.

Nachdem ich einige Zeit mit Ken verbracht hatte, kam ich zu dem Schluß, daß er suizidgefährdet war und Anzeichen für etwas zeigte, was ein Psychiater als Halluzinationen oder schizophrenes Verhalten etikettieren könnte. Doch anstatt darauf zu beharren, daß Ken psychisch krank sei und stationär und medikamentös versorgt werden müsse, half ich ihm zu begreifen, daß diese Verhaltensweisen emotionalen Schmerz repräsentierten, den es zu verstehen galt. Nachdem ich ihm ein paar Beispiele dafür gegeben hatte, wie sich mein eigener Schmerz früher in Verhaltensweisen der Phase II manifestiert hatte (im Zusammenhang mit meinem hinter mir liegenden Kampf gegen die Depression), begann er sich zu entspannen. An diesem Punkt und während aller folgenden Sitzungen konnten wir nach dem Schmerz suchen, der mit seinem Verhalten in Verbindung stand.

Hätte Ken die Erklärung des Psychiaters akzeptiert, so hätte er niemals seine Aufmerksamkeit auf das gelenkt, was in ihm selbst vorging und sich nur darauf verlassen, was der Psychiater behauptete. Wenn er begonnen hätte, Medikamente zu nehmen, hätte sein Verstand seine Energie darauf verwandt, sich auf die Beziehung zwischen den »Symptomen«, seinem Schmerz und den Wirkungen der Medikamente zu konzentrieren. Sein Hauptziel hätte darin bestanden herauszufinden, welche Medikamente seine Symptome am besten unterdrückten. Als ich Ken bat, sich auf den Schmerz einzulassen, den er aufgrund einer früheren Entscheidung abgespalten oder geleugnet hatte, bat ich ihn in Wirklichkeit, von nun an die Verantwortung für sein Leben zu übernehmen und die Bedeutung hinter seiner »erzwungenen Wahl« zu entdecken. Ich mag während dieses Prozesses die Autoritätsperson gewesen sein, der Fachmann und Berater, doch Ziel dieses Prozesses war es, Ken selbst die Verantwortung für diesen Teil seines Lebens zurückzugeben.

Bei unserer Zusammenarbeit entdeckten Ken und ich, daß er ein sehr sensibles Kind gewesen war, das sich schnell schlecht fühlte, wenn die Gefühle einer anderen Person verletzt wurden. Dies war der Grund dafür, daß er sich in einem sehr frühen Alter selbst emotional belastete, obwohl er von anderen nicht mißbraucht worden ist. Jedesmal, wenn er dachte, daß seine Bedürfnisse anderen möglicherweise Schmerz bereiten könnten, verdrängte er sie. Diese vielen kleinen Entscheidungen töteten sein eigentliches Selbst zu einem großen Teil ab: Er verbot sich in sehr frühem Alter Entscheidungen, die für ihn richtig gewesen wären. Indem Ken fortfuhr, sich für die Selbstverleugnung zu entscheiden, schuf er das, was er als »dunklen Punkt« tief in seinem Inneren erkannte. Als Folge dieser überwältigenden Dunkelheit, dieses hoffnungslosen Aspekts seines Lebens fühlte er sich als Erwachsener wie gelähmt, wenn er bestimmte Entscheidungen treffen mußte. Diese dunkle und verzweifelte Seite trieb ihn so weit, daß er glaubte, sterben zu müssen.

Kens »halluzinatorisches« Verhalten war für uns schwer zu erklären, weil es gerade erst dabei war, Form anzunehmen und sich als Möglichkeit für ihn etablierte, sich von seinen tiefergehenden Gefühlen abzuspalten. Die beste Erklärung, die wir finden konnten, war die, daß seine kreativ-geistige Seite versuchte, durch seine dunkle Seelenschicht hindurchzubrechen. Er konnte sich keine direkte, bewußte Erlaubnis geben, bestimmte Entscheidungen zu treffen, weil er fürchtete, dadurch möglicherweise andere zu verletzten. Als Folge versuchte sein eigentliches Selbst nun ans Tageslicht zu kommen, indem es die Fähigkeit zu Halluzinationen entwickelte.

Wenn man der psychoanalytischen Methode gefolgt wäre, hätte man versuchen können, die symbolische Bedeutung von Kens Träumen und Halluzinationen zu entschlüsseln. Dem Modell des emotionalen Schmerzes folgend, versuchte ich im Gegensatz dazu, Ken zu seinen elementarsten Gefühlen des Schmerzes, der Einsamkeit, der Scham und des Zorns zu führen. Diese Gefühle gestatteten es uns, an den wahren Ursprung seiner Symptome heranzukommen. Als wir diese Gefühle zu orten begannen, die spezielle Weise, in der Ken schmerzvolle Situationen erlebte, wußten wir, daß wir auf dem richtigen Weg waren. Letzten Endes lieferte Ken selbst die Erklärung für das, was mit ihm passierte.

Kens Fall ist ein gutes Beispiel für die Grundsätze des Modells des emotionalen Schmerzes. Er war nie Opfer von Mißbrauch, er stammte aus einer warmherzigen und fürsorglichen Familie und war bei seinen Altersgenossen beliebt. Er wurde von anderen nicht ernsthaft verletzt; in gewisser Weise verletzte er sich selbst, als er begann, kleine Entscheidungen zu treffen, um seine eigenen Bedürfnisse zu verleugnen. Wir mußten nicht lange in Kens Kindheit wühlen; wir mußten nur seine spezielle Art verstehen, mit emotionalem Schmerz umzugehen. Als Ken dieses Verständnis entwickelte und den Mut aufbrachte, auf seinem Recht auf ein eigenes Leben zu bestehen, fühlte er sich zum ersten Mal wirklich verantwortlich für seine Existenz. Innerhalb von drei bis vier Monaten hatte sein Todeswunsch stark nachgelassen, er hatte sich durch den größten Teil seiner Depression hindurchgearbeitet und den halluzinatorischen Teil seines Verhaltens als seine Art angenommen, mit Schmerz umzugehen. Als er diesen Teil von sich allmählich akzeptierte und seinen tief verschütteten Schmerz verstand, ließ das halluzinatorische Verhalten nach.

Ich konnte Ken die Verantwortung für den emotionalen Aspekt seines Lebens wieder zurückgeben, indem ich (1) die Symptome und Verhaltensweisen entmystifizierte und (2) daran arbeitete, den spezifischen Schmerz, der dahinter lag, ausfindig zu machen. Besser wäre es freilich gewesen, wenn Ken von einem die Phase I betreffenden Erziehungsprogramm, wie es im vorangegangenen Kapitel beschrieben worden ist, hätte profitieren können. Wenn er gelernt hätte, seine Symptome aus der Sicht des emotionalen Schmerzes zu betrachten. Er und seine Eltern wären dann in der Lage gewesen, das Problem an einem viel früheren Punkt in Angriff zu nehmen – mit weitaus weniger Angst und Verwirrung.

Als Kens Mutter ihn zum Psychiater brachte, der die vorläufige Diagnose Depression mit möglichen psychotischen Symptomen stellte, fanden sich alle Beteiligten plötzlich auf Gedeih und Verderb dieser Etikettierung ausgeliefert. Denn aus medizinischer Perspektive konnte niemand die wahre Ursache von Kens Störungen bestimmen. Welchen Sinn hatten dann also diese Etikettierungen? Alle Beteiligten, einschließlich des Psychiaters selbst, sind bei dem Versuch, die Symptome zu verringern, nunmehr zu Gefangenen ihres eigenen, einmal gewählten Lösungsschemas geworden: Ihnen bleibt nichts übrig, als immer neue Medikamente auszuprobieren.

In Kens Fall hätten bestimmte Medikamente wahrscheinlich tatsächlich seine Symptome reduziert, indem sie seine Gefühle des Schmerzes unterdrückt hätten. Neuroleptika, die einen Teil des Gehirns unbrauchbar machen oder chemisch lobotomieren, hätten seine halluzinatorischen Verhaltensweisen wohl verringert, zumal sie sich noch im Anfangsstadium befanden. Stimulantien wie Prozac hätten ihm vielleicht geholfen, sich besser zu fühlen und einen Teil seiner Depression behoben. Tatsächlich nahm Ken ja bereits Alkohol zu Hilfe, um seinen Gefühlen aus dem Weg zu gehen.

Wenn ihm jedoch diese Medikamente verabreicht worden wären, hätte er vielleicht niemals etwas über seine Gefühle und sein Verhalten gelernt. Hätte die Frage nach der besten Medikation gegen seine Symptome im Brennpunkt des Interesses gestanden, hätte er höchstwahrscheinlich keine Aufmerksamkeit auf die Erforschung seiner Gefühle gelegt. Er hätte die inneren Entscheidungsprozesse nie verstehen gelernt, mittels derer er unterbewußt versuchte, sie zu bewältigten. Wenn Ken es akzeptiert hätte, daß er unter einem biochemischen Ungleichgewicht leide, welche Motivation hätte er dann noch gehabt, um diese Erklärung zu hinterfragen?

Seine Probleme hatten ihre Wurzeln ja nicht zuletzt auch darin, daß er die Verletzung der Gefühle anderer zu vermeiden suchte. Es wäre nur folgerichtig gewesen, wenn Ken es leichter gefunden hätte, sich der Meinung des Psychiaters anzuschließen, um ihm und seinen Eltern zu gefallen. Wahrscheinlich wäre es nur eine Frage der Zeit gewesen, bis Ken, gemeinsam mit seinen Eltern und dem Psychiater, in die Falle des medizinischen Modells getappt und er von Medikamenten abhängig geworden wäre, um sein Verhalten unter Kontrolle zu bekommen.

Es ist mein Ziel, den Menschen anhand des Modells des emotionales Schmerzes den optimalen Umgang mit den Phasen II und III zu vermitteln. Je mehr die psychiatrischen Symptome und Etikettierungen ihres suggestiven und einschüchternden Zaubers entkleidet werden, desto mehr werden die Menschen gemeinsam daran arbeiten, ihren emotionalen Schmerz zu erkennen und zu heilen. Je besser wir dabei zusammenarbeiten, desto leichter können wir unsere emotionalen Symptome verstehen, bevor sie einen zu großen Teil unseres gesamten Wesens besetzt halten.

Somit hat das Verstehen der Phase II nichts Geheimnisvolles an sich. Das Verständnis der Ausdrucksformen des Schmerzes, die in Phase II entstehen, und deren Heilung werden sich auf ganz natürliche Weise einstellen, sobald die grundlegenden Prinzipien der Phase I mehr und mehr verinnerlicht worden sind. Sie können entscheidend dazu beitragen, daß wir zu einer korrekten Beurteilung emotionaler Störungen gelangen.

Phase III

Während Phase II durch das Auftreten der Symptome gekennzeichnet ist, repräsentiert Phase III die Suche nach Hilfsangeboten und die verschiedenen Strategien, die zur Bewältigung herangezogen werden können. Kens Verfassung wurde korrekt diagnostiziert und behandelt. Was aber ist mit all jenen, die noch immer schwere emotionale Störungen zeigen? Was ist mit denen, die als Kinder schwer mißbraucht wurden und jahrelang immer wieder verschiedene Krankenhäuser aufsuchen mußten? Können diese Menschen auch unabhängig vom medizinischen Modell versorgt werden? Die Antwort lautet ja: Befürworter des Modells des emotionalen Schmerzes haben Programme entwickelt und Kliniken gegründet, mit dem Ziel, Psychiatrieaufenthalte vermeiden zu helfen, selbst dann, wenn die Betroffenen unter extremen Symptomen wie Halluzinationen leiden. Lassen Sie uns einige Beispiele betrachten.

Krisen-Wohnheim

Das Crisis Hostel (übersetzt etwa: Krisen-Wohnheim) in Ithaca, New York, ist ein Ort, der Menschen, die gerade eine emotionale Krise durchleben, eine Alternative zu einer psychiatrischen Klinik bietet.[1] Das Schwergewicht im Programm des Wohnheims liegt darin, zu zeigen, daß Menschen auch unter der Last schwerer Probleme in der Lage sind und einen Anspruch darauf haben, ihre eigenen Entscheidungen über die Methoden ihrer Behandlung zu treffen. Im Crisis Hostel unterstützen Menschen mit ähnlichen Problemen Hilfesuchende beim Prozeß ihrer Selbstheilung; den Menschen wird damit für eine kurze Zeitspanne ein unterstützender Ort geboten, den sie aufsuchen können, um eine unnötige oder unerwünschte Krankenhauseinweisung zu vermeiden. Das Wohnheim ist rund um die Uhr mit Personal besetzt, das für die Arbeit in Selbsthilfegruppen, die Wahrnehmung der Interessen von Klienten und die Krisenintervention ausgebildet ist.

Viele von ihnen sind ehemalige Patienten, die »dabeigewesen« sind, Einzelpersonen, die das psychiatrische System des medizinischen Modells selbst durchlaufen haben und daher wissen, wie wichtig es ist, Menschen eine andere Wahlmöglichkeit anzubieten. Diejenigen, die sich im Crisis Hostel aufhalten, sind dankbar für diese Alternative zu psychiatrischen Einrichtungen. Hier ein paar Stimmen von Patienten:

... Ich hatte endlich das Gefühl, daß mir tatsächlich jemand zuhörte, mit offenem Herzen und ohne die Uhr im Blick zu behalten.

... Es ist schwer, sich daran zu gewöhnen, daß ich kommen und gehen kann, wann ich will, und daß nichts verschlossen ist.

... Die Leute hier (Koordinatoren) haben Verständnis, weil sie wirklich Bescheid wissen. Es ist nicht so, als ob sie ihr Wissen über »Leute wie uns« nur aus Büchern hätten.

... Weil es das Hostel gibt, konnte ich mein Studium in Cornell beenden, und niemand wußte, daß ich emotionale Probleme hatte.

... Ich bin so froh darüber, daß mich meine Kinder hier besuchen können statt im Aufenthaltsraum eines Krankenhauses. Dort flippen sie wirklich aus und machen sich Sorgen darüber, daß ich krank bin.

... Ich bin noch nicht im Hostel gewesen. Allein das Wissen, daß ich hingehen könnte, hat mich vor einer Krise bewahrt.[2]

301

Denken Sie daran: Dies sind Kommentare von Patienten, die als psychisch krank etikettiert sind und viele Krankenhausaufenthalte und Medikationen hinter sich haben. Ich meine, wir sollten ihnen und ihrer Weisheit vertrauen. Die Menschen bei der Entscheidung, was für sie ganz persönlich das Beste ist, zu unterstützen, befähigt sie, die Verantwortung für ihr Leben zu übernehmen.

Das Psychotherapeutische Zentrum San Joaquin

1989 arbeitete der Psychologe Dr. Kevin McCready als Leiter der Erwachsenenabteilung eines profitorientierten psychiatrischen Krankenhauses.[3] Eines Tages entschied das Management, ihm ein Quotensystem aufzuerlegen, dem zufolge er jeden Monat eine bestimmte Anzahl von Patienten aufzunehmen hatte. Er schreibt: »Als sie mir sagten, daß ich nach einem Quotensystem arbeiten müßte, ging ich fort, nahm ein Darlehen auf und gründete das San Joaquin Psychotherapy Center vor den Toren von Fresno, Kalifornien.«

Das Einzigartige an seinem Zentrum läßt sich wie folgt beschreiben: Es ist wahrscheinlich das einzige sämtliche Dienstleistungen anbietende Zentrum der Vereinigten Staaten, in dem man Medikationen weder befürwortet noch sich auf sie verläßt – ungeachtet der Schwere des Problems, das ein Patient hat. Welche Art von Patienten werden dort aufgenommen? McCready zufolge haben etwa 60 bis 70 % der Menschen, mit denen man dort arbeitet, wiederholte und zwischen ein paar Monaten und zwanzig Jahren dauernde, schwere psychiatrische Behandlungen hinter sich. Vielen von ihnen hat man erzählt, daß sie »nicht zu behandeln« seien, und viele nehmen sechs bis zehn verschiedene Psychopharmaka, wenn sie im Zentrum ankommen. Ihnen wurde gesagt, daß sie ein biochemisches Ungleichgewicht hätten und für den Rest ihres Lebens Medikamente nehmen müßten.

Wie wirksam ist McCreadys Programm? Als Resümee seiner Arbeit mit Patienten, denen die Biopsychiatrie nicht helfen konnte, stellt er fest:

> Nach fünf Jahren Behandlung von »nicht behandelbaren« Klienten in einer offenen Tageseinrichtung ohne Medikation, Schock, Zwangsjacke oder Absonderung hat unsere Einrichtung eine Rückfallquote von Null zu verzeichnen. Es gab keine Selbstmorde, keine Übergriffe.[4]

McCready zufolge ist der Erfolg von Dauer; jeder, der in Behandlung war, hatte eine signifikante, manchmal dramatische Besserung erfahren. So war zum Beispiel eine Frau nach zwanzig Jahren der biopsychiatrischen Pflege vollkommen arbeitsunfähig, hatte den Hang zur Selbstverstümmelung, war suizidgefährdet und gemeingefährlich – trotz sechs verschiedener Medikamente, die sie einnahm. Eine andere Frau, 25 Jahre alt, war als »nicht behandelbar« abgestempelt worden, nachdem sie sich selbst durch ein Fenster aus Tafelglas in der geschlossenen Abteilung gestürzt hatte. Jetzt ist sie medikamentenfrei und beendet gerade ihr Studium an der staatlichen Universität, an der sie einen beachtlichen Notendurchschnitt erreicht hat.

McCreadys Klinik liegt nur ein paar Autostunden von meiner Praxis entfernt, deshalb habe ich sie besichtigt und McCready telefonisch eingehend über sein Programm befragt. Die Klinik erstreckt sich zur Zeit über 37 000 m² und ist Teil eines größeren Bürokomplexes. Es gibt etwa ein Dutzend Gebäude in diesem Komplex, jedes mit einem schön gestalteten Garten und einem durchweg angenehmen Äußeren. Diese Art von Anlage ist leicht nachzubauen und könnte überall im Land kopiert werden. Die Klinik erscheint wie ein Bestandteil der normalen, alltäglichen Welt, nicht wie ein Krankenhaus oder ein Gefängnis.

Im Gebäude selbst war ich beeindruckt von der Ausstrahlung dieses Ortes, die den Eindruck erweckte, als handle es sich um ein Mittelding zwischen einer klinischen Pflegeeinrichtung oder einem Krankenhaus und einer noblen, teuren Therapeutenpraxis. Es hat nicht diese »Du-bist-ein-kranker-Mensch-und-mußt-ins-Krankenhaus«-Atmosphäre, nicht dieses »Ich-bin-der-Fachmann-mit-allen-Zeugnissen-um-dich-in-Ordnung-zu-bringen«-Ambiente. Es herrscht ein übergreifendes Gemeinschaftsgefühl. Es vermittelt den Eindruck, daß man an diesen Ort kommt, um mehr über sich zu lernen, sich wohlzufühlen und sich durch einige schmerzliche Emotionen hindurch ans Licht zu arbeiten. Ich konnte erkennen, daß diese Umgebung ein sicherer Platz für Menschen sein würde, die eine emotionale Last zu tragen haben, und auch für diejenigen, die von Medikamenten unabhängig werden wollten.

In gewisser Weise unterscheidet sich die Einrichtung nicht sehr von einer psychiatrischen Klinik, in der sämtliche notwendigen Dienstleistungen angeboten werden. Es gibt Gruppenräume, einen

Kunstraum, einen schalldichten Raum, um starke Emotionen abzureagieren, und Einzelbüros; was es jedoch nicht gibt, ist ein Raum, um die Patienten festzuhalten oder festzubinden oder irgendeine Art von geschlossener Abteilung. Zudem ist deutlich zu erkennen, daß sich die Menschen gern in diesen Räumen aufhalten. Sie nehmen keine Medikamente, oder sie versuchen, die Dosis zu verringern und längerfristig ganz davon loszukommen. Deshalb starrt hier auch niemand ausdruckslos gegen die Wände.

Ich behaupte nicht, daß jeder Patient, der hierher kommt, maximal von den Einrichtungen dieser Klinik profitiert. Auch Dr. McCready behauptet dies nicht. Doch kann man an diesem Ort eine Atmophäre wirklicher Produktivität spüren. Ganz im Gegensatz zu den oft subtilen Zwängen eines Krankenhauses oder einer noblen Therapeutenpraxis, wo man es nicht wagen würde, den Ort zu »entweihen«.

In dem Mitteilungsblatt, in dem ich zum ersten Mal auf Kevin McCreadys Einrichtung stieß, stellt er fest, daß Medikamente seiner Ansicht nach nicht gut seien, weil ihr Hauptziel darin liege, kognitives und emotionales Verhalten zu bändigen, und sie bei den Betroffenen oft eine Beschädigung und Beeinträchtigung des Gehirns verursachten. Er schrieb auch, daß eine Person, die Medikamente nehme, dem unterworfen sei, was er einen »zustandsabhängigen Lerneffekt« nenne. Damit ist folgendes gemeint: Welches neue Verhalten auch immer unter dem Einfluß des Medikamentes gelernt wird, es hängt ab von dem *kontinuierlichen Gebrauch* eben dieses Medikamentes.

Am meisten interessierte mich, wie es dem Zentrum gelang, die Menschen von den Medikamenten zu entwöhnen, vor allem jene, die bei ihrer Ankunft erheblich unter Drogen standen. McCready erzählte mir, daß unter der Aufsicht eines Mediziners normalerweise zunächst die Dosierung der milderen Medikamente langsam herabgesetzt wird. Während dieser Zeit erlebt der Patient ein oder zwei harte Wochen. Da die Klinik keine Übernachtungsmöglichkeit bietet, müssen die Patienten für ihre eigene Unterkunft sorgen, doch stellt die Klinik sicher, daß sie vielfältige emotionale Unterstützung erhalten.

Wenn ein Patient ein hartes Wochenende oder eine harte Nacht erlebt, verspürt er oft schnell wieder den Wunsch, auf Medikamente zurückzugreifen, zumal das Personal nur für Notfälle zur Verfügung steht. Trotzdem erkennen die Patienten schon bald, daß sie es schaffen können, diese harten Zeiten mit der richtigen Unterstützung durchzustehen. Das sprengt jenen Teufelskreis der Vergiftung, der Patienten glauben machen will, daß Medikamente ihre einzige Hoffnung auf ein »normales« Dasein darstellten – ein Leben, das auch mit der Erfahrung von Liebe und Respekt verbunden sein würde. Es ist für viele von ihnen, als erhielten sie ihr Leben zurück, wenn sie auf die zerstörerischen Medikamente verzichten.

McCready erwähnte auch, daß er viele gewalttätige Patienten habe, einige sogar in einem solchen Ausmaß, daß sie aus anderen Krankenhäusern geflogen sind. Bevor er mir dies erzählte, wußte ich schon, wie man in seiner Klinik mit gewalttätigen Patienten umging: Weil niemand die Patienten zwingt, in diese Einrichtung zu gehen, Medikamente zu nehmen oder sich in einer bestimmten Art und Weise zu verhalten, um in den Genuß von Privilegien zu kommen, werden die meisten ihrer gewalttätigen Regungen gegenstandslos und lassen schließlich nach.

Ich kenne viele ehemalige Patienten, die aufgrund von Verletzungen in ihrem Leben emotionales Leid erfahren hatten. Wenn sich jemand ohnehin schon seiner Würde beraubt sieht, wird sein sogenanntes gestörtes Verhalten natürlich noch ausgeprägter, sobald man ihn zu einem Krankenhausaufenthalt zwingt. Dieses Verhalten stellt für solche Menschen sogar die einzige Möglichkeit dar, zu spüren, daß sie gehört werden – selbst um den Preis, daß sie hohe Medikamentendosen erhalten und festgebunden werden, manchmal ununterbrochen einige Tage lang.

Wenn Sie das San Joaquin Zentrum für Psychotherapie besuchen und die Wärme und Liebenswürdigkeit dieses Ortes spüren, können Sie leicht verstehen, warum Dr. McCready sogar bei den meisten schwierigen Patienten so erfolgreich sein kann.

National Empowerment Center

Das National Empowerment Center in Lawrence, Massachusetts, widmet sich der Genesung, Selbstbestimmung und Heilung der als psychisch krank Diagnostizierten und gibt ihnen neue Hoffnung. Es wurde 1993 von Dr. med. Dan Fisher, Dr. phil. Judi Chamberlin und Dr. phil. Patricia Deegan gegründet.

Als Dan Fisher 25 Jahre alt war, diagnostizierte man bei ihm Schizophrenie und wies ihn mehrmals ins Krankenhaus ein. Trotz dieser Rückschläge gelang es ihm, gesund zu werden, eine medizinische Ausbildung zu absolvieren und Psychiater zu werden. Er wußte aus erster Hand, wie es sich anfühlt, durch die Psychiatrie entmündigt zu werden; so half er beim Aufbau des National Empowerment Center und entwickelte das Modell der Genesung durch Selbstbestimmung. In einem seiner Artikel schreibt er:

> Für die meisten von uns – Konsumenten, Überlebende, Ex-Patienten – liegt das zentrale Problem in der Diskriminierung, Hilflosigkeit und Isolation. Wir müssen die Diskriminierung überwinden, um an der Festlegung von Richtlinien teilhaben zu können. Wir müssen unsere Machtlosigkeit überwinden, um konsequent an der Gestaltung einer neuen Politik zu partizipieren. Wir dürfen nicht unseren Mut verlieren und müssen die Isolation und die Konflikte zwischen uns und anderen benachteiligten Gruppen in der Gesellschaft überwinden, so daß wir einander vertrauen und miteinander arbeiten können. Das sind die Grundlagen für eine gesellschaftliche Selbstbestimmung, die ebenso wichtig ist wie die Selbstbestimmung des einzelnen. Wir müssen mit der Vorstellung brechen, daß Menschen mit psychischen Störungen keinen Beitrag leisten könnten. Diese Einstellung hat mehr als die Sozialhilfe zu den Barrieren beigetragen, vor denen die Menschen bei dem Bemühen stehen, einen Arbeitsplatz zu bekommen oder zu behalten.[5]

Neben der Herausgabe eines ermutigenden und informativen Mitteilungsblattes hilft das National Empowerment Center bei der Organisation von Seminaren, gründet Selbsthilfe- und von Konsumenten geführte gesellige Vereine sowie Kliniken für preiswerte alternative Behandlungen.

Im Dezember 1994 veranstaltete das National Empowerment Center seine erste Konferenz mit dem Titel »Von uns lernen«. Ziel der Konferenz war es, Psychologen und Psychiatern dabei zu helfen, von ehemaligen Patienten zu lernen, von denen viele außerhalb des biopsychiatrischen Modells von ihren emotionalen Störungen genesen waren. Die Konferenz war höchst erfolgreich, wie die Worte eines Psychiaters zeigen:

Ich kam zu dieser Konferenz als eine Art »Spion«. Ich wollte den neuesten Knüller der Konsumentenbewegung mitbekommen, um somit auf die nächste Welle der Konsumenten/Überlebenden-Interessenvertreter in meinem Staat vorbereitet zu sein. Doch das änderte sich, als ich hier einige neue Ideen und Möglichkeiten kennenlernte, wie man Menschen näherkommen kann. Schließlich lud ich einen Moderator ein, sein Seminar über »Holistische preiswerte Alternativen für den Umgang mit psychiatrischen Symptomen« bei unseren Gesprächsrunden zu wiederholen.[6]

In Wahrheit gibt es viele engagierte Psychiater wie diesen Mann, die in dem medizinischen Modell ebenso gefangen sind wie die Patienten.

Judi Chamberlin, eines der Gründungsmitglieder des Zentrums, leitet auch ein Forschungsprojekt am Zentrum für psychiatrische Rehabilitation der Universität Boston. Sie ist eine Überlebende der Psychiatrie und hat ein hervorragendes Buch mit dem Titel *On Our Own*[7] (übersetzt etwa: »Auf uns selbst gestellt«) geschrieben. Nachdem sie mehrfach ins Krankenhaus eingewiesen worden war, fand sie schließlich die von ihr benötigte Hilfe in einem Wohnheim, das eine ähnliche Philosophie vertritt wie das bereits genannte Crisis Hostel. Sie ist Vorstandsmitglied der NARPA[8] (Nationale Vereinigung zur Rechts- und Interessenvertretung) und ist mehrfach für ihren hervorragenden Einsatz für die Behinderten ausgezeichnet worden. Sie hofft, daß sie eines Tages gemeinsam mit Dr. Fisher und dem übrigen Personal des National Empowerment Center ein Ausbildungsinstitut für Allgemeinmediziner, Psychiater und Psychologen führen kann.

Dr. phil. Patricia Deegan ist Ausbildungsleiterin im National Empowerment Center und drittes Gründungsmitglied. Sie wurde das erste Mal mit siebzehn Jahren in ein Krankenhaus eingewiesen. Sie wies die psychiatrische Etikettierung, die man ihr verlieh, zurück. Ebenso wie die Prophezeiung, daß sie ihr restliches Leben bestenfalls am Rande des Geschehens würde fristen müssen und sich damit zufrieden geben müsse, ihre täglichen Verrichtungen halbwegs reibungslos zu bewältigen. Um einem solchen Schicksal zu entgehen, nahm sie ihre Promotion in klinischer Psychologie in Angriff. Sie hat gerade ein Buch mit dem Titel *Coping With Voices: Self-help Strategies for People Who Hear Voices That Are Distressing* veröffentlicht.[9]

Neben den beiden Büchern von Judi Chamberlin und Dr. Pat Deegan verfügt das National Empowerment Center über einen umfangreichen Katalog von Tonbändern und anderen Informationen für Menschen mit psychischen Störungen. Jeder kann der Organisation beitreten und ihr Mitteilungsblatt beziehen.[10]

Hearing Voices Network

Weltweit gibt es Bemühungen, sich vom medizinischen Modell zu entfernen. Leider wird dieser Prozeß beträchtlich gebremst, und zwar in der Hauptsache durch den Einfluß, den die Biopsychiatrie, die Pharmaindustrie und die von ihr finanzierten und mit ihr kooperierenden Forschungseinrichtungen und Universitäten ausüben. Eine der Organisationen, die sich von der rein medikamentösen Lösung abgewandt hat, ist das Hearing Voices Network in Europa (übersetzt etwa: Netzwerk für Menschen, die Stimmen hören).[11]

Dieses Netzwerk wurde gegründet, um Menschen zu helfen, die Stimmen, die sie hören, zu verstehen, zu akzeptieren und effektiver mit ihnen umzugehen. Die erste Gruppe entstand 1988 in Großbritannien. Sie begann als kleine Planungsgruppe in Manchester, England, und wurde von Professor Marius Romme inspiriert, einem Psychiater aus Maastricht in den Niederlanden.

Zunächst fanden die Treffen der Selbsthilfegruppe im kleinen Kreis statt, doch Veröffentlichungen in Magazinen, Zeitschriften, Tageszeitungen und den nationalen Medien machten Dr. Rommes Arbeit und diese Treffen bekannt. Als Folge davon gibt es nun Selbsthilfegruppen in England, Wales und Schottland. Professor Marius Romme schrieb gemeinsam mit Sandra Escher das Buch *Accepting Voices*[12], und das Hearing Voices Network gibt eine hervorragende Schrift mit dem Titel *The Voice Inside*[13] heraus.

Bei der Lektüre dieser Literatur fällt auf, daß die Ansicht der Verfasser über Halluzinationen der im vorliegenden Buch vorgestellten Ansicht sehr nahe steht. Die Selbsthilfegruppen können Menschen in Hinblick auf deren Stimmen helfen, indem sie sie lehren, diese Stimmen zu akzeptieren, ihre Bedeutung herauszufinden und Muster zu erkennen, die bestimmten Situationen eigen sind. *The Voices Inside* erklärt: »Wenn den Stimmen keine Bedeutung beigemessen wird, ist es sehr schwer, die Beziehung des Menschen zu ihnen zu ordnen, damit die Angst abgebaut werden kann.«[14] Dr. Romme und viele Menschen, die Stimmen hören, haben folgendes festgestellt: Hält man den einzelnen von dem Versuch ab, seiner Stimmen Herr zu werden, führt dies zu einer denkbar mageren Ausbeute an positiven Ergebnissen. Die Autoren und Betroffenen sind zudem der Ansicht, daß die Erklärung, die die biologische Psychiatrie anbietet, im großen und ganzen keine Hilfe darstellt.

Unterstützung, Akzeptanz, gegenseitige Hilfe, Heilung, die Spurensuche nach der speziellen Bedeutung einer Verhaltensweise – dies sind die Wege, die aus der sogenannten psychischen Krankheit hinausführen. Dies wird rund um die Welt immer offensichtlicher, wenn den Menschen die Gelegenheit und die Anleitung gegeben werden, sich selbst wirksam zu helfen.

Soteria House

Leider gab es in der Vergangenheit Programme, die sich besser bewährt haben als Krankenhausaufenthalt und Medikation, die aber nicht vollständig genutzt oder akzeptiert wurden. Soteria House ist eines dieser Programme.

Dr. Loren Mosher ist ein hochgeachteter Psychiater mit vielen Referenzen. Er war jahrelang Leiter der Schizophrenieforschung am NIMH. Weil er zunehmend desillusioniert und unzufrieden mit dem medizinischen Modell war, entwickelte er mit verschiedenen Mitarbeitern Soteria House, einen sicheren Ort für Menschen, die ihre erste »schizophrene« Krise erlebten.

Soteria House lag an einer verkehrsreichen Wohnstraße. In ihm arbeiteten Menschen, die »ein ernsthaftes Interesse daran hatten, den scheinbar unsinnigen Reden der Patienten zuzuhören.«[15] Die meisten hatten keine fachliche Ausbildung, konnten aber in Not geratenen Menschen angemessene Hilfe bieten. Dieses Beispiel veranschaulicht, daß es manchmal möglich ist, Fürsorgeleistungen zu relativ geringen Kosten anzubieten, ohne daß man auf hochbezahlte Experten zurückgreifen muß.

Das Personal des Soteria House betrachtete die »störende psychotische Erfahrung« (also das als Schizophrenie etikettierte Verhalten) als Prozeß der »Reintegration und Rekonstruktion« beziehungsweise als den Beginn des Heilungsprozesses. Sie konnten mit dem einzelnen mitfühlen und signalisierten ihm die Bereitschaft, in Momenten seiner scheinbaren Verwirrung bei ihm zu sein. Aufgrund dieses Ansatzes hatte das Programm großen Erfolg.

Ein Reihe sorgfältig kontrollierter Untersuchungen zeigte schließlich die Überlegenheit des Soteria House gegenüber einer Kontrollgruppe, die zu einem regulären psychiatrischen Krankenhaus geschickt wurde. Nur 8 % der Patienten im Soteria House erhielten während ihres anfänglichen Aufenthaltes Medikamente, während allen im Krankenhaus untergebrachten Patienten der Kontrollgruppe Neuroleptika verabreicht wurden.

Nach Mosher zeigte eine zweijährige Folgeuntersuchung, daß die Versuchsgruppe auffallend seltener Medikamente erhielt, weniger ambulante Pflege in Anspruch nahm und weitaus arbeitsfähiger und besser in der Lage war, unabhängig zu leben.[16] Mosher betont auch, daß die Patienten des Soteria House in sehr viel höherem Maße Selbsterkenntnis, Selbstachtung und die Selbstbestimmung erlernten. Statt mit Psychopharmaka vollgepumpt zu werden und beigebracht zu bekommen, daß man diese Medikamente, die das Gehirn funktionsunfähig machen, und die Isolierung in Krankenhäusern zu akzeptieren habe, verlassen sie das Soteria House oft mit dem Gefühl, unabhängiger und stärker zu sein und in besserer Verbindung zu ihren Gefühlen und Zielen zu stehen.[17]

Bei jedem von uns sammelt sich in Phase I Schmerz an, und jeder wird im Laufe seines Lebens Zeiten erleben, in denen das emotionale System an seine Grenzen getrieben wird. Wenn es uns passiert, daß wir unseren Realitätssinn zu verlieren beginnen, oder wenn unser tiefsitzender Schmerz aufzubrechen beginnt, mit welchem Programm würden wir dann besser fahren? Jeder von uns würde sich wohler in einer warmherzigen, häuslichen Umgebung fühlen, bei Betreuern, die mit solchen Reaktionen umgehen können, als in einem kalten Krankenhausraum, vollgepumpt mit Medikamenten, die den Verstand verkrüppeln.

Mosher und seine Mitarbeiter konnten solch gute Ergebnisse inmitten eines Umfelds erzielen, in dem die Stigmatisierung psychisch Kranker üblich ist. Wie weitaus wirkungsvoller wäre dieses Programm noch, wenn wir alle emotionalen Störungen aus dem richtigen Blickwinkel betrachteten und als größere Gemeinschaft die Betroffenen akzeptieren und sie bei ihrer Genesung unterstützen würden.

Wir brauchen fähige Therapeuten, die denjenigen helfen, die in Phase II eingetreten sind, damit sie ihren tiefsitzenden Schmerz richtig erkennen und heilen können. Damit sie lernen, bessere Beziehungen zu ihren Mitmenschen aufzubauen, angemessene Grenzen zu setzen und weitere wertvolle Fähigkeiten. Doch im Moment der emotionalen Krise, das bewies Soteria House, ist alles, was jeder von uns braucht, wahres, warmherziges, vertrauensvolles, bedingungsloses Verstehen und Akzeptieren. Soteria House mußte seine Pforten aufgrund fehlender finanzieller Unterstützung schließen, obwohl es immer bessere, rentablere Ergebnisse vorwies.

Zusammenfassung

Einrichtungen und Organisationen wie das Krisen-Wohnheim, das San Joaquin Zentrum für Psychotherapie, das National Empowerment Center und das Hearing Voices Network setzen ein wichtiges Signal der Hoffnung für Menschen, die seit Jahren an ihren emotionalen Wunden leiden. Viele wurden in psychiatrischen Krankenhäusern oft grausam isoliert oder verletzt und sind zur Einnahme von Medikamenten gezwungen worden, die Gehirnschädigungen verursacht haben könnten. Man kann es wohl als Ironie des Schicksals betrachten: Während sich die Befürworter des medizinischen Modells auf den Glauben an ein »Defizit«-Modell versteift haben, um die von emotionalen Störungen betroffenen Menschen klassifizieren zu können, sind es doch genau diejenigen, die von ihnen als lebensuntüchtig etikettiert wurden, die siegreich aus der Versenkung auftauchen und durch ein produktives, selbstbestimmtes Leben den Beweis erbringen, daß sie frei von der Krücke Medikation existieren können.

Wir müssen die drei unterschiedlichen Phasen des Modells des emotionalen Schmerzes verstehen lernen, indem wir zunächst Kindern und Erwachsenen dabei helfen, ihre Gefühle richtig wahrzunehmen und sich durch verletzende Erfahrungen hindurchzuarbeiten. Dann werden wir schließlich auch in der Lage sein, unsere Vorstellung von psychischer Krankheit in ihrer Gesamtheit zu entmystifizieren und mehr Heil- und Selbstbestimmungsprogramme zu entwickeln. Wenn dieses Verständnis erst einmal erreicht ist, werden wir einen Riesenschritt auf unserem Weg getan haben, der uns zur Lösung aller mit emotionalen Belastungen verbundenen Probleme führen soll.

Kapitel 17

KAY JAMISON, ANNA JENNINGS UND JEFFREY DAHMER

Um aus all diesen Einzelaspekten ein Gesamtbild herauskristalli-
sieren zu können, werden wir drei weitere Biographien untersuchen. Da es keine biologische Grundlage für emotionale Störungen
gibt und da emotionale Störungen die ausdrückliche Entscheidung
des Menschen darstellen, auf eine bestimmte Art und Weise mit seinem Schmerz umzugehen, wird eine weitere Biographie uns helfen,
unser eigenes Leben besser verstehen zu lernen.

Dr. med. Kay Jamison

Dr. Kay Jamison gehört zu den führenden Autoritäten auf dem
Gebiet manischer und depressiver Störungen. Sie ist Autorin von
*Touched with Fire: Manic-Depressive Illness and the Artistic Tempera-
ment* und Mitverfasserin des medizinischen Handbuchs über
manisch-depressive Erkrankungen, das 1990 von der Association of
American Publishers zum herausragendsten Buch in den biomedizinischen Wissenschaften erklärt wurde. Ihre Referenzen sind beein-
druckend und wohlverdient, und sie widmet ihr Leben ihrer Arbeit
und der Suche nach Erklärungen für die Ursachen von Manie und
Depression.

In ihrer Autobiographie *An Unquiet Mind* (1995) beschreibt Dr.
Jamison, wie ihr Leben ganz allmählich ihrer Kontrolle entglitt. Viele
Jahre lang litt sie unter extremen manischen und depressiven Episoden, bis sie ihre Erkrankung schließlich mit Medikamenten, der Hilfe eines hingebungsvollen Freundes und etwas Glück unter Kontrolle
bekam. Dr. Kay Jamison glaubt, daß Lithium ihr half, vielleicht sogar

ihr Leben rettete. Obwohl sie selbst fest davon überzeugt ist, daß sie ohne die Einnahme von Medikamenten nicht hätte gesund werden können, glaube ich doch, daß sie sich mit Hilfe meines in diesem Buch vorgestellten Drei-Phasen-Modells ihren Kampf mit Manie und Depression zum großen Teil, wenn nicht sogar ganz, hätte ersparen können.

Eine andere Sichtweise der Manie

Wie wir gesehen haben, glaubt die psychiatrische Gemeinschaft, daß eine Manie durch ein sogenanntes biochemisches Ungleichgewicht verursacht wird. In meinem Buch *Depression and Mania: Friends or Foes?* biete ich eine alternative Erklärung an, derzufolge Manie ein absichtliches oder zielgerichtetes Verhalten darstellt. Ein einfaches Beispiel dafür, wie dies funktioniert, sind die Gefühle eines kleines Kindes, das sein Herz an einen Besuch in Disneyland gehängt hat. Es investiert seine ganze Gefühlsenergie in diesen Besuch, von dem es sich ein besonderes Hochgefühl erwartet, und wird ein oder zwei Tage vorher, vor allem jedoch am Morgen vor dem Ausflug, ein bißchen manisch. Wenn es nach seiner Ankunft in Disneyland feststellt, daß es für ein bestimmtes Karussell, auf das es sich gefreut hat, zu klein ist, wird es sich verletzt fühlen und vielleicht für kurze Zeit traurig (deprimiert) werden. Obwohl niemand das Kind absichtlich verletzt, wird es sich dennoch schlecht fühlen. Dieses Beispiel soll zeigen, daß jeder von uns Mini-Episoden manischen oder depressiven Verhaltens erlebt. Wir können manisch werden wegen unserer Hochzeit, eines Urlaubs oder Sportereignisses, nur um uns anschließend deprimiert oder enttäuscht zu fühlen, wenn nicht alles so lief wie geplant. Wir durchleben alle einmal diese Stimmungsschwankungen, denn lebendig sein bedeutet auch, sich selbst und viele Hoffnungen zu investieren, die dann aber auch enttäuscht werden können.

Die Schlüsselfrage, die wir uns stellen müssen, geht dahin, ob sich die extremen pathologischen Formen der Manie und der Depression von normalen Erfahrungen unterscheiden; ob sie vielleicht ein biochemisches Ungleichgewicht oder ganz einfach übertriebene Abwehrmechanismen gegen ein Selbst darstellen, das tief verwundet wurde. Mit anderen Worten: sind Extremformen dieser emotionalen Schwankungen einfach eine besondere Verfahrensweise des schützenden Teils des Unterbewußtseins? Will diese Beschützerinstanz dem Menschen helfen, ein gutes Gefühl sich selbst gegenüber zu bewahren, indem er sich vor schmerzlichen Gefühlen versteckt?

1992 schrieb Patty Duke eine Autobiographie mit dem Titel *A Brilliant Madness*. Als bei ihr Manie diagnostiziert wurde, hieß es, ihr Zustand sei eine biologische Krankheit. Doch die von ihr beschriebenen manischen Episoden zeugen von einer ausgeprägten Sinn- und Zweckgerichtetheit. Sie schreibt:

Ich interpretierte nun die unbedeutendsten Vorfälle als Botschaften Gottes ... Zweifellos hatte man mich als Instrument ausgewählt, mit dessen Hilfe große Reformen herbeigeführt werden sollten.[1]

Das ist der kindliche Teil der Manie, das heißt, was immer du siehst, willst du auch haben, es ist deins, ohne einen Gedanken daran oder die leiseste Angst davor, was es kostet, es zu bekommen, oder wie du dafür bezahlen wirst. Es ist wirklich so, als würdest du glauben, daß das Geld auf den Bäumen wächst.[2]

Während einer manischen Episode besitzen wir die Welt, wir brauchen niemanden und gar nichts. Wir werden Millionäre sein, und wir glauben das.[3]

Patty Duke erlebte eine äußerst verletzende Kindheit und kämpfte verzweifelt darum, einen Sinn in ihrem Leben zu finden. Meiner Meinung nach war ihre Manie ihr Weg, diesen Sinn zu finden. Das heftige Verlangen, das ihren Zustand kennzeichnete, richtete sich darauf, die Gefühle der Leere und Verzweiflung zu besiegen.

Eine meiner Klientinnen wuchs bei Eltern auf, die sie emotional sehr stark vernachlässigten. Nur in der Weihnachtszeit erfuhr sie so etwas wie Bestätigung, denn dann kauften die Eltern ihr viele Geschenke, um sicherzustellen, daß alle Verwandten sie als gute Eltern ansahen. Aus dem gleichen Grund überhäufte auch bei den anderen Mitgliedern der sehr großen, ziemlich funktionsgestörten Familie, einer den anderen mit Geschenken.

Diese Frau überstand einen Teil ihrer Kindheit, indem sie von Weihnachten träumte. Wann immer sie das tat, verspürte sie eine flüchtige Wärme, die ihr half, ihre innere Verzweiflung zu bekämpfen. Als Erwachsene wurde sie in der Weihnachtszeit extrem manisch und zwanghaft. Sie mußte dann nicht nur für jedermann viele Geschenke kaufen, der Weihnachtstag mußte auch stets auf eine ganz bestimmte Weise gefeiert werden. Natürlich litt sie nach Weihnachten oft an einer schweren depressiven Verstimmung.

Ich glaube, daß wir manische Episoden verstehen können, wenn wir sie einfach als Erweiterung des normalen Verhaltens sehen. Wenn wir uns ein bißchen langweilen, versuchen wir oft, die augenblickliche Realität auszublenden und an ein zukünftiges angenehmes Ereignis zu denken. Während wir arbeiten, träumen wir vielleicht vom Arbeitsende, von einem schönen Essen oder einem warmen Bad. Wir nutzen den imaginativen Teil unserer Psyche, um den schmerzlichen Gefühlen der Gegenwart zu entkommen. In diesem Licht betrachtet, macht es Sinn, daß manisches Verhalten für einen Menschen, der extrem schmerzliche Gefühle verdrängen möchte, eine Möglichkeit darstellen könnte, diesen Gefühlen zu entkommen und sich gleichzeitig gut zu fühlen. Im folgenden wollen wir nun sehen, ob diese Erklärung auf Dr. Jamisons Leben zutrifft.

Ihre Kindheit

Über ihre frühe Kindheit erfahren wir sehr wenig. Dr. Jamison erwähnt, daß sie auf einem Luftwaffenstützpunkt aufwuchs und daß ihr Vater Wissenschaftler und Pilot war und leidenschaftlich gern flog. Sie und ihr Vater waren Träumer und liebten es, in den weiten, offenen Himmel zu starren. Ihre Lieblingszeilen aus dem Lied der Luftwaffe waren: »Off we go, into the wild blue yonder« (»Los geht's, in die blaue Weite«) und »Climbing high, into the sky« (»Hoch in den Himmel steigen wir«). Abgesehen von ziemlich typischen Schwierigkeiten mit ihren Geschwistern hat Kay das Gefühl, daß ihre Kindheit und frühe Jugend glücklich und voller »Wärme, Freundschaft und Vertrauen« waren.[4]

Ihr Buch vermittelt sehr stark den Eindruck, daß ihr Vater eine sehr lebhafte Vorstellungskraft hatte und diese auch auslebte. Kay zufolge war für ihn »eine Schneeflocke niemals nur eine Schneeflocke, und eine Wolke nicht einfach eine Wolke. Sie wurden zu Ereignissen und Charakteren und Teil eines lebendigen und seltsam geordneten Universums«.[5] Um anzudeuten, daß er vielleicht auch seine manischen oder depressiven Seiten hatte, schreibt sie: »Wenn er in Hochstimmung war, berührte sein ansteckender Enthusiasmus alles ... so als hätte man Mary Poppins zum Vater.«[6]

Da auch Kays Schwester regelmäßig unter Depressionen litt und ihr Vater häufig seine eigene magische Phantasiewelt erschuf, könnte man leicht zu dem Schluß gelangen, daß die heftigen Stimmungsschwankungen, die in Kays späterem Leben auftraten, Teil ihres genetischen Erbes waren. Ich halte es jedoch für wahrscheinlicher, daß diese typische Offiziersfamilie, die häufig umzog, in der es Spannungen zwischen den Geschwistern und einem Vater gab, der oft über den Wolken schwebte, manisches, imaginatives Verhalten einsetzte, um ihren tieferen Schmerz auszublenden.

Obwohl Kay eine warme und glückliche Kindheit hatte, könnte ihre Psyche ihre kreative, manische Seite eingesetzt haben, um sie von ihrem Schmerz fernzuhalten und ihrem Leben mehr Sinn zu verleihen. Kay, die als Schwesternhelferin bei kleineren Operationen assistieren und den Ärztestab bei seinen Visiten begleiten durfte, beschreibt selbst, wie sie einmal ihren Verstand einsetzte, um den Schmerz zu vermeiden, den sie empfand, als sie die Autopsie eines Kindes beobachten mußte. »Um nicht sehen zu müssen, was ich sah, zog ich mich auf den intellektuellen, neugierigen Teil meines Selbst zurück, stellte Frage auf Frage und ließ jeder Antwort eine weitere Frage folgen.«[7] An späterer Stelle erklärt sie, daß ihre Neugier und ihr Temperament sie in weitere Situationen brachte, mit denen sie emotional nicht umgehen konnte, daß sie aber auch hier diese neugierige und wissenschaftliche Seite ihres Selbst dazu verwandte, Distanz zu schaffen.

Man muß nicht lange nachdenken, um zu verstehen, wie sie ihre intelligente und kreative Psyche eingesetzt haben könnte, um ihren Gefühlen auszuweichen. So wie sie den wachen, objektiven, distanzierten Teil ihrer Psyche nutzte, um sich vor dem Geschehen im Autopsiesaal zu schützen und ihr Streben nach wissenschaftlichen Kenntnissen zu befriedigen, so konnte sie ihn auch dazu einsetzen, ihre Gefühle von sich abzuspalten.

Als Kay fünfzehn war, schied ihr Vater aus der Luftwaffe aus und nahm eine Stelle in Südkalifornien an. In dieser Zeit begann ihre Welt auseinanderzufallen. An ihrem ersten Tag in einer High-School der gehobenen Mittelschicht wurde ihr klar, daß ihr Leben »völlig anders« werden würde. Als sie ihren Klassenkameraden erzählte, daß ihr Vater Offizier der Luftwaffe gewesen sei, herrschte Totenstille im Klassenzimmer. Wenn sie ihren Lehrern, so wie sie und andere Kinder von Angehörigen der Luftwaffe das gelernt hatten, mit »Yes, ma'am« und »No, sir« antwortete, hörte sie oft, wie man hinter ihrem Rücken lachte.

Lange Zeit hatte Kay das Gefühl, ziellos dahinzutreiben. Sie vermißte die Militärbasis und war sehr unglücklich, dort ihren Freund zurückgelassen zu haben. Sie vermißte auch viele andere gute Freunde und die Traditionen und die Sicherheit, in der sie aufgewachsen war: »Ich verlor den Boden unter den Füßen ... ich war todunglücklich.«[8] Sie weinte viel, schrieb oft an ihren Freund und nahm ihrem Vater diesen Umzug sehr übel. Was die Sache noch schlimmer machte, war, daß sie in jedem Schulfach hinterherhinkte und Probleme hatte, im Sport Anerkennung zu finden.

Kay schreibt, daß die vor Leben sprühende, manische Seite ihres Vaters nach dem Umzug nach Kalifornien allmählich verblaßte: »Seine düsteren Depressionen erfüllten die Atmosphäre immer mehr.« Kay fühlte sich unfähig, ihm auf irgendeine Weise zu helfen. »Ich wartete und wartete auf die Rückkehr seines Lachens, seiner guten Laune und seines ehrfurchtgebietenden Enthusiasmus, doch diese zeigten sich nur selten und hatten Zorn, Verzweiflung und einem trostlosen emotionalen Rückzug Platz gemacht ... manchmal erfüllten mich seine Wutausbrüche mit panischer Angst.«[9] Ihr Vater begann auch, sehr viel Alkohol zu trinken. Ihre Mutter, die sehr verängstigt und verwirrt war, versuchte zunehmend, ihren Problemen durch ihre Arbeit und ihre Freunde zu entkommen. Kay zog sich immer mehr von ihrer Familie zurück und suchte Halt bei ihrem Hund, ihrem neuen Freund und ihren Freundinnen, um das Chaos zu Hause zu überleben.

Etwa zu dieser Zeit hatte die High-School-Studentin Kay ihre erste manisch-depressive Episode. Achten Sie bei der nun folgenden Beschreibung dieser Episode auf das Gefühl der Entschlossenheit und das rauschartige Hoch, die hier beide eine Rolle spielen.

Ich rannte umher wie ein verrücktes Wiesel, war voller Pläne und Enthusiasmus, trieb leidenschaftlich gern Sport, blieb die ganze Nacht auf, ging Nacht für Nacht mit Freunden aus und las alles, was ich in die Finger kriegte ... Die Welt war voller Vergnügen und Hoffnung; ich fühlte mich bestens. Nicht nur bestens, sondern wirklich großartig. Ich hatte das Gefühl, alles tun zu können, daß keine Aufgabe zu schwierig war. Mein Verstand schien klar zu sein, auf wunderbare Weise konzentriert, und fähig, intuitive mathematische Sprünge zu machen, die ich zuvor nie fassen konnte. Ja, ich konnte sie in Wirklichkeit immer noch nicht fassen. Doch damals machte nicht nur alles Sinn, sondern es zeugte auch alles von einer wunderbaren Art kosmischer Verwandtschaft.[10]

Diesem Hochgefühl folgte jedoch unweigerlich ein Tief, und ihr Verstand ließ sie im Stich. In solchen Zeiten war sie nicht fähig, klar zu denken, und konnte sich nicht erinnern, was sie gelesen hatte. Nichts machte Sinn, und sie konnte dem Unterricht nicht folgen. Statt ihren Lehrern zuzuhören, starrte sie ganz benommen aus dem Fenster.

Wenn ihr Verstand auf Hochtouren lief, war er ihr »bester Freund«. Wurde er träger, hatte sie das Gefühl, als habe er sich »gegen sie verschworen«. Kay dachte immer länger über den Tod nach. Ihre Stimmungstiefs kamen immer wieder, und ihr Schmerz wuchs. Schon bald begann sie, morgens vor der Schule Alkohol zu trinken und düstere Gedichte zu schreiben. Sie war davon überzeugt, daß ihr Hirn und ihr Körper allmählich dahinsiechten.

Selbst wenn Kay sagt, daß sie versuchte, ihren Schmerz vor sich selbst und anderen zu verbergen, gibt sie zu: »Ich wußte, daß irgend etwas fürchterlich schief lief, aber ich hatte keine Idee, was es war, und war zudem in dem Glauben erzogen worden, daß man Probleme für sich behält.«[11]

Nachdem sie die High-School beendet und mit ihrem Studium begonnen hatte, setzten sich ihre Stimmungsschwankungen fort. Ihre Collegezeit war ein einziger Kampf; heftige depressive Episoden, nur hier und da unterbrochen von wenigen Wochen oder Monaten, in denen sie sich völlig high fühlte. Diese Hochgefühle hatten eine sehr verführerische Seite: »Sie füllten mein Hirn mit einer Flut von Ideen und mit ausreichend Energie, die mir zumindest die Illusion verschaffte, diese Ideen ausführen zu können.«[12] Ihre Stimmung schwankte jedoch immer mehr, besonders, nachdem sie auf die vom Konkurrenzdenken geprägte Graduate School gegangen war und schließlich nach einer Lehrtätigkeit strebte, was mit der Notwendigkeit verbunden war, zu veröffentlichen und als ernstzunehmende

Forscherin wahrgenommen zu werden. An späterer Stelle beschreibt sie die manische Energie, die sie in dieser Zeit verspürte. Auch hier wird das Gefühl der Entschlossenheit deutlich:

> High zu sein ist einfach geil. Die Ideen und Gefühle kommen so schnell und oft wie Sternschnuppen, und du folgst ihnen, bis du bessere und hellere findest. Die Schüchternheit verschwindet, die richtigen Worte und Gesten sind plötzlich da, und du bist dir ganz sicher, andere in deinen Bann ziehen zu können ... Alles ist von einem Gefühl der Sinnlichkeit durchdrungen, und der Wunsch, zu verführen und verführt zu werden, ist unwiderstehlich. Gefühle des Wohlbehagens, der Intensität, Macht, Behaglichkeit, finanziellen Omnipotenz und Euphorie gehen durch Mark und Bein.[13]

Während ihrer Assistenzzeit als Psychiaterin wurde Kay schon sehr bald mit einem psychoanalytischen Modell konfrontiert, das seinen Schwerpunkt auf Konflikte, Träume und Symbole und deren Interpretation legt. Später wurde sie entsprechend dem Paradigma des medizinischen Modells ausgebildet. Soweit ich weiß, lernte sie während ihrer Ausbildung kein therapeutisches Modell kennen, in dem die Gefühle im Mittelpunkt stehen. Ihr Leben lang hatte man sie gelehrt, wie sie von ihren wahren Gefühlen getrennt bleiben konnte. Dieses Muster setzte sich während ihrer Universitätsausbildung fort.

Medikation

Schließlich erkannte Kay, daß sie Hilfe brauchte. Sie hatte einen Punkt erreicht, an dem sie keine andere Wahl mehr hatte. Sie mußte Hilfe suchen oder ihre Stelle, ihren Mann und wahrscheinlich ihr Leben verlieren. Vor ihrem ersten Termin bei einem Psychiater stand sie schreckliche Angst aus: »Diesmal konnte ich mich nicht aus der Situation herausdenken oder -lachen.«[14]

Nachdem der Psychiater sie einer gründlichen Untersuchung unterzogen hatte, verkündete er, daß sie an einer »manisch-depressiven Erkrankung« leide und Lithium nehmen müsse, wahrscheinlich ein Leben lang. Mehrere Jahre lang ging sie mindestens einmal pro Woche zu ihm – wenn sie Suizidgedanken oder schwere Depressionen hatte, sogar häufiger. Ihrer Meinung nach verdankt sie ihr Leben der Medikation, aber auch der fürsorglichen Unterstützung des Psychiaters, der sie »immer wieder am Leben hielt.« Kay zufolge blieb er hart und entschlossen, wenn sie die Medikamente absetzen wollte.

Zunächst wehrte sie sich jedoch gegen die Einnahme von Lithium, nicht zuletzt wegen der schrecklichen Nebenwirkungen dieses Medikamentes:

> Ich mußte Medikamente nehmen, die mehrmals im Monat zu schwerer Übelkeit und zu Erbrechen führten, wenn mein Lithiumspiegel aufgrund veränderter Salzmengen, einer anderen Ernährung, Sport oder Hormonen zu hoch wurde – oft schlief ich auf dem Badezimmerboden, ein Kissen unter dem Kopf und mit meinem warmen, wollenen Nachthemd bekleidet. Mir wurde an mehr Orten, als ich mich erinnern möchte, fürchterlich schlecht; peinlicherweise auch an öffentlichen Orten wie Vorlesungsräumen und Restaurants oder der National Gallery in London ... Wenn ich besonders vergiftet war, begann ich zu zittern, wurde ataktisch, rannte gegen Wände und konnte nicht mehr deutlich sprechen; das führte nicht nur zu mehreren Ausflügen zur Notaufnahme, wo man mir Tropfinfusionen gab, um der Toxizität zu begegnen; viel peinlicher war noch, daß ich den Eindruck erweckte, illegale Drogen zu nehmen oder viel zu viel getrunken zu haben.[15]

Ein schweres Problem war auch, daß sie häufig alles verschwommen sah, sich nur für kurze Zeit konzentrieren konnte und ein schlechtes Gedächtnis hatte. Während der zehn Jahre, in denen sie Lithium nahm, las sie kein »ernsthaftes literarisches Werk oder Sachbuch von der ersten bis zur letzten Seite«.[16] Allerdings ließen nach einer Weile die meisten Nebenwirkungen nach, weil sie zeitverzögert wirkende Mittel bekam und die Dosis reduziert wurde.

Eine genauere Betrachtung

Kays Psychiater stellte bezüglich ihrer Symptome die richtige Diagnose, doch er ging davon aus, daß sie an einer physischen Krankheit litt, obwohl er nicht einen einzigen medizinischen Test wie zum Beispiel einen Bluttest oder eine Röntgenuntersuchung durchgeführt hatte, um dies nachzuweisen. Sobald er Kay auf Lithium gesetzt hatte, ließen ihre Symptome nach. Diese Wirkung war im wesentlichen auf die gefühlsabstumpfenden Eigenschaften dieses Medikamentes zurückzuführen; eine sehr ähnliche Wirkung hat Lithium auch auf nicht-manische Personen und sogar auf Tiere. Da das Medikament anzuschlagen schien, konnte ihr Psychiater davon ausgehen, daß Kay an einem biochemischen Ungleichgewicht litt.

Wenn wir jedoch die anderen Alternativen prüfen, können wir sehen, daß Kays Manie möglicherweise der beste Weg ihrer Psyche war, Schmerz zu vermeiden und sich gut, omnipotent und mächtig zu fühlen. Viele Aussagen in ihrer Autobiographie untermauern diese Schlußfolgerung. Schon als Kind begann Kay, ihre einzigartigen Abwehrmechanismen gegen Schmerz zu entwickeln (Phase I), und stellte fest, daß sich das Ausblenden von Schmerz am leichtesten mit Hilfe des kreativen, imaginativen Teils ihrer Psyche erreichen ließ. Wenn ein leichter Schmerz an die Oberfläche drang oder eine Schmerzerfahrung drohte, brauchte sie nur ihren Verstand auf Hochtouren zu bringen, in den Himmel zu schauen und ein wenig zu träumen.

Auch an diesem Prozeß ist nichts Ungewöhnliches; Kay lernte nur nicht, genug mit ihrem Schmerz verbunden zu bleiben, um für sich selbst sorgen zu können. Statt dessen lernte sie, für ihr verwundetes Selbst zu sorgen, indem sie manisch wurde. Als sie in der High-School und im College mit sehr heftigen schmerzvollen Situationen konfrontiert wurde, und das in einer Zeit, in der ihre Eltern mit ihren eigenen Problemen kämpften und nicht fähig waren, für sie dazusein, traten schwere manische Episoden auf.

Auch wenn Kays manische Episoden eine destruktive Seite hatten, waren sie doch ein erfolgversprechender Versuch ihrer Psyche, den Schmerz von ihrem eigentlichen Selbst fernzuhalten. Wenn sie aber in ihre Depression verfiel, fühlte sie sich nur noch verletzter und beschämter. Auf diese Weise geriet sie in einen Teufelskreis. Je verwundeter sie wurde, desto mehr war sie auf ihre manischen Episoden angewiesen.

Schließlich verlor Kay so sehr die Kontrolle, daß sie von einer »erzwungenen Entscheidung« abhängig wurde. Um ihrer gehobenen Stimmungslage entgegenzuwirken, brauchte sie ein starkes Abstumpfungsmittel, eine »chemische Keule«. Ihre Schwester vertrat hinsichtlich der medikamentösen Behandlung eine andere Meinung als Kay und behauptet, daß Kay in dieser Zeit ihre negativen Gefühle weg-»lithiumisiert«[17] habe, daß die Medikamente ihre Persönlichkeit ausgetrocknet hätten und sie bestenfalls ein Schatten ihrer selbst gewesen sei.

Hätte man Kay auf andere Weise helfen können und wäre ein großer Teil ihres Kampfes überflüssig gewesen, wenn sie dem in diesem Buch beschriebenen Drei-Phasen-Modell hätte folgen können? Ich glaube schon. Die junge Kay genoß offensichtlich ihre Phantasiewelt, weil diese relativ sicher war und Spaß machte. Als sie jedoch größerem Schmerz und Enttäuschungen begegnete, verfügten weder sie noch ihre Eltern über das nötige Rüstzeug, um damit umzugehen.

Wenn die Eltern mit der jungen Kay und vor allem im Zusammenhang mit dem Umzug mehr über ihre eigenen Gefühle und die ihrer Tochter gesprochen hätten, wäre Kays Leben vielleicht anders verlaufen. Hätten Kay, ihre Eltern und Geschwister mehr über ihren Schmerz sprechen und sich gegenseitig unterstützen können, wäre die Familie wohl nicht auseinandergebrochen. Wenn Kay ihre manischen Symptome aus dem Blickwinkel des Modells des emotionalen Schmerzes hätte betrachten können, dann hätte sie sagen können: »Ich verhalte mich ein bißchen seltsam. Ich muß wohl eine Menge Schmerz verdrängen und sollte mit meinen Eltern oder meinem Vertrauenslehrer sprechen.« Wäre auch ihr Vertrauenslehrer im Sinne dieses Modells ausgebildet worden, dann hätte er Kays Probleme vielleicht erkannt und wäre richtig mit ihnen umgegangen. Obwohl Lithium Kays Symptome abmilderte und ihr vielleicht das Leben rettete, muß man doch bedenken, daß sie auch einmal versuchte, sich durch eine Überdosis Lithium das Leben zu nehmen. Selbst wenn ein Medikament eine Zeitlang hilft, bietet es keine Sicherheit, wenn nicht der wirkliche emotionale Schmerz geheilt wird.

Das Modell des emotionalen Schmerzes hätte Kay das Leben retten und ihr den größten Teil ihres Leids, der verlorenen Zeit und einen Teil des Geldes, den sie für Therapien und Medikation ausgeben mußte, erspart.

Anna Jennings

Auch wenn das medizinische Modell und der Einsatz von Medikamenten ein Segen des 20. Jahrhunderts zu sein scheinen, haben sie in Wirklichkeit doch im Leben von Millionen von Menschen Katastrophen ausgelöst. Auch Anna gehört zu den Menschen, denen durch Psychopharmaka Schaden zugefügt wurde. In ihrem Artikel »*On Being Invisible in the Mental Health System*« schreibt Dr. Ann Jennings über ihre Tochter Anna.[18]

Anna war von ihrem dreizehnten Lebensjahr an neunzehn Jahre lang Patientin der Gesundheitsfürsorge. Während dieser Zeit wurde sie von einer psychiatrischen Einrichtung zur nächsten weitergereicht, von Krankenhäusern zu Abteilungen für akute Fälle, psychiatrischen Notaufnahmen, Wohnheimen für Menschen in Krisensituationen und geschlossenen Abteilungen. Zu den Diagnosen, die im Verlauf dieser neunzehn Jahre gestellt wurden, gehörten: Depression, Borderline-Persönlichkeitsstörung mit paranoiden und schizotypischen Zügen, Paranoia, Verhaltensstörung der aggressiven Art, verschiedene Typen von Schizophrenie, einschließlich des hebephrenen und residualen Typs, Anorexie, Bulimie und Zwangsneurosen.

Neben Insulinbehandlungen und Elektrokrampftherapie bestand die Behandlung zu 95 % aus Medikamenten. 1992 nahm sich Anna – an ihre emotionale Grenze gelangt – im Alter von zweiunddreißig Jahren das Leben.

Ihre Probleme setzten im Alter von zweieinhalb Jahren ein, als sie unkontrolliert zu schreien und zu weinen begann. Ihre Eltern erkannten nicht, daß Anna von ihrem Babysitter sexuell mißbraucht wurde. Zunächst versuchte Anna, mit einer Haushälterin über diesen Mißbrauch zu sprechen. Sie sagte, ein Mann habe »mit ihr gespielt, als er das nicht tun sollte«. Leider weigerte sich die Frau, ihr zu glauben oder zu helfen, und so blieb der Mißbrauch dreißig Jahre lang ein Geheimnis.

Rückblickend sieht ihre Mutter, Ann Jennings, nun, daß Anna damals versuchte, ihnen durch »ihre Wut, ihr Schreien und ihre panische Angst« den Mißbrauch und die dadurch ausgelösten Gefühle mitzuteilen. Anna wurde ein schwieriges Kind; ihr Schreien und Weinen wurden oft mit Prügel und Stubenarrest bestraft. Obwohl die kleine Anna einen Mann erwähnte, der mit ihr seine »Spielchen trieb«, erkannte niemand die dem Schmerz zugrundeliegende Wahrheit, da, so die Mutter, »sexueller Mißbrauch in unseren Köpfen nicht existierte«. Später zog sich Anna in sich selbst und von anderen Kindern zurück.

Anna war auch Traumen innerhalb ihrer Familie ausgesetzt; hierzu gehörten Alkoholismus und Scheidung. Mit dreizehn Jahren »brach sie zusammen«, und ein Psychiater verschrieb ihr ein Haldol genanntes Neuroleptikum, das ihr »helfen sollte, zu schlafen«. Anna verbrachte beinahe zwölf der nächsten neunzehn Jahre in psychiatrischen Kliniken.

Neben Medikation, Schock- und Insulintherapie umfaßten die Behandlungen auch eine Familientherapie, eine Vitamin- und Ernährungstherapie, eine Verhaltenstherapie sowie Kunst-, Musik und Tanztherapien. Leider unternahm niemand den Versuch, nach einem frühen Kindheitstrauma zu suchen. Als die zweiundzwanzigjährige Anna ihrer Mutter Einzelheiten des Mißbrauchs berichtete, hörte diese ihr endlich zu. Doch der größte Schaden war bereits angerichtet. In ihrer Kindheit und später vom psychiatrischen Establishment mißbraucht, war Anna so von Scham und dem Gefühl der Wertlosigkeit erfüllt, daß sie das Bedürfnis hatte, sich selbst zu mißbrauchen:

> Sie drückte Zigaretten auf ihren Armen, Beinen und im Genitalbereich aus, schlug mit dem Kopf und den Fäusten gegen Wände, fügte sich selbst mit aufgerissenen Dosen tiefe Narben zu, schob Kleiderbügel, Bleistifte und andere scharfe Gegenstände in ihre Vagina, schluckte Nägel und steckte Pillen in ihre Ohren, versuchte, sich die Augen auszureißen, zwang sich dazu, sich zu übergeben, stocherte nach ihrem Kot, um ihrem Körper Nahrung zu entziehen, stach sich selbst mit einem scharfen Messer in den Bauch und bezahlte Männer dafür, sie zu vergewaltigen.[19]

Obwohl die Fachwelt Annas Mißbrauchsgeschichten ignorierte, genossen viele der Fachleute (z.B. Krankenschwestern und Therapeuten), die Ann Jennings kennenlernte, in ihren jeweiligen Disziplinen hohes Ansehen. Viele Menschen mochten Anna wirklich sehr gern, einige lernten sie lieben, doch die Behandlungsmethoden der Psychiatrie verstärkten ihr ursprüngliches Trauma. Die Konzentration auf ihre pathologischen Symptome, die Ansicht, daß sie an einer Hirnschädigung leide, ihre Abhängigkeit von Psychopharmaka und erzwungener Kontrolle sowie das Schweigen, mit dem auf ihre Mißbrauchsenthüllung reagiert wurde, waren nicht ohne Folgen geblieben: Anna fühlte sich dadurch in ihrer Selbsteinschätzung bestätigt, »schlecht«, »gestört«, »eine schlechte Saat« zu sein oder einen bösen Einfluß auf die Welt zu haben.

Ann Jennings glaubt, daß ihre Tochter nicht die Hilfe bekam, die sie brauchte, da die Vertreter des medizinischen Modells den Ursprung ihres Schmerzes in einer »Anomalie – einer Unvereinbarkeit« mit ihrem Denken sahen. »Ihre Erfahrungen paßten nicht in das Bild, das sich die Fachwelt von psychischen Erkrankungen gemacht hatte.«[20]

Vier Tage nach ihrem zweiunddreißigsten Geburtstag erhängte sich Anna nach einer weiteren schlaflosen Nacht schließlich in ihrem Krankenzimmer. Sie wurde von der Nachtwache gefunden, die gekommen war, um ihr eine weitere Spritze zu geben.

Anna lebte ein schreckliches, sehr schmerzvolles Leben, eines, das sie nicht verdient hatte. Von dem Tag an, an dem sie zum ersten Mal mißbraucht wurde, bis zu ihrem Selbstmord wurde sie täglich von vergangenem Schmerz, der Leugnung dieses Schmerzes durch die psychiatrische Gemeinschaft und den furchtbaren Nebenwirkungen der Medikamente gequält. Das medizinische Modell fügte ihr ebenso große Qualen zu wie ihr damaliger Peiniger.

Nach ihrer Scheidung und nachdem sie endlich verstanden hatte, was ihre Tochter ihr zu sagen versuchte, begann Ann Jennings sowohl ihre eigene Heilung voranzutreiben als auch das Schicksal Annas intensiv aufzuarbeiten. Das tragische Leben und der tragische Tod ihrer Tochter haben sie dazu veranlaßt, im Fach Psychologie eine Dissertation zu Annas Fall zu schreiben. In diesem Zusammenhang hat Dr. Jennings entdeckt, daß es Tausende von »Annas« geben muß, die im psychiatrischen System verlorengegangen sind. Sie ist auf Untersuchungen gestoßen, denen zufolge 81 % der in Anstalten untergebrachten Patienten sexuell mißbraucht wurden und/oder ein physisches Trauma erlitten haben.[21]

Ann Jennings, ich selbst und andere Fachleute vertreten die Ansicht, daß die Mehrheit der Frauen und Männer, die als psychisch krank abgestempelt und zu Medikation und Schocktherapie gezwungen wurden, vielleicht einfach unter den Symptomen des emotionalen Schmerzes leiden, der ihnen in ihrer Kindheit zugefügt wurde.

Obwohl Dr. Jennings sagt, daß Medikamente hilfreich sein können, wenn sie vorsichtig und mit dem Einverständnis eines über deren Wirkungen aufgeklärten Patienten eingesetzt werden, so glaubt sie doch, daß Anna durch die ununterbrochene Medikation ihrer Fähigkeit, zu denken und zu fühlen, beraubt wurde, und daß ohne diese Fähigkeit eine Genesung nicht möglich war. Hierzu Dr. Jennings:

Vor einigen Jahren durchlebte sie eine Krise, ohne Medikamente zu nehmen. Mehrere Tage lang bat sie mich, sie zu halten. Sie sprach leise über ihre Gefühle, weinte still und zeigte mir durch ihre Berührungen und Umarmungen ihr Vertrauen. Einen Tag, nachdem ihre neu verordneten Medikamente »Wirkung zeigten«, sagte sie mir mit ausdrucksloser Stimme und einem gequälten Blick: »Mom, das Gefühl der Liebe verschwindet.« Wie ihre Gefühle der Wut, des Leids und der Angst wurden auch ihre Gefühle der Liebe, der Freude, der Fürsorge und Intimität unterdrückt, was sie wieder von sich selbst und anderen isolierte und die Möglichkeit der Heilung verhinderte.[22]

Interessant sind auch Dr. Jennings Ausführungen zur Kostenfrage:

Eine Analyse der Krankenberichte aus siebzehn Jahren zeigt, daß Anna insgesamt 4 124 Tage im Krankenhaus verbrachte. Die Gesamtkosten für ihre Krankenhausaufenthalte beliefen sich bei einem Tagessatz von 640,00 Dollar auf 2 639 360,00 Dollar. In dieser Zahl sind nicht enthalten die Kosten für Wohnheime, case-management, Rechtskosten, Kosten für Sozialdienste, Medikamente und andere Kosten, die auf über eine Million Dollar geschätzt werden, womit sich eine Gesamtsumme von rund 4 Millionen Dollar ergibt. Siebzehn Jahre einer an ihrem ursprünglichen Trauma orientierten Therapie mit zwei wöchentlichen Sitzungen à 150 Dollar hätten insgesamt 265 200 Dollar gekostet und ihr trotzdem Aussicht auf Genesung geboten.[23]

Es ist offensichtlich, daß Annas Mißbrauch früher identifiziert worden wäre und sie die richtige Hilfe erhalten hätte, wenn ihre Störungen gemäß dem Modell des emotionalen Schmerzes diagnostiziert worden wären. Ihr Leben wäre dann wohl nicht so qualvoll verlaufen, daß sie sich zum Selbstmord hätte gewungen fühlen müssen.

Jeffrey Dahmer

Massenmorde sind zu einem ernsthaften Problem geworden. Kann das Modell des emotionalen Schmerzes dazu beitragen, solch abscheulichen Verbrechen vorzubeugen? In vielen Fällen lautet die Antwort ja. Wenn wir das Leben von Jeffrey Dahmer untersuchen, werden wir sehen, daß er einer dieser Fälle hätte sein können.

Wie manche von Ihnen vielleicht aus der damaligen Presse erfahren haben, überredete Jeffrey Dahmer einige junge Männer, in sein Appartement zu kommen, wo er sie mit Drogen vollpumpte, tötete, ihre Körper zerstückelte und dann ausschlachtete. Insgesamt tötete er mindestens siebzehn Menschen.

Nachdem Jeffrey festgenommen worden war und die Gerichtsverhandlungen begannen, berichtete er von den Kindheitsereignissen, die ihn dazu getrieben hatten, diese scheußlichen Verbrechen zu begehen. Während dieser Gerichtsverhandlungen und nach dem Urteil verspürte Jeffs Vater, Lionel Dahmer, das tiefe Bedürfnis, sich mit der Geschichte seines Sohnes auseinanderzusetzen und die einzelnen Puzzleteile zusammenzutragen. Er wollte, so gut es eben ging, verstehen, was schiefgelaufen war und ob es eine Möglichkeit gegeben hätte, seinem Sohn zu helfen. Seine Gedanken und Schlußfolgerungen wurden unter dem Titel A Father's Story veröffentlicht.[24]

Rückblickend erinnerte sich Lionel Dahmer an mehrere Ereignisse, die sehr wahrscheinlich eine zunehmend dunkle Seite seines Sohnes zum Vorschein brachten. Bei dem ersten war Jeff vier Jahre alt. Jeff war ein äußerst schüchternes, introvertiertes Kind, wobei unklar ist, ob das an den heftigen Stimmungsschwankungen und der extremen Nervosität seiner Mutter oder an seiner eigenen Persönlichkeitsstruktur lag. Die Tatsache, daß Jeffreys Vater aus beruflichen Gründen die meiste Zeit von zu Hause fort war, machte die Sache wahrscheinlich nicht einfacher.

Die häusliche Atmosphäre bei den Dahmers bot für psychische Erkrankungen einen geeigneten Nährboden. Jeffs Mutter litt an einer so heftigen nervlich bedingten Störung, daß sie täglich 26 Tabletten schluckte. Manchmal wanderte sie in einem verlorenen, halb katatonen Zustand umher. Einmal fand ihr Mann sie fünf Häuserblocks von zu Hause entfernt auf einer Wiese liegend, nur mit dem Nachthemd bekleidet.

Da Mr. Dahmer wußte, daß seine Frau bei einem sehr gewalttätigen, alkoholabhängigen Vater aufgewachsen war, glaubte er, daß ihr emotionaler Zustand auf Mißbrauch in ihrer Kindheit zurückzuführen sei; und weil er sie liebte, setzte er sich um so mehr für sie ein. Sein Engagement bestand jedoch vor allem darin, immer mehr zu arbeiten und Konflikten aus dem Weg zu gehen, was natürlich völlig ineffektiv war.

In diesem Zusammenhang sollten wir beachten, daß die Eltern zwar schwerwiegende Probleme hatten, aber dennoch versuchten, Jeff auf die bestmögliche Weise aufzuziehen. Doch trotz dieser guten Absichten gab es, wie Mr. Dahmer sich erinnerte, Anzeichen von Jeffs »dunklerer Seite«. Er hatte ungewöhnliche Wutausbrüche, war schon in frühem Alter von den Knochen toter Tiere fasziniert und zeigte ein ungesundes Interesse an ausgenommenem Fisch. Doch damals, so Mr. Dahmer, »sah ich nur einen ruhigen kleinen Jungen, weil ich zu schnell an meinem Sohn vorbeihetzte ... Ich war nicht da, um sehen zu können, wie er in sich selbst versank.«[25]

Mit zunehmendem Alter zog er sich immer mehr in sich selbst zurück. Spiele oder sportliche Wettkämpfe machten ihm keinen Spaß. Oft saß er lange Zeit einfach nur ruhig da. In diesen Situationen fühlte sich sein Vater sehr hilflos. Mr. Dahmer, der selbst ein schüchternes Kind gewesen war, schreibt: »Ich wußte einfach nicht, was sich in den Köpfen anderer Leute abspielte.«[26] Doch während der Vater unter Schüchternheit litt, erlebte Jeff eine beinahe vollständige Isolation. Diese Isolation und seine Angst vor anderen Menschen trieben ihn schließlich zu seinen schrecklichen Verbrechen. Obwohl er sich in der Nähe anderer unwohl fühlte, hatte er dennoch das verzweifelte Bedürfnis nach Kontakt und Berührung und begann, dieses Bedürfnis auszuleben, indem er hinter Büschen versteckt und mit einem Baseballschläger in der Hand darauf wartete, daß ein Jogger vorbeikam, den er bewußtlos schlagen könnte, um sich »zu ihm zu legen«. Später konnte er seine Angst vor Menschen und sein Kontrollbedürfnis nur befriedigen, indem er sich neben einen toten Körper legte. Nur dann konnte er sich entspannen und den Trost eines anderen menschlichen Wesens verspüren.

Diese Beschreibungen lassen uns erahnen, welch heftiges Verlangen sich in Jeff entwickelte und wie die entsprechenden erzwungenen Entscheidungen aussahen, die Teil seines Verhaltens wurden. So wie jeder von uns in geringerem Ausmaß das Bedürfnis verspüren könnte, dem toten Körper einer geliebten Person nahe zu sein oder ihn zu berühren, um die Wärme dieser Person noch einmal heraufzubeschwören, so hatte Jeff nur die eine Möglichkeit, Liebe oder Wärme zu empfinden: Die Person mußte tot und völlig in seiner Gewalt sein.

Als Mr. Dahmer über Jeffs Kindheit nachdachte, erinnerte er sich, daß er versucht hatte, seinem Sohn, so gut er es eben konnte, zu helfen. Er hatte hart gearbeitet, um die Familie zu ernähren, und war immer dagewesen, um Jeff auf jede erdenkliche Weise aus Schwierigkeiten herauszuhelfen, zunächst im Zusammenhang mit seiner Trinkerei. Er hielt seine Ehe vor allem um Jeffs willen aufrecht. Heute glaubt er jedoch, daß er bei allem, was er tat, nie eine richtige »Verbindung« zu Jeffs innerstem Selbst und seinem Schmerz fand.

Mr. Dahmer gibt auch zu, daß er selbst eine dunkle Seite gehabt habe, die von Feuer und vom Bombenbasteln fasziniert gewesen sei. Als Junge brannte er beinahe die Garage eines Nachbarn nieder. Nachdem sein Vater ihm eine Standpauke gehalten hatte, erkannte er, daß er auf Abwege geraten war, und lebte sein Interesse an Chemie, Bomben und Feuer letzten Endes dadurch aus, daß er in Chemie promovierte.

Mr. Dahmer gelang es, seine dunkle Energie in den Griff zu bekommen, indem er sie in produktive Arbeit umsetzte. Deshalb kannte er keine andere Möglichkeit, seinem Sohn zu helfen, als »etwas zu tun«, z.B. einen Job für Jeff zu finden. Doch während er versuchte, seinem Sohn zu helfen, fühlte er sich in seiner Seele von ihm »getrennt«. Er wußte nicht, wie er auf der Gefühlsebene mit ihm verbunden sein konnte.

> Ich erkannte, daß es bei meinem Sohn Bereiche gab, Tendenzen und Perversitäten, die ich ein Leben lang in mir verschlossen gehalten hatte ... Seine perversen sexuellen Handlungen waren für mich unbegreiflich und weit jenseits dessen, zu dem ich fähig gewesen wäre. Dennoch konnte ich ihren entfernten Ursprung in mir selbst finden.[27]

Was wäre gewesen, wenn Mr. Dahmer mit seinem Sohn eine Unterhaltung wie die folgende hätte führen können?

Dad: *Als ich jung war, hatte ich große Angst vor Menschen. Ich fühlte mich einfach nicht dazugehörig. Ich wußte nicht, wie ich Freundschaften schließen oder mich in der Nähe von Menschen wohl fühlen könnte. Hast du jemals solche Gefühle?*

Jeff: *Ja, ich glaube schon, Dad.*

Dad: *Fühlst du dich dadurch seltsam und wertlos, so wie ich das tat?*

Jeff: *Ja, sehr oft. Ich möchte einfach allein sein, doch meine Einsamkeit überwältigt mich.*

Dad: *Ich kann deinen Schmerz hören. Macht er dich manchmal wütend auf andere?*

Jeff: *Klar! Manchmal habe ich Lust, jemanden zu verletzen.*

Dad: *Solche Gedanken hatte ich früher auch.*

Jeff: *Wirklich? Wann?*

Dad: *Oft, besonders aber, wenn Rabauken in der Schule mich angriffen oder sich über mich lustig machten.*

Jeff: *Das haben sie mit dir auch gemacht?*

Dad: *Ja. Die hänseln gern schüchterne Leute.*

Jeff: *Was hast du gemacht?*

Dad: *Heute weiß ich, daß ich meine Wut auslebte, indem ich davon träumte, Bomben zu basteln, um Menschen zu verletzen. Solche Träume gaben mir ein gutes Gefühl, ein Gefühl der Macht. Hast du jemals solche verborgenen Wünsche?*

Jeff: *Ja. Ich habe tatsächlich daran gedacht, mich im Park mit einem Baseballschläger in der Hand hinter einem Busch zu verstecken und ...*

Ich gebe zu, daß diese Unterhaltung ein wenig gestellt klingt, doch mein Sohn Kevin beginnt jetzt, im Alter von fünf Jahren, auf diese Weise mit seinen Eltern zu sprechen. Ich kenne auch andere Eltern, die sich auf diese Weise mit ihren Kindern unterhalten. Und vielleicht ist ja auch der Eindruck, daß eine Unterhaltung wie diese gestellt sei, einfach ein Anzeichen für die Unfähigkeit unserer Gesellschaft, auf einer solchen Ebene zu kommunizieren. Es ist nicht leicht, diese Art von Unterhaltungen zu führen, doch sie werden mit viel größerer Wahrscheinlichkeit gelingen, wenn das richtige Training hierzu bereits in der Kindheit beginnt.

Jeff versuchte tatsächlich zumindest einmal, seinen Vater um Hilfe zu bitten. Als Teenager erzählte er ihm, daß er wiederholt davon träume, Menschen umzubringen, in der Regel, nachdem er von Schlägern in der Schule angegriffen worden war. Mr. Dahmer versuchte zu helfen, wußte jedoch nicht, wie er Kontakt zu dieser Seite seines Sohnes aufnehmen konnte. Es ist schwer vorstellbar, daß Jeffreys »dunkle Seite« so außer Kontrolle geraten wäre, daß er Menschen töten mußte, wenn Vater und Sohn hätten lernen können, auf einer Gefühlsebene miteinander zu kommunizieren.

Menschen, die als Massenmörder enden, tragen ihr dunkles Geheimnis jahrelang in sich. Mit diesem Geheimnis geht das verzweifelte Bedürfnis nach Verständnis und nach Anerkennung des diesem Wunsch zugrundeliegenden Schmerzes einher. Wenn die Schreie nicht gehört werden, verwandelt sich immer mehr Schmerz in Wut, die ihre Taten nur noch mehr zu rechtfertigen scheint. Manson und Dahmer schrien um Hilfe, vielleicht öfter als wir oder sogar sie selbst das wissen.

Je mehr der Schmerz eines Menschen geleugnet wird, desto mehr wird das böse Verlangen zu seinem wichtigsten Mittel, mit diesem umzugehen. Auf sehr ähnliche Weise nutzt ein als schizophren Diagnostizierter seine Stimmen, der Manische seine Manie, der unehrliche Politiker oder Minister seinen Machthunger und der Alkoholiker seinen Alkohol.

Da Jeffrey Dahmer nicht in der Lage war, seine dunkle Seite und seine innere Verzweiflung zu identifizieren und über sie zu sprechen, konnte er seinen Schmerz in diesem Bereich nicht heilen. Deshalb gewann diese Seite immer mehr Macht über ihn. Nachdem er zum ersten Mal getötet hatte, war er gezwungen, sie völlig geheimzuhalten.

Zusammenfassung

Ich hoffe, daß Ihnen inzwischen klar geworden ist, wie verheerend sich das medizinische Modell auf das Leben von Millionen Menschen und das ihrer Angehörigen auswirkt. Es geht hier nicht um einzelne Patienten, die medikamentenabhängig werden oder unter den Nebenwirkungen von Medikamenten leiden.

Das medizinische Modell beraubt Menschen ihres Lebens und verletzt in diesem Prozeß auch alle, die ihnen nahestehen. Kay Jamison mag ihr Leben im Griff haben und mit geringen Medikamentendosen ganz gut zurechtkommen, aber sie ist eine der wenigen, die dieses Glück gehabt haben. Sie brauchte sehr viel Unterstützung, um an diesen Punkt zu gelangen, und konnte auf eine hervorragende berufliche Ausbildung zurückgreifen. Anna Jennings ging täglich durch eine Hölle, die schlimmer war als die vieler mißbrauchter Kriegsgefangener. Wir dürfen ihr Leben und das, was wir daraus lernen können, nicht vergessen.

Es gibt auch zu viele Jeffrey Dahmers, Charles Mansons und andere, bei denen sich im Laufe vieler Jahre eine solch zwanghafte, boshafte Psyche entwickeln konnte. Das medizinische Modell wird niemals in der Lage sein, die notwendige Lösung für das wachsende Gewaltproblem anzubieten. Mit Hilfe des Modells des emotionalen Schmerzes und der Durchführung entsprechender Programme können wir jedoch Menschen wie Dahmer eine echte Chance geben, schon in einem früheren Stadium um Hilfe zu rufen. Wenn wir akzeptieren können, daß wir alle eine dunkle Seite haben und zu unkontrolliertem Verhalten fähig sind, werden die Dahmers und Mansons mit ihrem Hilfeschrei eine wirkliche Chance haben. Wenn diese Menschen die Gelegenheit erhalten, um Hilfe zu bitten, können sie ungeachtet ihres heftigen Verlangens, andere oder sich selbst zu verletzen, das Rüstzeug erlangen und die Heilung erfahren, die notwendig sind, um Verantwortung für das eigene Handeln übernehmen zu können.

Da unsere moderne Gesellschaft zu kollektiver Selbstverleugnung neigt und das medizinische Modell glaubt, daß es eine medizinische Ursache für problematisches Verhalten gibt, sind Menschen mit der Aufgabe, ihre Impulse zu kontrollieren, weiterhin allein auf sich gestellt. Dies geht so lange, bis sie allmählich ihre Entscheidungsfreiheit verlieren.

Kapitel 18

»PSYCHISCHE ERKRANKUNGEN«
VERSTEHEN – EIN GESCHENK
FÜR UNS ALLE

Ich glaube, daß die meisten von uns den Wunsch haben, körperlichen und emotionalen Schmerz heilen zu können. Wir mögen den Schmerz nicht, den wir oft aushalten müssen, und wir hassen es, andere leiden zu sehen. Es gibt natürlich einige, die anderen Schmerz zufügen wollen und müssen; ich denke aber, daß hinter diesem Verhalten das Bedürfnis steckt, den Schmerz loszuwerden oder zu rechtfertigen, der ihnen selbst ursprünglich zugefügt worden ist. So hatte zum Beispiel ein Klient von mir, der selbst als Kind sexuell mißbraucht worden war, das zwanghafte Befürfnis, Kinder zu mißbrauchen, obwohl er es glücklicherweise noch nicht in die Tat umgesetzt hatte.

Als ich ihn fragte, ob er den Grund für dieses zwanghafte Bedürfnis kenne, antwortete er, es gäbe ihm ein Gefühl von Kontrolle und Würde, das gleiche Gefühl von *Kontrolle* und *Würde*, das man ihm als Kind genommen habe. Um mit diesem Schmerz fertigwerden zu können, hatte sein Unterbewußtsein das Bedürfnis geschaffen, Kinder zu beherrschen und zu verletzen. Er fühlte sich für eine Weile besser, wenn er sie ihrer Würde beraubte. Obwohl er bislang seine Phantasien noch nicht ausgelebt hatte, brachten sie ihm Erleichterung.

Jeder von uns lebt auf seine Art in einem Zustand der inneren Verzweiflung und versucht, mit dem Schmerz in seinem Leben zurechtzukommen. Als Forscher und Ärzte versuchten, das Problem von Schmerz und Leiden zu lösen, tauchten leider falsche Heilmittel auf, die Gehirn und Geist schädigten – besonders in der Psychiatrie.

Während der Recherchen für dieses Buch stieß ich auf eine interessante Information. Ugo Cerletti wird als der Vater der Elektrokrampftherapie betrachtet, aber er war nicht der erste, der Elektrizität als Therapie für emotionale Probleme einsetzte. Wahrscheinlich war es John Wesley, der Begründer der Methodistenkirche, der sie auf diese Art und Weise das erste Mal offiziell nutzte. Am 9. November 1756 berichtete er: »Ich habe extra eine Apparatur besorgt und bestimmt, daß mehreren Personen elektrische Schläge versetzt werden ... einige von ihnen wurden sofort geheilt, andere schrittweise.«[1]

Aus der Geschichte wissen wir, daß John Wesley ein fürsorglicher Mann war, der sich der körperlichen Gesundheit der Menschen ebenso widmete wie ihrem seelischen Wohlbefinden. Er wollte Schmerz heilen, doch er machte genau den Fehler, der sich durch die gesamte Geschichte der Psychiatrie zieht. Es ist dies folgender falscher Gedankengang: »Wenn die Behandlung Wirkung auf die Symptome zeigt, muß sie im Zusammenhang mit den Ursachen stehen oder direkt die Ursache berühren.« Er erläuterte die »Wunder« der Elektrizität, indem er feststellte: »Sie zielt die ganze Zeit auf die Wurzel der Krankheit und entfernt sie nach einer Weile vollständig.«[2]

John Wesley erkannte nicht, daß die Schockbehandlung deshalb anschlug, weil der elektrische Strom das Gehirn paralysierte oder verkrüppelte und damit den emotionalen Schmerz ausblendete, der die Symptome verursachte. Aus diesem Grund stand die Behandlung keineswegs in Verbindung zu der Ursache.

Auf dem Gebiet der Psychiatrie gab und gibt es viele fürsorgliche Menschen wie John Wesley, Menschen, die versuchen, die wirkungsvollste Möglichkeit zur Eliminierung von Schmerz und der entsprechenden Symptome des Wahnsinns zu finden. Letzten Endes *müssen* die Psychiater jedoch zugeben, daß all ihre Heilmittel – die alten Praktiken des Aderlasses, der erzwungenen Isolierung und der eiskalten Bäder bis hin zu den moderneren Techniken der chirurgischen Lobotomie, der Insulinschocktherapie, Elektroschocktherapie und Medikation – immer nur das gleiche tun: sie verkrüppeln den Patienten. In manchen Fällen denken die Leute vielleicht, daß ein »verkrüppelter« Mensch leichter zu ertragen ist als ein »wahnsinniger«; aber trotz allem kann nicht bestritten werden, daß damit ein System geschaffen worden ist, das funktioniert, indem es Menschen Teile ihrer seelischen Integrität wegamputiert.

Ich weiß, daß es einzelne geben wird, die diesen Gedanken nicht zustimmen und sagen: »Ich habe mich niemals besser gefühlt. Ohne meine Medikamente könnte ich nicht überleben.« Glücklicherweise zeigen Medikamente auf lange Sicht nicht unbedingt verheerende Folgen bei denjenigen, die sich nur leicht deprimiert fühlen und sie nur für eine kurze Zeit einnehmen, um sich emotional aufrichten zu können. Bei emotional stärker verwirrten oder belasteten Menschen können die zerstörenden Wirkungen jedoch von Dauer sein.

Das Einprägen dieser Grundsätze

Ich habe lange und gründlich darüber nachgedacht, auf welche Weise ich dieses Buch beenden könnte, damit die wichtigsten der vorgestellten Grundsätze bleibender Bestandteil Ihrer Vorstellungen über psychische Störungen werden. Unsere Gesellschaft ist so sehr durch das Krankheitsmodell konditioniert, daß ein Umschwenken auf eine andere Perspektive oft schwierig ist, selbst für Fachleute. Um dies zu untermauern, möchte ich Ihnen noch eine Geschichte von einem Menschen erzählen, der als schizophren diagnostiziert wurde.

Joan war das einzige Kind in einer sehr gewalttätigen Familie. Ihre Mutter litt oft unter langanhaltenden psychotischen Wutanfällen. Während dieser Perioden, die oft tagelang anhielten, redete Joans Mutter ununterbrochen mit sich selbst, sprach zu Nichtanwesenden und explodierte ohne Vorwarnung vor Wut. An manchen Tagen war sie nicht gewalttätig, saß dann jedoch stundenlang in einem Sessel. Dann verfiel sie plötzlich wieder in ihre Wut und sprach und schrie auf fiktive Personen ein.

Während der Schwangerschaft und kurz nach Joans Geburt bekam ihre Mutter Grippe. Diese körperliche Krankheit schien sie noch verrückter und paranoider zu machen, so als fürchte sie, daß man sie nicht als »gute Mutter« anerkennen werde.

In den Zeiten, in denen Joans Mutter die unkontrollierten Wutanfälle bekam, begann der Vater zu trinken und verschwand für einige Tage. Dieses Muster, das sich wohl auch schon vor Joans Geburt zeigte, führte dazu, daß Joan allein mit ihrer Mutter zurückblieb.

Als Joan in die Pubertät kam, verhielt sich ihre Mutter noch seltsamer, besonders infolge ihrer Angst vor einer zukünftigen Liebesbeziehung und einem Sexualleben ihrer Tochter. Sie zog Joan Kleider an, die sie jünger wirken ließen, verbat ihr jegliches Make-up und versagte ihr alles, wodurch sie sich als junge Erwachsene hätte fühlen können. Sie schloß Joan auch das gesamte Wochenende über in ihr Zimmer ein.

In Wirklichkeit war es für Joan kein so großes Problem, auf diese Weise eingesperrt zu werden, weil sie einen großen Teil ihrer Kindheit in ihrem Zimmer verbracht und unter dem Bett gespielt hatte, um sich vor ihrer Mutter zu verstecken. Kreativ und gescheit, wie sie war, unterhielt sie sich mit ihren fiktiven Freunden, die sie sich als Kind geschaffen hatte.

Joan erinnert sich, daß sie auf der High-School, besonders in den Schulräumen, Stimmen zu hören begann. Manchmal erzählten ihr diese Stimmen, daß sie häßlich und nichts wert sei, und ahmten dabei die Worte ihrer Mutter nach. Zu anderen Zeiten waren es die Stimmen ihrer fiktiven Freunde, die bei ihr unter dem Bett lebten. Während der gesamten High-School-Zeit behielt sie die Stimmen für sich, aber als sie die Schule verließ, erzählte sie ihrem Pfarrer von ihnen, der schon über ihre Schüchternheit und ihre unangemessene Art, sich zu kleiden, recht besorgt war. Er schickte sie zu einem Ehe- und Familientherapeuten, der sie dann an einen Psychiater überwies. Schon während der ersten Sitzung erzählte dieser ihr: »Sie müssen der Tatsache ins Gesicht sehen, daß Sie immer krank sein und Medikamente brauchen werden.«

Sein Kommentar traf sie hart. Sie akzeptierte seine Medikation, versprach, sich an sie zu halten, ging zur Tür hinaus, warf das Rezept in den Mülleimer und nahm sich vor, daß sie nie wieder mit irgend jemandem über ihre »Stimmen« oder irgendeinen anderen Teil ihres Innenlebens sprechen werde. Einige Jahre später heiratete sie. Nach der Geburt des zweiten Kindes – einem Mädchen – begannen die Stimmen sie zu übermannen, und sie hatte ein Gefühl, als verlöre sie die Kontrolle. In der Angst, daß sie wie ihre Mutter enden könnte, entschied sie sich, noch einmal das Risiko einzugehen, psychologische Hilfe in Anspruch zu nehmen.

Sie sprach mit zwölf Therapeuten, bevor sie eine Frau fand, bei der sie ein gutes Gefühl hatte. Diese Therapeutin, Rosemary, versprach ihr zwei Dinge: sie niemals zu bitten, Medikamente einzunehmen, und sie niemals zwangsweise in einem Krankenhaus unterzubringen. Rosemary verstand besonders gut, was Mißbrauch bedeutete, weil sie selbst als Kind von einem Nachbarn mißbraucht worden war und sich erfolgreich durch ihren inneren Wahnsinn hindurchgekämpft hatte. Durch diese selbst erlebte Reise, die sie schließlich zur Heilung führte und ihre Ganzheit wiederfinden ließ, wurde sie eine sehr begabte Therapeutin.

Als Joan sich daran machte, an ihrer Genesung zu arbeiten, wußte sie nicht, wie beschwerlich dieser Weg sein würde. Mit Rosemarys Hilfe lernte sie, daß ihr Unterbewußtsein die Stimmen geschaffen hatte. Sie verstand auch andere Verhaltensweisen, wie zum Beispiel ihre Eßsucht und ihr Bedürfnis, sich selbst zu verstümmeln, um den inneren Schmerz unter Kontrolle zu bekommen. Rosemary war bereit, bis zu zehn Stunden pro Woche – von denen sie die meisten nicht berechnete – Joan zu widmen, und als diese sich sicher bei ihr fühlte, begann sich die Intensität ihres Schmerzes zu zeigen.

Wenn der Schmerz den Gipfel seiner Intensität erreichte, hatte Joan oft das Gefühl, sie könnte von den Stimmen und dem Bedürfnis, sich selbst zu verstümmeln, verschlungen werden. Doch trotz der Momente des schlimmsten Wahnsinns schwankte Rosemary nicht ein einziges Mal bezüglich der Einhaltung ihres Abkommens mit Joan. Weil sie selbst den gleichen therapeutischen Prozeß durchgemacht hatte, wußte sie, was sie tun mußte, um hilfreich am Ball zu bleiben. Und weil sie dies tat, konnte Joan ihr immer mehr Vertrauen schenken. Wenn sich ihr Schmerz zeigte, war sie schon bald in der Lage, dieses Vertrauen zu nutzen, um Rosemarys bedingunglose Liebe zu erfahren; die Stimmen wurden dann nicht lauter, und das Bedürfnis nach Selbstverstümmelung wuchs nicht. Mit wachsendem Vertrauen und zunehmender Heilung verloren die Stimmen und das Bedürfnis nach Selbstverstümmelung ihre Macht. Je mehr Joans emotionaler Schmerz geheilt wurde, desto weniger benötigte sie ihre Abwehr.

Einige Jahre später und nach vielen Stunden äußerst harter Arbeit ging Joan siegreich aus diesem Kampf hervor. Heute ist sie ebenfalls eine ausgezeichnete Therapeutin. Doch sie muß auf der Hut bleiben. Wenn sie in emotionaler Hinsicht nicht gut auf sich achtgibt und anderen gegenüber angemessene Grenzen setzt, gibt es noch immer Augenblicke, in denen sie von weitem wieder ihre Stimmen hört. Doch sie machen ihr keine Angst. Sie sind für sie der Schlüssel dafür geworden, besser für sich zu sorgen – so wie für uns »Normale« vielleicht *erlebter* Streß ein solcher Schlüssel sein kann.

Wenn Joans Fall auch als Extremfall bezeichnet werden könnte, unterscheidet er sich im Grunde nicht sehr von dem, was die meisten Menschen erleben: der Unterschied ist nur graduell. Wenn sich ein Paar streitet und beide einander verletzen, kann es passieren, daß jeder von ihnen in Gedanken eine Reihe von imaginären Gesprächen mit dem Partner, der ihm so wichtig ist, führt. Wenn das Paar dann wieder zusammenfindet, jeder den Schmerz des anderen fühlen und ihn trösten kann, wird ihre Psyche es nicht mehr nötig haben, »Stimmen« zu erschaffen.

Alkoholiker oder andere in einer Sucht Gefangene werden sich sehr an einem Förderer oder an Freunden festhalten müssen, um Unterstützung zu finden und nicht von dem Schmerz überwältigt zu werden, den sie in den ersten Phasen der Genesung spüren. Während des Kampfes in dieser ersten Zeit werden sie – wie Joan – allmählich das Bedürfnis, ihrer Sucht nachzugeben, auf die bedingungslose Liebe anderer und schließlich auf die Selbstliebe übertragen. Menschen wie Joan kann am besten durch einen Therapeuten geholfen werden, der erkennt, daß ihre Kämpfe und Verhaltensweisen von emotionalem Schmerz verursacht werden und daß dieses – wenn auch extreme – Verhalten im Grunde genommen dem gleicht, das zerstrittene Liebende oder andere normale Menschen an den Tag legen, wenn sie schwierige Emotionen durchleben.

Zwei Wege

Es gibt zwei verschiedene Wege, die einem Menschen bei dem Versuch, von einer emotionalen Störung zu genesen, offenstehen: der psychiatrisch-medizinische Weg, der oft zu einer dauerhaften Behinderung führt, und der Weg der emotionalen Gesundung.

Joans Erfolgsstory ist ungewöhnlich, doch sie kann die Erfolgsstory von jedem einzelnen werden. Viele Überlebende der Psychiatrie, die ebenfalls erfolgreich ihre Beschwerden hinter sich gelassen haben, blicken auf einen sehr ähnlichen Lebenslauf zurück. Der emotionale Heilungsprozeß umfaßt zwei unerläßliche Komponenten: (1) eine stark ausgeprägte Entschlossenheit seitens des Betroffenen, den notwendigen Weg zur Genesung unter allen Umständen zu gehen, und (2) mindestens einen engagierten, vertrauenswürdigen und vielleicht psychologisch ausgebildeten Menschen, der ihn dabei begleitet.

Joans Geschichte verdeutlicht auch diese beiden Wege recht klar. Es wäre sehr leicht gewesen, unter Hinweis auf ihre Familie zu dem Schluß zu kommen, eine genetische Veranlagung habe zu ihren Beschwerden geführt; aber wenn man ihr dies erzählt und sie dann darauf hingewiesen hätte, daß Medikamente ihr helfen würden, hätte dies ihre kämpferische Entschlossenheit, sich selbst zu verstehen und zu heilen, nur geschwächt. Glücklicherweise ließ Joan sich nicht ihre Kraft nehmen, sondern wurde durch ihr Anschwimmen gegen den Strom der herrschenden Fachmeinung nur stärker.

Oft ist es schwer zu verstehen, daß eine grundlegenden Alternative zwischen diesen beiden Wegen besteht und daß es notwendig ist, sich absolute Klarheit über die Folgen zu verschaffen, die in letzter Konsequenz mit jedem dieser Wege verbunden sind. Erst gestern abend sah ich im Fernsehen eine Talk-Show über Zwangsverhalten. Der dort auftretende Fachmann – ich glaube, es war ein Psychologe – deutete an, daß bei Menschen mit Zwangsverhalten ein biochemisches Problem eine Rolle spielen könnte. Die anderen Gäste, alle Klienten dieses Psychologen, machten Bemerkungen wie »Ich handle zwanghaft, wenn die Gefühle in meinem Magen zu schmerzhaft oder groß werden.« Diese Klienten saßen zwischen zwei Stühlen. Einerseits wurde ihnen von einem Experten erzählt, daß sie ein biologisches Problem hätten; andererseits erzählte ihnen ihre eigene innere Realität aber etwas anderes. Oftmals hängt das Schicksal eines Menschen mit emotionalen Problemen davon ab, welche der beiden Wahrheiten er zu glauben sich entschließt. Es bedarf eines ungeheuren Mutes für jemanden wie Joan, die Krankheit hinter sich zu lassen. Es bedarf ebenso eines ungeheuren Mutes, den Weg aus Alkoholismus oder anderen Süchten zu beschreiten oder einen Ausweg aus den Problemen einer zerrütteten Ehe zu suchen.

Ein Mitglied meiner Selbsthilfegruppe für Männer hat eine schwere sexuelle Sucht. Sein Verhalten – Masturbation, Pornographie und Telefonsex – betrifft zwar nur ihn selbst, hat jedoch begonnen, sich ernsthaft auf seinen Alltag auszuwirken. Manchmal werden Aarons unkontrollierte zwanghafte Bedürfnisse so stark, daß er seine Arbeit für einen halben Tag verlassen muß, um Orte aufzusuchen, an denen er diese ausagieren kann.

Aaron, Single und Anfang dreißig, wuchs vaterlos und mit einer herrschsüchtigen Mutter auf, die Schuldgefühle in ihm hervorrief. Er entschied sich für eine Trennung von seiner Familie, bestehend aus Mutter, Schwester und Großmutter, um Kontrolle über seine Sucht gewinnen und den damit verbundenen Schmerz bearbeiten zu können. Nachdem er es endlich geschafft hatte, sein Zwangsverhalten siebzig Tage lang unter Kontrolle zu halten, rief seine Schwester an und hinterließ eine sehr entwürdigende Nachricht auf seinem Anrufbeantworter. Er entschied sich, nicht zurückzurufen, aus Furcht, die Situation könne sich dadurch verschärfen. Er beschloß auch, die Distanz zu seiner Familie weiterhin aufrechtzuerhalten, damit er sich seiner Probleme annehmen konnte. Trotz dieser Vorsätze forderten das Leid und die Scham, die diese Nachricht in ihm hervorrief, ihren Tribut. Drei Tage später gab er seiner Sexsucht nach, indem er sich mehrere Stunden lang mit pornographischem Material beschäftigte.

Wenn er nachträglich den Prozeß überdenkt, der ihn zur Aufgabe seiner Abstinenz bewegte, erinnert er sich, wie sein Verstand abdriftete, nachdem er die negative Nachricht seiner Schwester gehört hatte, und wie er sich schlecht zu fühlen begann und negativ über sich selbst dachte. Er erinnert sich auch an das Gefühl, daß er seine Familie im Stich gelassen habe. Wir halfen ihm in der Männergruppe, Zugang zu dem Schmerz und der Wut zu finden, die sich hinter seinem Bedürfnis, sich abzureagieren, verbargen. Danach war er in der Lage zu erkennen, wie sich der Ablauf der Ereignisse entwickelt hatte.

Nachdem er den Ablauf, der ihn zu seinen Handlungen führte, mit Hilfe der Gruppe verstanden hatte, fühlte Aaron, wie seine eigene Kraft zurückkehrte. An diesem Abend rief er seine Schwester an und brachte ihr gegenüber seine Gefühle zum Ausdruck. Beim nächsten Gruppentreffen erzählte er uns, daß er erkannt habe, daß er, wenn er verletzt wurde, seine Gefühle nicht länger unterdrücken dürfe, weil dies letzten Endes zur Zerstörung seines Lebens durch seine Sucht führen würde.

Ein anderes Mitglied der Gruppe war ein schwerer Alkoholiker. Obwohl er aus einer Alkoholikerfamilie stammte, schob er die Schuld für seine Verfassung nicht seinen Genen zu: »Ich trank, um die große Leere in mir zu füllen.« Die Schwere seiner Störung und die Tatsache, daß er seine Sucht nicht von einem medizinischen Blickpunkt aus betrachtete, führten ihn zu der Erkenntnis, daß er Herr jeder Situation bleiben mußte, wollte er nicht in sein altes selbstzerstörerisches Verhalten zurückfallen.

Beide Männer haben mit Joan gemeinsam, daß sie aus Familien kommen, in denen emotionale Störungen über viele Generationen hinweg zurückzuverfolgen sind. Doch kennen sie *alle* die Wahrheit über ihre Störungen, ob sie nun als schizophren, zwanghaft, depressiv oder alkoholabhängig diagnostiziert worden sind. Sie wissen alle, daß es eine direkte Verbindung gibt zwischen nicht aufgelöstem Schmerz, den sie zu unterdrücken versuchen, und ihrer sogenannten »psychischen Krankheit«.

Des weiteren ist es jedem Mitglied meiner Männergruppe und jedem, der Joan persönlich kennt, bewußt, daß es eine direkte Verbindung zwischen dem ursprünglichen Gefühl des Verwundetseins und einer Störung gibt, die sich in einem fremd anmutenden Verhalten zeigt. Wenn Aaron mit den Gefühlen hinter seiner Sexsucht und seinen anderen Symptomen erfolgreich umgeht, können wir sehen, wie das Leben und die Stärke in Körper und Geist zurückkehren.

Damit diese Menschen die volle Verantwortung für ihr Leben übernehmen und sich auf den Weg zu einer wirklichen Gesundung begeben können, müssen sie den Willen besitzen, für jeden Augenblick ihres Lebens verantwortlich zu sein. Um in vollem Umfang verantwortlich sein zu können, müssen sie auch eine intakte Verbindung zu ihren Gefühlen besitzen. Keiner von ihnen würde jemals daran denken, diese besondere Form innerer Bewußtheit der zerstörenden Wirkung von Medikamenten zu überantworten.

Als Folge ihres beharrlichen Bemühens um Klarheit gehören die drei Personen, von denen ich in diesem Kapitel erzählte, zu den aufrichtigsten, ehrlichsten und vertrauensvollsten Menschen, die Sie finden können. Sie wissen, wie man ehrlich zu sich selbst ist, und sie kennen die Krankheit, die entsteht, wenn man es nicht ist. Sie haben sich zu der größtmöglichen Aufrichtigkeit zwischen Menschen verpflichtet. Aufgrund ihrer Verpflichtung zur Ehrlichkeit sich selbst gegenüber bringen sie auch große Klarheit in das Leben der Menschen in ihrem Umkreis.

Ein Geschenk für uns alle

Menschen wie Joan, die Männer aus meiner Gruppe und andere Überlebende der Psychiatrie, die sich von ihren Beschwerden befreien konnten, sind ein großes Geschenk für uns alle: Das richtige Verständnis emotionaler Störungen ist der Schlüssel zu unserer eigenen Erlösung und der unserer Gesellschaft.

Die Bewertung von Schizophrenie und anderen emotionalen Störungen als Krankheiten, die mit Medikamenten behandelt werden müssen, bedeutet, daß wir uns vor unserem eigenen Schmerz und dem Schmerz derer, die an solchen Störungen leiden, verstecken. Psychische Erkrankungen als Krankheit zu betrachten, verhindert, daß man den in unserer Gesellschaft existierenden Schmerz zur Kenntnis nimmt. Es verhindert aber auch, daß man lernt, einen kooperativeren, weniger verletzenden Weg im Umgang miteinander zu gehen. Wenn man den Schmerz aufspürt, der dem Verhalten der als schizophren Diagnostizierten zugrunde liegt, und sich dazu verpflichtet, diesen Menschen nach besten Kräften zu helfen, dann hat man mehr getan als diesen einen Menschen zu heilen. *Man heilt einen potentiellen Heiler.*

Vielleicht hätte man Joan mit Medikamenten stabilisieren, sie in die Erwerbsunfähigkeit drängen und dann den Rest ihres Lebens der staatlichen Fürsorge überlassen können. Statt dessen fand sie eine Therapeutin, die die gleiche mutige Entdeckungsreise hinter sich hatte, die auch sie unternehmen mußte. Zunächst war die Therapeutin in der Lage, ihren eigenen Schmerz durchzustehen; dann konnte sie Joan auf dem Weg durch ihren Schmerz begleiten. Jetzt hilft Joan anderen bei ihrer Suche nach Heilung, die für das Wiederfinden ihrer Ganzheit notwendig ist.

Ich habe deshalb so viele Beispiele von als schizophren Diagnostizierten beschrieben, um jedem von uns zu helfen, eine bessere Verbindung zu seinem Schmerz und dem Wahnsinn, zu dem er führen kann, herzustellen. Ich sehe keinen grundlegenden biologischen Unterschied zwischen dem Hören von Stimmen wie bei Joan, der intellektuellen Verwirrung eines Rassisten, der Eifersucht eines Liebenden, der Heftigkeit eines religiösen Fanatikers oder dem Verhalten zweier Ehepartner, die nicht in der Lage sind, ihren Schmerz zu fühlen und ihn einander mitzuteilen. Wenn es einen Unterschied gibt, dann liegt er allenfalls darin, daß die als schizophren Etikettierten, die Stimmen hören, vielleicht eine viel liebenswürdigere, andere weniger verletzende Möglichkeit wählen, um mit ihrem inneren Schmerz umzugehen.

Dies ist das Geschenk, das uns die als schizophren Diagnostizierten, die genesenen Alkoholiker, die Depressiven oder genesenen Sexsüchtigen machen können. Je besser wir ihren Schmerz erkennen und verstehen, desto mehr werden wir unseren eigenen Schmerz erkennen und die Angst davor verlieren, uns mit ihm auseinanderzusetzen.

Der oben erwähnte Klient, der das zwanghafte Bedürfnis verspürte, Kinder zu mißbrauchen, fand den Mut, um Hilfe zu bitten. Er entwickelte sich zu einem Menschen, der keine potentielle Gefahr für Kinder mehr darstellt. Würden mehr solcher Geschichten bekannt, fänden vielleicht andere potentielle Kinderschänder den Mut, sich zu melden. Und gäbe es mehr Geschichten wie die von Joan, Ken und Betty, verlören vielleicht mehr Menschen, die bereits Stimmen zu hören beginnen, die Angst davor, die richtige Hilfe in Anspruch zu nehmen. Wenn es uns gelingt, die ganz gewöhnlichen Gefühlsregungen, die auch dem scheinbar abartigsten Verhalten zugrunde liegen, zu erkennen, werden wir vielleicht damit aufhören, Menschen, die einfach nur in einem permanenten Kampf mit ihrem Leben stehen, »Diagnosen zu stellen«.

Wenn sich mehr Menschen melden, um von ihrem Schmerz zu erzählen, entwickeln wir alle vielleicht größeren Mut und riskieren es, unseren eigenen tief liegenden Schmerz zu offenbaren. Eine emotional gestörte Person »krank« zu nennen und ihren Schmerz mit Medikamenten zu blockieren bedeutet, jenes unschätzbare Geschenk zu verschmähen, das darin besteht, daß wir unseren eigenen Schmerz erkennen und von der Liebe der anderen berührt werden.

Hemingway, der sich wegen seiner Depressionen und der Wirkungen der Schockbehandlung das Leben nahm, drückte es wohl am besten aus:

> Die Welt zerbricht jeden, doch viele finden gestärkt aus den Trümmern heraus.[3]

Wir tragen Verantwortung füreinander, und wir können nicht zulassen, daß das medizinische Modell diese Verantwortung umgeht; denn dann verlieren wir das, was unsere Gesellschaft zusammenhält: die Heilung aller verwundeten Herzen.

Die Wahl des Therapeuten

Die Auswahl des Therapeuten kann schwierig sein. Für manche ist dies eine der wichtigsten Entscheidungen ihres Lebens. Bei dem Entscheidungsprozeß könnte Ihnen der folgende Überblick helfen; er ist auf die grundlegenden Ansichten, die in diesem Buch vertreten werden, abgestimmt. Lesen Sie das Folgende, und passen Sie es Ihren Bedürfnissen an.

Erster Schritt: Der Erstkontakt

Rufen sie zehn bis fünfzehn Therapeuten an, auf die Sie durch persönliche Empfehlungen oder das Telefonbuch gestoßen sind. Mit Hilfe dieser telefonischen Anfragen reduzieren Sie Ihre Liste auf drei bis fünf Therapeuten. Während der Gespräche sollten Sie die nachstehenden Fragen stellen. Nehmen Sie Rücksicht auf die Zeit der Gesprächspartner. Wenn Sie vorbereitet sind, dürfte jedes Gespräch nicht länger als zehn bis fünfzehn Minuten dauern. Stellen Sie einfache Fragen, und lassen Sie die Therapeuten reden.

1. Mit welcher Therapie arbeiten Sie?
Es ist wichtig zu wissen, ob Behandler mit den Klienten auf einer Gefühlsebene arbeiten. Zweifellos beherrscht der Therapeut eine Vielzahl von therapeutischen Methoden, doch Sie möchten wissen, ob er, wenn nötig, für Sie dasein kann, wenn Sie starken Gefühlen ausgesetzt sein sollten. Wenn es nicht klar wird, wie er die Therapie gestaltet, bitten Sie ihn, Ihnen ein Beispiel von einem Fall oder aus einem Bereich zu geben. Versuchen Sie sich ein Bild davon zu machen, wie es wohl ist, bei dieser Person eine Therapie zu machen. Wenn mich jemand fragt, wie ich mit depressiven Patienten arbeite, könnte ich folgendes sagen:

Wenn jemand deprimiert ist, versuche ich ihm dabei zu helfen, den ursprünglichen Schmerz, den er unterdrücken mußte, aufzuspüren. Wenn wir diesen Schmerz oder die Gründe für diesen Schmerz richtig identifizieren können, dann wird uns das Wissen von der Quelle des Schmerzes zu der besten Lösung führen. Bei manchen mag die Lösung darin bestehen, daß sie lernen, »nein« zu sagen oder Grenzen zu setzen. Bei anderen geht es vielleicht darum, sich mit der Scham über vergangene Erlebnisse auseinanderzusetzen. Wieder andere empfinden tiefen Schmerz und große Wut, die mit bestimmten Problemen zusammenhängen, mit denen man sich beschäftigen muß. Wenn ich die näheren Einzelheiten des Schmerzes kenne, kann ich jedem Menschen helfen, seinen eigenen speziellen Weg aus seinen Problemen heraus zu finden.

Überlegen Sie, während der Therapeut über seine Methode spricht, ob diese plausibel für Sie klingt und ob Sie mit dieser Methode gut zurechtkommen. Wenn Sie einen bestimmten Therapeuten auswählen und seine Methode funktioniert nicht, haben Sie trotz allem bei Ihrer Suche nach geeigneter Hilfe einen Schritt vorwärts getan. Sie können jederzeit von neuem auf die Suche gehen.

2. Wie lange sind Sie schon Therapeut, und wo haben Sie gearbeitet?
Die Art der Zulassung (klinischer Psychologe, zugelassener klinischer Sozialarbeiter, Ehe- und Familienberater usw.) und/oder die Dauer der Berufsausübung sind keine Hinweise auf die Qualität des Therapeuten. Doch es ist wichtig, eine Vorstellung vom Ausbildungsumfang, Erfahrungsschatz und von der Berufserfahrung zu bekommen. Fragen Sie ihn, ob er selbst eine Therapie gemacht hat und wie diese Erfahrung für ihn gewesen ist. Es ist wichtig, daß er sich mit seinen eigenen Probleme beschäftigt hat und dazu bereit ist, sich auch weiterhin mit ihnen zu beschäftigen.

Wenn Sie das Gefühl haben, daß sehr viel Schmerz in Ihnen steckt, möchten Sie vielleicht wissen, ob und in welchem Bereich der Therapeut im Krankenhaus gearbeitet hat. Manche Therapeuten weisen Patienten zu schnell ins Krankenhaus ein, und Sie wollen wissen, ob Ihnen dies passieren könnte. Andere Therapeuten haben während ihrer Krankenhausarbeit aufreibende Situationen mit Patienten erlebt und bevorzugen deshalb Patienten, die gegen ihren tiefsitzenden Schmerz ankämpfen. Entscheiden Sie sich für einen Therapeuten, der mit Ihrem Schmerz umgehen kann, der Ihnen hilft, sich durch den Schmerz hindurchzuarbeiten, und nicht auf einen Krankenhausaufenthalt drängt, es sei denn, es handelt sich um einen extremen Notfall oder geschieht aus wirklich therapeutischen Gründen.

3. Haben Sie ein Spezialfach und wenn ja, warum haben Sie dies gewählt?

Auch mit dieser Frage versuchen Sie, einen Eindruck von der Erfahrung, der Ausbildung und den Bereichen zu bekommen, in denen sich der Therapeut am sichersten fühlt. Eines meiner Spezialgebiete ist zum Beispiel die Depression, teilweise deshalb, weil auch ich eine schwere Depressionsepisode durchgemacht und eine persönliche Beziehung dazu habe. Therapeuten, die als Kinder sexuell mißbraucht worden sind und sich erfolgreich durch ihren Schmerz gekämpft haben, sind oft besser dafür gerüstet, Ihrem Schmerz mit einer größeren Sensibilität und Klarheit zu begegnen. Diejenigen Therapeuten, die sich dem eigenen Schmerz nicht gestellt haben, könnten Ihrem Schmerz gegenüber eine deutliche Unempfindlichkeit zeigen.

Es ist schwer, diese Punkte während eines kurzen Telefongespräches in Erfahrung zu bringen, aber mit diesen Fragen werden Sie einen Gesamteindruck von dem Therapeuten gewinnen.

4. Wie hoch ist Ihr Honorar?

Stellen Sie Fragen zu folgenden Bereichen:

➤ Was wird berechnet?

➤ Welche Versicherung wird akzeptiert?

➤ Gibt es einen Staffeltarif, besonders dann, wenn Sie mehr als eine Stunde pro Woche brauchen?

5. Kann ich Ihnen etwas über meine Probleme erzählen?

Wenn Sie sich zu diesem Zeitpunkt des Gespräches wohl fühlen, erzählen Sie dem Therapeuten ein bißchen von Ihrer Geschichte und den speziellen Problemen. Fragen Sie den Therapeuten, wie er sich den Verlauf Ihrer Therapie vorstellt.

Zweiter Schritt: Das persönliche Gespräch

Nachdem Sie die Therapeuten befragt und sich gegebenenfalls Notizen gemacht haben, suchen Sie sich drei bis fünf aus, bei denen Sie sich wohl fühlten und zu denen Sie einen Draht hatten. Vereinbaren Sie telefonisch einen Gesprächstermin. Wenn Sie die Praxis betreten, achten Sie darauf, wie Sie sich in den Räumen fühlen. Während des Gespräches sollten Sie die nachfolgenden Fragen stellen. Sie können sie auch schon am Telefon stellen, wenn Ihnen dabei wohler ist.

1. Was halten Sie von dem Modell des biochemischen Ungleichgewichts und dem Einsatz von Medikamenten?
Wenn Behandler wirklich das Modell des biochemischen Ungleichgewichtes gutheißen, neigen sie vielleicht dazu, Ihnen Medikamente verschreiben zu wollen, falls die Therapiestunden oder Ihre Emotionen zu intensiv werden. Es ist wichtig, einen Therapeuten zu finden, der Medikamente nicht als Lösung oder Heilungschance betrachtet und der mit Ihnen arbeiten wird, falls Sie zur Zeit Medikamente einnehmen und sie absetzen möchten. Wenn Sie und der Therapeut darin übereinstimmen, daß Sie für einen kurzen Zeitraum Medikamente einnehmen sollten, um Ihnen bei der Bewältigung einer harten emotionalen Phase zu helfen, sollte dies letzten Endes Ihre Entscheidung bleiben, und diese Entscheidung sollte Ihnen sinnvoll erscheinen.

2. An welchem Punkt überweisen Sie Patienten an ein Krankenhaus?
In den meisten Staaten sind Therapeuten gesetzlich dazu verpflichtet, den Patienten ins Krankenhaus einzuweisen, wenn für ihn oder andere Lebensgefahr besteht. Manche Therapeuten nutzen die vom Gesetz gegebene Möglichkeit aber eifrig, um eigenen Ängsten aus dem Weg zu gehen oder finanziellen Profit zu machen.

Die meisten Menschen mit großem emotionellen Schmerz haben gelegentlich Selbstmordgedanken. Solche Gedanken bedeuten nicht, daß diese Menschen tatsächlich suizidgefährdet sind. Sie sollten einen Therapeuten suchen, der diesen Unterschied kennt, keine Angst vor starkem emotionalen Schmerz hat und das Krankenhaus nur als letzten Ausweg betrachtet.

Wenn Sie suizidgefährdet sind, sollten Sie sich für einen Therapeuten entscheiden, der sich vertraglich dazu verpflichtet, telefonisch jederzeit für Sie erreichbar zu sein, wenn Sie sich das Leben nehmen wollen, vorausgesetzt, Sie meinen es ernst damit.

3. Was halten Sie von Leuten, die Stimmen hören, sich selbst verletzen (selbst verstümmeln) oder großen emotionalen Schmerz zu tragen haben?

Wenn einer dieser Punkte eine Rolle für Sie spielt, brauchen Sie einen Therapeuten, der deshalb nicht in Panik gerät, sondern erkennt, daß diese Verhaltensweisen die beste Möglichkeit für Sie darstellen, Ihre Gefühle auszublenden und unter Kontrolle zu bekommen. Wiederum ist Ihnen in diesem Fall nicht mit einem Therapeuten gedient, der überstürzt zu der Schlußfolgerung kommt, daß Sie suizidgefährdet seien, an einer Psychose leiden würden oder Medikamente und Krankenhausaufenthalte bräuchten. Sie wünschen sich einen Therapeuten, der Ihre Art, sich Ihrer selbst und Ihrer Verwundung anzunehmen, akzeptiert und Ihnen helfen wird, den damit verbundenen Schmerz bis zu dem Punkt zu verarbeiten, an dem selbstzerstörerische Verhaltensweisen überflüssig werden.

Die Zwangseinweisung ins Krankenhaus sollte der letzte Ausweg bleiben. Ihr Therapeut sollte sich bereit erklären, täglich Kontakt mit Ihnen zu halten und Ihnen in jeder Situation beizustehen. Fragen Sie ihn, unter welchen Voraussetzungen er Klienten ins Krankenhaus einweist.

4. Mußten Sie jemals mit heftigen Gefühlen umgehen oder selbst solche Gefühle verarbeiten?

Um mehr über die obengenannten Fragen zu erfahren, erkundigen Sie sich danach, welche Traumen der Therapeut vielleicht selbst erlebt und wie er seine Gefühle verarbeitet hat. Ähneln seine Probleme den Ihren, zeigt er in diesen Bereichen vielleicht besondere Sensibilität und Klarheit. Aber denken Sie daran, daß der Therapeut einen Anspruch auf seine Privatsphäre hat.

5. Wann beenden Sie eine Therapie?

Es kann schwierig sein, diese Frage präzise zu beantworten, und ich habe meine liebe Mühe, wenn mich ein Patient danach fragt. Wenn

ich aber versuche, zu antworten oder zu erklären, warum eine Antwort – besonders während der ersten Sitzung – so schwer fällt, kann
der Patient mich und meine Methode besser verstehen.

6. Was halten Sie von Anrufen in Notfällen?
Machen Sie sich ein Bild davon, wie der Therapeut auf Telefonanrufe
in Notfällen reagieren wird. Er braucht zweifellos seine Privatsphäre
und eine Abgrenzung von seiner Arbeit, doch Sie möchten auch
sicher sein, daß er zur Verfügung steht, wenn Sie ihn brauchen.

7. Mit welchen Patienten fühlen Sie sich unwohl?
Vielleicht haben Sie schon ein Gefühl dafür, wie die Antwort lauten
wird, aber Sie sollten sie doch noch einmal stellen, um größere Klarheit zu gewinnen. Diesmal können Sie länger über Ihre Probleme
erzählen und ein Gespür dafür bekommen, wie sicher sich der Therapeut auf diesem Gebiet fühlt.

Dritter Schritt: Die Wahl des Therapeuten

Ziehen Sie sich nach den geführten Gesprächen an einen ruhigen
Ort zurück und lassen Sie sie Revue passieren. Wie offen und ehrlich
erschien Ihnen jeder Therapeut? Welchen Therapeuten konnten Sie
am ehesten vertrauen? Wie sicher fühlten Sie sich bei ihnen? Wie
stand es um Ihre innere Ruhe, als Sie sich in der jeweiligen Praxis
befanden?

Nachdem Sie sich für einen Therapeuten entschieden haben, können Sie beginnen; wenn etwas nicht richtig zu sein scheint, sprechen
Sie diesen Punkt an. Wenn Sie sich nicht in ausreichendem Maße
wohl fühlen, stehen Ihnen ja schon andere Wahlmöglichkeiten offen.

Das Wichtigste ist: Denken Sie daran, daß dies Ihr Leben ist und
daß Sie das Recht auf eine Behandlungsmethode und einen Therapeuten haben, mit denen Sie am besten zurechtkommen.

Anhang B

ADRESSEN

Organisationen, die im Buch erwähnt werden

Crisis Hotel
206 South Geneva Street
USA – Ithaca, New York, 14850
Tel: (607) 272-37 24

Hearing Voices Network
c/o Creative Support
Fourways House
16 Tariff Street
Manchester, England M1 2EP

National Association for Rights Protection and Advocacy
587 Marshall Avenue
USA – St. Paul, MN, 55102

National Empowerment Center
20 Ballard Road
USA – Lawrence, Massachusetts, 01843

San Joaquin Psychotherapy Center
3114 Willow Avenue
USA – Clovis, CA 93612
Tel: (209) 292-75 72

SCORE
30100 Town Center Drive
Suite 379
USA – Laguna Niguel, CA, 92677

Adressen in Deutschland

Bundesverband der Angehörigen psychisch Kranker e.V.
Dachverband psychosozialer Hilfsvereinigungen
Thomas-Mann-Straße 49a
53111 Bonn
Tel: 0228/63 26 46

Internet:
http://www.dsk.de/bapk/ oder:
http://kuckuck.solution.de/bapk.html
Die Adressen der einzelnen Landesverbände finden Sie im Internet unter:
http://www.psychiatrie.de/-verband/bapk01.htm

Bundesverband der Psychiatrie-Erfahrenen e.V.
Thomas-Mann-Straße 49 a
53111 Bonn

Emotions Anonymous (EA)
Interessengemeinschaft e.V.
Kontaktstelle Deutschland
Katzbachstraße 33
10965 Berlin
Tel: 030/786 79 84

**Hilfe für psychisch
Kranke e.V.**
Balanstraße 17
81669 München

**Hilfe für Depressiv-
kranke e.V.**
Wermbachstraße 13
63739 Aschaffenburg
Tel: 06021/236 26

**Nakos Kontakt- und
Informationsstelle für
Selbsthilfegruppen**
Albrecht-Achilles-Str. 65
10709 Berlin

**KISS Kontakt- und Infor-
mationstelle für Selbsthilfegruppen**
c/o Christiane Gerhard
Heiligenkreuzweg 96
55130 Mainz

**PAN – Selbsthilfe-Initiative für
Menschen mit Angst- und
Panikgefühlen**
Postfach 41 12
54231 Trier
Tel: 0651/538 82

**Beschwerdezentrum
Psychiatrie e.V.**
Liebigstraße 25
50823 Köln
Tel: 0221/55 61 89

**Patientenberatungsstelle
Heidelberg 42**
Postfach
22301 Hamburg
Tel: 040/279 64 65

**Beratungsstellen des Diakoni-
schen Werkes der evangeli-
schen Kirche**
Stafflenbergstraße 76
70184 Stuttgart
Tel: 0711/62 60 68

**Beratungsstellen der katholi-
schen Caritas-Verbände**
Christophstraße 8
70178 Stuttgart
Tel: 0711/60 09 09

**Landeswohlfahrtsverband
Hessen, Zweigstelle Wiesbaden**
Frankfurter Straße 44
65189 Wiesbaden
Tel: 0611/15 63 50
Fax: 0611/15 63 49

**Deutsches Netzwerk Stimmen-
hören**
*c/o SPA; Universitätsklinik
Hamburg*
Martinistr. 52

20246 Hamburg
Tel.: 040/47 17 32 26
Fax: 040/47 17 54 55
oder
**Deutsches Netzwerk Stimmen-
hören**
c/o Sekis
Albrecht-Achilles Str. 65
10709 Berlin
Tel: 030/893 54 94

**DGPT (Deutsche Gesellschaft
für Psychoanalyse, Psycho-
therapie, Psychosomatik und
Tiefenpsychologie e.V.)**
Johannisbollwerk 20 D
20459 Hamburg
Tel.: 040/319 26 19
Fax: 040/319 43 00

ERGÄNZENDE LITERATUR

Deutsche Titel

Giftige Psychiatrie: Was Sie über Psychopharmaka, Elektroschock, Genetik und Biologie bei »Schizophrenie«, »Depression« und »manisch-depressiver Erkrankung« wissen sollten! von Peter R. Breggin (Heidelberg: Carl-Auer-Systeme, Verl. und Verl.-Buchh., 1996).
In diesem Buch werden nicht nur die giftigen Eigenschaften von Psychopharmaka untersucht, es macht auch ausführlich mit der Tatsache vertraut, daß sich das medizinische Modell auf keinerlei Beweismaterial stützen kann.

Giftige Psychiatrie; Was Sie über Psychopharmaka und Biologie bei Angst, Panik, Zwang, Eßstörungen, Sucht und kindlichen Verhaltensauffälligkeiten wissen sollten! von Peter R. Breggin (Heidelberg: Carl-Auer-Systeme, Verl. und Verl.-Buchh., 1997)

Die Gene sind es nicht ... Biologie, Ideologie und menschliche Natur von Richard C. Lewontin, Steven Rose und Leon J. Kamin (Psychologie Vlgs Union, 1988)
Die Ansicht, psychische Störungen hätten genetische Grundlagen, wird hier stark angezweifelt und kritisiert.

Schöne neue Psychiatrie von Peter Lehmann. Überarbeitete, erweiterte Neuausgabe von »Der chemische Knebel« (Lehmann, Peter, 1996)

Chemie für die Seele von Josef Zehentbauer. Psyche, Psychopharmaka und alternative Heilmethoden (ZENIT Ratgeber, 8. Aufl., 1997)

Englische Titel

Challenging the Therapeutic State: Critical Perspectives on Psychiatry and the Mental Health System, herausgegeben von David Cohen, (Journal of Mind and Behavior, Band 11, Nr. 3 und 4, 1990).
Enthält viele wichtige Artikel über psychiatrische Reformen.

How To Become A Schizophrenic von John Modrow (Apollyon Press, Everett, WA, 1992).
John Modrow, selbst ein Überlebender der Psychiatrie, stellt akribisch jegliche Forschung in Frage, die behauptet, Schizophrenie sei eine biologische Störung.

In the Name of Psychiatry: The Social Functions of Psychiatry von Ronald Leifer (Science House, New York, 1969).
Ausgezeichnete theoretische Kritik der Psychiatrie im allgemeinen.

On Our Own: Patient-Controlled Alternatives to the Mental Health System von Judi Chamberlin (Mind, 1988).
Sehr informativ hinsichtlich der Bewegung der Überlebenden der Psychiatrie.

The Myth of the Hyperactive Child and Other Means of Child Control von Peter Schrag und Diane Divoky (Pantheon Books, N. Y., 1975).
Ein Klassiker, der den Mythos enthüllt, der sich hinter der Forschung verbirgt, die die Diagnose von Hyperaktivität oder Aufmerksamkeitsstörungen zu unterstützen sucht.

Talking Back To Prozac von Peter R. Breggin, M.D., und Ginger Ross Breggin (St. Martin's Press, New York, 1994).
Dieses Buch ist leicht verständlich. Es beschreibt den Trugschluß, den die Vertreter der Theorie des biochemischen Ungleichgewichts ziehen, die Art und Weise, wie Medikamente genehmigt werden, und konzentriert sich auf die Kontroverse um Prozac.

The Limits of Biological Treatments for Psychological Distress: Comparisons with Psychotherapy and Placebo, Fisher, Seymour, Greenberg (Hrsg.), (Lawrence Erlbaum Associates, Hillsdale, NJ, 1989).
Informative, wissenschaftliche Kritik an der vorgeblichen Wirksamkeit von Antidepressiva, Tranquilizern, Neuroleptika und Ritalin.

Too Much Anger, Too Many Tears: A Personal Triumph Over Psychiatry von Janet und Paul Gotkin (Harper Perennial, 1992).
Klassische Biographie einer Überlebenden der Psychiatrie und ihres Ehemannes.

LITERATURANGABEN UND ANMERKUNGEN

Kapitel 1

1. Barney, Ken, Limitations of the Critique of the Medical Model, *The Journal of Mind and Behavior*, Band 15, Nr. 1, 1994, S. 22.

2. Breggin, Peter R., *Giftige Psychiatrie: Was Sie über Psychopharmaka, Elektroschock, Genetik und Biologie bei »Schizophrenie«, »Depression« und »manisch-depressiver Erkrankung« wissen sollten!*, Carl-Auer-Systeme, Heidelberg, 1996, S. 140.

3. Cohen, David, *The Journal of Mind and Behavior*, Band 15, Nr. 1, 1994, Vorwort.

4. Kemker, Susan, Psychiatric Education: Learning By Assumption, in: Ross, Colin A., und Pam, Alvin, *Pseudoscience In Biological Psychiatry*, John Wiley & Sons, Inc., New York, 1995, S. 241.

5. Ross, Colin A., Errors Of Logic In Biological Psychiatry, in: Ross, Colin A., und Pam, Alvin, *Pseudoscience In Biological Psychiatry*, John Wiley & Sons, Inc., New York, 1995, S. 85.

6. Ebd., S. 116.

Kapitel 2

1. Franciscus Mercurius van Helmont beschreibt in einem 1692 in Amsterdam veröffentlichten Buch die Technik des Untertauchens, die sein Vater Jean Baptiste van Helmont einsetzte. Seine Beschreibung wurde zusammengefaßt von Richard Hunter und Ida Macalpine (Hrsg.), *Three Hundred Years of Psychiatry* (1535–1860), Oxford University Press, London, 1963, S. 254–257.

2. Ebd.

3. Rush, Benjamin, »Letter to John Redman Coxe«, 5. September 1810, in: *Classics of American Psychiatry*, Warren H. Green, Inc., St. Louis, Missouri, 1975, S. 18.

4. David Herman und Jim Green, The Female Malady, *Madness: A Study Guide*, 1991.

5. Kraepelin, Emil, *One Hundred Years of Psychiatry*, Citadel, New York, 1917, S. 60.

6. Ebd., S. 86.

7. Emil Kraepelin beschreibt seinen Studenten (in ihrer Anwesenheit) eine Patientin mit »katatoner Erregung«, *Lectures on Clinical Psychiatry*, 1904, S. 82–83, 3. englische Auflage, bearbeitet und herausgegeben von Thomas Johnstone, 1913.

8. Manfred Sakel zu Insulinkomabehandlungen, zitiert in: *Marie Beynon Ray, Doctors of the Mind: The Story of Psychiatry*, 1942, S. 250.

9. Kennedy, Cyril J.C., und Anchel, David, Regressive Electric-shock in Schizophrenics Refractory to Other Shock Therapies, *Psychiatric Quarterly*, 1948, Band 22, S. 317–320.

10. Sargant, William, *Battle for the Mind: A Physiology of Conversion and Brain Washing*, Penguin Books, Baltimore, 1957, S. 71.

11. Freeman, Walter, West Virginia Lobotomy Project: A Sequel, *Journal of the American Medical Association*, 29. September 1962, S. 1134–1135.

12. Hotchner, A.E., *Papa Hemingway: A Personal Memoir*, Bantam Books, New York, 1967, S. 308.

Kapitel 3

1. Harvard Medical School Health Publications Group, *The Harvard Medical Health Letter*, Boston, Massachusetts, Band 11, Nr. 10, April 1995, S. 3.

2. Ebd., Mai 1995, S. 1.

3. *Review in Psychiatry*, American Psychiatric Press, Washington, DC, Band 13, 1994.

4. Kaplan, Harold I., Sadock, Benjamin, J., *Synopsis of Psychiatry*, Williams & Wilkins, Baltimore, 6. Auflage, 1991, S. 645.

5. American Psychiatric Association, *Tardive dyskinesia: a report of the American Psychiatric Association Task Force on Late Neurological Effects of Antipsychotic Drugs*, American Psychiatric Press, Washington, DC, 1980, S. 45.

6. Gualtieri, C. Thomas, *Archives of General Psychiatry*, April 1986.

7. Keefe, Richard S.E., und Harvey, Philip D., *Understanding Schizophrenia*. The Free Press, New York, 1994, S. 107.

8. Ebd., S. 107.

9. Ross, Colin A., Errors Of Logic In Biological Psychiatry, in: Ross, Colin A., und Pam, Alvin, *Pseudoscience In Biological Psychiatry*, John Wiley & Sons, Inc., New York, 1995, S. 108.

10. Breggin, Peter R., *Giftige Psychiatrie*, Carl-Auer-Systeme, Heidelberg, 1996, S. 109.

11. Tow, P. Macdonald, *Personality Changes Following Frontal Leucotomy; A Clinical and Experimental Study of the Functions of the Fronatal Lobes in Man*, Oxford University Press, London, 1955.

12. Rylander, Gosta, *Personality Changes After Operations On The Frontal Lobes; A Clinical Study of 32 Cases*, Oxford University Press, London, 1939.

13. Delay und Deniker, *Congrès des Medecins Aliénistes et Neurologistes de France*, (Zitiert in: Breggin, Peter R., *Giftige Psychiatrie*, Carl-Auer-Systeme, Heidelberg, 1996, S. 91f.).

14. Breggin, Peter R., *Giftige Psychiatrie*, Carl-Auer-Systeme, Heidelberg, 1996, S. 93.

15. Sterling, Peter, Psychiatry's Drug Addiction, *New Republic*, 3. März 1979.

16. Lehmann, H.E., Therapeutic Results With Chlorpromazine (Largactil) in Psychiatric Conditions, *The Canadian Medical Association Journal*, Toronto, Kanada, Band 72, Nr. 2, 15. Januar 1955, S. 91–99.

17. Klerman, Gerald, in: Alberto DiMascio und Richard Shader, *Clinical Handbook of Psychopharmacology*, Science House, New York, 1970, S. 51.

18. Breggin, Peter R., *Giftige Psychiatrie*, Carl-Auer-Systeme, Heidelberg, 1996, S. 48.

19. Pam, Alvin, Biological Psychiatry: Science Or Pseudoscience?, in: Ross, Colin A., und Pam, Alvin, *Pseudoscience In Biological Psychiatry*, John Wiley & Sons, Inc., New York, 1995, S. 41.

20. Breggin, Peter R., *Giftige Psychiatrie*, Carl-Auer-Systeme, Heidelberg, 1996.

21. Diese Informationen wurden aufgrund des Freedom of Information Act zugänglich und zitiert in: Breggin, Peter R., und Breggin,

Ginger Ross, *Talking Back To Prozac*, St. Martin's Press, New York, 1994, S. 66.

22. Breggin, Peter R., und Breggin, Ginger Ross, *Talking Back To Prozac*, St. Martin's Press, New York, 1994, S. 146, 149.

23. Ebd., S. 67.

24. Aus einem Vortrag von Peter Breggin bei der NARPA-Konferenz 1994, November 1994, San Diego, Kalifornien.

25. Breggin, Peter R., und Breggin, Ginger Ross, *Talking Back To Prozac*, St. Martin's Press, New York, 1994, S. 66.

26. Tracy, Ann Blake, *Prozac: Panacea Or Pandora?*, Cassia Publications, West Jordan, Utah, 1991, S. 265.

27. Tracy, Ann Blake, *The Prozac Pandora*, Mundo Placido, Inc., Salt Lake City, Utah, 1991.

28. Grahame-Smith, D.G., und Aronson, J.K., *Oxford Textbook of Clinical Pharmacology and Drug Therapy*, Oxford University Press, Oxford, 1992, S. 141.

29. Fieve, Ronald M.D., *Moodswing*, Bantam Books, New York, 1989, S. 11.

30. Ebd., S. 12.

31. Cade, John, F.S., Lithium Salts in the Treatment of Psychotic Excitement, *The Medical Journal of Australia*, Band 11, Nr. 10, 3. September 1949, S. 350.

32. Judd, Lewis L., Effect of Lithium on Mood, Cognition, and Personality Function in Normal Subjects, *Archives of General Psychiatry*, Band 36, 20. Juli 1979, S. 864.

33. Annitto, W., Prien, R., und Gershon, S., The Lithium Ion: Is It Specific for Mania?, *Mania: An Evolving Concept*, Spectrum Publications, New York, 1980, S. 127.

34. Prien, R.F., Mc Caffey, E.M., und Klett, C.J., Relationship Between Serum Lithium Level and Clinical Response in Acute Mania Treated with Lithium, *British Journal of Psychiatry*, 1972, 120, S. 413.

35. Annitto, William, Prien, Robert, und Gershon, Samuel, The Lithium Ion: Is It Specific for Mania?, *Mania: An Evolving Concept*, Spectrum Publications, New York, 1980, S. 129.

36. Interview mit Ron Leifer, in: Farber, Seth, *Madness, Heresy, and the Rumor of Angels*, Open Court Publishing Company, Peru, Illinois, 1993, S. 177.

37. Palladino, Lucy Jo, Times Books, New York, in Vorbereitung.

38. Palladino, Lucy Jo, Ph.D., Telefongespräch vom 3. März 1996.

39. Harvard Medical School Health Publications Group, *Harvard Mental Health Letter*, Boston, Massachusetts, Februar 1996, S. 6.

40. Grahame-Smith, D.C., und Aronson, J.K., *Oxford Textbook of Clinical Pharmacology and Drug Therapy*, Oxford University Press, Oxford, 1992, S. 141.

41. *Treatments of Psychiatric Disorders*, American Psychiatric Association, Washington, DC, 1989, S. 374.

42. Fisher, Seymour, und Greenberg, Roger P., *The Limits of Biological Treatments for Psychological Distress*, Lawrence Erlbaum Associates, Hillsdale, New Jersey, 1989, S. 311.

43. Goleman, D., New Light on How Stress Erodes Health, *The New York Times*, 15. Dezember 1992, S. C1.

44. Lewontin, R.C., Rose, Steven, und Kamin, Leon J., *Not in Our Genes*, Pantheon Books, New York, 1984, S. 181.

Kapitel 4

1. Ross, Colin A., und Pam, Alvin, *Pseudoscience in Biological Psychiatry*, John Wiley and Sons, Inc., New York, 1995, S. 87.

2. Lewontin, R.C., Rose, Steven, und Kamin, Leon J., *Not in Our Genes*, Random House, New York, 1984, S. 115.

3. R.T. Smith, A Comparison of Socio-environmental Factors in Monozygotic and Dizygotic Twins. Testing an Assumption, in: *Methods and Goals in Human Behavior Genetics*, herausgegeben von S. G. Vandenberg, Academic Press, New York, 1965.

4. Lewontin, R.C., Rose, Steven, und Kamin, Leon J., *Not in Our Genes*, Random House, New York, 1984, S. 116.

5. Torrey, E. Fuller, Bowler, Ann E., Taylor, Edward H., und Gottesman, Irving I., *Schizophrenia and Manic-Depressive Disorder*, Basic Books, New York, 1994, S. 10.

6. Ebd., S. 11.

7. Ebd., S. 11.

8. Boyle, Mary, *Schizophrenia – A Scientific Delusion?*, Routledge, London, 1990, S. 131.

9. Torrey, E. Fuller, Bowler, Ann E., Taylor, Edward H., und Gottesman, Irving I., *Schizophrenia and Manic-Depressive Disorder*, Basic Books, New York, 1994, S. 12.

10. Lewontin, R.C., Rose, Steven, und Kamin, Leon J., *Not in Our Genes*, Random House, New York, 1984, S. 218.

11. Ebd., S. 220.

12. Jackson, D., A Critique of the Literature on the Genetics of Schizophrenia, in: D. Jackson (Hrsg.), *The Etiology of Schizophrenia*, Basic Books, New York, 1960, S. 37–87.

13. Boyle, Mary, *Schizophrenia – A Scientific Delusion?*, Routledge, London, 1990.

14. Kringlen, E., Twins – Still Our Best Method, *Schizophrenia Bulletin*, 1976, S. 430.

15. Boyle, Mary, *Schizophrenia – A Scientific Delusion?*, Routledge, London, S. 124.

16. Ebd., S. 137.

17. Ebd., S. 124–125.

18. Torrey, Bowler und Gottesman stellen fest, daß die drei präzisesten Zwillingsstudien von Tiernari, Kringlen und Fischer stammen. Torrey, E. Fuller, Bowler, Ann E., Taylor, Edward H., und Gottesman, Irving I., *Schizophrenia and Manic-Depressive Disorder*, Basic Books, New York, 1994, S. 12.

19. Gottesman, I.I. und Shields, J., A Critical Review of Recent Adoption, Twin and Family Studies of Schizophrenia: Behavioral Genetics Perspectives, *Schizophrenia Bulletin*, Band 2, 1976, S. 360–398.

20. Kety, S.S., Rosenthal, D., Wender, P.H., Schlusinger, F., und Jacobsen, B., Mental illness in the Biological and Adoptive Families of Adopted Individuals Who Have Become Schizophrenic. A Preliminary Report Based on Psychiatric Interviews, in: R. Fieve, D. Rosenthal und H. Brill (Hrsg.), *Genetic Research in Psychiatry*, Johns Hopkins University Press, London, 1975.

21. Lewontin, R.C., Rose, Steven und Kamin, Leon J., *Not In Our Genes*, Random House, New York, 1984, S. 222.

22. Ebd., S. 223.

23. Breggin, Peter R., *Giftige Psychiatrie*, Carl-Auer-Systeme, Heidelberg, 1996, S. 245.

24. Lewontin, R.C., Rose, Steven und Kamin, Leon J., *Not In our Genes*, Random House, New York, 1984.

25. Breggin, Peter R., *Giftige Psychiatrie*, Carl-Auer-Systeme, Heidelberg, 1996, S. 245.

26. Ebd., S. 245.

27. Wender, Paul, *Medical World News*, 17. Mai 1976, S. 23.

28. Wender, P. und Klein, D., The Promise of Biological Psychiatry, *Psychology Today*, Februar 1981.

29. Keefe, Richard S.E. und Harvey, Philip D., *Understanding Schizophrenia*, The Free Press, New York, 1994, S. 83.

30. Ross, Colin A. und Pam, Alvin, *Pseudoscience In Biological Psychiatry*, John Wiley & Sons, Inc., New York, 1995, S. 50.

31. Wiener, Harry, The Genetics of Preposterous Conditions, in: Ross, Colin A. und Pam, Alvin, *Pseudoscience in Biological Psychiatry*, John Wiley & Sons, Inc., New York, 1995, S. 200.

Kapitel 5

1. Egeland, J., Gerhard, D., Pauls, D., Sussex, J., Kidd, K., Allen, C., Hostetter, A., und Housman, D., Bipolar Affective Disorders Linked to DNA Markers in Chromosome 11, *Nature*, Band 325, 1987, S. 783–787.

2. Sherrington, R., Brynjolfsson, J., Petursson, H., Potter, M., Duddleston, K., Barraclough, B., Wasmuth, J., Dobbs, M., und Gurling, H., Localization of a Susceptibility Locus for Schizophrenia on Chromosome 5, *Nature*, Band 336, 1988, S. 164–167.

3. National Alliance for the Mentally Ill, *Advocate*, Arlington, Virginia, März/April 1995.

4. Wingerson, Lois, *Mapping Our Genes*, Penguin Books, New York, 1990, S. 129.

5. Egeland, J., Gerhard, D., Pauls, D., Sussex, J., Kidd, K., Allen, C., Hostetter, A., und Housman, D., Bipolar Affective Disorders Linked to DNA Markers in Chromosome 11, *Nature*, Band 325, Februar 1987, S. 783–787.

6. Ebd., S. 805–808.

7. Wingerson, Lois, *Mapping Our Genes*, Penguin Books, New York, 1990, S. 140.

8. Harsanyi, Zsolt und Hutton, Richard, *Genetic Prophecy: Beyond the Double Helix*, Rawson, Wade Publishers, New York, 1981, S. 194.

9. Ebd., S. 194.

Kapitel 6

1. Johnson, E.C., Crow, T.J., Frith, C.D., et al (1976), Cerebral Ventricular Size and Cognitive Impairment in Chronic Schizophrenia, *Lancet*, ii, S. 924–926.

2. Chua, S.E. und McKenna, P.L., Schizophrenia – A Brain Disease?, *British Journal of Psychiatry*, Band 166, 1995, S. 563–582.

3. Torrey, E. Fuller, Bowler, Ann E., Taylor, Edward H., und Gottesman, Irving I., *Schizophrenia and Manic-Depressive Disorder*, Basic Books, New York, 1994, S. 103.

4. Keefe, Richard S.E. und Harvey, Philip D., *Understanding Schizophrenia*, The Free Press, New York, 1994, S. 125.

5. Harvard Medical School Health Publications Group, *Harvard Mental Letter*, Band 11, 12. Juni 1995.

6. Chua, S.E. und McKenna, P.L., Schizophrenia – A Brain Disease?, *British Journal of Psychiatry*, Band 166, 1995, S. 564.

7. Van Horn, J.D. und McManus, I.C., Ventricular Enlargement in Schizophrenia: A Meta-analysis of Studies of the Ventricle: Brain Ratio (VBR), *British Journal of Psychiatry*, Band 160, 1992, S. 687–697.

8. Smith, G.N. und Iacono, W.G., Lateral Ventricular Size in Schizophrenia and Choice of Control Group, *Lancet*, i, 1986, S. 1450.

9. Van Horn, J.D. und McManus, I.C., Ventricular Enlargement in Schizophrenia: A Meta-analysis of Studies of the Ventricle: Brain Ratio (VBR), *British Journal of Psychiatry*, Band 160, 1992, S. 687–697.

10. Smith, G.N. und Iacono, W.G., Lateral Ventricular Size in Schizophrenia and Choice of Control Group, *Lancet*, i, 1986, S. 1450.

11. Jones, P.B., Harvey, I., Lewis, S.W., et al, Cerebral Ventricle Dimensions as Risk Factors for Schizophrenia and Affective Psychosis, *Psychological Medicine*, Band 24, 1994, S. 995–1011.

12. Suddath, R.L., Christison, G.W., Torrey, E.F., Casanova, M.F., und Weinberger, D.R., Anatomical Abnormalities in the Brains of Mono-

zygotc Twins Discordant for Schizophrenia, *New England Journal of Medicine*, Band 322, 1990, S. 793.

13. Breggin, Peter R., *Giftige Psychiatrie*, Carl-Auer-Systeme, S. 173.

14. Goodwin, Frederick K., Improved Treatment for Depression and Bipolar Disorders, In Atlanta gehaltene medizinische Lehrvorträge, Georgia, 1.–3. Dezember 1995.

15. Kaplan, Harold I., und Sadock, Benjamin, J., *Synopsis of Psychiatry*, Williams & Wilkins, Baltimore, 6. Auflage, 1991.

16. Goodwin, Frederick K., Improved Treatment for Depression and Bipolar Disorders, In Atlanta gehaltene medizinische Lehrvorträge, Georgia, 1.–3. Dezember 1995.

17. *The Biology of Mental Disorders*, Congress of the United States, Office of Technology Assessment, U.S. Government Printing Office, Washington, DC, September 1992, S. 128.

18. Chua, S.E. und McKenna, P.L., Schizophrenia – A Brain Disease?, *British Journal of Psychiatry*, Band 166, S. 572.

19. Ebd., S. 578.

20. Ebd., S. 578.

21. Liddle, P.F., Friston, K.J., Frith, C.D., et al, Patterns of Cerebral Blood Flow in Schizophrenia, *British Journal of Psychiatry*, Band 160, 1992, S. 179–186.

22. Frith, C.D., Friston, K.J., Herold, S., et al, Regional Brain Activity in Chronic Schizophrenic Patients During the Performance of a Verbal Fluency Talk: Evidence for a Failure of Inhibition in Left Superior Temporal Cortex, *British Journal of Psychiatry*, Band 161, 1995.

23. Chua, S.E. und McKenna, P.L., 1995, Schizophrenia – A Brain Disease?, *British Journal of Psychiatry*, Band 166, S. 579.

24. Baughman, Fred A., jr., Korrespondenz vom 4. April 1996.

25. Chua, S.E. und McKenna, P.L., Schizophrenia – A Brain Disease?, *British Journal of Psychiatry*, Band 166, 1995, S. 563.

26. Baughman, Fred A., jr., Korrespondenz vom 23. April 1996.

Kapitel 7

1. *Abnormal Psychology: Current Perspectives*, Random House, New York, 1977, S. 10.

2. Ebd., S. 16.

3. Breggin, Peter R., *Giftige Psychiatrie*, Carl-Auer-Systeme, Heidelberg, 1996, S. 24.

4. Ebd., S. 25.

5. Ebd., S. 27.

6. Ebd., S. 27.

7. Ebd., S. 28.

8. Ebd., S. 31.

9. *Counterpoint*, Facing Goliath: An Interview with Peter Breggin, East Topsham, Vermont, Frühjahr 1955, S. 4.

10. Ebd., S. 4.

11. Masson, Jeffrey Moussaieff, Rede vor der National Association for Rights Protection and Advocacy, Kansas City, Missouri, 1992.

12. Sulloway Frank J., *Freud, Biologist of the Mind: Beyond the Psychoanalytic Legend*, Basic Books, New York, 1979, S. 142.

13. Ebd., S. 145.

14. Ebd., S. 140.

15. Masson, Jeffrey Moussaieff, (Hrsg.), Sigmund Freud, *Briefe an Wilhelm Fließ* 1887–1904. S. Fischer Verlag, Frankfurt/Main, 1986.

16. Ebd., S. 114.

17. Ebd., S. 120.

18. Ebd., S. 120.

19. Ebd., S. 125.

20. Ebd., S. 129.

21. Ebd., S. #

22. Ebd., S. #

23. Ebd., S. 195f.

24. Ebd., S. 204.

Kapitel 11

1. Nuel Emmons, *Manson In His Own Words*, Grove Press, N.Y., S. 27.

2. Ebd., S. 27.

3. Ebd., S. 35.

4. Ebd., S. 36.
5. Ebd., S. 45.
6. Ebd., S. 51.
7. Ebd., S. 53.

Kapitel 12

1. Nuel Emmons, *Manson In His Own Words*, Grove Press, N.Y., S. 35.

Kapitel 13

1. Miller, Alice, *For Your Own Good*, Noonday Press, N.Y., 1990, S. 16.

Kapitel 14

1. Renee, *Autobiography of a Schizophrenic Girl*, Grune & Stratton, New York, 1951, S. 21f.
2. Ebd., S. 23.
3. Ebd., S. 24.
4. Ebd., S. 24.
5. Ebd., S. 26.

Kapitel 15

1. Goleman, Daniel, *Emotionale Intelligenz*, Carl Hanser Verlag, 1996, S. 65.
2. Beck, Aaron T., Rush A. John, Shaw, Brian F. und Emery, Gary, *Cognitive Therapy of Depression*, Guilford Press, New York, 1979, S. 11.
3. Cornell, Ann Weiser, Ph.D., *Power of Focusing*, New Harbinger Publications, Oakland, Kalifornien, 1996, S. 4.
4. Ebd., S. 5.
5. Siehe Anhang B.

Kapitel 16

1. Siehe Anhang B.
2. Crisis Hotel: Alternative to Psychiatric Hospitalization, *NEC Newsletter*, The National Empowerment Center, Lawrence, Massachusetts, Frühjahr/Sommer 1995, S. 4.

3. Siehe Anhang B.

4. McCready, Kevin, Ph.D., What Heals Human Beings? Technology of Humanity – There is a Choice!, *The Rights Tenet*, National Association for Rights, Protection and Advocacy, Sommer 1995, S. 3.

5. Fisher, Dan, The Empowerment Model of Recovery, *National Empowerment Newsletter*, The National Empowerment Center, Winter 1994–1995, S. 5.

6. Deegan, Pat, Learning From Us, *National Empowerment Newsletter*, The National Empowerment Center, Winter 1994–1995, S. 14.

7. Chamberlin, Judi, *On Our Own*, Mind, London, 1977.

8. Siehe Anhang B.

9. Deegan, Pat, *Coping With Voices*, National Empowerment Center, Lawrence, Massachusetts, 1996.

10. Siehe Anhang B.

11. Siehe Anhang B.

12. Romme, Marius und Escher, Sandra, *Accepting Voices*, Mind Publications, Granta House, 15–19 Broadway, London E5.

13. Baker, Paul, *The Voice Inside*, Hearing Voices Network, Manchester, England.

14. Ebd., S. 2.

15. Breggin, Peter R., *Giftige Psychiatrie*, Carl-Auer-Systeme, Heidelberg, 1996, S. #.

16. Ebd., S. #.

17. Ebd., S. #.

Kapitel 17

1. Duke, Patty und Hochman, Gloria, *A Brilliant Madness*, Bantam Books, 1992, S. 17.

2. Ebd., S. 24.

3. Ebd., S. 188.

4. Jamison, Kay Redford, *An Unquiet Mind*, Alfred D. Knopf, New York, 1995, S. 12.

5. Ebd., S. 15.

6. Ebd., S. 17.

7. Ebd., S. 22.

8. Ebd., S. 31.

9. Ebd., S. 34.

10. Ebd., S. 36.

11. Ebd., S. 39.

12. Ebd., S. 47.

13. Ebd., S. 67.

14. Ebd., S. 87.

15. Ebd., S. 93f.

16. Ebd., S. 95.

17. Ebd., S. 99.

18. Jennings, Ann, *Journal of Mental Health Administration* Band 21:4, Herbst 1994, S. 374–387.

19. Jennings, Ann, Anna's Story: The Effects of Sexual Abuse, the System's Failure to Respond and the Emergence of a New, Trauma-Based Paradigm, *National Empowerment Newsletter*, National Empowerment Center, Lawrence, Massachusetts, Winter 1994–1995, S. 9.

20. Ebd., S. 10.

21. Blaska, Betty, Two More Views on SB 220: Include PTSD, *Emerging Force*, Prevail, Madison, Wisconsin, Juli-August 1995, S. 19.

22. Jennings, Ann, *Journal of Mental Health Administration*, Band 21:4, Herbst 1994, S. 374–387.

23. Blaska, Betty, Two More Views on SB 220: Include PTSD, *Emerging Force*, Prevail, Madison, Wisconsin, Juli–August 1995, S. 19.

24. Dahmer, Lionel, A Father's Story.

25. Ebd., S. 60.

26. Ebd., S. 65.

27. Ebd., S. 66.

Kapitel 18

1. Hunter, Richard und Macalpine, Ida, *Three Hundred Years of Psychiatry* (1535–1860), Oxford University Press, London, 1963, S. 420.

2. Ebd., S. 422.

3. Hemingway, Ernest, *A Farewell to Arms*, Kapitel 34, 1929.

REGISTER